石化产业
数字化转型实践

王子宗　主编

中国石化出版社
·北京·

内 容 提 要

本书介绍了石化产业数字化转型的理论、实践和方法。论述了数字化转型的背景、定义和内涵，以全局视角分析如何进行数字化转型，实现企业高质量发展；分享了国内外石油化工企业数字化转型典型实践案例以及经验，分析了石化产业数字化转型发展趋势以及面临的机遇和挑战；根据中国石化等企业的建设经验和数字化转型实践案例，系统性地介绍了数字化转型的目标、方法和路径；从一体化管控、板块创新创效、新经济价值创造、专业化统筹、数字化赋能赋智等五大能力建设的角度，深入分析了数字化转型应用场景；结合信息技术和业务的发展趋势，在能源转型的大背景下，全面描绘了石化产业数字化转型的蓝图。

本书可作为石化产业数字化转型实践的参考书籍，有助于读者了解数字化转型的理念、方法、路径和应用场景，同时可作为石化企业数字化转型的培训资料。

图书在版编目（CIP）数据

石化产业数字化转型实践 / 王子宗主编 .—北京：中国石化出版社，2023.7

ISBN 978-7-5114-7182-6

Ⅰ．①石… Ⅱ．①王… Ⅲ．①石油化学工业 – 数字化 – 发展 – 研究 – 中国 Ⅳ．① F426.22

中国国家版本馆 CIP 数据核字（2023）第 129882 号

中国石化出版社出版发行

地址：北京市东城区安定门外大街 58 号
邮编：100011　电话：（010）57512500
发行部电话：（010）57512575
http://www.sinopec-press.com
E-mail：press@sinopec.com
北京科信印刷有限公司印刷

*

710 毫米 ×1000 毫米　16 开本　22.75 印张　439 千字
2023 年 10 月第 1 版　2023 年 10 月第 1 次印刷
定价：298.00 元

序言

PREFACE

当前，新一轮科技革命和产业变革席卷全球，数字经济成为经济增长新引擎，世界各国纷纷制定数字经济发展战略，调整产业结构，力争在新一轮工业革命中占领先机。数字化转型通过对整个经济体系的渗透和重构，加速数字技术与实体经济集成融合，推进经济持续快速发展。在数字经济浪潮下，制造业竞争力从成本优势转向效率优势，数字化转型成为推动制造业发展的重要动力。中国高度重视数字化转型，持续促进数字技术和实体经济深度融合，利用数字赋能传统产业转型升级，催生新产业新业态新模式，不断做强做优做大我国数字经济，加快建设网络强国、数字中国。

经过多年的发展，我国石化工业已建成门类齐全、品种配套、技术先进、具有较强竞争力的现代工业体系，跻身世界石化大国行列。随着产业结构升级，石化企业需要提升技术能力，发展工业互联网，利用新技术、新应用对传统产业进行全方位、全角度、全链条的改造，创新发展模式，升级管控手段，推动生产制造过程的智能化和精益化。石化企业需要抓住全球新一轮科技革命与产业变革的机遇，实施创新驱动发展战略，增强企业的科技创新能力，打造技术先导型公司，以数字化转型助推石化企业高质量发展。

数字化转型的本质是以价值创造为目的，以提升效率和效益为导向，用数字技术驱动业务变革的过程。在此过程中，生产力和生产关系都将发生变化，从物质经济、规模经济的生产力和生产关系转变为适应数字经济、范围经济的生产力和生产关系。要适应这种变革，推动企业各领域的全面转型，实现业务、组织、技术的互动创新和协同优化，需要推动企业深化数字技术和生产经营融合，加快实现转意识、转组织、转方法、转模式、转文化，提升一体化管控、生产创新创效、新经济价值创造、专业化统筹、数字化赋能赋智能力，驱动业务模式重构、管理模式变革、商业模式创新与核心能力提升，实现产业的转型升级和价值增长。

本书共分五章介绍了石化产业数字化转型的理论、实践和方法。第一章论述了数字化转型的背景、定义和内涵，以全局视角分析如何进行数字化转型，实现企业高质量发展；第二章分享了国内外石油化工企业数字化转型典型实践案例以及经验，分析了石化产业数字化转型发展趋势以及面临的机遇和挑战；第三章根据中国石化等企业的建设经验和数字化转型实践案例，系统性地介绍了数字化转型的目标、方法和路径；第四章从一体化管控、板块创新创效、新经济价值创造、专业化统筹、数字化赋能赋智等五大能力建设的角度，深入分析了数字化转型应用场景；第五章结合信息技术和业务的发展趋势，在能源转型的大背景下，全面描绘了石化产业数字化转型的蓝图。

本书可作为石化产业数字化转型实践的参考书籍，有助于读者了解数字化转型的理念、方法、路径和应用场景，同时可作为石化企业数字化转型的培训资料。恳请同行专家和广大读者提出宝贵意见。

目录

C O N T E N T S

05

第五章

展望

参考文献

第一章

数字化转型的背景和意义

第一节 数字化转型的背景

人类历史发展到今天，一共经历了四次工业革命，如图1–1–1所示。自18世纪60年代起，珍妮纺织机的问世拉开了第一次工业革命的序幕，蒸汽机的到来标志着人类社会正式进入机械化时代，从机器替代手工、工厂制代替传统手工工场，自耕农阶级也逐渐消失，取而代之的是工业资产阶级和无产阶级。自19世纪70年代起的第二次工业革命是电气化时代，工业重心由轻纺工业转为重工业，电力在这一时期得到广泛应用，内燃机的出现为汽车和飞机的发展提供可能，石油工业的发展也逐步兴起。自20世纪70年代起空间、原子能、电子计算机三大技术为第三次工业革命奠定了基础，这是人类文明史上继蒸汽技术革命和电力技术革命之后在科技领域里的又一次重大飞跃。这一次工业革命也称科技革命，不仅极大推动人类社会经济、政治、文化等全方位的发展，更影响了人们的生活方式和思维方式，使人类社会走向更为现代化的时代。21世纪10年代起基于数字化、智能化为主的第四次工业革命也已经步入人们的视野，人工智能技术的出现、无人设备的应用让我们看到技术智能化的不断成熟，信息时代为制造业注入新鲜的血液，同时新能源、生物技术的蓬勃发展也将对国民的生活与经济产生深远影响。

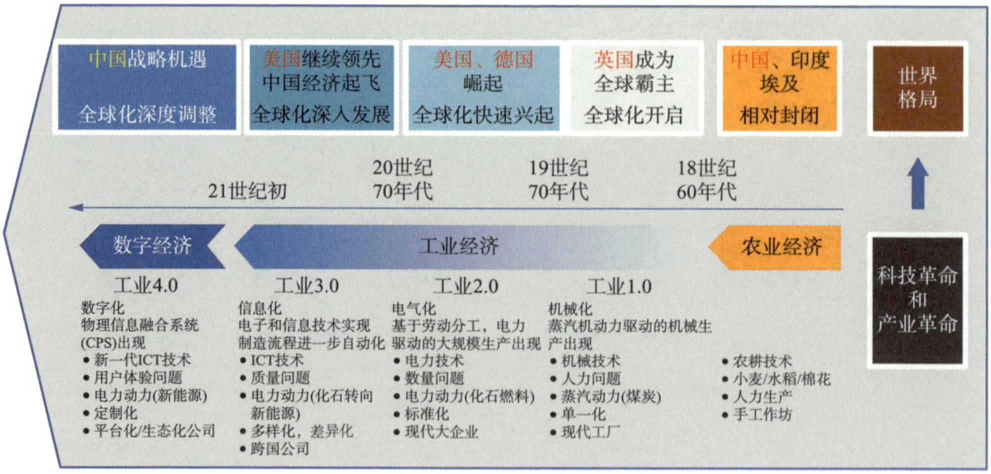

图1–1–1 人类社会经历的四次工业革命

从农业经济到工业经济，再从工业经济到数字经济，每一次工业生产进化过程，实质上是不断用机器替代人，大幅提高整个工业体系效率的过程。第一次工业革命开启了以机器代替人类的体力劳动的进程，第二次工业革命大幅简化了对产业工人技能和体能的要求。通过第一次和第二次工业革命，机器代替了工业中绝大部分的人类体力劳动，工业对人脑力劳动的需求超过了对体力劳动的需求。第三次工业革命则使机器在接管体力劳动的基础上开始承担一部分人的脑力劳动，在此阶段，还有许多有待解决的问题，对这些问题的解决方案也就是“工业4.0”和“工业3.0”的本质区别，在以“工业4.0”为核心的数字经济时代，正通过数据流动自动化技术，从规模经济转向范围经济，以同质化规模化的成本，构建出异质化定制化的产业。《“十四五”数字经济发展规划》指出数字经济是以数据资源为关键要素，以现代信息网络为主要载体，以信息通信技术融合应用、全要素数字化转型为重要推动力，促进公平与效率更加统一的新经济形态，精准阐明了推动数字经济新形态必不可少的数据资源要素。

如果说传统的工业经济强调资本和土地要素，那么新型的数字经济则更加强调依靠信息、数据和知识推动产业提升与价值升级。随着全球经济进入以数字化生产力为主要标志的新阶段，生产和交换的范围逐渐扩大，第一次与第二次工业革命所带来的大机器生产与流水线生产已经无法满足延伸更长更宽价值链与产业链的需求，而第三次工业革命下产生的规模化制造，初步显示出了向设计、研发、供应链管理、营销、服务等高附加值环节延伸的价值链垂直升级方式的势头，向着全社会更广泛的范围扩展。

目前正在兴起的这场新工业革命，以新一代信息技术为核心，以新能源、新材料、生物技术等为代表的新兴技术群体性突破和协同应用为主体，以人、机器和资源间的智能互联以及制造业数字化、网络化、智能化为特征，为我们充分利用现代科学技术实现产业链提升、价值链升级提供了重大机遇。

一 数字化转型是世界经济发展的新型动力

（一）世界主要国家布局数字化转型

世界主要国家都把数字化作为经济发展和技术创新的重点，能否适应和引领数字化发展，成为决定大国兴衰的关键。如图1-1-2所示，各国纷纷出台政策，制定数字经济发展战略，调整产业结构，加速推动制造业转型升级，提升产业链、供应链现代化水平，力争在新一轮工业革命中占领先机。

中国坚持创新驱动、质量为先，力争实现制造强国的战略目标，于2015年提出《中国制造2025》，以促进制造业创新发展为主题，以提质增效为中心，以加快新一代信息技术与制造业深度融合为主线，以推进智能制造为主攻方向，注重网络信息技

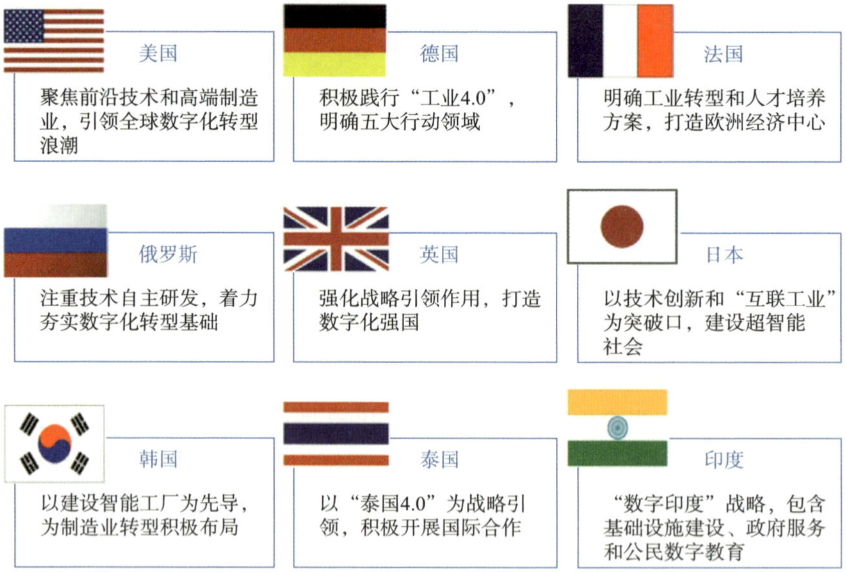

图1-1-2　全球数字化转型概览

术与工业制造技术的紧密结合，克服环境与资源制约，强化工业基础能力，提高综合集成水平，完善多层次多类型人才培养体系，促进产业转型升级，培育有中国特色的制造文化，实现制造业由大变强的历史跨越。

如图1-1-3所示，美国聚焦前沿技术和高端制造业，领跑全球数字化转型浪潮。美国先后发布《联邦大数据研发战略计划》《国家人工智能研究和发展战略计划》《为人工智能的未来做好准备》《美国机器智能国家战略》，构建了以开放创新为基础、

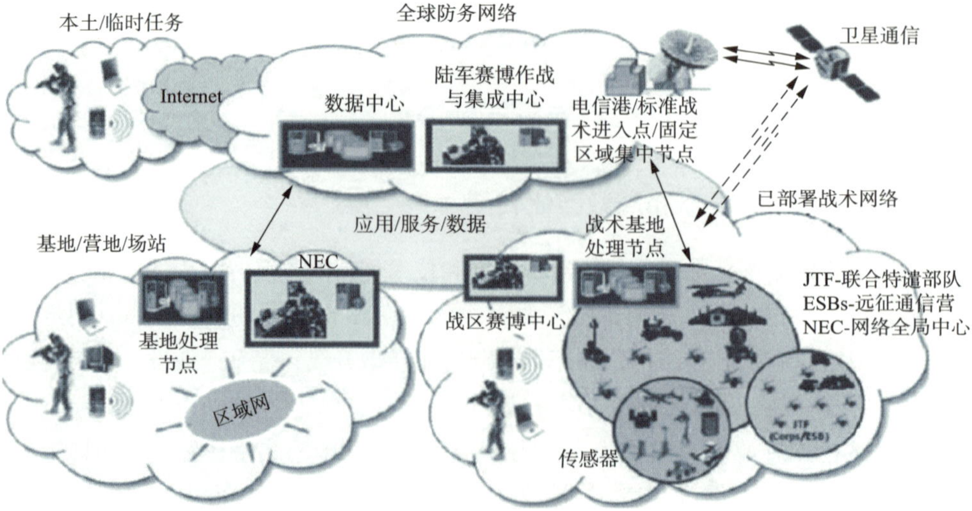

图1-1-3　美国数字化转型布局

以促进传统产业转型为主旨的政策体系，有效促进了数字化转型的发展进程。为引导实体经济复苏，金融危机后美国进行再工业化，先后发布《智能制造振兴计划》《先进制造业美国领导力战略》，提出依托新一代信息技术等创新技术加快发展技术密集型的先进制造业，保证先进制造业作为美国经济实力引擎和国家安全支柱的地位。

如图1–1–4所示，德国积极践行"工业4.0"，明确五大行动领域。德国以"工业4.0"为核心，逐步完善数字化转型计划，并为中小企业提供良好发展环境。2016年3月，德国联邦政府正式推出了《数字化战略2025》，强调利用"工业4.0"促进传统产业的数字化转型，提出了跨部门跨行业的"智能化联网战略"，建立开放型创新平台，促进政府与企业的协同创新。2018年12月，德国政府明确指出了数字化转型的五大行动领域，分别为数字技能、信息基础设施、创新和数字化转型、数字化变革中的社会和现代国家，旨在使数字化变革惠及每个公民，并针对数字革命带来的挑战提供具体解决方案。

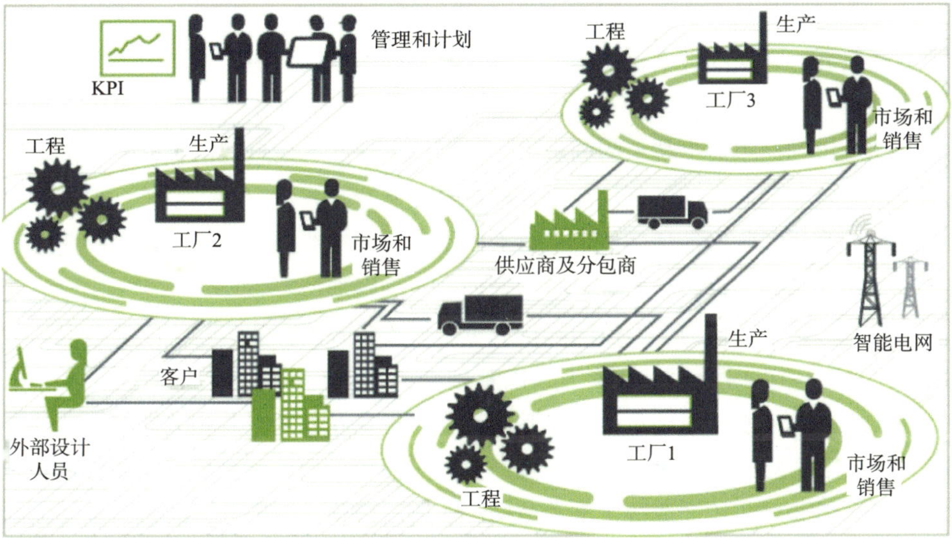

图1–1–4　德国数字化转型布局

如图1–1–5所示，日本以技术创新和"互联工业"为突破口，建设超智能社会。2016年，日本发布第五期《科学技术基本计划（2016—2020）》。互联工业作为"社会5.0"的重要组成部分，得到政府的高度关注，日本产经省推动成立了工业价值链促进会并发布《日本互联工业价值链的战略实施框架》，提出的新一代工业价值链参考架构成为日本发展高端制造业的新抓手。2018年6月发布的《日本制造业白皮书》强调"通过连接人、设备、系统、技术等创造新的附加值"，正式明确将互联工业作为制造业发展的战略目标。

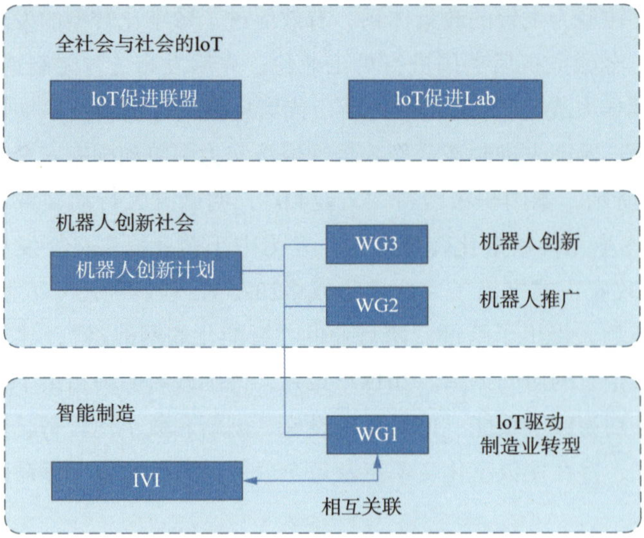

图1-1-5　日本数字化转型布局

对比来看，各国的数字化转型方式均具有不同的模式和侧重点。中国以加快新一代信息技术与制造业深度融合为主线，培育有中国特色的数字化转型；美国在数字化推进策略上更加注重信息技术的创新引领，发挥互联网、信息通信、软件等优势“自上而下”重塑制造业；德国更加注重发挥自身在制造装备、自动化系统、工艺流程等方面优势，利用互联网等信息技术“自下而上”改造制造业；而日本聚焦产业之间的连接，通过连接人、设备、系统、技术等创造新的附加值。

为应对经济下行压力、迎接国际格局重塑挑战，各国在数字经济的政策上，更加重视通过提升和巩固科学创新能力，以基础性、先导性和强渗透性，提升全球竞争力；更加注重数字基础设施包括信息基础设施、工业互联网以及相关标准体系的普及和优质化发展；更加聚焦重塑数字经济产业链核心竞争力，调整集成电路、半导体等数字经济关键领域相关产业链，推动全球产业链本地化、分散化；同时，更加强调推动数字化与绿色化协调发展，在实现可持续发展过程中，通过新兴技术缓解经济和环境难题，通过创造新的生产方式和提高能源效率，促进可持续发展。全球数字经济正向全面化、智能化、绿色化方向加速前进。

（二）数字经济赋能传统产业转型升级

随着数字化、网络化、智能化深入推进，数字经济以数字化的知识和信息为关键生产要素，以数字技术创新为核心驱动力，以现代信息网络为重要载体，通过数字技术与实体经济深度融合，不断提高传统产业数字化、智能化水平，加速重构经济发展与政府治理模式。全球数字经济发展至今，具有规模大、GDP占比高、增速快、融合深、渗透强的特点，数字经济已经成为经济增长的重要推动力。

如图1–1–6所示，数字经济规模持续扩大，数字经济体量实现连年增长，由2020年的32.6万亿美元扩张到2021年的38.1万亿美元，规模增长了5.5万亿美元，同比名义增长了15.6%，高于同期GDP名义增速的2.5个百分点，占GDP比重为55.0%。全球数字经济融合发展趋势更加深入，产业数字化仍是数字经济的主要组成部分，占数字经济比重为85.0%。全球数字经济向三次产业渗透，一、二、三产业数字经济渗透率分别为8.6%、24.3%、45.3%，其中，发达国家数字经济规模大、占比高，2021年规模为27.6万亿美元，占GDP比重为55.7%，而发展中国家数字经济增长更快，2021年增速达到22.3%。

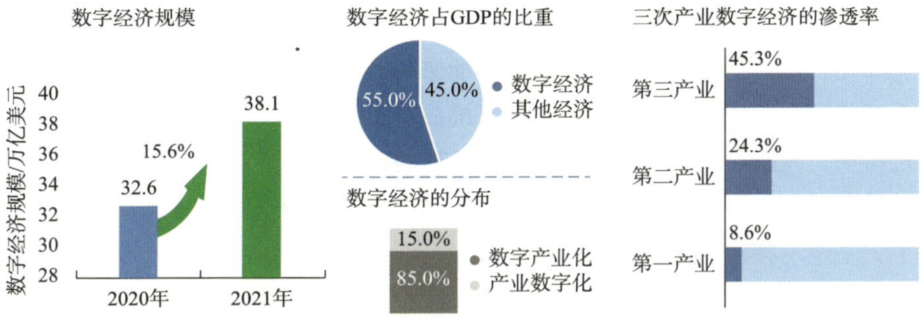

图1–1–6　数字经济蓬勃发展

如图1–1–7所示，数字化转型将通过对整个经济体系的渗透和重构，赋能各个行业，成为推动制造业发展的主要引擎。世界经济论坛预测，2016—2025年，数字化转型将会给化工新材料、矿业金属、媒体、油气等10个产业带来28万亿美元的增长红利，如果扩展到全部产业及外部经济效果，10年内将给全世界的经济带来100万亿美元的增长红利。在制造业，由于先进的传感技术、数字化设计制造、机器人与智能控

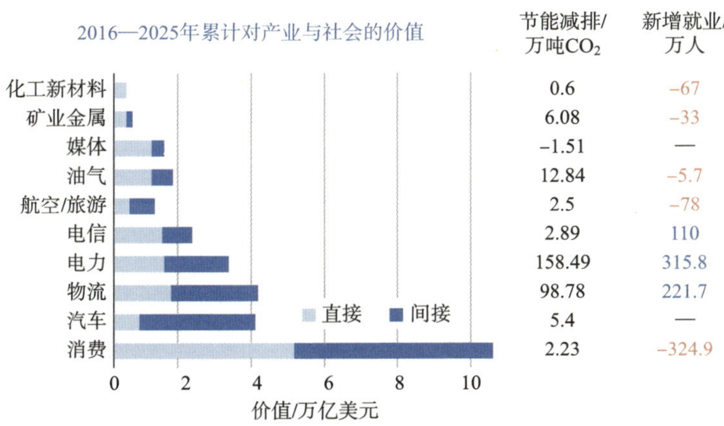

图1–1–7　数字化转型赋能各行业发展

制系统等得到广泛应用，促进研发设计、生产流程、企业管理，乃至用户关系呈现智能化趋势，大规模定制和个性化定制将逐步成为主流制造范式，生产组织和社会分工向网络化、扁平化、平台化转型，企业的边界日趋模糊，推动制造业竞争力从成本优势转向效率优势。

二 数字化转型是国家作出的重大战略部署

（一）党中央、国务院高度重视数字中国建设

在经济增长方式由投资驱动型增长转向创新驱动型增长的宏观背景之下，以习近平同志为核心的党中央高度重视数字化发展，科学把握发展规律，着眼于实现高质量发展和全面建设社会主义现代化强国，作出加快制造业数字化转型的重大战略部署，有效应对当前国内外产业变革发展的机遇与挑战，实现国民经济的高质量发展。

近年来，国家在数字化方面作出了一系列的政策部署，逐渐完善了数字化转型的顶层设计。2020年召开的党的十九届五中全会提出，坚持把发展经济着力点放在实体经济上，坚定不移建设制造强国、质量强国、网络强国、数字中国，推进产业基础高级化、产业链现代化，提高经济质量效益和核心竞争力。要提升产业链、供应链现代化水平，发展战略性新兴产业，加快发展现代服务业，统筹推进基础设施建设，加快建设交通强国，推进能源革命，加快数字化发展。

在2021年发布的《中华人民共和国国民经济和社会发展第十四个五年规划和2035年远景目标纲要》（简称“十四五”规划）中将“加快数字化发展，建设数字中国”独立成篇，强调要打造数字经济新优势，充分发挥海量数据和丰富应用场景优势，促进数字技术与实体经济深度融合，赋能传统产业转型升级，催生新产业新业态新模式，壮大经济发展新引擎。要求加强关键数字技术创新应用、加快推动数字产业化、推进产业数字化转型方面取得积极进展。在推进产业数字化转型方面，实施“上云用数赋智”行动，推动数据赋能全产业链协同转型。在重点行业和区域建设若干国际水准的工业互联网平台和数字化转型促进中心，深化研发设计、生产制造、经营管理、市场服务等环节的数字化应用，培育发展个性定制、柔性制造等新模式，加快产业园区数字化改造。

2022年政府工作报告中明确指出促进数字经济发展。建设数字信息基础设施，推进5G（5th Generation Mobile Communication Technology，第五代移动通信技术）规模化应用，促进产业数字化转型，发展智慧城市、数字乡村。加快发展工业互联网，培育壮大集成电路、人工智能等数字产业，提升关键软硬件技术创新和供给能力，完善数字经济治理，释放数据要素潜力，更好赋能经济发展、丰富人民生活。要推进国家

安全体系和能力建设，强化网络安全、数据安全和个人信息保护。

2022年10月16日，习近平总书记在中国共产党第二十次全国代表大会上提到，要建设现代化产业体系，坚持把发展经济的着力点放在实体经济上，推进新型工业化，加快建设制造强国、质量强国、航天强国、交通强国、网络强国、数字中国。报告将有关数字经济的部署内容放在建设现代化产业体系章节中，系统阐述了数字经济现有的产业结构和发展逻辑，并明确了未来数字经济的潜力和方向所在。

发展数字经济能够促进国家经济高质量发展，既培育了新动能，又推动了旧动能升级改造，成为构建现代化经济体系的重要引擎。党的十九届五中全会提出了加快构建“双循环”新发展格局的重大战略部署，打造数字经济新优势，协同推进数字产业化和产业数字化转型，是支撑构建新发展格局的重要途径。

根据《2022中国数字经济发展研究报告》，我国的数字经济规模从2012年到2021年增长了4倍，跃居世界第二位。2021年，数字经济增速超同期GDP增速，数字经济核心产业占GDP的8.1%，是中国经济社会稳增长、保就业、促民生的关键动能。从数字经济的发展及其所表现出的能效来看，其对内可以有效打通生产、消费、分配与流通环节，对外开拓贸易、服务与投资环节，并通过产业的数字化升级，提升产业链供应链现代化水平，实现供需的精准匹配和经济的协同效应，助力双循环新发展格局的形成与发展。

中共中央、国务院在2023年2月印发的《数字中国建设整体布局规划》(以下简称《规划》)中明确，数字中国建设按照“2522”的整体框架进行布局，即夯实数字基础设施和数据资源体系“两大基础”，推进数字技术与经济、政治、文化、社会、生态文明建设“五位一体”深度融合，强化数字技术创新体系和数字安全屏障“两大能力”，优化数字化发展国内国际“两个环境”。《规划》提出，到2025年，基本形成横向打通、纵向贯通、协调有力的一体化推进格局。到2035年，数字化发展水平进入世界前列，数字中国建设取得重大成就。数字中国建设体系化布局更加科学完备，经济、政治、文化、社会、生态文明建设各领域数字化发展更加协调充分，有力支撑全面建设社会主义现代化国家。

2023年政府工作报告中再次指出，促进数字经济和实体经济深度融合是推动产业向中高端迈进的重点。如图1–1–8所示，鼓励企业加快设备更新和技术改造，将固定资产加速折旧优惠政策扩大至全部制造业。推动高端装备、生物医药、光电子信息、新能源汽车、光伏、风电等新兴产业加快发展。支持工业互联网发展，促进制造业数字化智能化。

如图1–1–9所示，作为数字经济的必须生产要素，数据要素的加速流动能够活跃技术流、物质流、人才流、资金流，数据要素的统一规范有利于跨领域、跨区域、跨主体的市场联通，为我国市场经济创造巨大价值。将数字要素融入产业创新链条，利

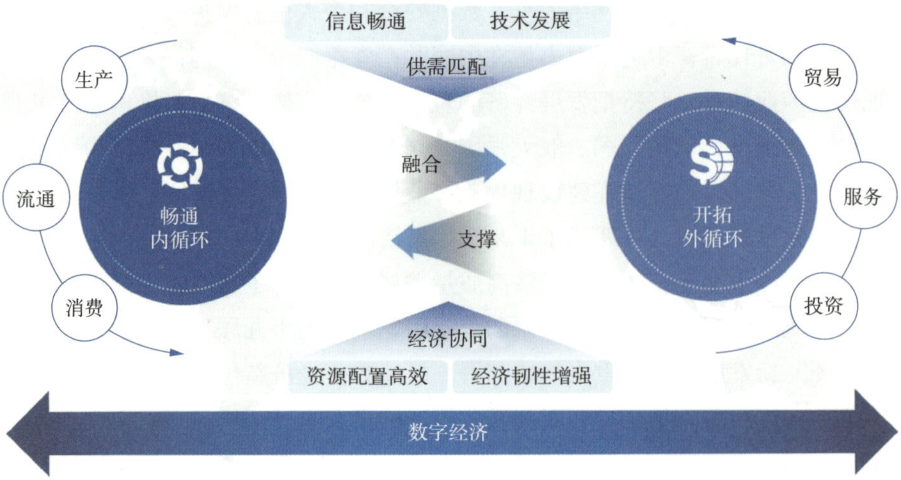

图1-1-8　数字化转型支撑双循环新发展格局

用业务数据进行管理创新，利用数据平台融入创新生态系统，可以促进统一大市场产业布局的优化与完善；依托数字技术实现产业链供应链转型升级，增强产业链关键环节竞争力，促进跨领域、跨地区、跨主体数据要素融合，可推进全国统一大市场高标准联通。

图1-1-9　全国统一大市场主要内容

综上，党中央和国务院从顶层设计层面出台了数字经济、数字中国、智能制造等多方面的政策和规划，涵盖了工业、农业、文化、教育等行业。加快数字化发展，激活数据要素潜能，推动网络强国建设，将有助于构建现代化产业体系，推动我国经济高质量发展，形成国内国际双循环的新发展格局。

（二）各部委和地方政府密集出台了数字化转型相关政策

国家发改委、工信部、国资委密集出台了一系列推动数字化转型的政策。2020年，由国家发改委和中央网信办联合发布的《关于推进“上云用数赋智”行动培育新经济发展实施方案》是国家出台的第一份数字化转型行动纲领性文件，从能力扶持、金融普惠、搭建生态等多方面帮助鼓励企业加快数字化转型，培育新经济发展。2020年8月，国资委印发《关于加快推进国有企业数字化转型工作的通知》，就推动国有企业数字化转型作出全面部署，促进国有企业数字化、网络化、智能化发展，并于2021年12月印发《“十四五”数字经济发展规划》，统筹推动数字经济发展。工信部2020年底相继出台《“工业互联网+安全生产”行动计划（2021—2023年）》《工业互联网创新发展行动计划（2021—2023年）》，以加快工业互联网发展，推动制造业数字化转型；2021年印发的《“十四五”智能制造发展规划》（征求意见稿）提出，到2025年，建成120个以上具有行业和区域影响力的工业互联网平台；2021年发布的《“十四五”信息化和工业化深度融合发展规划》中指出两化深度融合正在全面加速数字化转型，推动制造业企业形态、生产方式、业务模式和就业方式根本性变革。

2021年3月10日，国资委发表《充分发挥国有经济战略支撑作用》专题文章，阐明了“十四五”期间要建成一批世界一流企业。中国企业需要深刻认识到在当前全球经济发展面临下行压力、数字技术重塑行业价值链等“变局”之下，需要正视自身快速发展中积累的结构性“困局”，例如：体量增长和价值创造、抗风险能力提升不同步、传统增长模式受限、新路径和新能力未完成匹配、机制体制活力不足、快速创新和转型不够敏捷等。因此，中国企业必须积极筹谋转型性变革，应在视野、站位、格局的高度进行构思，通过设立新坐标、开拓新路径、建设新能力、打造新活力，定义自身的高质量发展，加速建设“世界一流企业”。

国资委提出，随着新型技术的不断成熟与创新模式的不断涌现，打造具有全球竞争力的世界一流企业，需要全盘规划，加快转变、建立战略发展的新动能，全面提升包括战略管理、组织管理、信息化管理等8方面的管理能力和水平，打造全球化、平台化、一体化的发展模式，引领企业转向数字化、智能化、生态化、个性化，通过高质量发展夯实核心竞争力，在持续创新中创造更大价值，见图1-1-10。

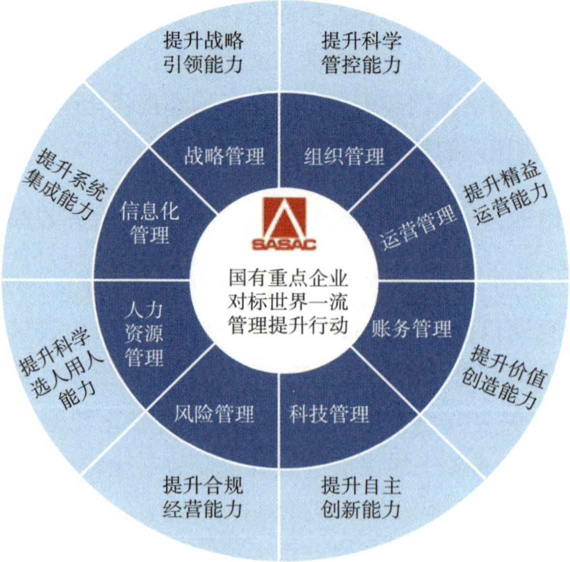

图1-1-10　国有重点企业对标世界一流管理提升行动重点任务

全国各地也积极部署数字化转型相关行动。北京、上海、浙江、江苏、广州等地区在数字生态发展阶段中处于全面领先型阶段，在数字基础、数字应用、数字能力三方面表现均较好。2021年，北京市发布的《北京市关于加快建设全球数字经济标杆城市的实施方案》指出加速推动数字产业化和产业数字化，完善数字技术设施和支撑体系。上海市发布《上海市全面推进城市数字化转型“十四五”规划》，构建经济、生活、治理数字化“三位一体”的城市主体、政府、市场、社会“多元共治”的城市数治为主要内容的城市数字化总体架构。

山东、四川、福建、重庆、湖北、天津、安徽、河南、陕西属于赶超型，该梯队的各省（直辖市）已经形成了良好的数字生态基础，但部分维度还有待发展。2022年11月，山东印发《先进制造业强省行动计划（2022—2025年）》，提出力争到2025年，数字经济核心产业增加值占全省生产总值比重达到10%左右，打造一批可复制、可推广的数字化转型“小灯塔”企业，每年培育100家以上智能工厂，全省两化融合指数排名保持全国前三。四川省发布《四川省关于加快数字经济深入推进数字四川建设的意见》，提出到2027年，基本建成全国数字经济核心产业发展引领区、转型升级赋能先导区、数据要素流通集聚区和具有全国影响力的数字科创中心。

湖南、广西、贵州、河北、江西、辽宁、山西、吉林、云南属于发展成长型，该类型的省（自治区）普遍进入数字生态发展的成长期。2022年7月，广西壮族自治区发布《关于加快数字化转型发展深入推进数字广西建设的实施意见》提出加快推进新一代信息技术、信息技术应用创新、新业态新模式、服务贸易、数字金融等领域数字经济发展。2020年，湖南省发布《湖南省数字经济发展规划（2020—2025年）》，着力提升数字经济基础设施，构建数字治理体系。

海南、黑龙江、内蒙古、宁夏、甘肃、新疆、青海、西藏等地属于蓄势突破型，该梯队的省（自治区）数字生态指数得分在全国平均分以下，但在某些维度上有相对突出的表现。西藏自治区发布《西藏自治区“十四五”信息通信业发展规划》，指出加快布局5G、绿色数据中心、物联网、工业互联网等新型基础设施，推动大数据、云计算、人工智能等新一代信息技术同经济社会发展深度融合。

综合来看，国家从顶层设计出发设定数字化转型的基本方向，我国31个省、自治区、直辖市均因地制宜，根据地方禀赋制定了数字化转型的相关政策，从基础设施建设、产业融合、技术研发等细分领域展开特色化建设，保障数字化全方面多领域的发展。

三 数字化转型是石化行业转型升级的重要抓手

经过60多年的改革和发展，我国石化工业已建成了完整的工业体系，生产的石化产品基本能满足国内需求，并有力支持了相关产业的发展，产业规模已跻身世界石化大国行列，具有较强的竞争实力。根据国家统计局和海关总署的数据，我国石化行业“十四五”开局之年的经济业绩远超年初的预期，2021年，全行业实现营业收入14.45万亿元，同比增长30%；实现利润总额1.16万亿元，同比增长126.8%；进出口总额8600.8亿美元，同比增长38.7%。自2010年以来在石化产业规模和产出方面我国一直居世界第二石化大国和第一化工大国的地位，炼油、乙烯能力稳居世界第二，PX（对二甲苯）产能跃居世界第一，合成树脂、合成橡胶、合成纤维三大合成材料均居世界第一位，同时坐拥世界最大的石化产品市场，化工产品消费量占到全球化工产品总消费量的1/3。

“十三五”期间贯彻党中央国务院的一系列重大部署，紧盯石化强国的目标、突出高质量发展、突出结构性改革、突出创新驱动和绿色发展，全行业结构不断优化，转型升级和新旧动能转换都不断加快，部分重大关键技术取得新突破，化工新材料和高端化学品的占比不断提升，创新驱动、绿色发展、本质安全、国际交流、园区管理等诸多方面都取得了显著的进步。

（一）数字化转型成为石化产业结构调整重要支撑

我国虽已跻身世界石化大国前列，但发展质量有待提升，存在“大而不强、快而不优”，产品有效供给能力不足，科技创新引领能力不强等薄弱环节，结构性矛盾仍是石化行业最突出的全局性矛盾，产业结构层次低下、产品结构雷同、资源矛盾制约突出，已经成为高质量发展的根本性制约。而在高端制造业、战略性新兴产业以及航空航天、国防军工配套的化工新材料、专用化学品等行业，则长期处于供给不足的状态，有的甚至严重依赖进口，产品结构优化、落后产能淘汰、过剩产能压减的任务仍然繁重。迎接数字时代，激活数据要素潜能，以数字化智能化转型加快石化产业的转型升级，是石化产业转型升级的重要支撑。

在勘探开发方面，我国趋于向“油气并举”“常非并进”“陆海统筹”的格局发展。2020年以来我国天然气储产量保持快速增长趋势，石油储产量增长相对稳定，天然气产量（油当量）已经与石油产量基本持平，石油与天然气新增探明地质储量（油当量）比值从2000年的2.0下降到2020年的1.3，年产量（油当量）比值从2000年的7.2下降到2020年的1.3，说明我国长期“以油为主”的勘探开发格局已经转变为“油气并举”的新格局。随着技术进步，我国油气勘探开发对象实现了由“源外”向“源内”的重大转变，“源内”产量快速增长，2020年非常规天然气年产量增速达22.5%，而同期常规天然气产量增速仅为6.7%，非常规油气的大发展，页岩气、煤层气等实现规模开发说明“常非并进”的格局正在形成。我国海域油气储产量不断增长，发现了一批大油气田，未来增储上产潜力巨大，海域石油在我国增储上产中地位将进一步提升，“陆海统筹”的勘探开发空间格局初步形成。

当前，勘探生产主要集中在资源富集地块。而未来，随着地下条件更加复杂，勘探难度逐渐增大，油气藏信息的地震反演难度将加大。由于油气地震勘探各环节数据孤立、单体价值低、共享程度低、资源开发企业无法充分挖掘和利用数据价值、实现规模与集群效应，这对提升油气数据分析精准度和产能目标至关重要。面对高速的技术迭代及日趋激烈的市场竞争压力，油气田开发面临准确而敏捷地测算储量信息、确认地质特点分布、选择开采方式以及量化环境影响等问题。企业必须降低勘探时间与成本，精细化勘探数据管理，提高勘探准确性，从而高效高质量进行资源开采，数字化开采将是整个行业关注的重点。

在炼油化工方面，我国石化产业亟须打破“低端产品过剩、中高端产品缺口大”的困境，需要推动石化产业的高端化发展包括“油转化”“油转特”两个方面。在“碳中和”和电动车革命的双重驱动下，成品油需求必然在达峰后进入下降过程，但化工品需求仍将保持长期增长。根据《中国能源化工产业发展报告》预计，国内乙烯、丙烯需求在“十四五”期间将保持5.7%和6.5%的年化增速。因此，未来几年“油转化”将是国内石化行业的主旋律，将炼油装置与制乙烯、制芳烃等多种装置结合，进一步提高生产效率，从生产低附加值的成品油向生产高附加值的化工原料及化工产品转变。同时，从产业结构来看，我国石化产业主要以基础和大宗原料生产为主，处于产业链中低端；从创新能力来看，目前我国石化产业规模、技术水平、产品质量等方面与发达国家仍存在较大差距，不少高端化工新材料仍未实现规模化生产，部分产品虽已国产化，但技术不成熟，成品率低，质量与进口差距较大；从市场供给来看，高端产品供给严重不足，尤其在电子化学品领域，高纯磷烷特气、化学机械抛光（Chemical Mechanical Polishing，CMP）抛光垫材料等电子信息领域所需的关键材料完全依赖进口。因此，推动“油转特”，加快实现关键化工新材料国产化、提升重点化工新材料自给能力仍是当前的首要任务。“油转特”需要重点发展高端化工产品，可以围绕航空航天、生物医药、智能制造等行业对高端化工产品的需求，加大资金投入，不断深入创新研究，突破关键技术，向产业高端化转型升级。比如，可以大力发展化工新材料，重点发展高端聚烯烃、工程塑料、聚氨酯、氟硅材料、高性能橡胶、高性能纤维、功能性膜材料和电子化学品等。

炼油化工是石油石化企业增加价值、增长利润的中心环节，是提高石油石化企业竞争力的重要领域。炼化企业核心竞争力与高效流程化管控息息相关。炼化装置工艺技术复杂、因果关系变量不稳定影响生产装置稳定运行，各环节对连续性生产的高要求决定着工厂需要实时掌握原料性质和变化。企业需要借助数字技术，重构炼化一体化模型，合理规划企业生产计划，迭代优化生产过程，实时掌控和调节各环节物料投放和再利用。具体到炼化生产流程，如何高效保障生产安全、绿色低碳、优化炼化流程、降低生产成本将决定企业效益。而对于整体产业链结构性问题，炼化企业还面临着企业优化、区域优化、产业链优化等问题，如何最大化各区域及产业链环节的协同作用，加强创新能力，在行业转型的进程中优化产业布局，提升效益将决定企业未来的发展。

在油品销售方面，油企逐渐向综合化服务供应商转型，打造人·车·生活综合能源服务站，发展成为具备良好的仓储、物流、采购能力和加油站零售的油品企业。一方面，打造人·车·生活智能型综合能源服务站，集加油、加气、充电、便利店、快餐、汽服等服务于一体。聚焦“进站客户+过路车主+周边社区”逐级递进的细分市场，拓展“到店+到车+到家”的多元购物消费场景，提供油气电混合燃料加注，促进企业从“以油品业务为核心的传统石油公司”向“为顾客提供多样服务的综合服务商”转型。另一方面，加油站集传统油品业务和非油业务于一体，加油站和便利店相结合已成趋势。油品与非油品业务关联主要在于油品销售客户流量及积分兑换带动非油品销售，成品油销售企业通过油品与非油品积分双兑换业务加强与消费者的互动，增强用户黏性，同时以其资源优势吸引优质供应商入圈参与聚合营销，并充分整合这些优质资源，互利共赢，促使油品、非油品销售实现深度融合、优势互补、双提升。

成品油销售企业应积极开展线上线下互动营销，建设销售会员体系，形成稳定、有价值的客户群体，再运用大数据分析技术，深入洞察客户需求，实施分类精准营销，打造满足不同客户需求的定制化产品和个性化服务。企业可依托App、微信公众号、网站等综合性营销服务平台，提高与客户沟通的时效性、便捷性和互动性，同时采集客户信息，通过客户管理系统进行分析和应用，从而提高营销效果、改善客户体验、降低营销成本。在运营管理层面，成品油销售企业要打造智慧加油站，不断提升加油站服务和管理的自动化、智能化水平。智慧加油站应从面向客户和面向管理者两个层面设计。面向客户层面要推进服务流程的智能化，汽车开进加油区，通过车牌和人脸识别，自动采集和关联客户信息，启动加油泵，客户加油后扫描支付或自动扣款，传送电子发票和账单，同时对客户消费信息进行全方位的数据采集和分析。面向管理者层面要推进站务管理的智能化，如建设经营分析系统、进销存管理系统、设备设施全流程监测和诊断系统、安全环保监测系统、财务核算系统、员工绩效考核系统等自动化信息系统，提高工作效率，降低运营成本，使加油站员工和管理者能将更多的精力用于客户开发和维护。

随着产业结构升级，石化企业需要提升技术能力，推动生产制造过程智能化、精益化，运用数字技术创新发展模式，注重价值增值，助力提效增值，升级管控手段加快转型升级，注重绿色洁净，积极开发生产环境友好产品，加快转型升级。

（二）数字化转型成为石化行业高质量发展的新引擎

随着产业结构升级，石化企业面临着清洁生产压力增加、安全生产要求严格、生产经营成本上升等问题，需要推动生产制造过程智能化、精益化，运用数字技术创新发展模式，注重价值增值，助力提效增值，升级管控手段，注重绿色洁净，积极开发生产环境友好产品，加快转型升级高质量发展。

全球面临“双碳”目标的挑战。2016年4月22日，170多个国家领导人签下《巴黎协定》，对2020年后全球应对气候变化的行动作出统一安排，协定的长期目标是将全球平均气温较前工业化时期上升幅度控制在2℃以内，并努力将温度上升幅度限制在1.5℃以内。由此掀起了全球绿色低碳的转型大潮。2020年9月，习近平总书记在联合国一般性辩论会上宣布了我国将在2030年实现碳达峰，2060年实现碳中和。碳达峰碳中和作为我国“十四五”污染防治攻坚战的重要目标，被首次写入经济和社会发展的五年规划。2022年10月16日，习近平总书记在中国共产党第二十次全国代表大会上提到，要积极稳妥推进碳达峰碳中和，立足我国能源资源禀赋，坚持先立后破，有计划分步骤实施碳达峰行动，深入推进能源革命，加强煤炭清洁高效利用，加快规划建设新型能源体系，积极参与应对气候变化全球治理。

作为传统化石能源，石油和天然气一向是碳排放“大户”。国际能源署（IEA）最新公布的《全球能源展望》报告显示，2021年全球能源相关二氧化碳排放量预计将同比增加15亿吨，达到330亿吨。《“我国加速迈向碳中和”油气篇：油气行业碳减排路径》中麦肯锡全球分析指出，在实现1.5℃控温目标的情景下，到2050年油气全生命周期需减少95%的温室气体排放。国家能源研究所指出，到2050年我国的石油需求预计将下降70%~85%。油气行业全价值链从开采、运输、储存到终端应用都会产生大量碳排放，全链温室气体排放量达到全球总量的40%以上，其中生产阶段的排放占20%，使用阶段的排放占80%。因此，要实现碳中和目标，石化行业势必成为减排主体，需要在碳中和大势下寻求撬动转型的后发力量。

数字技术以其效率优势和成本优势成为低碳转型的重要力量，为石化行业绿色低碳发展注入新动力。企业需要明确战略方向，重新审视自身能力和竞争优势，构建清洁低碳安全高效的一体化能源体系。勘探开发、仓储物流、炼油化工、产品销售等产业链各环节都具备较大的减排空间，尤其是销售环节在发展循环经济、平台经济，向综合能源服务转型方面具有重要作用。企业通过将大数据分析、机器学习、区块链、分布式能源管理及云计算等数字技术应用到能源生产、输送、交易、消费及监管等各个环节，对能源业务进行优化整合，重构业务链，不断降低产业链的碳排放强度，探寻新的发展路径，促使能源流、信息流与价值流“三流合一”，为行业转型升级和可持续发展奠定基础。

此外，石化企业面临组织层级多、管理幅度大、人员及生产活动协调复杂等难点，经营管理业务和日常办公服务需运行规范化、集约化，致力于降本增效，并挖掘数据资产价值，利用数据驱动经营管理决策柔性化，使经营管理更精准、更科学、更有效。

在供应链协同层面，企业产业链长且上下游关系复杂，生产规模大、连续性强，因此，企业需基于价值链视角，立足于主业，降低原料采购成本进行市场预测分析，加快平台经济、共享经济新模式和新业态发展，提高资源配置效率和精益、柔性化管理水平，实现供应链全过程的价值增值。

在生产管控层面，各专业监控、报警、决策和执行实行分散管理，计划多为单项优化，企业需全局规划生产，实现生产、应急、调度一体化协同指挥，并重构炼化一体化模型，实现计划、调度、装置、控制纵向一体化闭环优化。

在设备管理层面，面临技术迭代、产能升级、新旧设备更新换代的挑战，企业需利用数字技术提升边缘感知设备运行水平，自动预知设备维修周期，提高装置自控率、数采率、监控报警点覆盖率，实现设备远程诊断与运行优化。

在安全环保层面，安全生产形势复杂严峻，运行标准和排污防控要求更加严格，企业应远程监控高危作业区域、规范作业人员操作以降低生产储存过程中的事故风险，实现排放检测与溯源生产，促进企业的绿色低碳发展。

以上，在全产业链企业各层面转型升级和创新发展过程中，数字技术正在发挥着越来越重要的作用。发展工业互联网，利用新技术、新应用对传统产业进行全方位、全角度、全链条的改造，是石化行业数字化转型的核心路径。石化行业应顺应数字化、网络化、智能化的发展趋势，一方面利用数字技术来优化产业链、价值链，实现资源配置网络化和系统优化，深化全员、全要素、全过程成本管控，合理配置资源，提升全要素的流通效率和水平，市场化运作向价值创造聚焦，促进整体价值最大化；另一方面进行产业创新协同化、开放化，建立创新驱动的发展模式，基于新业态、新模式创造新的价值增长点；研制能力与消费者需求精准对接，实现个性化定制；构建快速精准适应市场的生产组织方式，满足市场细分需求。

第二节 数字化转型的定义和内涵

一 科技革命推动社会生产力变革

马克思认为科技是一种在历史上起推动作用的、革命的力量，马克思在《资本论》中提出，“随着大工业的发展，现实财富的创造较少地取决于劳动时间和已耗费的劳动量，较多地取决于在劳动时间内所运用的作用物的力量，所运用的作用物力量是取决于科学的一般水平和技术进步”。即科技是推动生产力变革的关键要素。“随着新的生产力的获得，人们便改变自己的生产方式，而随着生产方式的改变，他们便改变所有不过是这一特定生产方式的必然联系的经济关系”。

以马克思主义为指导、代表先进生产力发展要求的中国共产党人，高度重视科学技术的地位作用及其创新发展。以毛泽东同志为核心的党的第一代中央领导集体十分关心科技发展。新中国诞生一个月后，就正式成立中国科学院，着手建设新中国的科研体系。1956年，毛泽东同志发出“向科学进军”的号召，并组织编制了我国第一个科学技术发展规划。1988年，邓小平以全新的视角，高瞻远瞩，对科学技术在当代生产力和社会经济发展中第一位的作用，作出了及时、明确的理论概括，同年9月5日，邓小平在会见捷克斯洛伐克总统古斯塔夫·胡萨克时指出，“马克思说过，科学技术是生产力，事实证明这话讲得很对。依我看，科技是第一生产力”。这一重要思想对大力发展科学技术，促进科学技术进步起了十分重要的推动作用。当今世界，新一轮科技革命和产业变革突飞猛进，科技创新广度显著加大、深度显著加深、速度显著加快、精度显著加强，成为国际战略博弈的主要战场。

党的十九届六中全会审议通过的《中共中央关于党的百年奋斗重大成就和历史经验的决议》指出，党坚持实施创新驱动发展战略，把科技自立自强作为国家发展的战略支撑。中国共产党第二十次全国代表大会，是在全党全国各族人民迈上全面建设社会主义现代化国家新征程、向第二个百年奋斗目标进军的关键时刻召开的一次十分重要的大会。党的二十大报告指出，必须坚持科技是第一生产力、人才是第一资源、创新是第一动力，深入实施科教兴国战略、人才强国战略、创新驱动发展战略，开辟发展新领域新赛道，不断塑造发展新动能新优势。

新一轮科技革命带动人工智能、物联网、云计算、大数据等数字技术迅猛发展，引导社会生产力进行新一轮的发展，这种以数字技术发展为基础的生产力的新一轮发展则表现为新的生产力，即数字生产力，人类社会进入一个以数字化智能化为表征的新时代。

根据历史唯物主义的观点，生产力与生产关系的矛盾运动推动了广义上的社会生产方式的发展。这一矛盾运动具体体现为，生产力决定生产关系，而生产关系又反过来通过适应生产力的发展来推动生产力发展，如此循环往复、螺旋上升，进而推动整个社会生产乃至经济基础和上层建筑的发展。也就是说，生产力变革带来了生产关系变革，但生产关系变革应当与生产力变革相适应，一旦生产力与生产关系的相互关系出现了不协调，生产关系就成为生产力发展的制约条件。正是这一矛盾运动使得人类社会发展历经原始经济、农业经济、工业经济后，开始进入数字经济时代。具体来说，原始经济中简单劳动工具的发明使得社会生产力获得一定程度进步，生产力的进步推动了原始经济向农业经济转变；农业经济中，劳动与土地是社会经济中决定性要素，社会经济发展主要依靠劳动力的增加和土地占有量的扩张。

随着第一次科技革命和第二次科技革命带来了生产力的突飞猛进，资本、技术等成为重要的生产要素，推动农业经济实现向工业经济的转变；20世纪40年代以来，以电子计算机的发明、全球信息网络的建立、个人通信设备的普及等为主要特征的第三次科技革命带来了科学技术快速发展。进入21世纪，新一代数字技术与物理技术、先进制造技术的进一步融合，第三次科技革命进入迅速发展时期，推动了数字生产力的快速发展，劳动对象、劳动资料、劳动力都发生了根本性的变化，社会生产力变革带来了社会生产关系的转变，继原始经济、农业经济、工业经济后，经济形态再次发生了巨大变化，最终形成了数字经济形态。

（一）劳动对象：数据成为驱动经济发展的新引擎

如表1-2-1所示，在农业经济中，土地是最重要的劳动对象；在工业经济中，石油等资源是最重要的劳动对象；在数字经济时代，数据成为新的社会生产形态中的一种劳动对象，这一变化比从农耕时代到工业时代的跳跃更具颠覆性，前两个时代的劳动对象都是物质资料，如今数据则同时具备物质的形态和虚拟的形态，此外数据不仅本身具有劳动对象的属性，同时也是实现劳动者与劳动对象之间快速联系、劳动者之间密切合作、生产者与销售者之间紧密沟通的重要载体。2017年5月《经济学人》杂志发表封面文章宣告，“世界上最宝贵的资源不再是石油，而是数据”。

随着互联网特别是移动互联网的大量使用，海量数据通过有意或无意的方式生产出来，并且作为劳动对象再度进入生产过程，被加工和使用。在数字经济时代，通过数据产权的界定、定价和交易等可以实现数据要素的经济价值，同时创造新的数字价值。

农业时代的生产要素主要包括农民和手工工人等劳动者、土地和手推磨等劳动资料以及农作物和牲畜等劳动对象，农民通常以家庭为单位进行精耕细作。工业时代的劳动者主要是工人，劳动资料和劳动对象依赖于当时的技术革命创造的设备和资源基础，工人在工厂中进行分工协作生产。信息时代出现了原子能技术、航天技术、电子计算机技术以及人工合成材料、分子生物、遗传工程等高新技术，先进生产力的劳动者主要是精密机械和科技人员，劳动资料和劳动对象包括电子计算机和先进的科学技术、高效精密的仪器设备等。进入数字时代，高技能人才成为技术创新的主要劳动者，电子计算机、智能机械以及机器人逐渐取代人类的许多工作，计算机、大数据、云计算、区块链、人工智能等新一代信息技术以及日渐发达的智能手段成为先进生产力的主要劳动资料，数据、信息和知识成为重要的劳动对象。

人们利用重大科技革命开发出新的生产要素，并使其成为生产力进步的新驱动力，改变生产要素结构和秩序，进而推动生产方式的改进。在传统农业社会中，劳动主要是人的脑力和体力耗费，劳动对象主要是土地及其产品，技术、管理、教育等要素的作用并未凸显，生产要素秩序表现为“土地为王”（当然劳动投入也非常重要）。传统工业社会采用机器大工业的分工协作模式，生产要素秩序表现为“资本为王”，土地与劳动都在其次。进入信息社会，技术、管理、企业家才能等要素在物质财富创造中的地位日益凸显，尤其是电子计算机及先进的科学技术越发重要，生产要素秩序表现为“信息为王”。在以虚拟化方式交易商品和服务的数字经济时代，高素质的人才及人工智能与海量数据相结合形成先进的数字生产力，生产要素秩序表现为“数据为王”，如表1-2-1所示。

数字时代是继农业时代、工业时代、信息时代之后人类社会发展的一个新的历史阶段。每一次技术革命的胜负之争在一定程度上表现为领导地位之争。早在2014年，习近平总书记在主持召开中央网络安全和信息化委员会第一次会议时就指出，信息掌握的多寡成为国际软实力和竞争力的主要标志。随着世界各国对数字资产依赖度的不断加深，国家间竞争的焦点逐渐从资本、劳动力向数据资产转变。数据作为新的生产要素，以其可复制、可共享、无限供给、无限使用、无限增长等特点，成为生产力进步新的主要的驱动力，推动数字生产力加速发展成为当代先进的生产力。数字生产力利用数据要素不断提高人类创造社会财富的能力，改变人们的生活方式，提高经济发展质量，日益成为经济发展的新动能和国际地位角逐的重要力量。

表1-2-1　不同发展阶段生产要素及生产方式演变

	农业时代	蒸汽时代	电气时代	信息时代	数字时代
关键生产要素	土地	资本	资本、技术	信息、技术	数据
先进劳动者	农民	机械工人	电气、化工工人	电子、科技人员	高技能人才、机器人
重要劳动资料	人力、畜力、土地	蒸汽机、机器设备、厂房、矿山等	电动机、内燃机、交通通信设施、化工生产设施	电子计算机、核能、空间、生物技术	智能计算机、新一代信息技术、智能控制系统
重要劳动对象	农作物、牲畜、手工制品	矿藏、煤、石油等不可再生资源，水、生物、森林等可再生资源	人工培育物种、人工合成材料	高效、精密装备和设备	数据、信息、知识
先进产业	种植业、畜牧业	纺织、机器制造、冶金、采煤、交通运输	电力、内燃机、化工、钢铁	先进制造与新型服务业、电子工业、航空航天、生物工程	数字与实体产业相融合：新服务、新金融、新制造
主要特征	精耕细作，小农经济，以家庭为单位	工厂制代替手工工场，机器代替手工劳动，产品多样丰富，出现技术工人	产业分化、深化，垄断组织出现，世界分工形成，产品种类日趋多样且批量增大，高熟练度工人增加	生产自动化、高效化、标准化，新技术、新产品与新产业、新技能人员大量涌现	数字化改造、海量数据、精准匹配、加速增长

（二）劳动资料：劳动资料数字化智能化

劳动资料是劳动过程中所使用的物质资料和物质条件等，是劳动者与劳动对象之间的媒介，其中劳动工具具有决定性作用。新一轮科技革命完全改变了数据和物质资料在生产过程中的流动形态，信息高度流动，海量数据的价值得以充分释放，劳动资料中的动力系统、控制系统、运输系统和信息传递系统越来越数字化和智能化，一方面扩大生产影响的空间，造就超大范围的生产协作，另一方面可以在更高层面上实现生产的集约化，真正实现生产方式的变革。

通过计算、网络与控制技术的一体化系统设计而实现更高层次的“精准分工”“精准协作”和“精准生产”，进而提高劳动生产率。在农耕时代、家庭手工业以及工场手工业的时代，生产依赖于刀耕火种，后来发展出一些简单的生产工具，如纺车和织布机。在机器大工业的时代，生产依赖于包括动力系统、能源系统、传输系统、控制系统等在内的机器系统。进入信息时代后，虽然机器生产和福特生产线控制的生产方式没有根本变化，但由于信息化的应用，形成了诸如数控车床、自动化办公等改良形式，生产力得到了广泛提升。

如今，随着大数据、云计算、机器智能的场景应用，数据和物质资料在生产过程中的流动形态完全改变了，一张流动的网络形成了，信息高度流动，海量数据的价值得以充分释放。数字技术的应用一方面可以扩大生产影响的空间，造就超大范围的生产协作、高度复杂的工程项目；另一方面可以在更高层面上实现生产的集约化，以线上或线下、有形或无形的多种方式实现劳动者的集结、劳动环节的集成和生产资料的集聚，进而大大节约生产费用。这是真正的生产方式变革。

（三）劳动者：高技能人才、机器人

数字经济时代的劳动者仍然是生产力诸要素中最富有活力和创造力的要素，但随着劳动对象从物质资料变为数字化、虚拟化的海量数据，劳动资料越来越智能化，在生产过程中越来越不需要从事简单机械操作的工人，甚至不再需要底层管理和服务人员，不能被智能机器替代的劳动者都是具有充分知识能力的，能够识别、加工数据对象，进而从事数据产品的生产、传播、监控的劳动力，数字化的知识和技能成为对劳动者的基本素质要求，从小农经济、工场手工业、机器大工业再到数字经济的万物互联，体力型劳动者逐渐转化为知识型劳动者。

大工业时代，人是主要劳动者。信息工业时代，人可以操控机器的自动化运行。当前新科技革命时代，机器发展出了智能，甚至在某些方面超越了人的智能。经历这一跨越，机器在某种意义上也成为重要的劳动者。在此意义上，人与机器可以各自发挥优势以新的方式进行合作，比如，在海量且庞杂的数据中捕捉规律性，在优化流程等工作中发挥机器的优势，在需要创造力、想象力、分析非重复性现象、设定价值目标、社交互动等工作中发挥人类的优势。生产往往具有多个环节、多个目标，机器和人类可以在其中共同工作，各司其职。此外，更重要的、更高层面的合作体现为人类与机器相互赋能。比如，由设计师开发出的“生成式设计工具”，可以根据一组预先设定的参数自动创建新的可能性，从而激发人类设计师的创造力，赋能人类。而人类对于自动驾驶汽车在行驶中的选择偏好的参数设定，事实上也是赋予机器以价值判断和道德选择的能力，是赋能机器。

综上，基于辩证唯物主义的角度，由于生产力与生产关系之间必然存在矛盾运动，随着数字生产力的不断发展，先进的生产力对生产关系的进一步变革提出了要求，生产关系的变化又会影响数字生产力的发展，只有数字生产力与数字生产关系的协调发展才能助力经济高质量发展。数字化转型在国家、产业、企业等层面的本质内涵即发展数字生产力，建立数字生产关系。通过数字生产力重塑生产资料与劳动结合的方式，提高生产效率。在交换关系、劳资关系、组织关系、资本积累过程等方面建立新的数字生产关系，适应数字生产力的发展，进一步释放数字生产力发展的新动能，助力高质量发展。

二　数字化转型的发展历程

经过信息化建设和数字化发展的积累，数据已成为企业核心的生产要素之一，数字技术加速与业务融合，驱动业务模式、商业模式的根本性转变。

早在1996年，《数字化生存》就预言到了数字化时代，新一轮科技革命和产业变革引起生产力要素的数字化渗透和生产关系的数字化重构，经济活动走向全面数字化。2011年，美国麻省理工斯隆管理学院第一次提出了数字化转型的概念，如图1-2-1所示，提出数字化转型（Digital Transformation，DT）的核心是使用数字化技术从根本上提高企业的绩效或提高企业绩效可以达到的高度，此后这一概念被不断充实丰富。

图1-2-1　数字化转型的概念提出

相比信息化、数字化，数字化转型强调以打造新的利润增长点为目标，基于数字化能力，创造新产品、新服务、新业务，拓展数字化支撑的全新业务领域，形成数字化驱动的新商业模式，创新企业发展模式，为企业带来全新的发展空间。

新一轮科技革命和产业变革引起生产力要素的数字化渗透和生产关系的数字化重构，推动经济活动走向全面数字化，数字化转型对经济发展所产生的影响引起了理论界和实践界的广泛关注，数字化转型的概念并不是凭空出现，是随着技术进步与社会发展不断充实丰富的，其演进可简要地表述为数码化—信息化—数字化—数字化转型。

（一）数码化（Digitization）

数码化指利用计算机信息处理技术把声、光、电、磁等信号转换成数字信号，或把语音、文字、图像等信息转变为数字编码，以便计算机存储、处理和传输，其过程一般为首先将复杂多变的信息转变为可以度量的数字、数据，再以这些数字、数据建立起适当的模型，把它们转变为一系列二进制代码，引入计算机内部，进行统一处理。机械和模拟电子技术向数字技术的转变使得各种形式的信息转变成可处理的数字信息，显著提升了信息传递的效率，为社会提供了丰富便捷的信息资源，为信息化奠定了基础。

数码化在如今的企业界有许多例子，例如将纸质记录和文本、面对面演讲、物理模型、身份证变为数字记录，将手写的文本或用打字机打出的文本转换成数字格式，如图1–2–2所示，将音乐从LP转换成数字格式或将视频从VHS磁带转换成数字格式。

图1–2–2　通过打字机创造文本

（二）信息化（Informatization）

信息化是充分利用信息技术，开发利用信息资源，促进信息交流和知识共享。在企业层面，企业信息化实质上是将企业的生产过程、物料移动、事务处理、现金流动、客户交互等业务通过各种信息系统加工生成新的信息资源，提供给各层次的人们洞悉、观察各类动态业务中的信息，以使企业能适应瞬息万变的市场经济竞争环境，求得最大的经济效益。企业通过软件系统建设，将标准化流程、管理制度、最佳实践，完全固化在业务运转过程中，实现了业务管理运作的线上化，更重要的是带来了标准化、科学化的管理和运作模式。例如，建立一套能充分发挥出协同理念和协同应用的OA办公系统，将企业各类业务集成到OA办公系统当中，如图1–2–3所示，制定标准，将企业的传统垂直化领导模式转化为基于项目或任务的“扁平式管理”模式，使普通员工与管理层之间的距离在物理空间上缩小的同时，心理距离也逐渐缩小，从而提高企业团队化协作能力，最大限度地释放人的创造力。

（三）数字化（Digitalization）

数字化是企业信息化的延续与提升，其表现为新一代数字技术在企业的广泛应用，如数字技术替代大量重复性与可流程化工作，通过数字技术提升企业对数据处理与运用能力，增强企业与市场及客户关联的战略目的。

图1-2-3　OA办公系统

如图1-2-4所示，数字化强调的是产业链上下游企业的信息互联与数据共享的协同能力，以及企业内部价值链的贯通，更多的是技术手段层面的提升。例如，以远程办公、协同研发、智能生产、智慧物流、数字营销等为主要形式的数字化，实现了产业互联和产业融合。

图1-2-4　数字技术促进产业链贯通

（四）数字化转型（Digital Transformation）

数字化转型是新一代数字技术对企业经营方式的根本性改变，是企业运用数字技术加速与业务融合，重塑企业战略、业务流程、组织架构和商业模式的过程。企业推进数字化转型的核心是通过构建企业的数字化能力，创造新产品、新服务、新业务，拓展数字化支撑的全新业务领域，形成数字化驱动的新商业模式，创新企业发展模式，为企业带来全新的发展空间。

企业通过数字化转型，其发展的内在驱动将由传统的劳动力、资本、技术等要素向新型数据要素转型；组织架构由传统的层级式向扁平化转型，市场洞察与反应能力更为强大；同时企业的经营生产决策模式也将由传统的经验认知决策向基于数据的科学决策转变。因此，数字化转型是企业发展模式与经营战略调整的重要契机，是企业战略在数字经济时代的迭代升级，如图1-2-5所示。

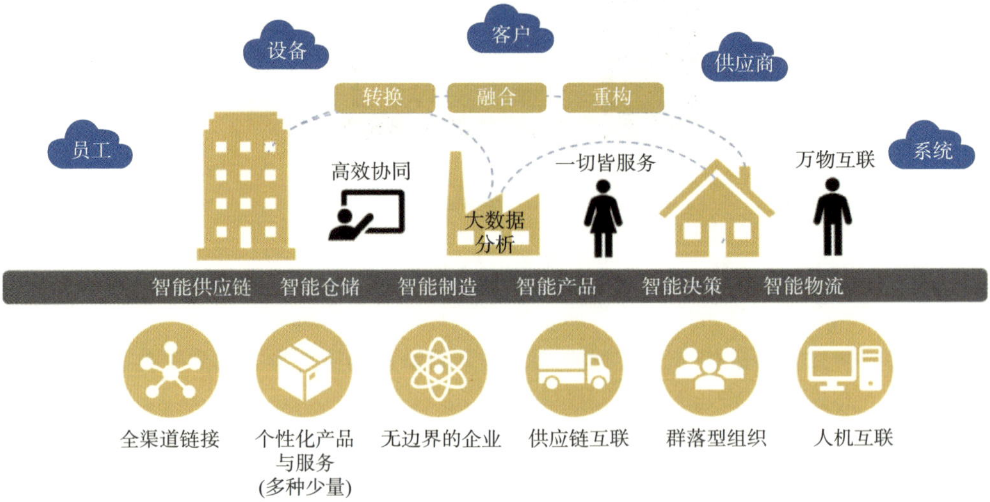

图1-2-5　数字化转型示例

三 石化行业数字化转型的定义研究

数字化转型正深刻改变着经济发展与企业经营模式，这使得各类公司更加关注数字化转型，但目前不同群体对数字化转型所涉及的主体和层面存在不同的看法，对数字化转型的分析视角和阐述重点不同，数字化转型的定义尚未统一。

（一）研究机构对数字化转型的定义

1.国务院发展研究中心

国务院发展研究中心认为，数字化转型是利用新一代信息技术，构建数据的采集、传输、存储、处理和反馈的闭环，打通不同层级与不同行业间的数据壁垒，提高行业整体的运行效率，构建全新的数字经济体系。在数字化浪潮的推进下，新一代信息技术包括云计算、大数据、物联网和移动互联网快速发展。在信息技术的支持下，必将实现各行业数据的整合与发展，从而推动以数字化为特征的数字经济进入崭新的发展阶段。该定义强调数据的重要作用，通过数据拉通，促进企业内部、上下游和产业之间的价值联通，最终提升产业效率。

国务院发展研究中心表示全面的数字化将为行业的生产者、决策者和消费者带来更好的体验和更高的效率，提升产业的社会经济运行效率。如图1-2-6所示，从IT架构来看，国务院发展研究中心主体分为物理层、平台层、数字层三层，通过与传统行业结合，实现了数据在行业内部的流动，构成完整的CPS，促进了行业间的协同。

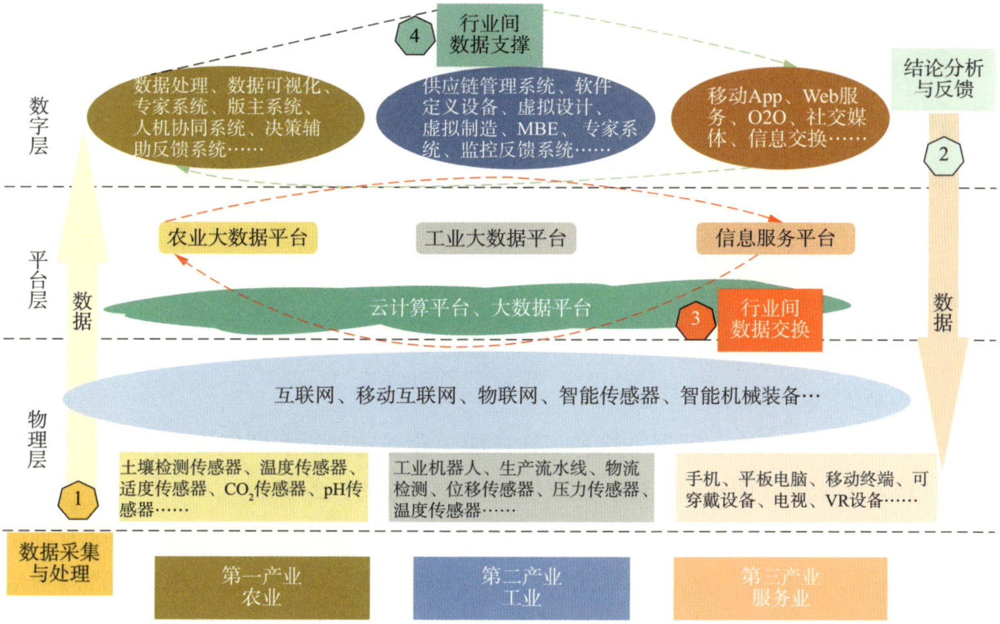

图1-2-6 数字化体系框架结构

2.中国信息通信研究院

中国信息通信研究院认为数字化企业必将以客户为中心，且具备敏锐、创先、高效、流水线化的数据和流程分析能力。数字化转型将会对企业的商业模式产生巨大影响，并将触及所有的生产活动、部门、职能以及组织流程的变革。数字化转型本质是利用数字技术变革生产方式、商业模式和产业组织方式的系统转型过程，体现为业务转型、运营转型和组织变革的一系列组合，通过变革创新范式、优化产业资源配置方式带来新价值增长、效率和敏捷性提升，进而带动全要素生产率提升。如图1-2-7所示，通过数字技术与实体经济深度融合，实现数字产业化、产业数字化、数字化治理和数据价值化，加速重构经济发展与治理模式的新型经济业态。

（二）咨询公司对数字化转型的定义

1.麦肯锡公司（McKinsey Company，简称麦肯锡）

麦肯锡认为全面可持续的数字化转型需要业务转型、技术转型和组织转型相互配合，并辅以变革管理支持转型的落地，缺一不可。其中组织转型要求建立数字化团

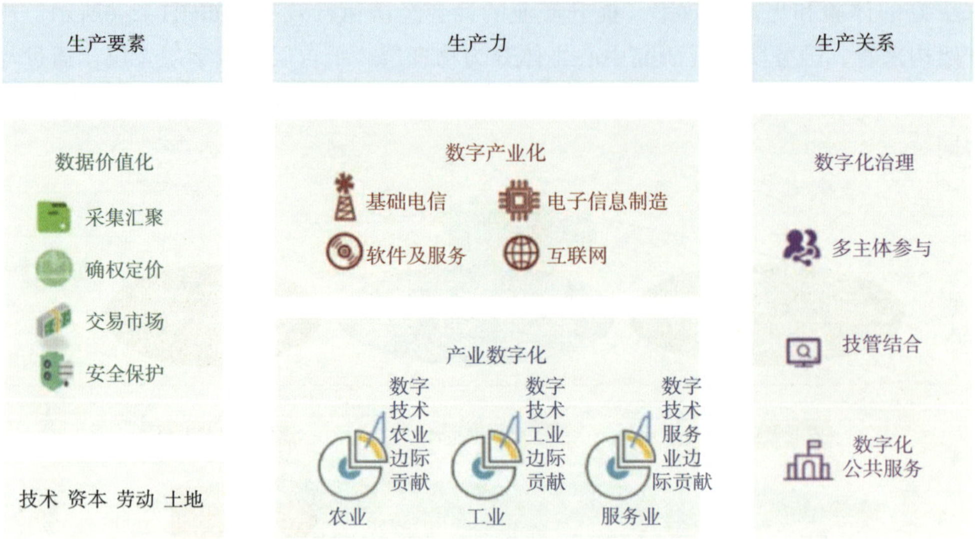

图1-2-7　数字经济的四化框架

队，包括新的组织机构、管理方法和工作技能。业务转型要求聚焦价值，以价值为驱动力。技术转型要求构建双速IT、数据体系架构，如图1-2-8所示。

麦肯锡强调聚焦价值，一把手挂帅，将数字化转型工作与业务工作和业绩管理结合，建立新的组织机构、管理方法，培养新的工作技能，优化信息架构，发挥灯塔效应。具体而言，麦肯锡通过发动全员在各个层级、各个价值链上采用日益商业化的数字突破性技术（如物联网、高级分析、人工智能、自动化和流程数字化），改变运营方式，实现现有和新兴业务价值，以满足客户日益增长的需求。并且企业最高层长期关注数字化转型工作，与业务工作和业绩管理结合。

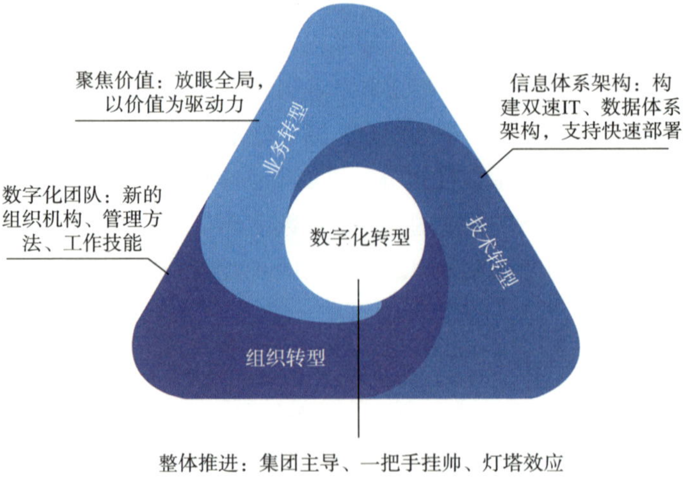

图1-2-8　数字化转型的三大方面

2.高德纳咨询公司（Gartner company，简称高德纳）

高德纳认为数字业务优化是通过提高生产率、增加营收和改善客户体验来改进现有业务模式的过程，数字业务转型是寻求创造净收益、产品/服务和业务模式的过程。高德纳强调优化和转型的区别，建议企业合理设计KPI动态评估转型进展，及时调整策略。其中数字业务优化注重提高生产力和营收、提升客户体验；数字业务转型注重全新产品和服务以及新业务模式，如图1-2-9所示。

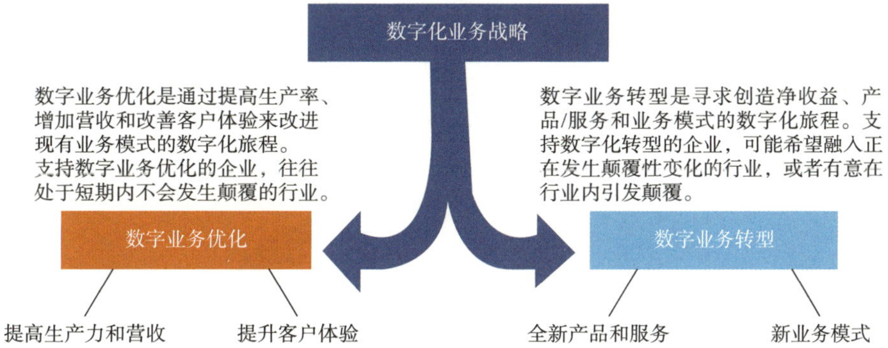

图1-2-9　高德纳的数字化业务战略

（三）ICT厂商对数字化转型的定义

1.微软公司（Microsoft Company，简称微软）

微软的数字化转型强调提升能力，紧密围绕客户，创新价值主张，同时也要关注内部管理和员工的数字化赋能，数字化转型路径和核心能力可以概括为：客户交互、赋能员工、优化业务流程、产品与服务转型。

在客户交互方面，微软关注客户满意度，因此构建以客户为中心的企业战略，利用高质量、数据驱动的洞察，提升客户体验。在赋能员工方面，微软认为远程工作和移动技术是应对当今业务挑战的关键解决方案，移动员工可以降低成本、提高业务连续性、减少对环境的影响、协调工作/生活平衡，并有助于吸引和留住人才。在优化业务流程方面，微软使用物联网和传感器来提高效率水平，从而对销售和客户满意度产生影响；此外，使用数字平台缩短交付周期，持续连接现场设备，并在一系列分散的终端上收集数据，从中抽取数据进行洞察分析进而优化生产和交付时间，以较低的成本测试新产品和服务，在用户问题成为实际问题之前预测并解决。在产品与服务转型方面，微软认为把软件和技术直接嵌入产品和服务的方式将成为企业交付商业价值和商业模式的重要进化策略，对所收集的数据进行调查并判断是否可以成为进入新市场，或为产品工程和服务流程注入数据，从而迎来产业新机遇。

2.华为技术有限公司

华为认为数字化转型是通过新一代数字技术的深入运用，构建一个全感知、全连接、全场景、全智能的数字世界，进而优化再造物理世界的业务，对传统管理模式、业务模式、商业模式进行创新和重塑，实现业务成功。华为强调技术的作用，一切业务数据化，一切数据业务化，聚焦让数据为业务创造价值。如图1–2–10所示，华为建立了一套应用数字化技术实现业务成功的战略框架与战术工具集，称之为“1234方法”。坚持1个整体战略：将数字化转型定位为组织整体战略，进行全局谋划。创造2个保障条件：通过组织机制转型激发组织活力，通过文化转型创造转型氛围。贯彻3个核心原则：将核心原则贯穿到转型全过程，保证转型始终在正确的轨道上。推进4个关键行动：通过4个关键行动控制转型的关键过程。

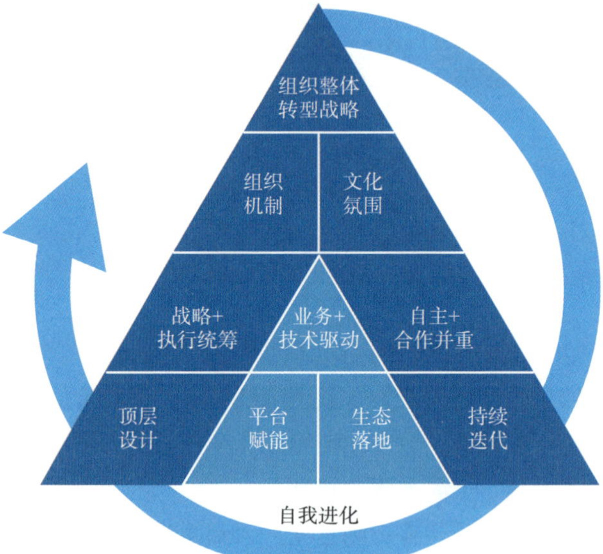

图1–2–10 华为“1234方法”

（四）企业对数字化转型的定义

1.西门子股份公司（Siemens Aktiengesellschaft Company，简称西门子）

西门子认为数字化转型的目的是价值创造和传递，需要依靠技术驱动，而不是技术堆砌，数字化转型涉及企业的多个领域，包括战略、流程、业务模式、组织、人才和公司文化等，而最重要的是从实际业务需求出发，制定最适合的数字化路线图，并生产有价值的产品，再通过商业行为将价值传递给客户，其对于企业管理运营的表现可以通过资产运营、业务履约、产品生命周期三条价值链进行评估数字化，如图1–2–11所示。

西门子认为对于管理运营和数字化都需要评估其在3条价值链上的表现；DTAT数字

化转型评测即对产品生命周期价值链、资产运营价值链、业务履约价值链进行评测。评价企业数字化转型状况需要同时考量其管理运营和数字化水平。

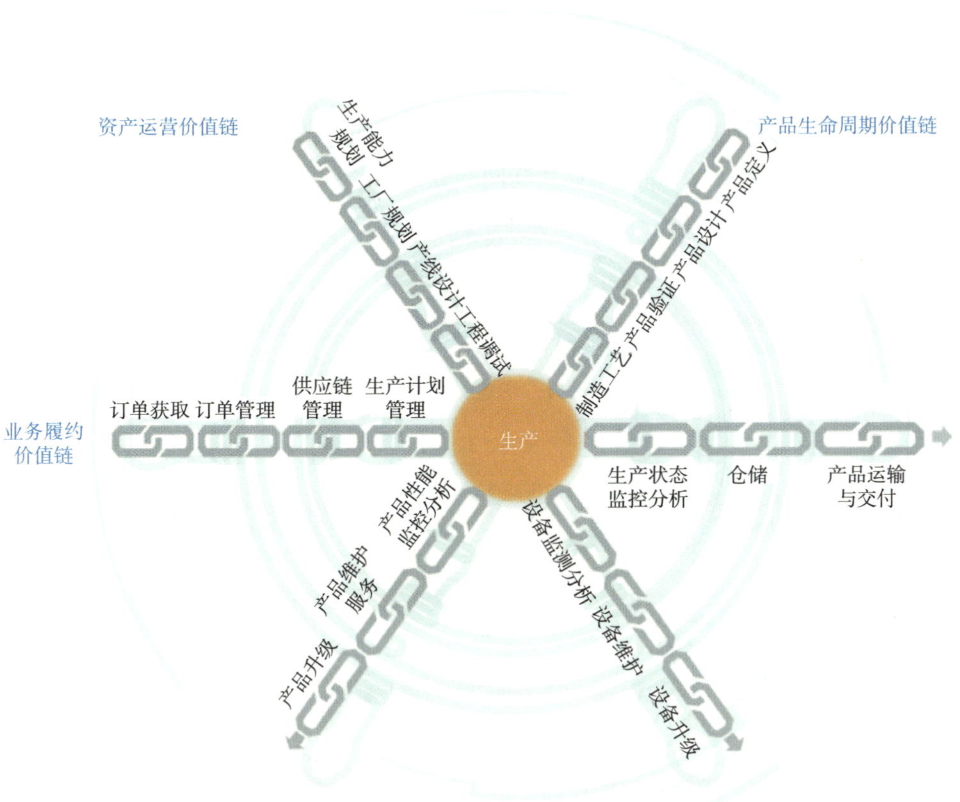

图1-2-11 DTAT数字化转型轮舵的三条价值链

产品生命周期价值链的数字化解决方案从客户与市场需求出发定义产品或服务的核心价值，并通过数字化实现产品全生命周期的追踪与优化，常用的工具包括：创成式产品研发平台、产品知识图谱等。

资产运营价值链的数字化解决方案关注工厂内产线和设备的全面协同，常用的工具包括：融合模型和数据的设备预测性维护、产线数字化规划升级、能耗数据管理及预测分析优化等。

业务履约价值链的数字化解决方案关注产供销协同，致力于更快、更便捷地为客户提供产品与服务，常用的工具包括：根据需求预测模型自动调整采购生产物流、优化库存模型等。

2.通用电气公司（General Electric Company，简称通用电气）

通用电气从2012年提出工业互联网概念，强调建立工业互联网平台，促进数据创新，通过资源共享，建立价值网络。2014年4月，通用电气又与国际商用机器公司（International Business Machines Corporation，简称IBM）、思科、英特尔等IT巨头组织成立了工业互联网联盟（IIC），同时在美国政府提出的“再工业化战略”的加持下，认为数字化转型即通过新的技术、标准、商业模式来“重新定义制造业”。基于此，通用电气公司的数字化转型战略目标是“卓越工厂”和“数字化服务”，通过建立工业互联网平台提高自身数字化设计生产效率的同时，为全球用户提供能够实现数字化转型的物联网PaaS平台。其工业互联网的数据循环如图1-2-12所示。

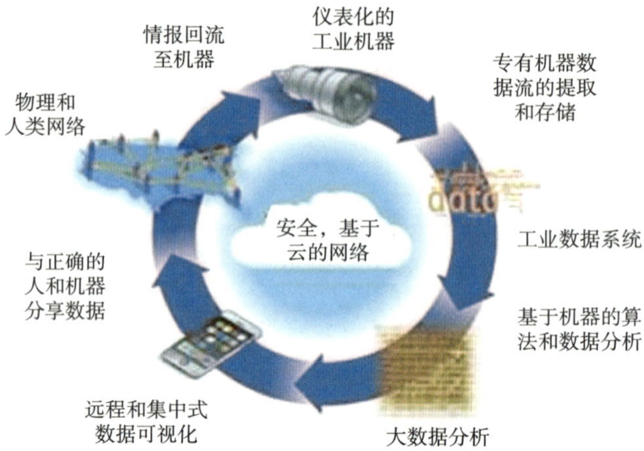

图1-2-12　工业互联网的数据循环

（五）石化行业数字化转型的定义

以上四类机构以不同的立场和视角对数字化转型进行了阐述，研究机构注重理论研究，强调数据作为关键要素的作用，充分发挥数据的创新驱动潜能；咨询公司强调“一把手”挂帅，发挥好领导的核心作用，将数字化转型提升到战略高度；ICT厂商侧重IT架构的重塑，提升数字化基础支撑能力，为业务赋能；企业注重价值创造，希望通过数字化转型降本增效，拓展新的增长空间，实现高质量发展。

这些阐述对石化企业的数字化转型都具有很强的借鉴价值。首先，要重视数据作为关键生产要素的价值，挖掘利用全产业链、全域数据价值，发挥数据的创新驱动潜能；其次，要将数字化转型提升到战略高度，并与企业的发展战略协调一致；再次，构建敏捷的技术架构，以更低的成本和更便捷的方式满足业务需求，数字技术与实体经济深度融合，推动行业向数字化、网络化、智能化发展；最后，注重价值创造，推动行业高质量发展。

经过研究，我们提出了针对石化行业的数字化转型的定义，如图1-2-13所示。石化企业实施数字化转型，实质是重构价值体系，聚合竞争优势，以客户为中心，改造优化供应链、生产、销售、服务等价值创造和传递环节，提升客户体验，盘活存量价值。同时，企业业务需要不断沿价值链延伸，积极向为客户提供高附加值的产品服务和解决方案转型，打造新模式、新业态，推动产业数字化向数字产业化、业务数字化向数字业务化转变，不断挖掘新的价值增长。对于石化企业来说，数字化转型的本质是以价值创造为目的，以提升效率和效益为导向，用数字技术驱动业务变革的过程。

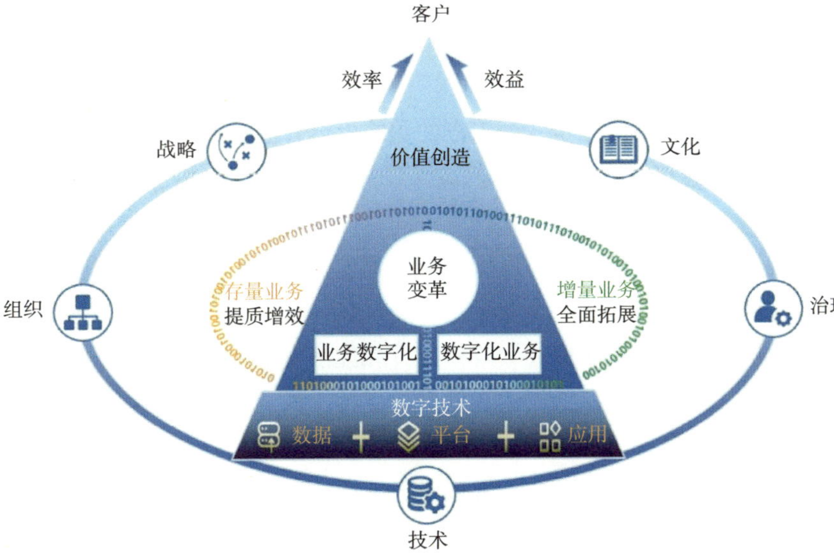

图1-2-13 石化行业数字化转型的定义

石化企业数字化转型要着力培育壮大数字生产力，打破层级化、职能化的生产关系，从供应链、产业链、价值链的角度，构建与数字生产力相适应的组织与运行机制，实现模式再造。在转型推进中，内容、范围不断扩大，由局部优化渐至全局优化和全面变革，价值效益随之逐步提升。企业数字化基础不同，可以同步推进，也可以循序渐进。转型的终极目标是重新定义客户价值，开拓全新业务模式，颠覆固有的工作方式，实现了生产形态的变革。

四 数字化转型的核心要素

在工业经济时代，企业创造价值的方式是基于工业技术专业化分工取得规模化发展效率，以获取长周期的回报。随着资源、能源和环境的刚性约束的日益增强，全球经济发展已经从增量阶段进入存量阶段，单纯以技术或业务为导向来提高规模化发展效率为主导逻辑的发展方式已经很难适应日益复杂的市场环境。

根据管理学大师迈克尔波特教授的观点，信息技术的每一次发展都深刻影响了企业竞争和战略。在现代信息技术出现之前，产品是机械结构的，价值链中的生产活动通过手工操作、纸笔计算和口头沟通完成。在20世纪60年代到70年代，随着信息技术的第一波浪潮来临，使价值链中的生产活动逐渐实现了自动化，大大提高了生产效率，从而引发了企业生产流程的标准化革命。在20世纪80年代和90年代，以互联网为代表的第二波信息技术浪潮出现，实现了个体生产活动与外部供应商、渠道和客户之间跨地域的协调与整合，企业开始与全球的供应链系统进行紧密整合。这两次浪潮促成了巨大的生产率提升和经济发展，价值链发生了变化，但产品本身并没有受到深刻冲击。

如今我们正站在第三波竞争变革浪潮的边缘，云计算、大数据、物联网、人工智能、5G等新一代信息技术实现了“软件定义世界”，通过内置传感器、处理器和软件等方式融入产品本身，并利用云边结合等方式，产生了海量产品运行数据，促使企业内部原有的设计、营销、制造和售后服务全流程生产环节得到改变的同时也带来了新的生产环节，例如数据分析和安全服务。无疑，新一代信息技术带来的变革将重塑现有的价值链，进而引发生产效率的大规模提升和经济发展。

传统的竞争优势战略包括低成本和差异化两种，低成本竞争优势在于生产者通过管理提升、标准化、自动化等措施，实现规模性，提高运营效率，降低运营成本；而差异化战略需要打造创新的产品和服务。在数字化转型的背景下，单纯的价格竞争将不再是唯一的途径，随着业务范围的扩大，对竞争和产业边界的界定比以前更为广泛，企业要更好地理解这些竞争规则，重新思考其核心竞争力和竞争优势，重新审视自身的管理模式、运营模式、业务模式，甚至商业模式和组织架构。

由于新技术赋能，企业掌握了大量的历史数据和产品使用数据，客户使用需求将更好地被满足，从而提升客户黏性，降低对分销渠道和服务机构的依赖，甚至达到去中介化，从而在价值链中捕捉更多利润，削弱购买者的议价能力。随着企业的边界逐渐扩大，竞争的范围也将进一步升级，更多的企业将加入对于原有客户群体的竞争。波特五力（购买者的议价能力，现有竞争对手之间的竞争，新进入者的威胁，替代产品或服务的威胁以及供应商的议价能力，如图1–2–14所示）的构成和强

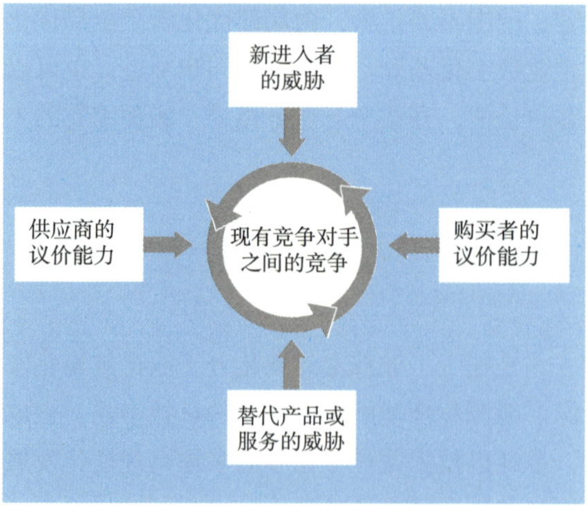

图1–2–14　塑造行业竞争的五种力量

度共同决定了行业竞争的本质以及现有业内公司的平均利润能力。由于新技术、新用户需求对波特五力产生了影响，必将迫使企业公司更好地理解这些竞争规则，重新思考自身的方方面面，甚至重构组织架构。

数字化转型是新一代信息技术引发的系统性变革，在此变革之下，生产力和生产关系都将发生变化，从物质经济、规模经济的生产力和生产关系转变为适应数字经济、范围经济的生产力和生产关系，要适应这种变革，就要推动企业各领域的全面转型。数字化转型从不同视角去看，关注的重点各不相同，例如对于外部经济类和战略专家来说更多地会谈消费互联、数字经济、产业互联等；对于企业CEO来说则更加关注企业新战略和数字化商业模式创新或重构；对于IT厂商来说，应用软件类提供商则更多的是从技术层面来谈数字化转型，例如企业数字中台构建，智能制造，云原生解决方案。综合来看，如图1-2-15所示，数字化转型的核心要素是业务、组织、技术，也就是通过推动业务、组织、技术的互动创新和协同优化来实现数字化转型。

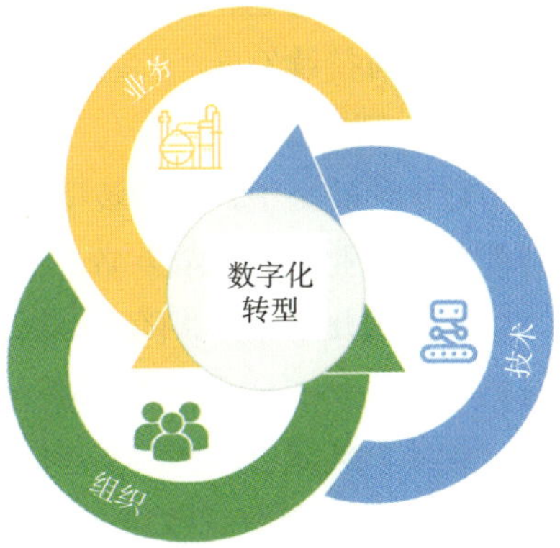

图1-2-15 数字化转型三要素

（一）业务转型

数字化转型中，业务应逐点突破并打通各环节联动性，聚焦价值链升级，形成全链条竞争战略，构建数据驱动的开放价值生态，转型策略包括甄别重点，精准施策，树立标杆，快速推广，动态评估，持续改进。

企业是一个创造、传递、支持和获取价值的系统，价值体系没有重构就不能称为转型。数字化转型的过程，实质是聚合竞争优势，围绕价值链降低成本、提高收入，实现价值增值，改进企业价值创造的过程，甚至形成创新的业务。成功的数字化转型必须以明确的数字化战略为基础，通过明智的战略选择，实现竞争优势、业务增长、利润和价值最大化，继而有计划地实施。

因此，数字化转型战略应作为企业发展战略的重要组成部分，把数据驱动的理念、方法和机制根植于发展战略全局，围绕企业总体发展战略提出的愿景、目标和业务生态蓝图，确定数字化转型的重要举措和资源保障等。通过识别内外部环境的变化，明确与战略相匹配的可持续竞争优势，并将建设信息化环境下的新型能力作为数字经济时代战略转型和战略实现的重要途径和必要手段，通过新型能力的实现和提升确保战略有效落地。

在数字化战略执行过程中，企业应围绕新型能力建设需求，精准识别并动态优化其发展战略，基于内外部环境分析明确与战略相匹配的可持续竞争优势需求，并围绕可持续竞争优势需求进一步确定自身的新型能力需求及目标，从而确保新型能力建设方向的正确性和适宜性。同时，企业应围绕提升新型能力建设结果的有效性，建立确认机制，将新型能力建设目标逐层分解至各个部门、岗位、流程中，在新型能力建设活动完成后，逐次明确新型能力的目标达成情况、可持续竞争优势的获取情况、战略的实现程度，并识别改进机会，从而确保新型能力的建设结果符合预期。通过对数字化战略的分析制定、落地实施、动态调整等全过程进行柔性管控、迭代优化，以有效支撑组织可持续发展。

1.以客户为中心

数字化转型中，业务转型通过聚焦于客户，根据客户需求特点制定转型策略，赋智优化全产业链的竞争策略，实现生态协同发展。

在过去几十年中，随着市场经济的进展，社会生产力的提升，企业治理按照所关注的对象经历了大致三个时期：生产时代、产品时代和顾客时代。因此，企业的战略、竞争力构建也体现出了不同的趋势。企业竞争力和竞争优势的核心不仅依赖于拥有特定的组织资源或能力，同时也来源于组织内部的运行机制，它确保企业经营的不同方面得以协调，形成组织合理，发挥1+1＞2的效果，它是支撑企业短期经营目标、中长期战略目标达成的组织保障。因此，每个部门的目标理论上是为每个目标客户提供产品价值，并以此打造业务模式、组织模式和企业间协作模式。然而在过往，部分部门由于受到内部考核的影响，其目标并不是服务客户，这就造成了企业内部无法形成合力，推进战略落地的危害。

数字时代，最大的挑战在于创造客户价值的方式完全改变，无论是与客户沟通的方式，还是为客户创造价值的方式都不再遵循传统产业逻辑，企业需要重新设计数字化的动态交互场景，设定复合的数字化角色，并通过数字化赋能，协同各商业活动主体，构建多方互联的价值网络，构建全新的数字化发展模式。

企业的战略就是在稳步推进现有业务的同时，在关键价值链分析给出哪些核心业务是企业价值的关键控点，每个企业都会阶段性地审视其自身现阶段的战略目标、经营目标，目前的组织结构是否能有效支撑目标的达成，有效保障战略落地。工业经济时代，过去往往以企业为主体，通过对企业的主要价值活动进行分析，确定打造竞争优势的主价值链条，并开展相关业务布局。而在数字时代，为客户提供价值的传统方式发生了巨大变化，需要从顾客价值的视角来分析商业价值活动，在关注企业内部的价值链的同时关注企业之外的多主体互动产生的价值。因此，价值链需要重构，以数字化顾客价值为核心，实施数字化运营，发展数字化业务，构建数字化生态，以此构建数字化的业务模式、管理模式、组织模式及企业间协作模式。价值链理论的演变见图1–2–16。

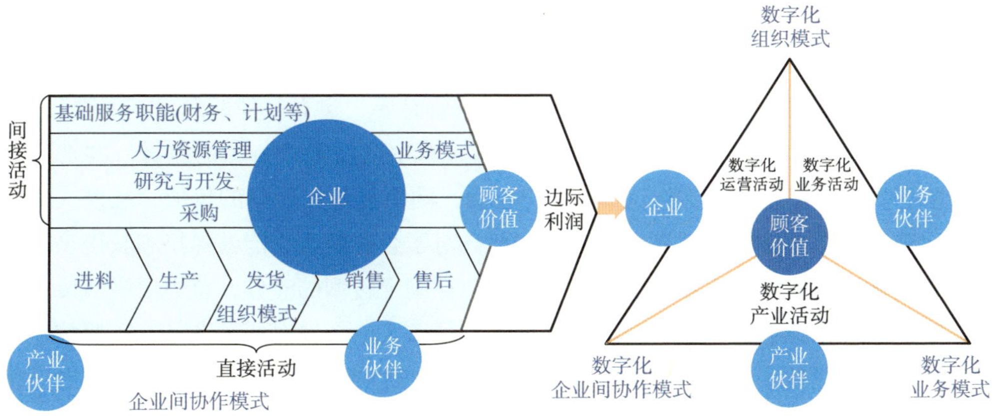

图1-2-16 价值链理论的演变

随着市场变得更加复杂和多样化，客户对服务、稳定性和信赖感的期望已完全改变。顾客更关注整个商业活动过程中自身的个性化体验，即由顾客和产品生产者、服务者、企业及其合作伙伴等商业主体（参与者）之间的一系列复杂互动所创造的价值体验，这就要求企业识别并整合自身生态系统内的数字化资源，为客户提供差异化的价值主张。

企业需要获得客户的信任，不能单纯依靠采购市场研究服务，而是需要紧贴客户真实需求，建立得天独厚的洞察体系，使客户分享最有用、最私密的信息，专注于解决客户最重要的问题，引起客户共鸣。面对新的变化，有核心竞争力的企业可以做平台化的能力服务，其他企业可基于平台化能力赋能，通过为客户提供“量身定制”的个性化增值产品和配套的增值服务，提升客户体验，提升企业收益率。

2.全价值链优化

全价值链优化是指企业通过全价值链的数字化变革实现运营指标的提升。数字赋能的守正和创新如图1-2-17所示。

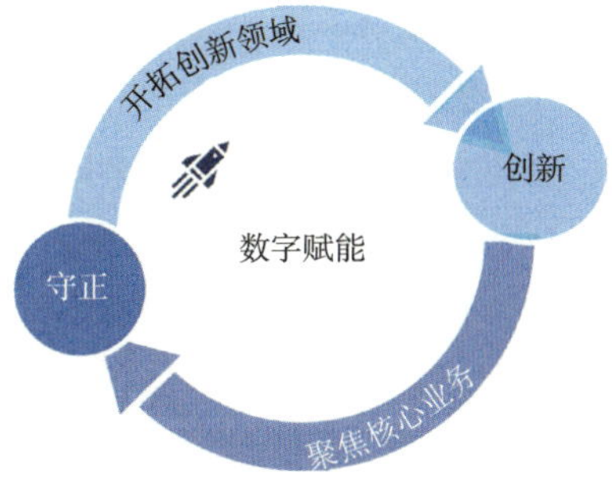

图1-2-17 数字赋能的守正和创新

企业的数字化应立足于顶层设计，结合企业的核心竞争力，如产品设计能力、社会化服务能力、渠道终端覆盖力，以及未来的产业互联、生态发展方向，依托企业自身优势，抓取企业自身的数字化本质。任何企业都有始创、成长、达峰和衰落的过程，只有不断地创新发展，才能实现基业长青。这个过程，就是原有业务和新生业务的持续交替迭代。大型企业既要“立足现在”，盘活存量和资源；又要“面向未来”，创新增量和模式。

经济学家熊彼特在1942年撰写的《资本主义、社会主义和民主》一书中，将市场的创立及淘汰的过程称作“创造性破坏”（creative destruction）。“创造性破坏”不是通过价格的竞争而是依靠创新的竞争实现的，每一次大规模的创新都淘汰旧的技术和生产体系，并建立起新的生产体系，所谓创新就是要“建立一种新的生产函数”，即“生产要素的重新组合”，而企业家的使命在于对生产要素进行新的组合，并把这种“新组合”引入生产体系当中，而数字化转型，则是强调创造新的价值，从模式上、组织上进行变革，本质上也属于破坏式创新。对于企业而言，能够保持和获得当期增长和盈利的，一定是原有的传统业务。因此，在确定转型的时候，首先要激活传统业务，持续释放出成长的空间和时间，确保转型得以实施，针对此类业务，需要按照守正的原则，通过数字化给价值链的各个环节赋能，例如经营管理、核心运营和专业化业务，聚焦赋能优化，推动产业向智能化、无人化、绿色化加速转型，实现降本节费提质增效。

在依托原有业务正常发展的前提下，企业必须有居安思危的意识，在传统达峰之前，就要找到破局点，进行商业模式创新。如果我们把企业看作一个系统，竞争环境的不确定性就是这个系统的“熵”，而数字化转型就是通过建立一个“耗散结构”来清除熵增，实现熵减，熵减可以通过打造开放系统以及做功来实现。通过打造开放系统，打破封闭状态，加快能量、物质、信息的流动。例如，针对直接面向市场的业务环节，聚焦模式再造，以客户为中心，创新产品和服务，挖掘第二增长曲线，全面提升企业效率和效能。

站在新的历史时期，企业应利用现有资源，做强企业存量，进行“稳态发展”和应用性创新；同时还需探索产业链的新业态、新模式，做大企业增量，实现“敏态突破”与探索性创新。通过聚焦核心业务的“守正”和开拓创新领域的“创新”，完成“端到端”的全价值链协同共生，真正实现守正创新，以守正夯实发展基础，以创新驱动转型发展，因势而谋、应势而动、顺势而为，推进产业做强做优做大。

3.生态协同

德鲁克说企业作为社会的器官，是社会不可或缺的组成部分，时刻需要跟生产、客户、供应链网络发生交互，一个封闭的企业是走不长远的，就好像一个孤立的湖泊，会很快枯竭一样，只有主动接入社会价值交互网络，积极参与价值创造、价值传递的企业才能活下来。从行业边界和产品体系来看，数字化转型不但重塑了行业内部的竞争生态，更扩展了行业本身的范围，除了产品自身，扩展后的行业竞争边界将包含相关领域上下游供应商和客户体系，以及针对客户所需要的一系列内外部数据，这些一揽子产品组合到一起能满足更广泛的潜在需求。

行业的竞争基础将从单一产品的功能转向产品系统的性能，例如制造商可以提供一系列互联的设备和相关服务，从而提高设备体系的整体表现。如图1-2-18所示，通过将不同的产品系统和外部信息组合到一起，相互协调从而整体优化形成新的产品体系，在此竞争格局下，如果一家公司能有意识地扩展和重新定义行业边界，例如通过提供增值服务的配套产品以提升客户黏性，并创建一个具有强大网络效应、加大消费者转换成本的平台，从而不断扩大自身竞争优势，形成行业壁垒，使任何其他参与者即便提供更好的产品或更低成本都难以有效竞争取得行业的领先地位。

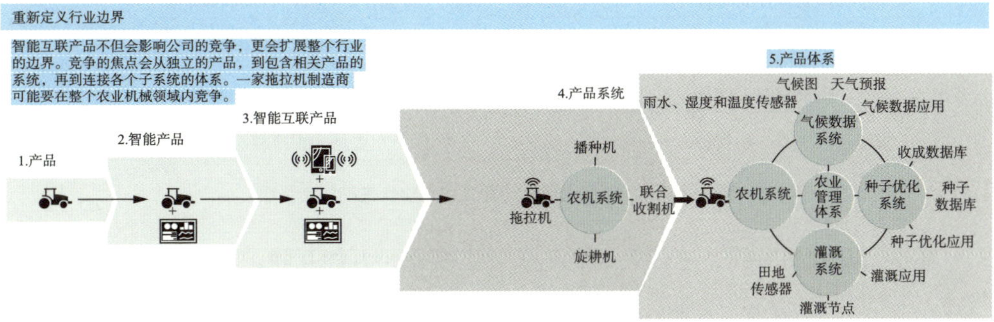

图1-2-18　数字化转型重新定义行业边界

随着行业边界的扩张，数字化转型对于企业内部的生产和供给的要求也变得更高。首先，当前已经很少有企业能够在自己内部找到所需的全部要素（专业知识、知识产权、客户触达等），往往需要调动企业内外部的资源，展开各个方面和领域的变革。其次，在以客户为中心的定制化时代，需要供给侧快速柔性响应。当需求提出之后，供应商之间要形成良性的业务生态合作关系响应需求。

为适应快速变化和不确定的市场竞争合作环境，增强竞争合作优势的可持续性发展，企业逐步从过去的仅关注竞争转向构建多重竞合关系，将竞争合作层次从单一技术产品的竞争合作升维到智能技术产品（服务）群的竞争合作，从资源要素的竞争合作升维到新型能力体系的竞争合作，从组织之间的竞争合作升维到供应链、产业链和生态圈之间的竞争合作。随着全球化的新发展，数字生态的演化从“超大规模专有平台”的1.0阶段，迈向了“社会化开放生态”2.0阶段。截至2021年7月底，全球市值最高的前10家企业中，8家都通过建立数字化平台，构建起强大的生态体系。通过打造平台，控制了流量入口，对接入平台的消费者和企业制定技术及业务规则，甚至直接以股权赋能生态伙伴，彼此形成强依附关系，构建“社会化开放生态”已经成为全球共识。

所以，企业要发展壮大的唯一途径是与生态体系合作，和相关企业之间形成一种你中有我、我中有你的价值互补的合作关系，利用他人建立的能力来快速、灵活、规模化地实现各自的价值主张，通过增强竞争合作优势的可持续性和战略柔性，逐步从过去的单纯竞争向构建多重竞合关系转变，以有效应对快速变化和不确定市场竞争合作环境。如图1-2-19所示，数字化正推动建立更具协作性的生态系统。

传统合作模式		数字合作生态系统
产品或服务	重点	产品/服务/解决方案体系
主要是合资企业和联盟	交易类型	多种多样的交易类型
大部分是同一行业	行业	大部分是跨行业
成熟市场的老牌企业主导	地域	新兴市场参与者发起挑战
价值链固定	结构	具有高度适应性的生态系统价值网络
规模和知识转移	基本原理	创新领导力和入市速度
主要是固定资产和货币	价值	主要是知识产权、货币和非货币

图1-2-19　数字化正推动建立更具协作性的生态系统

在这个开放的时代，连接关系发生了巨大变化，万物互联，人与人、人与物、物与物，一切都更加高效更加紧密地联系在一起。《大国崛起》中讲，“简而言之，我们面对的是一个比一百年前更加牵连更加依赖的世界”。以平台化生态的发展方式，整合资源、互利互助、打破行业壁垒，更好地利用数字化技术优势，创造全新的商业模式和发展机遇，因此平台经济顺应而生，平台经济，纵向上要做的便是去中介化，横向上要去边界化，未来的产业格局，不断地连接企业的各个环节，个性化的环节会更加分散，标准化的环节会更加集中，通过数字技术去连接我们应该连接的一切生态成员，激活并构建适合生态圈的生长机制，让生态圈成员能够相互和谐地成长、发展，并促使行业朝着健康、良性的方向发展。

（二）技术转型

技术转型中应着眼于科技创新，通过搭建技术生态体系获得其他合作伙伴的支持，促进产学研用协同创新取长补短，共同发展。利用工业互联网平台，注重IT、DT、OT、PT等充分融合，充分挖掘数据价值，驱动数据分析挖掘域应用，并在转型过程中逐步建立数字化标准及安全体系。

1.科技创新

（1）开放式创新

当今世界正经历百年未有之大变局，科技创新是其中一个关键变量。数字化转型重塑科技创新发展路径，为科技创新注入数字力量，而开放式创新正逐渐成为数字经济发展的关键动力。

20世纪90年代，随着企业内部研发团队规模越来越大，在封闭式创新情况下企业相互保密，各自进行封闭的技术革新和竞争，传统科层制管理难以提升创新效率。过去的贝尔实验室、施乐帕克研究中心的失败都佐证了封闭式创新容易导致企业与新一轮技术革命的红利失之交臂。于是企业开始科研创新管理变革，通过建立风险投资基金或内部创新加速器，将创新基金分配给企业外部和内部具有突破性想法的工程师，鼓励其将奇思妙想的创意开发成产品和服务。至今位居美国股市市值前列的苹果、微软和亚马逊等公司都是在自有的平台上吸引了庞大的生态伙伴，而生态伙伴的创新又不断反哺平台，激励原有企业完成自身的更新换代。在一个有效竞争市场，企业运用开放式创新并不意味着对自身权利的放弃，而是意味着对各方参与者价值的承认，企业相互公开协议，通过专利保护规则或技术标准联盟协调标准，最终实现市场价值的分享。与传统的封闭创新相比，开放式创新模式可以从公司的外部和内部同时获得创新资源并且商业化。

随着全球供应链整合和产业协同度提升，技术升级和产品迭代速度加快，跨学科的研发和创新成为常态。传统产业通过开放式创新将大学、设计公司、供应商，与全球集成商联系起来，形成创新生态和技术共同体，形成跨产业、跨地域、跨领域的开放式创新平台，从而形成价值互联网，而网络中多对多连接形成的网络效应，促进了效率远高于传统的供应链和线下业务体系的高校、产业、资本等参与者之间的各种交易合作，从根本上解决过去中国产学研体系产业协同度低、核心技术转化率低、科研市场脱节、知识产权流失等问题。

（2）集群式创新

随着云计算、区块链、人工智能、量子计算、5G等新一代信息技术的迅猛发展，第四次科技革命不断与应用场景深度融合，技术融合也呈现出了一些新的发展特点。单点技术和单一产品创新正加速向多技术融合互动的集成化、平台化、系统化创新转变，硬件、软件、服务等核心技术体系加速重构，创新周期大幅缩短，新业态、新模式快速涌现，新一代信息技术与制造、材料、能源、生物等技术的交叉渗透日益深化。技术融合创新成为当今时代抓住发展机遇的金钥匙。

例如，工业5G等新型网络技术以其高可靠、低时延通信和大连接等特性，将带来无处不在的高性能感知、通信与先进算力；以工业人工智能为代表的建模分析技术通过对数据中隐含知识的深度挖掘，促进形成数据驱动决策新范式；区块链技术以其不可篡改的特性解决传统工业领域信任机制缺失、流程交互低效等痛点，推动实现基于主权保护的分布式制造、设备可信租赁、能源融通交易等新模式新业态；数字孪生技术以数据与模型的集成融合为核心，在数字空间构建物理对象（如资产、行为、过程）的精准数字化映射，形成工业全业务流程闭环优化等综合决策能力。

在以智能制造为特点的未来工业中，以单一技术为主导的模式已经不再能满足新的需求，多种新兴技术的集群式创新、融合发展与突破成为产品设计的特点。面向工业4.0，将虚拟的数字世界和真实存在的物理世界有机融合，综合客户需求、硬件制造、工业设计和互联网的复杂系统等多方面因素，同时，通过小批量高速迭代、多种技术融合、产品快速升级，跨组织跨专业的团队以及制造型企业协同创造共同完成。

（3）融合式发展

信息化和工业化深度融合是信息化和工业化两个历史进程的交汇与创新，是中国特色新型工业化道路的集中体现，信息化是信息技术在国民经济各领域的应用，既是发展过程也是发展目的，信息化和工业化的融合既加速了工业化进程，也拉动了信息技术的进步，IT和OT分别作为经营管理和生产控制的两大技术力量，在数字化转型的过程中，相辅相成、缺一不可。

IT（Information Technology，信息技术）主要包括计算机技术、网络技术和通信技术。在企业经营中，IT信息系统为企业的战略决策、经营管理、行政管理、业务执行提供了有力支持。

OT（Operational Technology，运营技术），其可定义为对企业的各类终端、流程和事件进行监控或控制的软硬件技术，含数据采集和自动控制技术即电子、信息、软件与控制技术的综合运用，因此，OT既包括硬件设施（如机器人、电机、阀门、数控机床等），也包括对这些设施进行控制的各种软件技术。

在工业3.0时代，OT和IT具有相互独立的界面，二者没有融合的倾向，如图1–2–20所示。传统信息化时代，底层的自动化控制系统响应速度要求高（精准实时，毫秒级–秒级），但只针对单体的设备；MES（制造执行系统）、ERP（企业资源计划）系统响应速度要求低，但管理的范围面向生产甚至整个供应链。在传统IT架构模式下，“烟囱式”建设的信息系统修改困难、集成混乱；数据被割裂深锁在各个系统内，不能被自由利用；项目建设周期过长，无法快速响应业务需求，企业迫切需要建设新型数字化架构。

进入工业4.0时代，数字化转型强调打通IT与OT，通过工业互联网平台扩展管控

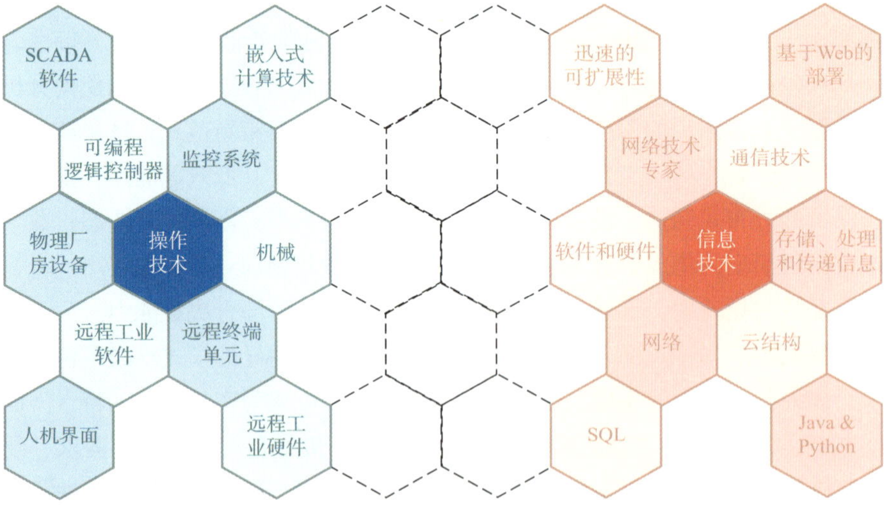

图1–2–20 传统定义的IT与OT

一体化范围，以工业大数据为血液，消除断点、堵点，加速业务与应用的融合，提升用户体验，实现敏捷交付，从以流程管控为核心的信息化，转向以用户体验为核心的数字化，如图1-2-21所示。

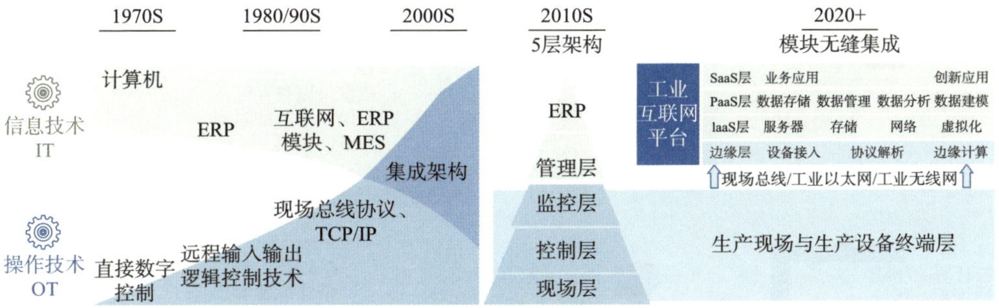

图1-2-21 IT与OT融合的发展趋势

通过OT与IT融合，既能促进IT在OT端发挥网络化、云化、智能化的作用，也可保障OT端更多利用IT端的使能技术。未来融合模式主要分为两类：将OT端与IT端的信息通道打通，即建立IT端与OT端的连接；将OT端的信息输出到IT端，使得OT端信息在更大范围内共享，即OT端的信息云化。

对于石化行业或者制造业而言，工艺技术也是关注的重点，工艺技术指工业产品的加工制造方法，包括从原料投入到产品包装全过程的原料配方、工艺路线、工艺流程、工艺流程图、工艺步骤、工艺指标、操作要点、工艺控制等。对石化行业来说，主要是石油化工产品的生产和石油炼制、石油化工工艺技术。将设备、物料、工艺、操作、质量、能源、环保、安全、应急等石化行业各业务领域的知识、案例、模型、算法通过平台进行沉淀，形成工业知识库，为工业应用提供知识和算法的支撑。充分融合工艺技术、设备技术、自动化技术等多种技术，优化制造流程，提高生产效率和产品质量，推动产品结构优化，获得更高的经济和社会效益，是数字化转型的最终目标。

（4）数字化转型相关技术

以大数据、人工智能（AI）、云计算、物联网为代表的新一代信息技术形成“核聚变”与行业融通，赋能千行百业，推动企业实现信息化向数字化的变革。

人类历史上经历了六次信息技术革命，每一次信息的变革都对人类社会产生巨大而深远的影响。如图1-2-22所示，第一次信息技术革命中，语言的使用使得信息得以分享；第二次信息技术革命中，文字的创造使得信息可以存储；第三次信息技术革命中，印刷术和造纸术的出现使得知识的积累和传播变得更加迅速；第四次信息技术革命中无线电的发明使得信息的传递进一步突破时空的限制，加快了信息的传播速度；第五次信息技术革命中，电子计算机和现代通信技术的应用将人类社会推进到数字化信息时代；第六次信息技术革命中，随着云计算、物联网等新一代信息技术的产生，使人类社会进入了以云、物、移、大、智为核心的信息革命新阶段，本小节将针对数字孪生、大数据、工业互联网等10项新一代信息技术展开介绍。

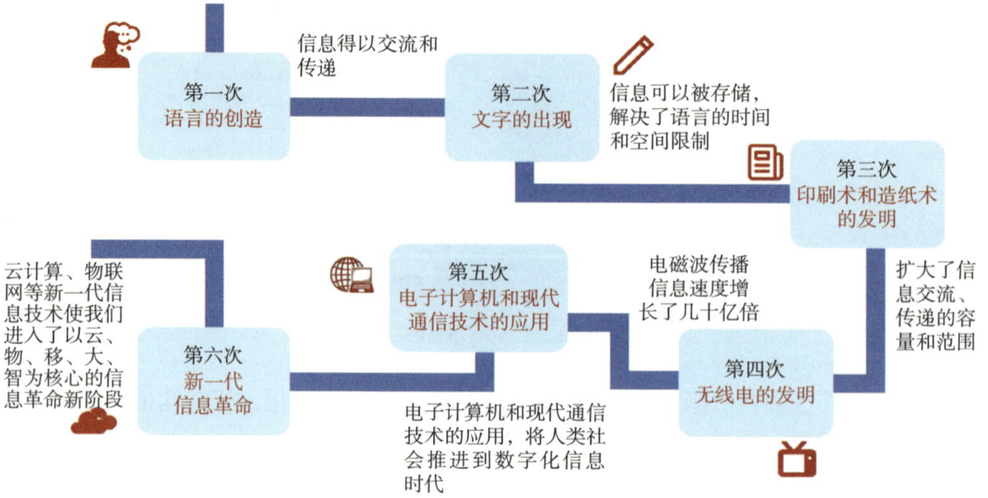

图1-2-22　六次信息技术革命

▼数字孪生

2002年，Grieves教授在美国密歇根大学产品全生命周期管理（PLM）课程中提出了“与物理产品等价的虚拟数字化表达”，虽然这个概念当时并没有被称为数字孪生，但具备了数字孪生的基本组成要素。后来不同的组织对数字孪生的思考也逐渐发展，其核心思想都是在虚拟空间构建数字模型，并使之与物理实体进行实时的交互映射，忠实地描述物理实体在整个生命周期的状态和发展轨迹。数字孪生概念发展历程如图1-2-23所示。

一个完整的数字孪生模型包括物理层、数据层、模型层、功能层和能力层，分别对应着数字孪生的5个要素——物理对象、对象数据、动态模型、功能模块和应用能力。物理层所涉及的物理对象既包括了物理实体，也包括了实体内部及互相之间存在的各类运行逻辑、生产流程等已存在的逻辑规则。数据层的数据来源于物理空间中的固有数据，以及由各类传感器实时采集到的多模式、多类型的运行数据。数字孪生中的模型既包含了对应已知物理对象的机理模型，也包含了大量的数据驱动模型。功能层的核心要素“功能模块”则是指由各类模型通过或独立或相互关系作用的方式形成的半自主性的子系统，或者说是一个数字孪生的小型实例。通过功能模块的搭配组合解决特定应用场景中某类具体问题的解决方案，在归纳总结后沉淀为一套专业知识体系，这便是数字孪生可对外提供的应用能力，也可称为应用模式。数字孪生定义图解如图1-2-24所示。

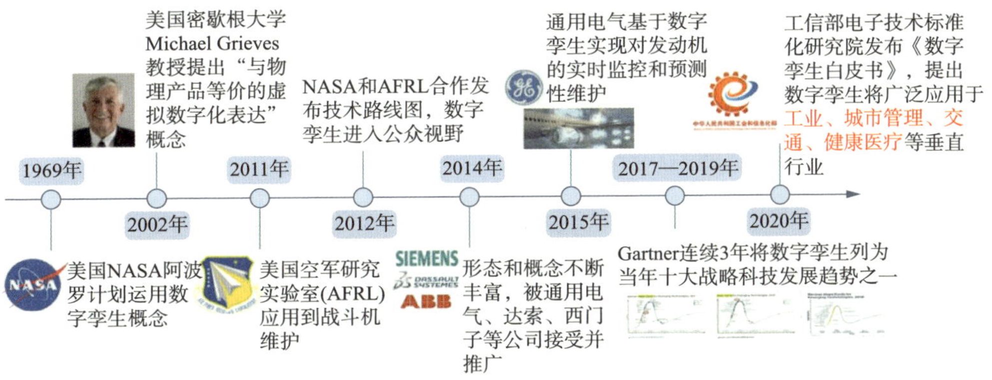

图1-2-23 数字孪生概念发展历程

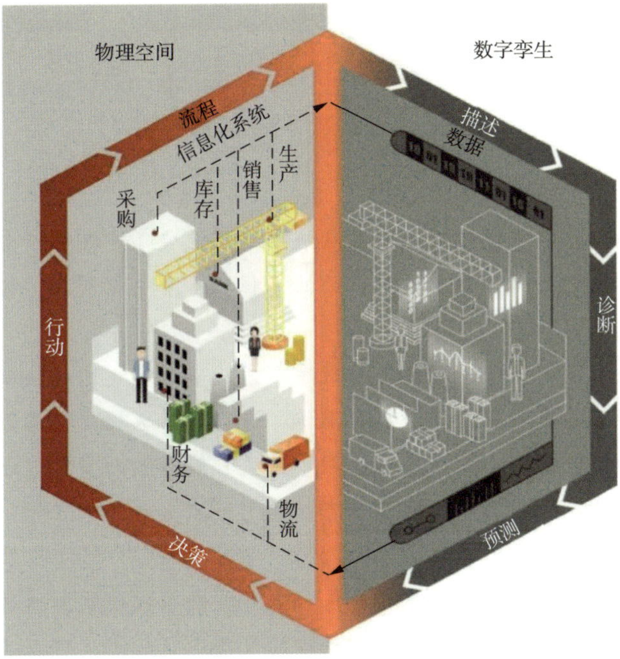

图1-2-24 数字孪生定义图解

数字孪生的核心技术包括感知、建模、仿真三个方面。其中感知是数字孪生体系架构中的底层基础，是对运行环境和数字孪生组成部件自身状态数据的获取；建模以实现业务功能为目标，构建理论、方法、相关工具及模型库；仿真是将确定性规律和完整机理的模型转化成软件的方式来模拟物理世界。若要对一个物理实体进行数字孪生化，则需要经过三维建模、三维仿真、数据动态化、模型自主化四个重要阶段。

数字孪生的内涵可以概括为一项通用技术，两大孪生空间，三大技术要素，四大功能等级，五大典型特征，强调物理世界的全方面完美复刻与并行运行。数字孪生技术是一项支撑经济社会数字化转型的使能技术，包含物理和赛博两个空间，基于数据、模型和软件三大技术要素，并对物理空间进行表述、诊断、预测、决策，进而实现物理空间与赛博空间的交互映射，达到数据驱动、模型支撑、软件定义、精准映射、智能决策的效果，如图1-2-25所示。

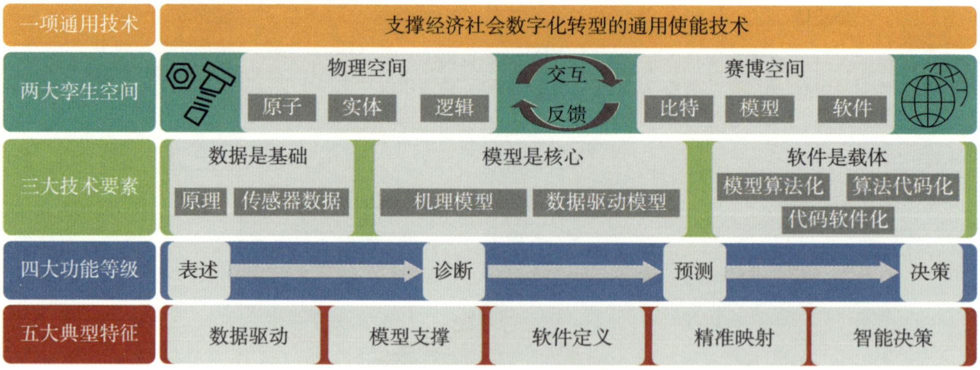

图1-2-25　数字孪生的内涵

▽数字孪生的技术应用：

石油化工行业数字孪生技术研究及应用目前主要集中在生产全流程和运行维护上，即油气勘探、钻井过程、石油工程装备全生命周期、智能工厂建设及应用等。

工程设备：通过构建工程装备的数字孪生，实时客观地反映工程装备的数据及状态，通过真实物理量的实时上传，进行实时数据建模与数据虚拟呈现，完成现实物理世界与数字世界的同步，尽可能多方面多维度还原工程装备的情况，以钻具为例，包括运输节点、使用节点、入井节点等，确保工程装备时间轴上的完整性。

钻井过程：在半潜式钻井平台的基础上开展数字化研究，通过创建物理信息系统来监测数据驱动信息空间中构建的设备运行状态，可以实现钻井平台关键设备变化情况的模拟和预测，达到实现钻井平台与虚拟空间模型相互映射、相互指导的目的。

石油管道：石油管道运营商可以通过在线监测，获得大量管道运行数据，但如何利用这些数据、实现数据可视化一直是石油管理领域的难点。数字孪生利用虚拟现实技术，获得3D石油管道数据图像。用户通过对石油管道虚拟图像进行处理，利用全息透视眼镜，便可清晰观测管道内情况。

▽数字孪生的发展趋势：

拟实化：未来数字孪生将涉及多物理建模，向着拟实化趋势发展，将基于不同物理属性的模型关联在一起。

全生命周期化：未来的数字孪生将从产品设计和服务阶段向产品制造阶段延伸。

集成化：以数字纽带技术作为基础技术，将新一代信息与通信技术、大数据分析技术、增强现实（AR）技术等先进技术有机融为一体。

▼大数据

当今世界，数据激增，公司每天都从顾客、供应商、工厂中获得海量数据，网络信息化时代的日益普遍加速了数据大量产生的趋势，致使当前社会的数据增长比以往任何一个时期都要快。随着数据量越来越大、类型越来越多，基于海量信息数据处理需求等因素，大数据应运而生。虽然大数据近些年才受到人们的关注，但早在1980年，著名学者托夫勒就在他的著作《第三次浪潮》中称赞大数据是第三次浪潮中最华彩的乐章。

▽大数据的内涵：

维克托·迈尔–舍恩伯格是十余年潜心研究数据科学的技术权威，也是最早洞见大数据时代发展趋势的数据科学家之一，从他的著作《大数据时代》中，我们可以看到大数据内涵的思维变革。大数据不是随机样本，而是全体数据，通过大数据分析所有数据，得出的结果将会更准确。大数据不是精确性，而是混杂性，要想获得大规模数据带来的好处，混乱应该是一种标准途径。大数据不是因果关系，而是相关关系，通过相关关系分析法更准确，更快，而且不容易受到偏见的影响，建立在相关关系分析法基础上的预测是大数据的核心。

IBM（国际商业机器公司）用4V（Volume、Variety、Velocity、Value）来描述大数据的特点，即具有海量的数据规模、多样的数据类型、快速的数据流转和价值密度低等特点。数据规模大是指石油化工行业产业链的各个环节信息交互迅速，大量数据信息实时产生并更新，产生了体量巨大的数据，其产生的数据以TB、PB、EB来统计。大数据包含不同类型的数据和数据源，包括结构化、半结构化和非结构化数据，企业需要整合并分析传统和非传统信息源的数据，包括企业内部和外部的数据。数据处理速度极快，可以从各类型数据中快速获得高价值信息，这是大数据区别于传统数据挖掘最明显的特征。即使最优秀的数据清理方法也无法消除某些数据固有的不可预测因素，例如天气、经济或者客户最终的购买决定。大数据的维度如图1–2–26所示。

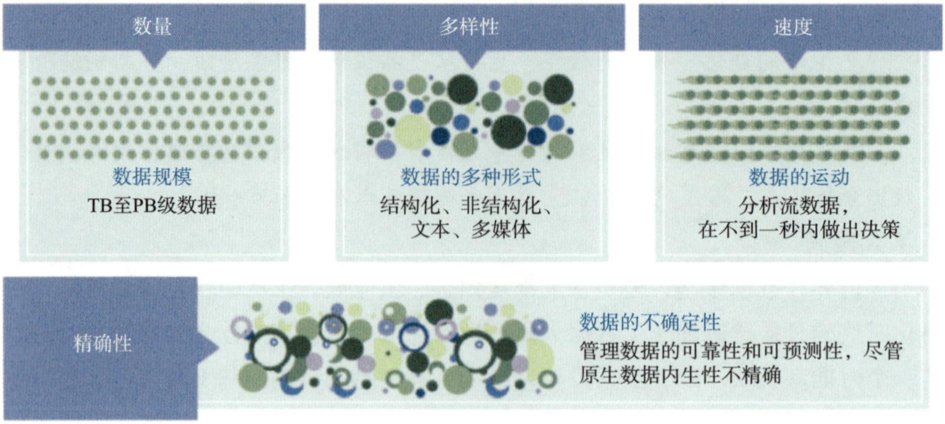

图1-2-26 大数据的维度

▽大数据的技术应用：

能源勘探：在石油化工行业，随着高密度地震采集技术的应用，地震勘探所产生的数据量在大幅增长。通过大数据分析能更好地揭示石油资源的真实分布情况，实现对石油储层特征的更加精细刻画，降低开发难度与风险，减小钻井事故率，降低勘探、开发成本。

化工生产安全：运用大数据技术，可以挖掘油田企业中工人的不安全行为、物的不安全状态、管理漏洞等信息，发现和挖掘油田生产作业的事故规律及特点，以此作为提出安全措施的依据。例如美国休斯敦的专业钻探公司PacificDrilling，利用大数据实时监控每个平台上千个零件状态，让化工安全得到了保障。

管道风险评估：采用大数据技术，可以在管道数据库建立的基础上，对与管道腐蚀相关的数据进行分析，获取管道发生腐蚀的概率，选出最可能发生事故的腐蚀点。与传统方法相比，基于大数据技术的管道风险评估方法成本低、精准度高，对于提升管道安全水平有着重要意义。

石油化工销售：利用大数据技术，石油化工销售企业能够对海量客户、化工产品、市场信息进行高效快捷的处理和深度挖掘，识别终端客户的需求并与炼化生产企业的产品形成优质的匹配，从而构建一个客户、产品、市场快速反应的完整响应机制，进而推动企业实施精准化营销管理。

▽大数据的发展趋势：

基础技术：大数据技术自诞生以来始终沿袭着基于Hadoop或者MPP的分布式框架，无论是私有化部署还是云化服务，大数据平台始终以具备数据存储计算处理分析等完整能力的形态提供服务。

数据管理：数据管理相关的概念和方法论近年来备受关注，在大数据浪潮下越来越多的政府、企业开始关注如何管理好、使用好数据，从而使数据能够借由应用和服务转化为额外价值。

分析应用：随着深度学习的迅速发展，传统的以独立数据集合为对象的分析技术不断成熟。相对地，对于存在关联关系的数据进行关联分析的需求愈加旺盛。

安全流通：数据如何在不同组织间进行安全可控的流通始终缺乏有效的技术保障，随着相关法律的逐步完善，数据的对外流通面临更加严格的规范限制，合规问题进一步对多个组织间的数据流通产生制约。

▼工业互联网

19世纪70年代，随着大型工业企业的兴起，机器和设施发展日益壮大，它利用层级结构的效率，并采用集中控制。20世纪50年代，大型计算机、软件以及允许计算机之间的互相通信的“信息包”出现，在20世纪70年代，封闭的政府和私有网络让位于开放式网络。2012年，工业互联网被首倡者美国通用电气公司（GE）定义为“打破智慧与机器的边界”。这一集成技术起源于通用航空发动机可预测性维护的工业模式。伴随着智能传感器的广泛应用，人们可以实时感知与收集生产要素相关信息，通过物联网技术将信息在云平台上进行整合、分析，得出优化制造过程的决策，工业互联网平台因此诞生。工业互联网的崛起浪潮如图1-2-27所示。

图1-2-27　工业互联网的崛起

▽工业互联网的架构体系：

2016年8月，中国工业互联网产业联盟发布了《工业互联网体系架构1.0》。提出工业互联网网络、数据、安全三大体系，其中“网络”是工业数据传输交换和工业互联网发展的支撑基础，“数据”是工业智能化的核心驱动力，“安全”是网络与数据在工业应用中的重要保障。此后，体系架构进一步升级为2.0，如图1–2–28所示，包含业务视图、功能架构、实施框架三大板块，形成以商业目标和业务需求为导向，进而明确系统功能定义与实施部署方式的设计思路，自上而下地递进和细化。

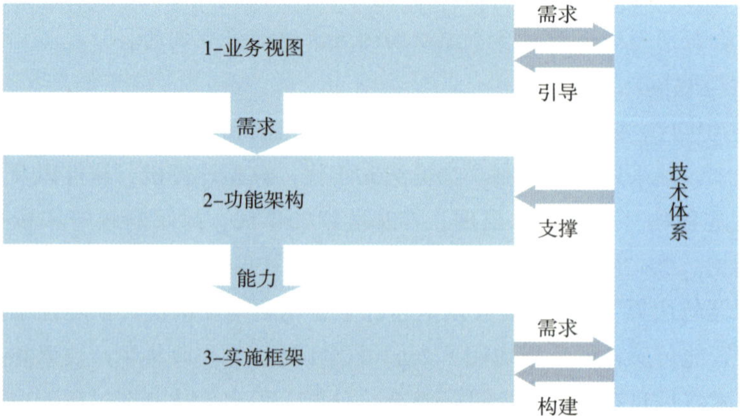

图1–2–28　工业互联网体系架构2.0

当前行业认为工业互联网平台由数据、算力、模型和应用结合构建打造，基于工业互联网体系架构2.0可以将其划分为边缘层、平台层（PaaS层）、应用层（SaaS层）三层基础架构体系。工业互联网平台的基础是数据采集，需要从多角度、多维度、多层级来感知生产要素信息。对海量、高维、多源异构数据进行高效融合，形成单一生产要素的准确描述。工业互联网平台的核心是平台。工业互联网平台的关键是应用，利用大数据、人工智能等信息技术，从海量高维、互联互通的工业数据中，挖掘出隐藏的决策规则，从而指导生产。最后，工业互联网平台的关键是应用，工业互联网是以需求驱动的、面向客户的平台。为用户提供设计、生产、管理、服务等一系列创新性应用服务。工业互联网技术原理如图1–2–29所示。

▽大数据的技术应用：

数字化管理：企业可基于平台开展数字化管理，打通研发、生产、管理、服务等环节，实现设备、车间、物流等数据的泛在采集，推动全生命周期、全要素、全产业链、全价值链的有效连接，打造状态感知、实时分析、科学决策、精准执行的数据流动闭环，辅助企业进行智能决策，显著提升企业风险的感知、预测、防范能力。

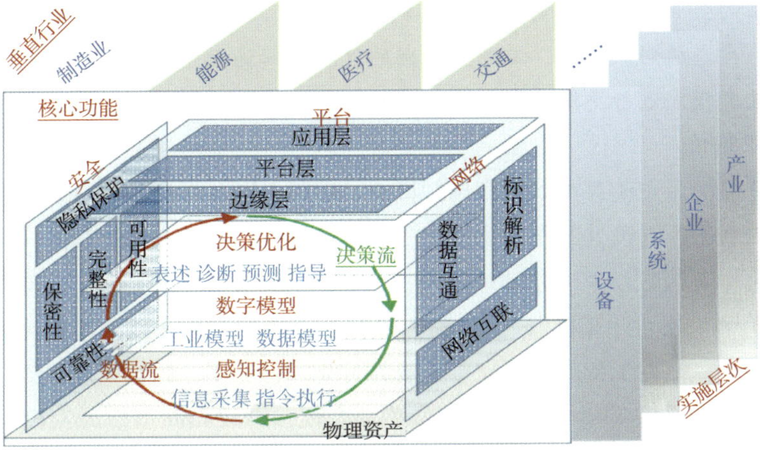

图1-2-29 工业互联网技术原理

智能化生产：工业互联网平台架构为边缘层、基础设施层（IaaS层）、平台层（PaaS层）、应用层（SaaS层），机器设备可以调用工业机理模型实现对设备运行状态的实时现场分析和决策，推动传统工业物联技术从边缘控制向边缘计算演进。

网络化协同：工业互联网利用大数据、物联网、人工智能等新一代信息技术将各生产要素、企业与企业、企业与社会连接起来，构建产品全生命周期的泛在连接，将各生产环节和制造主体统筹起来运作，打通数据孤岛，形成数据连通体系，以数据的自由流动化解工业场景中的不确定性。

现代供应链：基于平台打造现代供应链，有利于推动数据贯穿设计到采购、制造、订单、物流等环节，根据需求动态调整供应计划，开展精细化备品备件管理，整体把控库存量、订单完成率、物料及产品配送等情况，根据数据分析及时调整企业供求和供应策略，推动柔性供给，实现零库存。

数字双碳：工业互联网利用数据智能，提升系统管理效能。除了将过程的碳排放结果以数据形式演算为前置判断条件，为系统优化提供指引之外，数据智能技术用于电力系统、工业过程及供应链管理，都将提升系统能源效率和资源效率，降低维持产出稳定所需的能源或资源要求，从而降低系统碳排放强度。

▽工业互联网的发展趋势：

目前，工业互联网总体还处在发展初期。在未来的发展中，工业互联网与云端制造体系可能将经历四个转变：一是开发主体从“平台运营者+平台客户”联合开发演进为海量第三方开发者；二是开发内容从有限、封闭、定制化的工业App演进为海量的、开放的、通用性的工业App；三是平台用户从有限的企业转变为海量第三方用户；四是运营机制从单向推动转变为反向拉动、生态协同。未来，工业互联网的发展未知远大于已知，需要对商业模式和业务模式进行更深层次的创新重构。

▼人工智能

人工智能的思想萌芽可以追溯到17世纪，巴斯卡和莱布尼茨先后萌生了“有智能的机器”的想法，并设计制作出了世界第一台能够进行全部四则运算的计算器。19世纪，理论上，英国数学家布尔和摩尔根提出了“思维定律”；实物上，英国科学家巴贝奇设计了第一款“计算机器”，成为人工智能发展的最早硬件。进入20世纪，电子计算机的问世，使人工智能的研究真正成为可能。1956年，约翰·麦卡锡、马文·明斯基、克劳德·香农等学者发起了达特茅斯会议，会议期间虽然大家没有达成普遍的共识，却为会议讨论的内容起了一个名字——“人工智能”，并首次提出了相关概念，开启了人工智能的新纪元，标志着人工智能的正式诞生。

人工智能诞生以来，经历了两次发展高潮，但随即又陷入低谷。当今世界，凭借着数据、算力和算法的长足进步，人工智能迎来了第三次发展浪潮，如图1-2-30所示。

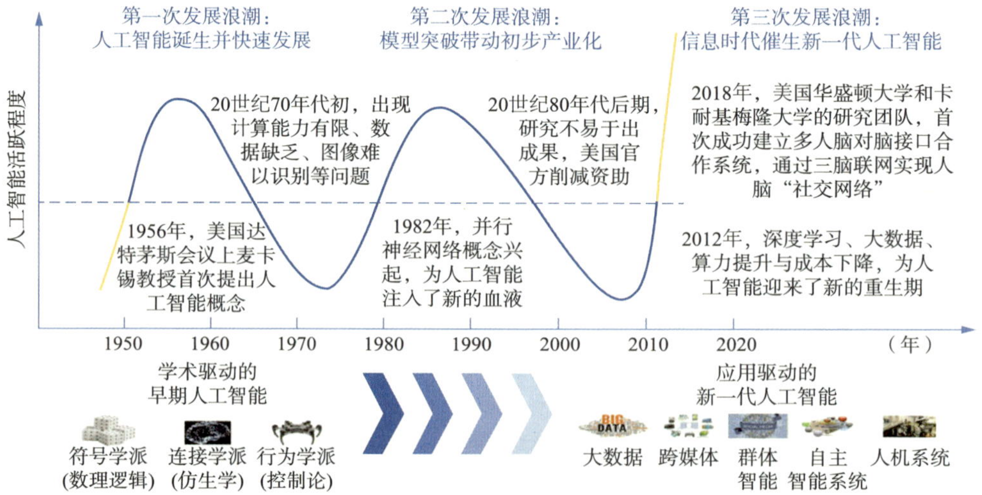

图1-2-30　人工智能的发展阶段

▽人工智能的内涵：

定义：约翰·麦卡锡认为，人工智能是制造智能的机器，更特指制作人工智能的程序。马文·明斯基则认为，人工智能是一门科学，是使机器做那些人需要通过智能来做的事情。人工智能领域开创者之一尼尔森教授认为，人工智能是关于知识的学科，即怎样表示知识以及怎样获得知识并使用知识的科学。麻省理工学院温斯顿教授指出，人工智能就是研究如何使计算机去做过去只有人才能做的智能工作。这些学者作出的定义揭示了人工智能的本质特征，即通过计算机完成此前需要人的智慧才能完成的工作。中国电子技术标准化研究院将人工智能定义为利用数字计算机或者由数字计算机控制的机器，模拟、延伸和扩展人类的智能，感知环境、获取知识并使用知识获得最佳结果的理论、方法、技术和应用系统。德勤认为，人工智能是一种计算机系统的理论与发展方式，它能够执行通常需要人类智能才能操作的任务。这一类的任务包括视觉感知，语音识别，以及在不确定性下的决策和学习。

特点：一是数据经过采集、加工和预处理后，利用人工智能技术可以对其进行挖掘和分析，从海量数据中提取潜在的富有价值的信息，在应用中实现对人类智能行为的模拟和扩展。二是人工智能具备从既有数据或过往经验中学习的能力，同时也具有一定的随环境、数据或任务变化而自适应调节参数或更新优化模型的能力。三是人工智能能够通过模拟人类思维，使计算机或其他智能机器像人类一样进行思考、学习等以往需要人类智能才能完成的工作。

体系：人工智能技术体系主要包含三个维度，一是针对人工智能算法原理本身的探讨，二是对算法实现所依托的技术体系进行概述，三是针对深度学习所需的数据进行分析。

分类：从发展程度角度出发，人工智能可分为三类：弱人工智能、强人工智能和超人工智能，如图1-2-31所示。

图1-2-31 人工智能的分类

▽人工智能的技术应用：

制造领域：通过人工智能等技术的融合应用，在机械制造、高科技制造等细分行业实现了无人化生产，生产效率大幅提高。

设备领域：人工智能可以处理并分析设备相关数据，有助于工作人员对设备的健康状态进行评估，实现预测性维护，降低由于故障带来的损失。

物流领域：基于人工智能的智能硬件改变了仓储、运输、配送等物流作业的传统模式，以机器视觉、自然语音处理、深度学习为基础的智能软件，为物流领域中相关信息的识别、存储、管理和利用开辟了更加高效的途径。

零售领域：赋能商品的生产、流通与销售等过程，优化升级消费者线上及线下的体验，降低零售商的运营成本，推动销量增长。

产业园区：随着人工智能等新一代信息技术的应用，产业园区正逐渐向智慧化、创新化、科技化的智慧园区转型升级。

安防领域：当前人工智能已在重大事件安保、警务视频监控、人证对比、社区安全等多个领域广泛应用，巡检机器人、边界防护等也在工业领域崭露头角。

▽人工智能的发展趋势：

当前人工智能仍是以特定应用领域为主，如图像识别、语音识别等生物识别分析，智能搜索、智能推荐、智能排序等智能算法。而涉及垂直行业，人工智能多以辅助的角色来协助人类进行工作，诸如目前的智能投顾、自动驾驶汽车等，而真正意义上的完全摆脱人类且能达到甚至超过人类的人工智能尚未实现。未来随着运算能力、数据量的大幅增长以及算法的提升，机器智能将从感知、记忆和存储向认知、自主学习、决策与执行进阶。

▼虚拟现实（Virtual Reality，VR）和增强现实（ Augmented Reality，AR）

1935年，Stanley Weinbaum在小说中描述了一款VR眼镜，以眼镜为基础，包括视觉、嗅觉、触觉等全方位沉浸式体验的虚拟现实概念，该小说被认为是世界上最早提出虚拟现实概念的作品。

虚拟现实是 指借助计算机及先进的传感技术创造的一种崭新的人机交互形式，是综合利用计算机图形系统和各种显示及控制等接口设备，在计算机上生成的可交互的三维环境中提供沉浸感觉的技术。

增强现实技术是一种将虚拟信息与真实世界巧妙融合的技术，将计算机生成的虚拟信息模拟仿真后，应用到真实世界中，两种信息互为补充，从而实现对真实世界的“增强”。

尽管都涉及虚拟成像，但VR和AR在技术实现方面还是存在着本质上的区别：VR的视觉呈现方式是阻断人眼与现实世界的连接，通过设备实时渲染的画面，营造出一个全新的世界。AR的视觉呈现方式是在人眼与现实世界连接的情况下，叠加全息影像，加强其视觉呈现的方式。混合现实（Mixed Reality，MR）是虚拟现实技术的进一步发展，该技术在虚拟世界、现实世界和用户之间搭起一个交互反馈的信息回路，以增强用户体验的真实感。具体如图1-2-32所示。

▽虚拟现实和增强现实的技术应用：

在石化行业的应用：VR在石化企业的新流程模拟、项目设计分析、维修需求评估和灾难应对规划等方面得到应用。

运营模拟：借助VR，企业可以创建数字孪生，在虚拟平台上复制工厂

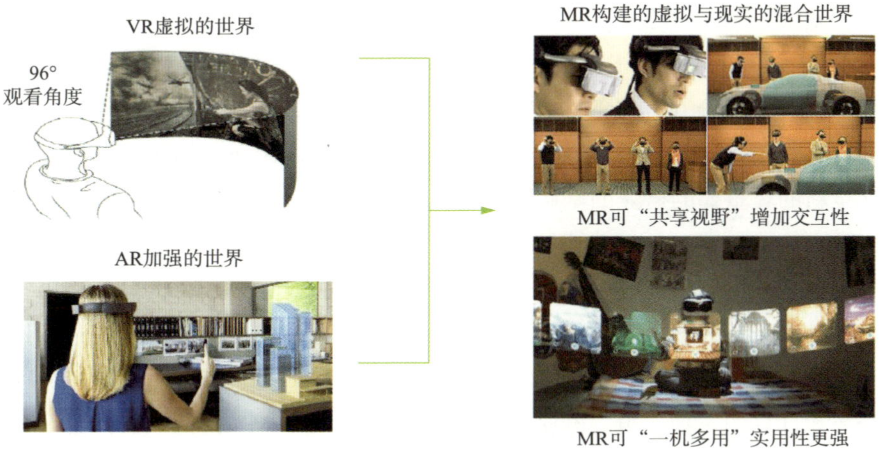

图1-2-32　虚拟现实和增强现实的特点

或任何其他业务模块，有助于最大限度地减少与工厂运营中新工艺实施相关的风险和成本。

测试及检查：VR技术被用于提高检查和维护活动的效率。该技术有助于将历史数据与实时信息集成在一起，以识别维护需求，并指导技术人员执行所需要执行的任务，以防止潜在故障的发生。

灾难管理：石化行业的现场技术人员在恶劣的环境条件下工作，容易受到有害气体和化学物质的影响。通过对真实场景的模拟，VR可以培养员工应对紧急情况的能力。

▽虚拟现实和增强现实的发展趋势：

借助5G、云计算与AI技术，VR产业将进入快速发展期，未来VR产业比拼的是数据体量与精细度。未来无论是三维空间重建还是深度AI应用，更大力量和更细颗粒度的数据是VR持续发展的根基。

VR技术将与场景紧密关联，场景的规模化应用，将成为整个VR产业发展的基石。未来随着算法的进步以及行业数据的不断累积，会细分出更丰富的应用场景，场景细分和规模化应用会为VR的商业落地提供更加广阔的应用空间。

随着VR产业链的逐步完善，VR对行业的赋能会展现出强大的飞轮效应。目前，VR已经在房产交易、零售以及医疗等领域有了广泛应用，未来随着VR产业链条的不断完善，VR将充分与制造行业结合，展现出强大的飞轮效应，快速带动行业变革，催生出更多的商业模式并创造更多的商业价值。

▼云计算

“云”中计算的想法可以追溯到效用计算的起源，这个概念是计算机科学家John McCarthy在1961年公开提出的，“如果我倡导的计算机能在未来得到使用，那么有一天，计算也可能像电话一样成为公用设施。计算机应用（computer application）将成为一种全新的、重要的产业的基础”。Thomas ERL在《云计算：概念、技术与架构》中给出了更简洁的定义：云计算是分布式计算的一种特殊形式，它引入效用模型来远程供给可扩展和可测量的资源。

云计算主要涉及两个概念：按需服务和计算资源池。按需服务符合效用计算概念；计算资源池则涉及虚拟化技术。云计算从网格计算、效用计算发展而来。网格计算是分布式计算的一种，由一群松散耦合的计算机组成一个虚拟超级计算机，用来执行大型任务；效用计算是一种IT资源打包和计费方式，如按照计算、存储分别计算费用，就像人们日常生活中支付水电费一样。云计算汲取网格计算、效用计算的优点，依赖于虚拟化计算，存储资源池以按需付费的商业模式运行。

▽云计算的特点：

高可扩展。云的规模可以动态伸缩，满足应用和用户规模增长的需求。云计算针对不同性质的用户（个体用户、中小型企业、大型集团等）的应用需求，能够按需按量灵活调整计算规模与应用类型，具有高度的可扩展性。

按需服务。“云”是一个庞大的资源池，按需购买；云可以像自来水、电、煤气那样计费。因为云计算借助了虚拟化技术，所以能够更为细致地针对其所提供的资源服务进行量化管理，使用多少，交付多少。

虚拟化。云计算通过虚拟化技术将自己管理下的海量软硬件资源映射至网络空间中，对外提供计算接口，而非固定实体。用户只需要一个终端设备就可以在任意时间、任意地点通过接入互联网来直接请求“云”中的资源，提交任务并获取所需的计算资源，且云计算针对用户屏蔽了底层实现细节。

多租户（和资源池）。一个软件程序的实例能够服务不同的用户（租户），租户之间是互相隔离的，使得软件程序具有这种能力的特性称为多租户（multitenancy）。通过使用多租户技术，可以根据云服务用户的需求动态分配及再分配资源。

▽云计算的发展历程：

云计算发展经历了3个阶段，分别是公有云、私有云、混合云。

公有云：公有云是云计算最早期的形态，是指用户或客户通过网络连接到第三方提供公共计算、存储、网络、安全、数据、应用共享服务的平台，享受共享资源服务的一种云计算模式。

私有云：为了更好地节省资源，避免硬件资源独占带来的浪费，出现了把硬件资源虚拟化，从而实现资源隔离、可扩展、安全属性比较高的虚拟化技术。

混合云：公有云+私有云统一产品使用规范、产品版本及标准的混合云需求，混合云相比单一公有云或单一私有云，一方面满足了具有很强的阶段性波峰、波谷特点，另一方面可以面向互联网上的客户，为企业和机构提供完善性、成本优势、拓展性和可连接性等优势。

▽云计算的技术应用：

在线软件服务：支持企业要完成的任何类型的服务软件应用并可进行即时软件更新、在线维护。各企业除了可以根据自己的需要定制不同的软件应用外，还可以分享由大量系统连接在一起所形成的基础设施。

数据存储服务：通过构建企业信息平台，将旗下所有企业之间的业务流程进行整合，企业信息资源在企业间得到必要的共享，形成共享资源，高效地实现资源配置优化。

为用户提供硬件服务，由云计算服务商所提供的硬件租借服务，可实现统一的服务器管理维护，降价企业维护成本。

提供行业模型化的管理总结，从海量数据中获取有用的信息并利用数据挖掘技术进行相关的数据模型分析，为企业管理提供数字化、模型化的服务。

▽云计算的发展趋势：

云原生架构应用将更加普及。云原生架构从业务代码中剥离了大量非功能性特性到云计算基础设施中，使得业务开发人员不再关注基础设施的运营维护，转而聚焦业务逻辑的开发，未来的应用将会更加普及。

算力服务技术体系将更加完善。算力服务技术体系将不断探索创新应用，算力交易平台将提高算力供给效率，为用户提供更加普惠化、泛在化、标准化的算力服务。

云上系统稳定性将更加优先。未来，企业与组织机构需要建立稳定性优先（Stability First）的战略，直面不确定性挑战，借助有效的稳定性能力建设路径指引从事前、事中、事后三方面全方位规划企业系统稳定性保障能力。

云安全建设工具将更加便捷。在安全态势、合规要求和业务需求驱动下，云安全建设由“从无到有”向“从有到优”转变，用户将逐渐关注安全工具便捷性，以提升防护效率。

云优化治理内涵将更加广泛。企业需要善于使用云平台成熟的PaaS能力、多云运营分析类工具以及云优化相关专业服务来促进企业云业务的优化创新。

▼区块链

2008年，名为“中本聪”（Satoshi Nakamoto）的学者发表了一篇奠基性论文《比特币：一种点对点的电子现金系统》，区块链技术起源于此。区块链技术大致经历了3个发展阶段，如图1–2–33所示，分别是技术起源、区块链1.0及区块链2.0。技术起源阶段主要是关于P2P网络、加密链接以及数字货币；区块链1.0阶段的特征主要是以区块为单位的链状数据块结构、全网共享账本和非对称加密等；而发展到区块链2.0阶段，其特征主要体现在智能合约、分布式应用和虚拟机等技术应用中。

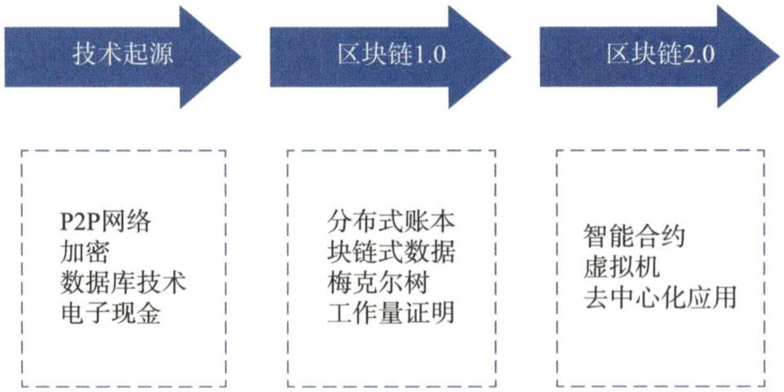

图1-2-33 区块链的演进路径

区块链的内涵：对于区块链，政府部门和研究机构都给出了各自的定义理解。工信部编制的《中国区块链技术和应用发展白皮书（2016）》中，区块链是分布式数据存储、点对点传输、共识机制、加密算法等计算机技术在互联网时代的创新应用模式。京东发布的《京东区块链技术实践白皮书（2018）》中，区块链技术是利用块链式数据结构来验证与存储数据，利用分布式节点共识算法来生成和更新数据，利用密码学的方式保证数据传输和访问的安全，利用由自动化脚本代码组成的智能合约来编程和操作数据的一种全新的分布式基础架构与计算范式。在华为发布的《华为区块链白皮书》中，区块链是一系列现有成熟技术的有机组合，它对账本进行分布式的有效记录，并且提供完善的脚本以支持不同的业务逻辑。高盛的《区块链从理论走向实践》中描述区块链是一种共享的分布式数据库，记录各方交易，提高透明度、安全性和效率。而腾讯在发布的《腾讯区块链方案白皮书》中表示区块链是一种由多方共同维护，以块链结构存储数据，使用密码学保证传输和访问安全，能够实现数据一致存储、无法篡改、无法抵赖的技术体系。

区块链的核心技术：虽然各界对区块链的表述各有不同，但可以归纳出区块链具有多方写入、共同维护、公开账本、去中心化、不可篡改等特点。依据这些特点，区块链发展出来的功能主要解决的是交易的信任和安全问题，其核心技术为分布式账本、智能合约及密码学等。

1）分布式账本

分布式账本技术（Distributed Ledger Technology，DLT）本质上是一种可以在多个网络节点、多个物理地址或者多个组织构成的网络中进行数据分享、同步和复制的去中心化数据存储技术。对比传统分布式存储系统执行受某一中心节点或权威机构控制的数据管理机制，分布式账本往往基于一定的共识规则，采用多方决策、共同维护的方式进行数据的存储、复制等操作。其去中心化的数据维护策略恰恰可以有效减少系统臃肿的负担。

2）智能合约

智能合约（Smart Contract）是一种旨在以信息化方式传播、验证或执行合同的计算机协议，允许在没有第三方的情况下进行可追踪且不可逆转的可信交易。因此，智能合约可以提供优于传统合同的安全，并减少与合同相关的其他交易成本。

3）密码学

信息安全及密码学技术是整个信息技术的基石。在区块链中，大量使用现代信息安全和密码学的技术成果，主要包括：哈希算法、对称加密、非对称加密、数字签名、数字证书、同态加密、零知识证明等。该技术主要能够确保数据完整性、数据机密性，以及进行身份认证。

区块链的技术应用：工信部发布的《2018中国区块链产业白皮书》显示，目前中国区块链产业处于高速发展阶段，创业者和资本不断涌入，企业数量快速增加，互联网巨头也在区块链领域积极布局，推动区块链产业的发展。区块链的产业生态主要聚焦在三大方面：行业应用、基础设施与平台及行业服务。

区块链技术俨然已经引起金融业、大型能源化工企业等领域的关注。区块链技术深入企业基础设施及平台层面，其中在区块链硬件、底层平台架构、解决方案、数字存储和网络安全等方面发挥重要作用，如表1-2-2所示。

表1-2-2 区块链涉及的基础设施与平台

序号	涉及范围	具体内容
1	区块链硬件	巨头垄断：比特大陆、嘉楠耕智全球两大区块链硬件生产商
2	底层平台	市场争夺：公有链、联盟链、baas等底层系统，无论大公司还是创业公司都在布局底层平台
3	解决方案	市场争夺：为特定的商业场景提供一套完整的解决方案的企业级服务
4	数字资产存储	使用数字钱包保管加密数字资产，中国目前有15家公司提供冷钱包、热钱包的服务
5	安全服务	早期阶段：针对区块链存在的安全问题，提供代码审计、技术顾问、技术支持等方面的服务

区块链的发展趋势：区块链技术具备去信任、开放性、可溯源、信息难以篡改等核心特点，但是随着计算机算力的提升和量子计算的不断发展，区块链系统在分布式算法和自身安全性方面面临的挑战不断加大，因此各国都在探索区块链技术的发展研究。

推进密码学技术的更新换代：密码学技术是区块链系统安全的基本保证。主要包括哈希函数和非对称加密技术，哈希函数可用于系统内验证信息是否被篡改，非对称加密技术（公钥和私钥技术）用于身份验证。随着计算机算力的不断发展，加密算法也在不断改进。

区块链系统一致性和安全性：随着区块链技术的不断发展，需要具有更高性能且可扩展的共识算法，算法由单一共识机制向混合共识机制演进，从而保障系统的一致性和安全性。

区块链效能：区块链是块链结构，通过加密完成权属的明晰，通过大量冗余的存储低成本地建立起信任，因此存储效率非常低。于是很多系统把现有区块链数据导出到外部进行存储，由单一键值数据库向IPFS数据库（Data Base，一种点对点的分布式文件系统）、关系式数据库和分布式数据库等方向发展。

区块链技术与信息安全技术的融合：随着区块链共识算法和网络架构的不断优化，基于区块链技术本身的隐私保护和互联互通等技术特点，再加上当今广泛出现的信息安全技术融合形成了同态加密、多方安全计算和公证人机制等信息融合技术。

▼5G网络

5G网络的起源：伴随通信技术的不断演进，移动通信网络经历了1G、2G、3G、4G和5G的高速发展，如图1-2-34所示。

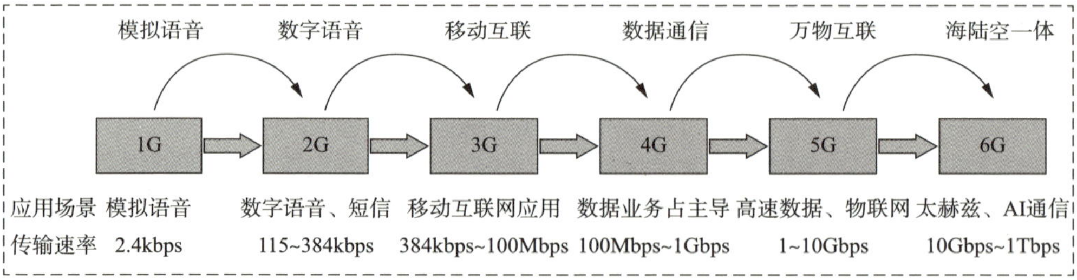

图1-2-34　移动通信系统的发展阶段

1G模拟语音。20世纪70年代，第一代模拟移动通信系统出现，首次将人们带入个人移动通信时代。

2G数字语音。欧洲邮电管理大会（CEPT）在1982年决定开发第二代移动通信系统，这标志着从模拟技术迈向了数字技术。

3G移动互联。国际电联（ITU）颁布了TD-SCDMA（无线通信国际标准）、

W-CDMA（宽带码分多址）和CDMA2000（3G移动通信标准）三大技术标准，供全球运营商部署3G移动通信网络。

4G数据通信。2008年，3GPP提出了长期演进技术（LongTerm Evolution，LTE）作为3.9G的技术标准，2009年底全球第一个LTE商用网络就开始部署。

5G万物互联。5G是移动通信系统的稳定、高速、可靠的演进，是4G的延续和增强。2019年6月6日，中国移动、中国联通、中国电信、中国广电获得了5G商用牌照，标志着我国进入5G商用部署阶段。

5G网络的内涵：5G技术的突破，可以提供10倍于4G的峰值速率及用户体验速率、百万的连接数以及超低的空口时延，是万物互联的重要保障。5G低时延、高可靠、大带宽的特性，是构建网络强国的基石，是促进两化融合的先决条件，是工业互联网体系的关键要素，将深刻影响社会生产生活方式，如图1-2-35所示。

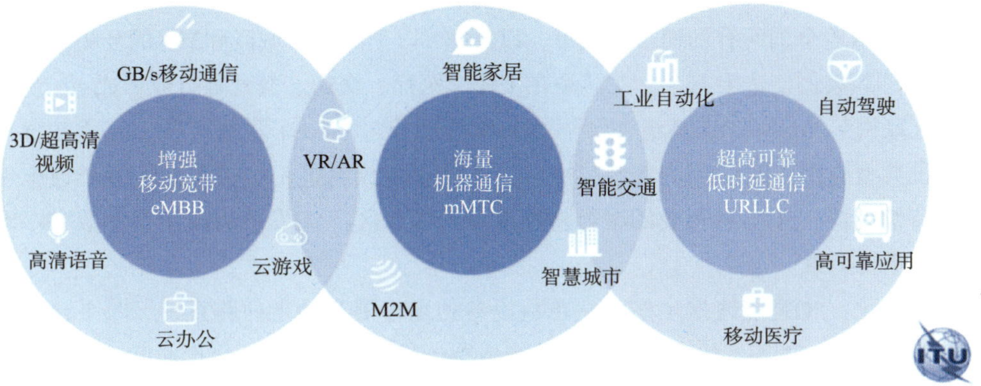

图1-2-35 5G移动通信系统的3大应用场景

“增强移动宽带”。提供超高的传输数据速率以及在广覆盖条件下的移动性保证等，峰值可以达到10Gbps。

“超高可靠低时延通信”。连接时延要达到1s级别，支持高速移动（500km/h）情况下的高可靠性（99.999%）连接，环境监测等的深度融合。

5G网络的技术应用：基于5G的工业互联网可以很好地解决人员合规、行为识别、生产安全管控、质量管控、隐蔽工程追溯、环境风险感知、风险预警、实时告警等痛点问题，有广阔的应用前景和应用价值。

智能监测应用：利用5G、智能传感（激光雷达、红外报警）、人工智能等技术，对强夯机作业范围进行预警，当有人员闯入时，报警提醒闯入人员和强夯机司机并记录报警信息；系统自动测量夯击次数、夯沉量、累积夯沉量等数据，并可生成、导出格式化报表，便于追溯和管理。节约人力资源50%以上，有效解决质量监控难度高、安全风险高等问题。

无损检测智能评定应用：在边缘云上部署基于AI的胶片的自动读片和智能评片算法软件，把现场检测设备所拍摄的高清数字成像X光片上传边缘云，进行快速智能评定；解决了无损检测工作量大、人员数量需求多、效率低、成本高、人为误差不可控等问题。

5G+工业互联网应用：在生产现场部署智能摄像头、传感器、边缘计算、智能机器人、智能叉车、移动或固定式激光测量等设备，利用5G低时延、高带宽的优势，传输视频等数据，通过建立大数据分析利用平台，提升AI和工业大数据分析能力，提高生产效率，构建企业安全生产体系。据测算，5G机械臂将大幅提升助剂加注效率并节省用工量；塑料库房利用智能叉车可大幅提升产品出库、装车效率，减少破包率；智能机器人巡检可大幅提升EVA、罐区等装置的巡检到达率、读表效率。

5G网络的未来发展趋势：2021年，工信部数据显示，5G基站已建设超130万个，5G网络已覆盖全国所有的地市级城市，以及95%以上的县城城区和35%的乡镇镇区，5G应用创新案例已达上万个，尤其是在工业、医疗、交通、教育等行业形成了“5G+工业互联网”“5G+4K/8K高清视频”“5G+智慧医疗”“5G+车联网”“5G+远程教育”等一批典型应用。随着5G的普及与推广，5G产业规模将进一步扩大，5G基础设施建设将持续完善，5G与各行业的融合将逐渐步入深水区，5G发展将成为推动数字中国建设的重要引擎。

生态化：5G智能终端生态将从单一设备独立发展开始走向跨系统、跨平台的多终端共享模式，芯片、操作系统、终端产品等产业链各环节企业将形成联动，共同构筑分布式多终端协同能力。

宽带增强：目前，中国正着重开展对载波聚合与多连接技术增强、网络节能技术、移动性与覆盖性能增强等关键技术的研究，以提升5G系统部署灵活性和效率。

应用规模化：5G与研发设计、生产制造、质量检测、故障运维、物流运输、安全管理等工业环节的结合，形成协同研发设计、远程设备操控、设备协同作业、柔性生产制造、现场辅助装配、机器视觉质检、设备故障诊断、厂区智能物流、无人智能巡检、生产现场监测等典型应用场景。

绿色节能：在碳达峰碳中和背景下，绿色节能已成为5G产业可持续发展的必经之路。

海陆空一体：6G即第六代移动通信标准，也被称为第六代移动通信技术，提供更高的容量和更低的延迟。6G网络将致力于打造一个集地面通信、卫星通信、海洋通信于一体的全连接通信世界。6G将会被应用于空间通信、智能交互、触觉互联网、情感和触觉交流、多感官混合现实、机器间协同和全自动交通等领域，如图1-2-36、图1-2-37所示。

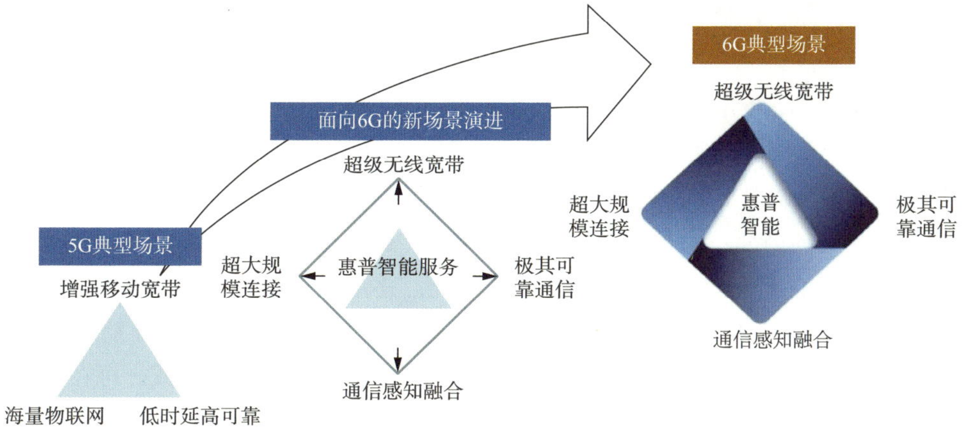

图1 2 36　6G海陆空　体

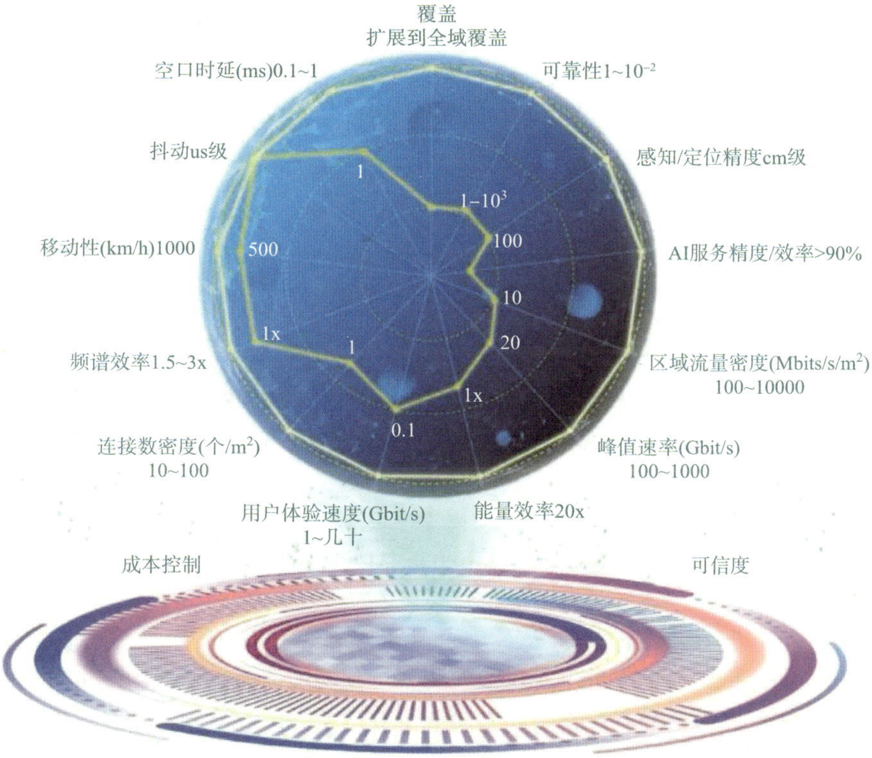

图1-2-37　6G效率指标

▼北斗系统

北斗系统的起源：美国自1958年发明卫星导航后，开始发展子午仪卫星导航系统（Transit Navigation Satellite System），为美国海军的潜艇弹道导弹提供导航定位服务。1957年，苏联科学家V.S.谢巴舍维奇（V.SShebashevich）首先提出使用卫星进行导航的建议。

我国采取“三步走发展战略”：到2000年年底，建成北斗一号系统，向中国提供服务；到2012年年底，建成北斗二号系统，向亚太地区提供服务；在2020年前后，建成北斗全球系统，向全球提供服务。

北斗系统的内涵：中国北斗卫星导航系统（BeiDou Navigation Satellite System，BDS）是中国自行研制的全球卫星导航系统，是继美国全球定位系统（GPS）、俄罗斯格洛纳斯卫星导航系统（GLONASS）后第三个成熟的卫星导航系统。如图1-2-38，北斗卫星导航系统由空间段、地面段和用户段三部分组成，可在全球范围内全天候、全天时为各类用户提供高精度、高可靠的定位、导航、授时服务，并具有短报文通信能力。北斗卫星导航系统（以下简称北斗系统）是中国着眼于国家安全和经济社会发展需要，自主建设运行的全球卫星导航系统，是为全球用户提供全天候、全天时、高精度的定位、导航和授时服务的国家重要时空基础设施。

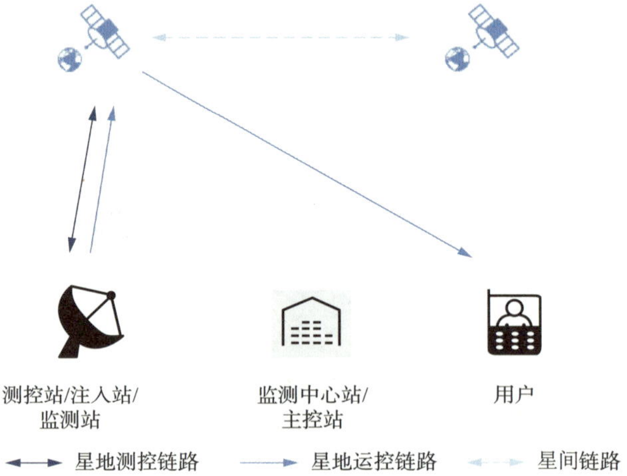

图1-2-38　卫星导航由三部分构成

北斗系统的技术应用：

物探测量：物探卫星测量主要包括控制测量和物理点测量，控制测量采用的定位技术为静态测量或快速静态测量。静态测量主要用于工区的控制网布设，快速静态测量用于发展控制，电、重力测量或震源点测量。静态测量和快速静态测量精度较高，一般可以达到5mm+1pmm或更高的测量精度。物理点测量采用的是实时动态（Real-Time Kinematic，RTK）测量方法（载波相位动态实时差分方法），可以达到厘米级的定位精度。

导航定位：北斗系统面世后，所有的勘探船都引入了北斗导航系统进行定位导航，导航定位精度更高。

健康、安全、安保与环境（Health、Safe、Security、Environment，HSSE）应用：目前物探项目建立了卫星定位管理平台，为施工车辆安装北斗定位系统，实时展示所有施工车辆的位置、状态和轨迹等信息，实现全程实时监控，有力提升了车辆安全监控管理水平，大大降低了施工车辆事故率。

节点授时：节点GPS授时是节点的关键技术，通过GPS授时，可以记录震源激发时的瞬间时刻，数据处理时利用激发时刻的时间戳，提取同样经过GPS高精度授时的节点采集数据。目前国内外主流节点已经引入北斗系统，像昆腾已采用北斗系统在内的多模授时，陆上节点地震采集系统（eSeis）采用了北斗+GPS双模授时。

北斗系统的发展趋势：

未来北斗系统应用形态和发展方向将体现在以下几个方面。

融合化：进一步推动创新高效的融合机制建立，实现北斗、GPS、格洛纳斯、伽利略等全球导航系统（Global Navigation Satellite System，GNSS）多系统融合，北斗定位、视觉导航、惯性导航等多技术融合，在融技术、融数据、融网络、融平台的联动互通催生下，真正实现以北斗为核心的时空信息服务高效互联互通共享，并具备抗干扰、防欺骗、连续、稳定和高可靠性，促使北斗系统在智慧城市、智慧交通、精准物流等多个行业跨界融合应用。

泛在化：北斗与5G通信、位置服务、GIS（地理信息系统）相结合，突破5G融合北斗与位置服务的室内外无缝定位技术，持续提升室外到室内、地面到地下、海底到深空的无缝连接时空信息服务。在大众应用领域，突破实时动态高精度导航地图，构建多样化出行服务体系，打通时空信息“最后一公里”服务，以重点行业应用为牵引，通过创新社会治理模式、深化大众生活位置服务应用等，推动大众消费的规模化应用，形成从智能终端到平台再到行业应用完整链路的泛在、智能、连续可靠的北斗时空信息服务。

小型化：突破高精度低成本安全可信智能终端，研发超低功耗、低成本、快速定位的北斗芯片及其内核，使北斗智能应用终端呈现小型化、微型化和弹性化，真正实现北斗终端的自主可控和灵活变通，在森林防火、抢险救灾、农机自动驾驶、远海渔业等多个领域实现北斗智能终端的便携式和灵活性应用，具有广泛的应用前景和应用价值。

网络化：北斗与物联网、5G通信的结合，将大力促进北斗智能终端、北斗应用系统互联互通互操作的实现。突破结合窄带物联网协议的系列低功耗北斗技术，以及利用北斗B2a信号宽带特性进行多路径检测和消除技术，大幅提升复杂场景的定位精度，形成“北斗+物联网+5G”的通导一体化解决方案，实现在智慧城市、智能物流、安防监控、智慧农业、资产监管、环境监测等领域的规模应用，真正实现北斗应用万物互联。

智能化：北斗与人工智能、5G、云计算、大数据结合，突破北斗芯片与陀螺仪、里程计等多传感器融合定位技术，全面提升PNT服务的定位精度、可用性和抗多路径能力，突破适用无人系统的高性能、高精度、小型化并符合汽车电子系统通用标准的多模多频北斗/GNSS芯片，实现以北斗为核心的时空信息智能感知、智能处理和智能服务，形成北斗高精度技术在智能网联汽车、无人机、小型机器人、智能穿戴设备等领域深度应用，大幅提升北斗智能化应用水平。

北斗系统与伽利略系统的辨析：

“伽利略计划”是欧洲于1999年初正式推出的旨在独立于GPS和GLONASS的全球卫星导航系统。伽利略系统由空间段、地面段、用户三部分组成。空间段由分布在3个轨道上的30颗中等高度轨道卫星（MEO）构成，每个轨道面上有10颗卫星，9颗正常工作，1颗运行备用；轨道面倾角56°。地面段包括全球地面控制段、全球地面任务段、全球域网、导航管理中心、地面支持设施、地面管理机构。用户端主要就是用户接收机及其等同产品，伽利略系统考虑将与GPS、GLONASS的导航信号一起组成复合型卫星导航系统，因此用户接收机将是多用途、兼容性接收机。伽利略系统的基本服务有导航、定位、授时；特殊服务有搜索与救援（SAR功能）；扩展应用服务系统有在飞机导航和着陆系统中的应用、铁路安全运行调度、海上运输系统、陆地车队运输调度、精准农业。

全球四大卫星定位导航系统如图1-2-39所示。

名称	北斗	GPS	GLONASS	Galileo
所属国家	中国	美国	俄罗斯	欧盟
建设进展	2020年6月完成北斗三号系统星座部署	1994年GPS系统建成，目前研制第三代GPS	目前轨道星座拥有27颗卫星	计划2020年将30颗卫星发射完毕
卫星星座数目	35颗 (27MEO+3IGSO+5GEO)	32颗MEO	24颗MEO	30颗MEO
服务对象	军民两用	军民两用	军民两用	主要民用
定位精度	军用1m，民用10m	军用1m，民用10m	民用10m	民用1m
授时精度	20ns	30ns	民用50ns	—
测速精度	0.2m/s	民用0.1m/s	民用0.2m/s	—

图1-2-39　全球四大卫星定位导航系统

▼量子计算

1900年Max Planck提出“量子”概念，宣告了“量子”时代的诞生。科学家发现，微观粒子有着与宏观世界的物理客体完全不同的特性。宏观世界的物理客体，要么是粒子，要么是波动，它们遵从经典物理学的运动规律，而微观世界的所有粒子同时具有粒子性和波动性，它们显然不遵从经典物理学的运动规律。20世纪20年代，一批天才的年轻物理学家建立了支配着微观粒子运动规律的新理论，这便是量子力学。概率性是量子世界区别于经典世界的本质特征，量子力学的成功不仅体现在迄今量子世界中尚未观察到任何违背量子力学的现象，事实上，正是量子力学催生了现代的信息技术，信息领域的核心技术是电脑和互联网。量子力学的能带理论是晶体管运行的物理基础，晶体管是各种各样芯片的基本单元。光的量子辐射理论是激光诞生的基本原理，而正是该技术的发展才产生当下无处不在的互联网。

20世纪80年代，科学家将量子力学应用到信息领域，从而诞生了量子信息技术，诸如量子计算机、量子密码、量子传感等。这些技术的运行规律遵从量子力学，因此不仅其原理是量子力学，器件本身也遵从量子力学，这些器件应用了量子世界的特性，如叠加性、纠缠、非局域性、不可克隆性等，因而其信息功能远远优于相应的经典技术。

量子计算的定义：量子计算机是基于量子力学的基本原理，利用并发挥量子相干、量子纠缠及量子并行等特性，以全新的方式进行计算、编码和信息处理任务的设备。由于量子计算机对某些特定问题的求解具有经典计算机无法比拟的强大计算和模拟能力，可以为密码分析、气象预报、石油勘探、药物设计等所需的大规模计算难题提供全新的解决方案。例如，量子计算机的超快计算能力将极大缩短对基于计算复杂度的传统加密算法的破解时间，从而将对现有信息安全体系造成颠覆性的影响。因此，实用化量子计算机的研制成功极有可能引发一场新的科技革命。2020年10月，习近平总书记在中共中央政治局第24次集体学习中指出，“要充分认识推动量子科技发展的重要性和紧迫性，加强量子科技发展战略谋划和系统布局，把握大趋势，下好先手棋”。因此需找准量子科技发展的切入点和突破口，统筹基础研究、前沿技术、工程技术研发，培育量子通信等战略新兴产业。

此外，对量子计算的研究还可以扩展经典计算在各个领域的应用，触及量子化学、材料科学，甚至机器学习等多个交叉学科。对量子计算的研究还极大地促进了量子信息处理技术水平的提高。我国与欧美等国正在组建较大规模的长程量子密钥分发网络，而量子精密测量的相关技术也已经开始应用于国家安全和石油勘探等领域。

量子计算的技术应用：量子计算与化学领域的结合应用范围很广，主要利用量子力学对化学过程进行模拟，达到提高模拟速度、提升模拟化学过程复杂度等目的。探索方向包括化学工业与催化剂设计、生物制药、材料研发等。化学工业与催化剂设计方面，一般采用量子化学模拟技术对化学分子进行模型构建，研究微观物理中的相互作用。

随着量子计算机硬件的突破和大数据人工技术的蓬勃发展，量子计算在地球物理及油气勘探领域必将具有极大的应用前景。由于石化企业在油气勘探方面的不断深入，对油气成果的处理及解释难度也在不断增加。地球物理作为资料处理和解释的重要手段，对新方法的需求更加迫切。

量子计算的发展趋势：量子计算也被称为数字化转型的未来核心技术之一，未来几年将是量子计算技术进步、商业化水平提升、产业合作格局进一步完善的重要阶段。石油化工企业也已开始关注和重视量子计算的巨大发展潜力，并开始与量子计算科技企业和初创企业进行合作探索。这种探索将是一个长期过程，未来量子计算的发展需要学术界与产业界加强交流合作，共同谋划布局，推动量子计算技术研究、应用探索和产业生态构建。

目前，中性原子体系拥有最多的量子比特，2021年ColdQuanta推出100+量子比特处理器Hilbert，AtomComputing推出量子系统Phoenix，2022年哈佛大学展示289量子比特中性原子量子处理器在解决实际使用问题方面的应用。当量子比特超过1000比特时，量子计算机将使多个企业能够解决经典计算机无法解决的困难业务问题，这将推动更多的企业采用量子计算，并为它成为一种生产技术做好准备。

2.数据驱动

据互联网数据中心（IDC）预测，到2025年，全球数据圈将增至175ZB，我们正处于一个数据大爆炸时代，所有企业都认识到了数据的重要性。2020年，中共中央、国务院印发《关于构建更加完善的要素市场化配置体制机制的意见》，将数据作为新型的生产要素，明确提出要推进政府数据开放共享，提升社会数据资源价值，加强数据资源整合和安全保护，加快数据要素市场培育，充分发挥数据要素对其他要素效率的倍增作用，使大数据成为推动经济高质量发展的新动能。

数据也被称为“未来新石油”，随着信息技术的快速发展和深入应用，企业数据海量增长，数据量指数级的变化节奏让企业创新变得更加复杂，仅收集更多数据是不够的，企业现在必须实时地从数据中获取更多价值，来正确地驱动数据的价值。如何通过庞杂的数据体现出业务价值已经为越来越多的企业所重视。

（1）从流程驱动到数据驱动

过去数十年来，数据由商业运营的衍生品，逐渐变成个人、组织和社会进化的关键性要素。我们从单纯的关注具体数量，到对整个事物所有地理空间、时间上位移、状态的关注。即从简单的对事物数量的关注到对事物整体时空信息和动态线索的关注。数字化转型正在企业和消费者之间发酵，将我们引向一个数据驱动的商业全局变革时代。数据具有可复制、可共享、无限增长和供给的特性，可以通过连接物理世界和数字世界，驱动企业向数字化转型升级，进而实现持续增长和创新发展，数字化转型强调的是运用数字技术，而数据驱动强调的是以数据作为关键生产要素，因而数字化转型的范畴大于数据驱动，但数据驱动是数字化转型的主线。

首先，了解“驱动”的内涵。“驱动”是通过建立一定的驱动机制，改变以往人为的业务推进模式，使系统在相应驱动力的推动下自动或半自动运行。这里驱动力可以来自流程、数据或其他要素。驱动的内涵在于通过一定机制使系统自动或半自动运转，人在这个机制下只负责执行，在相应的任务执行完成后，不需要人去思考和推动下一步做什么或怎么做。

其次，各机构对数据驱动的定义包括通过商业领袖和技术专家的合作关系，对数据进行有效的管理和专业的管理（DAMA国际）。数据的组织和检查的目标是更好地服务于组织的客户和消费者（Gartner）。拥抱并成功管理各种形式的数据，以实现数字转型、在分析领域展开竞争或成为人工智能第一的商业环境（哈佛商业评论）。

在传统信息化建设模式下，虽然形成了数据，满足了对业务场景和流程需求，但是对数据的使用是有明显延迟的。数据库或者数据的形成往往只是业务运作最终形成的历史记录，即数据本身是一个业务协同后的附属品，形成的数据作用也仅仅是后续历史数据的查询统计及基于数据的决策分析等。数据驱动的逻辑不应该是数据如何反哺业务，而应该是数据如何去产生新的商业模式或业务形态。

在传统的信息化建设模式下，流程驱动是以流程为主线，将相互关联的业务活动串联和协同起来，使这一组业务活动以流程设定的方式有序进行，从而完成特定的活动目标。通过流程改进、管理制度改进、组织职责优化等手段实现业务的整合和运转，通常一套流程体系可以很好地规定流程驱动管理方式的业务活动。企业推进信息化的过程往往是从梳理和重构业务流程开始，并将业务流程固化在相应信息系统中，典型的业务场景如计划管理、物料管理、质量管理、合同管理等流程在企业资源计划（ERP）系统中实施。

数据驱动是以数据为核心，根据数据所映射的内外部环境的要求及变化，通过进行数据获取、建模、分析、执行而驱动业务活动的决策和运行，以实现数据价值创造。在数据驱动过程中，充分发挥数据的精准、预见等特点，通过对生产过程和生产操作进行定义，驱动生产系统和操作执行依据数字定义运行。同时通过消除不确定性，科学客观支撑生产管理的决策，进而推动生产系统运行。数据驱动是通过移动互联或其他技术手段采集海量的数据，将数据进行组织形成信息后，对相关的信息进行整合和提炼，在此基础上经过训练和拟合形成自动化的决策模型。

流程驱动和数据驱动的对比如表1-2-3所示。

表1-2-3 流程驱动和数据驱动的对比

	流程驱动	数据驱动
典型特征	流程为核心	数据为核心
驱动力	流程的定义与考核	数据分析与利用
驱动方式	工作流引擎	数据、知识、规则
优势	高效明确、过程管控 整合优化、紧密协同	灵活柔性、数据赋能 自动响应、科学决策
典型应用场景	项目管理、合同管理等	生产决策、生产执行等

数据和流程在现代制造企业相辅相成，流程中有数据，数据往往通过流程传播。在一定的监控和考核激励下，流程驱动的模式具有高效明确、各环节紧密协同的优势，打破了职能化管理造成的业务灰色地带和业务墙。但随着制造模式向定制化、可重构柔性制造等方向转型，一方面，流程驱动模式在部分业务场景中灵活柔性等方面的不足则被放大。另一方面，随着物联网、CPS等技术的兴起，带来工业数据的海量增长，在流程驱动模式下，工业数据缺少充分地利用和价值创造。数据驱动模式则有效地弥补了上述不足，数据驱动以数据为核心，以数据分析与利用为驱动力，以数据、知识、规则为驱动方式，通过数据对业务进行获取、建模、分析、执行，挖掘数据中隐含的规律和知识，直接作用于制造系统或辅助决策，具备灵活柔性、数据赋能、自动响应、科学决策的优势。

以数据为核心的数据驱动模式不是不需要流程，在一些业务规则相对固化的环节，流程还是业务开展的主要方式。对于有柔性可重构要求、数据价值高的环节，则以数据驱动为主，流程驱动为辅，流程为数据的传播定义了基本的途径。数据驱动是制造模式转型的新阶段，数据驱动在流程框架的基础上，弥补流程驱动的不足，提供了一种新的运行模式来解决制造系统的问题。

过去，企业的经营管理多是流程驱动的，高度依赖经验主义。数据驱动型企业利用海量、多维度的数据建立起更加全面的评估体系，无论是基于供需双方的精准匹配带来直接的业务创新增长，或是不断优化低效、问题环节以提升运营效率，都是在激烈的市场竞争中保持可持续发展的重要手段。

企业的经营管理过程可以被划分为多个细分环节，数据驱动给每个环节带来不同程度的效果提升，其最终对企业的贡献将是非常可观的。数据驱动对企业的核心价值影响如图1-2-40所示。

（2）数据治理是企业数字化转型的基石

麦肯锡全球研究院数据显示，数据驱动型组织在客户获取率、客户保留率和盈利概率方面分别实现了23倍、6倍和19倍的提升，说明了“数据化”能力越强的企业，数字化的能力就越强。传统的数据治理工具和手段面临前所未有的挑战，主要表现在

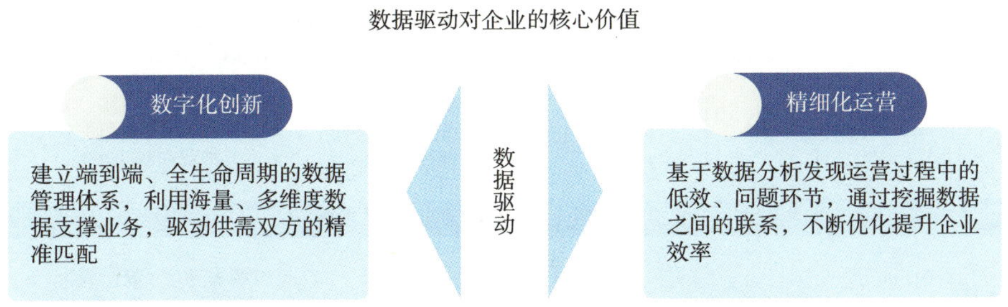

图1-2-40　数据驱动对企业的核心价值影响

两个方面：一是传统的信息系统建设中数据资源共享程度不高，信息系统跨组织、跨地域、跨业务的协同能力较弱；二是“信息孤岛”成为信息化建设的主要“瓶颈”，数据标准化和数据资源中心建设严重滞后，无法满足企业业务需求。

数据作为企业的战略资产，需要以资产化的方式进行治理。当企业从业务需求的角度重新衡量数据与业务的关系之后，企业发现获取数据并不是目的，而是提升业务创新和效率的基础，数据的价值不会自动呈现，用合理的方式挖掘，才是一条正确的路径。企业数据的核心价值不在于其数量大，而在于质量高。因此，只有通过数据治理，提升数据质量，整合各类数据，实现上下贯通、横向融合，才能实现数据资产运营，充分发挥其战略价值。

要实现数据“好找、好用、好看、实时、共享”，亟须利用大数据、人工智能等先进数字技术完善数据治理工具，搭建企业数据资产管理体系，创新数据资源管理模式，丰富数据应用与消费手段，提升数据资产应用价值，从而帮助企业解决数据资产查找难、应用难、管理难等问题，挖掘数据价值，促进数据资产的变现和升值。

数据治理（Data Governance）起源于企业数据应用实践，发展于数据治理框架模型和成熟度评估模型，如图1-2-41所示，随着信息技术同步发展并在近5年来快速演进并形成独立标准，数据作为生产要素和监管目标而成为当前热点。近年来，多家机构和组织给出了数据治理的定义。

DGI（数据治理研究所）：数据治理是与信息相关过程的决策权与问责制度体系，是对数据相关事项作出决策的工作。

DAMA（国际数据管理协会）：数据治理是在管理数据资产过程中行使权力和管控的活动集合，以确保根据数据管理制度和最佳实践正确地管理数据。

GB/T 34960.5：数据治理是对数据资源及其应用过程中相关管控活动、绩效和风险管理的集合。

ISO/IEC 38500：数据治理是对数据采集、存储、利用、分发、处置过程进行评估、指导和监督的活动集合。

数据正在引领业务模式变革，深刻影响着企业数字化转型的进程，如何做好数据

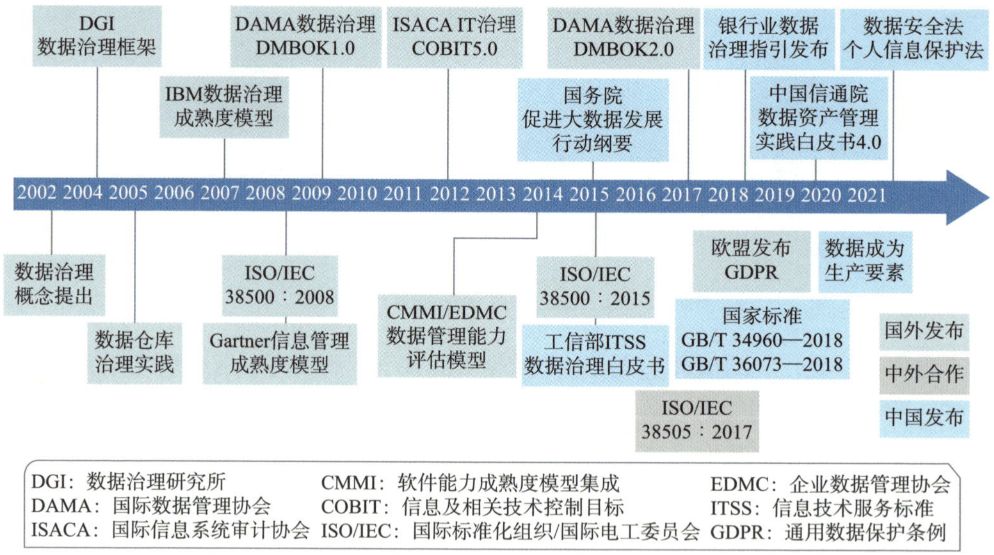

图1-2-41　数据治理的发展

共享和数据分析，如何让数据资产价值最大化，已成为数字化转型成功与否的关键。

深挖数据价值，创新商业模式：数据是基础性资源，通过数据治理，厘清数据资产，挖掘数据价值，带动技术流、资金流、人才流、物资流协同发展，创新商业模式，为数字化转型奠定基础。

促进数据融通，避免“信息孤岛”：通过数据共享实现信息化应用互联互通，满足企业各业务领域之间的信息共享的需求，提升协同效率，避免形成“信息孤岛”。

提升快速响应能力，提高信息化建设效率：减少数据变换、转移所需的成本和时间，降低数据冗余度，提高数据的有序化程度和存储效率。通过主数据管理实现企业范围内的主数据平滑与一致，提高集成的灵活性，降低新应用与原有系统的数据集成工作实施成本。

优化业务流程，支持决策分析：通过梳理数据资源目录，构建数据模型、数据标准，确保企业内部数据源、数据定义、数据使用标准的统一，明晰数据流向，保障数据共享和贯通，根据企业业务特性促进企业业务流程向一体化、闭环化、网络化发展。梳理与建立企业的各项统计数据指标，为企业提供及时准确的决策分析数据基础。

企业应逐步完善数据治理组织，发布数据治理相关管理制度规范，统一数据架构与标准，优化数据治理流程，持续提升数据质量，通过迭代机制，不断提升企业管控能力，优化企业资源配置，创新业务模式，提升竞争实力。

3.体系保障

（1）标准化体系

标准是人类文明进步的成果。从中国古代的“车同轨、书同文”，到现代工业规模化生产，都是标准化的生动实践。伴随经济全球化深入发展，标准化在便利经贸往来、支撑产业发展、促进科技进步、规范社会治理中的作用日益凸显。长期实践表明，标准引领是加快推进数字化转型的关键抓手，是数字经济的必要条件，由数据、网络、技术和应用串联起来的数字经济，没有标准化的支持，社会互联成本过高。实现适应性和智能制造系统的关键是信息。标准的基本作用：一是促进在正确的时间提供正确的信息；二是根据这些信息采取行动；三是减少技术采用和发展的风险。

目前，我国制造业数字经济标准体系不够完善，尚未建立起包括基础通用标准、关键技术标准、融合应用标准、产业服务标准、数字化转型标准等在内的完整标准体系。其次，标准制定进度较慢。国家标准制定周期平均为3年，“标龄”高出德、美、英、日等国。同时，标准缺乏统一协调。一些行业的团体标准相对较多，不同程度地存在交叉、重复以及矛盾等问题，且缺乏统一协调机制，不利于统一生态体系的构建。完善标准体系建设，有助于强化企业推进数字化转型合力，获取转型实效。下一步亟待加快制定工业设备连接、工业数据共享等方面的标准，实现设备、数据的兼容连接。通过标准体系与认证认可、检验检测体系的衔接，促进标准应用落地。本书重点分析两个标准：

一是数据标准。制造业企业每天产生和利用大量数据，比如，经营管理数据、设备运行数据、外部市场数据等。但是，工业设备种类繁多、应用场景较为复杂，不同环境有不同的工业协议，数据格式差异较大，不统一标准就难以兼容，也难以转化为有用的资源。下一步，应引导行业组织、企业研究制定工业数据的行业标准、团体标准、企业标准。梳理现有国家标准，适时将成熟的行业标准、团体标准上升为国家标准。加强标准体系与认证认可、检验检测体系的衔接，促进标准应用。加快公共数据开放进程，促进数据资源的高效利用。建立健全社会数据采集、存储、交易等制度，保障数据有序、规范应用。

二是平台标准。目前，系统平台接口标准极不统一，互联互通难度大。由于工业互联网相较于消费互联网，发展起步晚，发展初期没有跨地域大规模信息共享需求，只有企业内部车间小范围内信息共享需求，不同企业为满足此类需求，开发了不同工业现场总线。工业现场总线的多样性，增加了采用不同协议设备连接的难度。由于工业数字装备外部通信硬件接口形式多样、标准不统一，也增加了硬件设备互联互通难度。下一步，应加大供给端标准推广力度，加快推进工业网络协议、数字工业装备外联接口、工业控制器协议、工业仪器仪表数据、工业软件数据开放共享等国家统一标准制定，助力互联互通和信息共享。借鉴和吸收计算机互联网领域技术标准制定经验，同时兼顾技术发展趋势和应用需求，制定满足未来发展需求标准，在保证安全可靠的前提下，主动对接国际主流标准，积极兼容已有优势标准，最大限度整合已用装备产品。

通过总结凝练大量最佳实践，研制推广一系列具有普适规律的方法工具标准，沉淀企业内部先进理念和方法，将最佳实践内化为可操作执行的方案，引领转型创新实践，最大限度获得价值效益。同时，通过标准的研制、宣传与推广，可以在企业内部构建起一套“共同话语体系”，更好厘清各项工作间的界限边界和配套关系，更加有效破除跨部门、跨企业、跨领域合作壁垒，加速凝聚协同推进数字化转型的强大合力。

（2）数字化安全体系

在数字化转型过程中，企业极大地改进了原有的生产和经营方式，信息技术与业务发展的深度融合将凸显网络安全风险的实质性影响，网络安全风险已延伸至生产和经营的方方面面，将会直接影响业务运营，进而影响生产安全、社会安全，甚至国家安全。当前，无论是从产业自身发展需求角度还是国家监管需求角度，网络安全需求都在不断升级。

总体来看，当前安全形势随着数字化转型的不断深入，不同行业面临的信息安全挑战虽表现略有不同，但本质一致，且重要性都日益增强。2021年5月，美国最大燃油管道运营商科洛尼尔遭受勒索软件攻击，导致被迫关闭超过8850km管道运输系统并支付500万美元赎金。在企业数字化、智能化、网络化能力提高的同时，加速驱动网络空间与物理世界相融合，安全风险通过网络物理融合空间向生产、生活等经济社会层面的数字场景延伸，安全新对象、新目标、新威胁、新措施等方面的变化将衍生安全新需求及能力新要求。

从产业角度讲，新一代信息技术创新应用给企业带来巨大的创新红利，同时引起企业IT环境的变化发展，云安全、数据安全、工控安全等诸多新的安全风险随之而来。此外，大数据、人工智能等新一代信息技术也被广泛用于网络攻击中，大大增加了网络安全防护难度。

从监管层面，国资委在2019年修订印发的《中央企业负责人经营业绩考核办法》中，首次将网络安全事件纳入考核范围，并视情节给予负责人相应的处分。这必将是促进我国网安事业发展的又一股力量，提高央企防范重大网络安全事件的能力和水平，保护国有资产不受侵害。《数据安全法》《网络安全审查办法（2021）》《工业和信息化部、网信办、公安部关于印发网络产品安全漏洞管理规定的通知》等相关法律法规，给数字经济时代企业经营主体责任提出了更为明确的要求。

1）内网与互联网的互联互通。

在日常的安全运维中进一步加强网络资产的发现和管理能力，做到底数自清和风险自知；同时，安全责任人需要提升对热点事件、高危漏洞等信息的敏感度，及时、准确地掌握资产脆弱性情况和风险影响范围，及时进行加固修复或设定虚拟补丁，确保可以安全稳妥地推动内网与互联网的互联互通。

2）新型基础设施建设。

在新基建的建设过程中，既要面临网络中高速迭代的新型资产所带来的未知安全挑战，也要能够适应新老基建融合阶段网络结构的变化和特殊网络区域的安全需求，对不断出现的物联网设备、智能终端进行识别与检测，及时发现新的漏洞风险并制定防护规则；随着虚拟化、边缘计算等新技术的深化应用，云边协同、云网融合、算网融合等网络架构创新升级，网络安全边界进一步模糊泛化，对传统基于物理实体隔离的安全防护模式带来挑战。海量多终端连接等泛在接入模式将加速连接网络与物理世界，针对单点的网络威胁将加速向全局扩散，形成“牵一发而动全身”的破坏性效果。

3）提升整体的安全防护水平。

强调实战化的安全要求将不同维度的安全事件进行关联分析，提取关键的安全事件，提升安全分析的效率；围绕网络资产的治理流程把入侵威胁和漏洞报告对应起来，找到关键线索，定位高危风险，提升事件研判的准确性。

4）数据融合分析与共享交换。

通过建立数据治理体系和大数据平台的建设，加强企业在生产、服务过程中的业务数据管控，通过融合分析和共享也可以为整个产业界赋能，使得数据价值最大化。一方面运用综合的威胁检测和防护能力来保障基础平台运行安全，提升整体的抗攻击能力；另一方面则需要加强敏感数据监测和保护能力，提升对数据风险的感知预警和应急处置能力。

（三）组织转型

在数字化转型的过程中，如果说技术驱动业务变革，重塑了企业商业模式和核心竞争力，那么组织则可以实现以先进生产关系驱动新生产力的释放。从传统的科层制向更加扁平、敏捷、开放的组织，强调业务与技术的深度融合，将数字文明纳入企业文化，把数字化技能作为员工应该具备的基本能力，高效协同，形成合力，营造数字化转型文化氛围，激活员工活力，形成数字化转型的动力源泉。

1.组织变革

组织形态的变化历尽沧桑，如图1-2-42所示，经历了原始社会、奴隶社会、封建社会、工业社会、后工业社会和信息社会，不同的人类社会形态造就了对应的组织形态，这些不同形态的组织服务于人类社会的发展，与当时的生产力和生产关系相互补、契合与适应，推动人类社会形态从原始社会开始，向更先进的社会形态过渡和进步，一直发展到至今天的信息社会。借鉴“生产力决定生产关系”的规律，组织形态服务于人类的社会形态变迁，即社会形态决定组织形态；而人类社会形态很大程度上受生产力影响，因此组织形态实质为生产力服务。

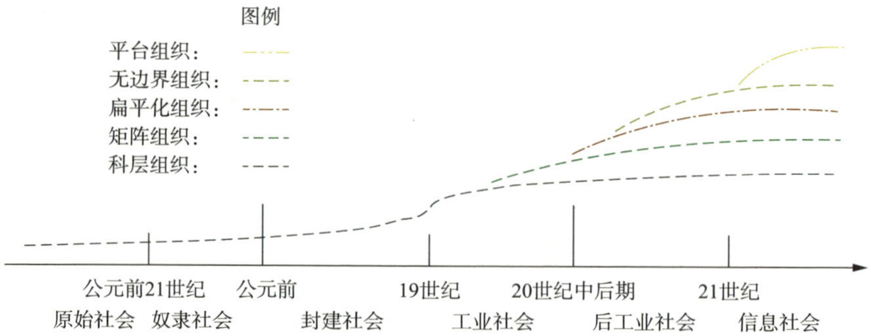

图1-2-42　人类社会的主要组织形态

在其漫长的服务过程中，组织形态通过自身调整，服务于人类社会形态，逐步形成了传统科层组织，以及之后逐步演化形成的矩阵组织、扁平化组织和无边界组织、平台组织等形态。

哥伦比亚大学的麦克格兰斯教授认为，组织必须适应一个他们的竞争优势可能迅速消失的时代，他们应该做好快速适应新环境的准备。在数字化时代，组织应具备敏捷转变的特征。因此，数字化转型是需要组织转型高效地配合战略转型，或者业务转型，企业需要打造一个根本能力，就是组织的数字化能力，亦即需要具有通过信息技术穿透整个业务的能力。

Dion Hinchcliffe提出了关于组织文化问题适应性强的数字化转型框架，强调了组织变革对于数字化转型的重要性。如图1–2–43所示，该框架的核心反映了一个持续的颠覆、完善、增长和更新的循环，由文化改革、领导力、目标/路线图、业务重新设计、沟通、教育和技能建设等7个自上而下的方针和市场、销售、产品开发、运营、用户关注、支持功能等6个自下而上的模块提供支持。

互联网的快速发展，在为全球经济注入活力的同时，也给组织变革带来了巨大的推动力。数字化组织变革是指企业领导能够借助数字化技术和方式发起或支持组织结构、价值流程、企业文化等方面的变革，以推动企业传统的组织形态向数字化、平台化与生态化的组织新形态转型，并且能引导和支持组织文化的变革。组织变革具体涉及以下五个方面。

（1）数字化领导力

传统时代，领导力指激励追随的能力，团队成员依赖领导者分配任务，数字领导力则强调团队成员之间的主动协同、主动自我管理。数字化领导力是一系列行为的组合，其主要表现为领导具有数字化战略思维能力，能够运用数字化思维去发现、分析和解决企业在战略发展上的问题，并且能够保持战略定力。在数字化战略思维的指导下，企业领导不仅能够对组织所处的外部科技环境和科技政策环境具有敏锐掌控能力和调整适应能力，以及对随之伴生的数字化风险防控能力，而且能够借助数字化技

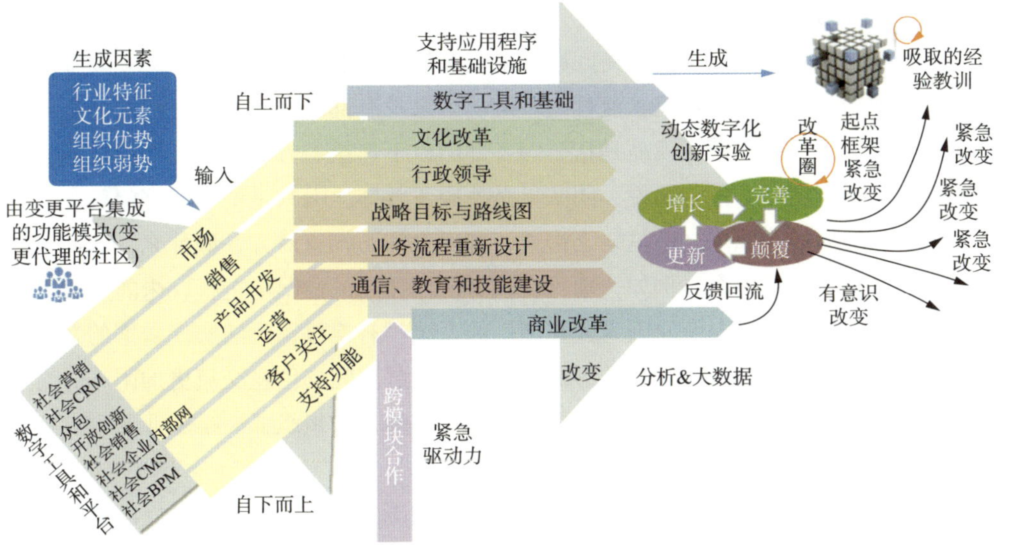

图1-2-43 适应性强的数字化框架

术、手段和方式进行高效的沟通交流，在组织内带领或支持数字化人才的建设发展、数字化组织的变革发展，从而有效实现企业及领导的目标追求。

数字领导力的运用对组织及其内部成员的发展都具有影响。从个体层面来说，数字领导力有助于开发、培育和利用员工的创新能力，从而促进员工绩效的提升；从组织层面来说，数字领导力的运用能通过影响企业战略定位创新、产品服务创新、资源能力创新和商业生态环境创新等提升组织绩效，实现企业的可持续发展。

（2）敏捷型组织

在数字化的发展浪潮下，建立敏捷型组织已经成为企业的必经之路，其中“稳定主心骨”和“动态灵活性”成为必要条件。为了再造组织结构，企业应搭建稳定的总部服务平台，建立为企业引导战略、提供生产服务的主心骨，同时组建以价值创造为驱动力的跨职能项目团队，以提升组织灵活动态的能力。在流程方面，企业需要将核心流程标准化、数字化，并为非核心流程制定领导原则，做到灵活变通、持续改善。人员能力对敏捷型组织的建设至关重要，企业应以价值导向凝聚团队，提升团队的自主性，并通过打造学习型组织提升人员能力，建立一专多能的核心人才梯队。敏捷型组织的构建是一个不断学习、动态演进的过程，工厂也需要不断总结评估，以逐步迭代的方式向敏捷型组织转型。

在一个敏捷型的组织中，通过数字工作系统，与组织内外的伙伴互动、产生线上线下融合的高效行动，实现价值连接、协同、创造和分享契约。传统时代，工作目标由管理者分配。数字化时代，敏捷组织成员共同承诺目标。

（3）开放协同合作

许多公司仍然因部门组织孤岛问题而遭受损失，我们生活在一个日益互联互通的世界中，数据交换和协作是完善流程的基础。如果没有部门之间的良好沟通，企业就不能取得满意的成果。组织孤岛是指公司各部门以不连接的方式工作，部门之间没有交换信息和共享项目。换句话说，团队不是着眼于整体，而只是他们的部门。

组织孤岛形成的原因之一是缺乏沟通，部门之间不知道对方在做什么，即使或多或少存在着相互依存关系。例如，项目在没有协同作用的情况下进行，未能充分发挥其潜力。孤岛形成的另一个原因是公司使用的系统没有连接，无法实现数据的系统和一般视图。这一现实助长了孤岛的形成，因为它使部门间的信息交流更加困难。对于公司而言，各部门之间的合作至关重要。因此，如何打破组织孤岛是企业要重点考虑的问题。

打破组织孤岛的一个关键因素是规划过程中的端到端协调。表现最好的是那些在结构、角色和正式流程上投入更多资金，以在单位、职能和地点之间协调和共享知识的公司。他们采取的方法大多是利用数字技术，通过对数据进行分析，各个部门都可以访问信息，从而共同决策，提升行动效率，达到公司期望的效果。

公司内部要打破组织孤岛，公司与合作伙伴之间也应如此，不能只考虑在传达信息时正在失去“战略弹药”，在数字化时代，最合适的战略是一起实施的战略，真正同步并协同工作，打破内部组织孤岛和其他环节之间的孤岛。研究表明与同行相比，经常与伙伴合作的公司表现出更高的增长，更低的运营成本和更高的盈利能力。

（4）业务与IT融合

随着整个商业生态系统彼此互联，企业必须灵活应对不断变化的业务需求和市场需求。当IT和业务部门恰当地协作时，企业能够更有效地实现目标。IT和业务部门需要按照公司统一的战略和管理原则构建和维护信息系统平台，支撑起整个企业的发展。2003年宝洁全球把传统的标准化IT全部外包出去后，将IT部门转型为信息与决策方案部（Information &Decision Solutions，IDS），其新职能主要集中在商业模式创新，业务流程再造，信息分析以及业务决策上，此后，IT与业务部门天然的协作机制建立起来。这种模式直到今天仍被成功地沿用，并且效果显著。

数字化转型中，业务和IT如何紧密协作一直是难点和重点，也就是业务组织和技术组织的合作关系如何确立，以便从机制上保障数字化转型的持续推进。在传统的协作关系中，IT为响应业务需求而搭建，处于被动地位。IT系统要想为企业创造更大的价值，就要由被动走向主动，走在业务的前面，引导业务需求，驱动业务改变，要在明确公司发展战略后再进行企业架构的规划、流程与IT建设，而非一味地在业务提出需求之后再去满足。当然，达到以上描述的程度绝非一日之功，这和企业当前的IT现状和企业领导对IT的认知有很大关系。

（5）数字化治理

企业数字化治理的本质是企业治理活动的数字化和对数字化对象的治理，治理活动的数字化方面，数字化转型对企业传统治理体系进行了数字化重塑，各领域治理流程和活动均经历显著数字化转变，如IT运营、安全管理、风险管理、审计、法律合规等领域。治理对象数字化方面，随着数据的生产要素属性增强以及人工智能、区块链、云计算等技术对生产力和生产关系的加速调整，全球对于数据和新技术的治理越发密集。

数字化治理是企业实施数字化转型、实现高质量发展的前提和保障。数字化转型是充分发挥技术和数据要素驱动，实现企业敏捷创新、运营转型、企业管理治理体系水平提升的必由之路，但转型不是一蹴而就的，不是简单的IT升级，而是企业产品、生产、运营、管理、服务、组织、流程等全方位的彻底变革乃至重构，因此数字化转型是一项极具挑战极具困难的战略任务。

2.人才培养

（1）数字化人才

世界社会经济数字化转型加速演进，各领域的信息和数字化人才需求激增，数字化高端人才、专业人才市场缺口较大，给企业数字化转型发展带来人才挑战。由北京大学光华管理学院董小英研究团队、数字产业创新研究中心、锦囊专家联合发布的《2021中国数字企业白皮书——四年（2018—2021）对标篇》提出，在企业的数字化进程中，配备相应的人才需长期的储备和积累，如图1-2-44所示，2018年数字化人才缺口最大的是大数据分析专家；随着对数字化转型本质的认识不断深入，2019年战略领导人、项目经理和落地推动者的需求有所上升；2020—2021年企业数字化人才的缺乏程度有所下降，但仍处于相对高位。

伴随产业数字化进程不断深入，技术应用瞬息万变，企业的数字化能力决定了转型成败，数字化能力不只是科技技能的提升，更是组织能力的重构，打造与场景相匹配的数字化人才梯队是其中最为关键的一环。从产品与服务价值链供应端的数字化转型角度出发，数字人才大致分为数字战略管理、深度分析、产品研发、先进制造、数字化运营和数字营销六大类，如图1-2-45所示。

（2）数字化人力资源体系

在数字经济时代，培养具有数字化思维的人才队伍、构建数字化人力资源管理体系是企业发展的需要，也是新时代发展的必然要求。选择合适人才、优化人才结构、提升组织管理效率是企业转型成功的重要因素。数字化的人力资源管理方式帮助企业完成从组织结构、岗位需求、人员招聘、绩效考核、培训赋能、员工体验到管理报告等诸多环节的闭环管理，满足企业在合适的时间、有合适的人选、能完成既定目标的需求，发挥更好的协同运营价值，数字技术是企业应对人力资源动态化、精细化管理挑战的强大支撑，深刻影响其人力资源管理能力。

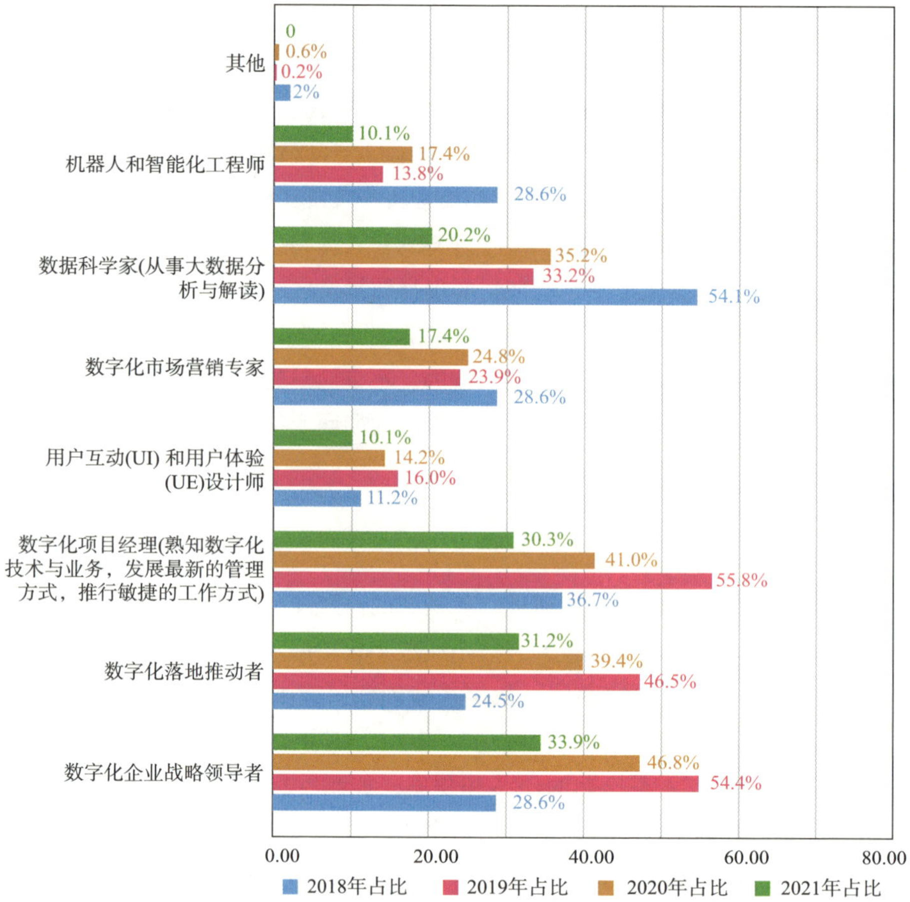

图1-2-44　近四年受访企业最缺乏的数字化人才情况

图1-2-45　数字人才分类

IDC预测，未来工作要求构建人力资源数字化领导力，到2025年，大量企业将采用AI赋能的机器人流程自动化等功能，将50%结构化、重复化工作交由数字员工来实现，如图1-2-46所示。

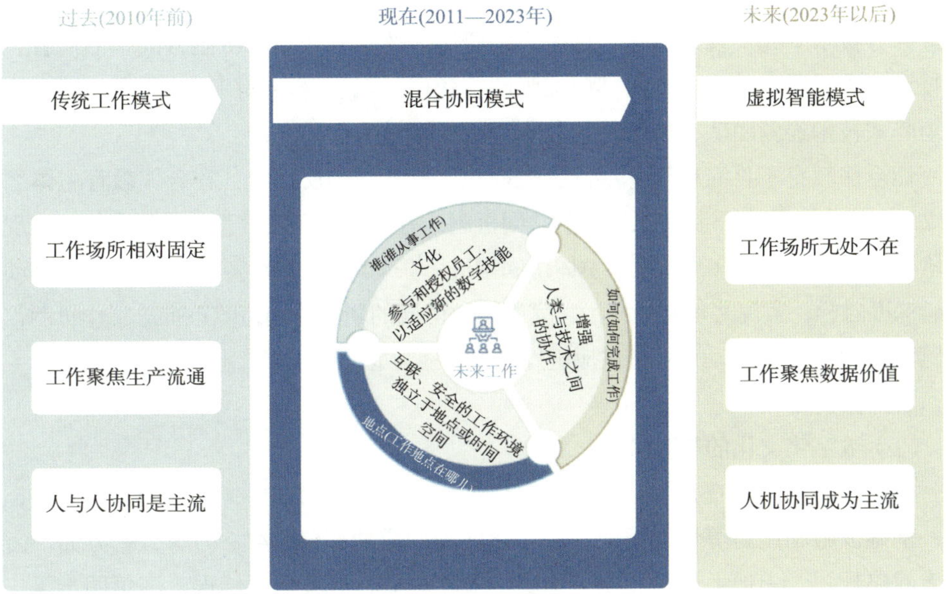

图1-2-46　人力资源工作模式发展历程

（3）数字化人才生态

为满足数字经济时代的发展要求，可以通过打造人才资源池、产学研用联动的方式，发挥全社会多领域人才的专业优势，与先进企业打造联合体，加强技术合作、联合创新，培养多元的数字化人才，建立数字化人才生态。

美国是世界上实施产学研合作育人最早的国家之一。“二战”以来，出现了培养高科技人才的高技术企业与科技工业园区、侧重培养技术研发人才的企业孵化器、培养工程综合管理人才的工程研究中心和培养一般技术人才的合作教育等多种产学研合作机构与模式，从人才培养的类型来分有两种类型：一种是在科技研发、科研成果的转化过程中培养高端科研人才的“项目/课题”模式；另一种是大学与企事业组织联合培养应用型人才的合作教育模式。这两类人才培养模式为美国经济发展培养了大批具有实践创新能力的高端人才。

我国自1991年以来颁布的教育法规中，涉及产学研合作人才培养的政策法规多达32项，但可操作性强的具体细则尚未出台，通过政策来调动行业企业参与合作的力度仍显不足。此外，我国目前出台的产学研合作尚未关注到企业实际利益诉求。相比美国，未来需要在合作教育或产学研合作政策制定中，让企业代表参与其中，积极关注企业利益诉求，逐步出台明确扶持产学研合作的政策细则，真正破除职业院校、科研院所和企业合作的制度壁垒。

企业层面，为推动技术创新不断取得突破，积极推动科研体制机制改革在保持开放式创新的优良传统基础上，深挖联合攻关模式的潜能，建设科技孵化器，与企业及科研院所共同建立技术转化平台，鼓励科研人员带着成果进入科技孵化器创新创业，推进部分技术率先实现产业化。健全产销研用一体化人才培养机制方面，他们着力打破技术领域界限，跨专业、跨部门加强队伍建设，组建管理部门和一线岗位紧密结合的矩阵式技术经营团队，为新材料技术创新提供有力保障。

让合作教育不再滞留于低层次、表面化、形式化的层面上，在合作教育主体之间建立一种长期、稳定、制度化的利益共同机制，有效促进职业教育产学研合作，实现人才培养质量的真正提升，建立多主体协同推进，联动融通创新链，提升创新效能推动产学研深度融合，实现共建共享共治。完善高效协同的新智能制造政策推进工作机制，以“产学研”协同方式推动产业链供应链发展，增强智能制造领域产业与教育深度融合。

3.文化塑造

（1）数字化文化的重要性

根据麦肯锡的调查报告，企业数字化转型成功率仅为20%，在石油、天然气、汽车、基础设施和制药等传统行业，数字化转型的成功率仅为4%~11%，一方面，诸如缺乏战略规划、一把手认识和支持不够、人才短缺、方案选型错误、变革困难等，技术挑战难度大，另一方面，或多或少都与数字化思维与理念有关，因为从根本上说，数字化就是变革，组织必须具有敏捷性和适应性，组织文化对于任何数字化举措的成功都至关重要。如图1-2-47所示，清华全球产业院2021年调查显示，35%的受调研企业认为“缺少数字化转型的文化氛围”是当前企业推动数字化转型的主要阻碍。

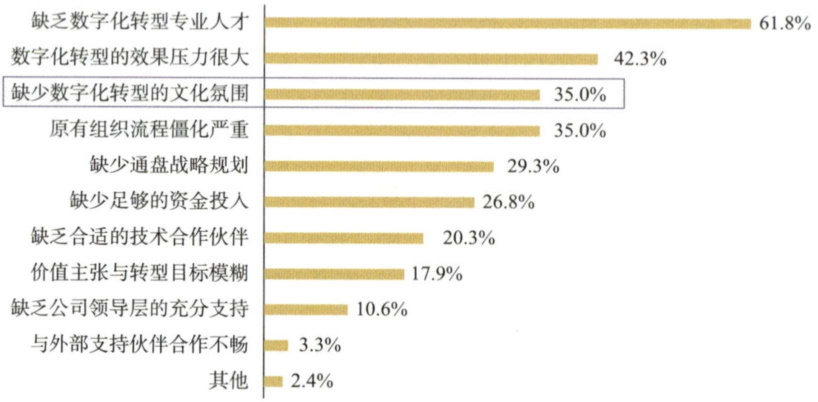

图1-2-47　当前企业推动数字化转型的主要阻碍

波士顿咨询公司（BCG）根据对40多个数字化转型企业的评估，如图1-2-48所示，发现专注于数字化文化的公司取得突破或财务表现强劲的比例是忽视数字化文化公司的5倍，近80%专注于数字化文化的公司都保持了强劲或突破性的业绩。

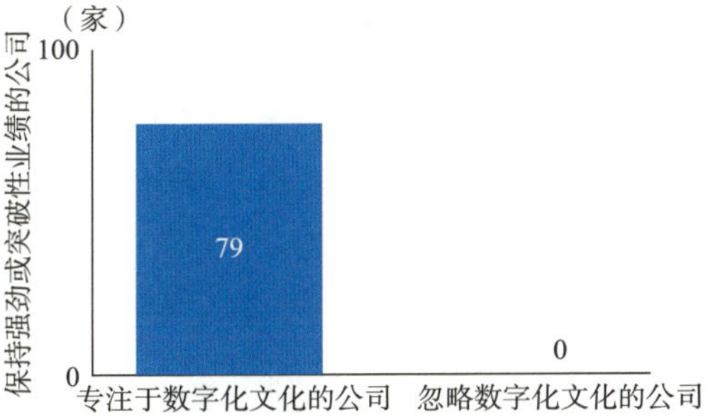

图1-2-48　BCG数字化转型企业评估

大量数字化转型案例的研究显示，企业数字化转型中塑造的文化通常会包含数据思维、用户共创、协同共赢、持续学习、创新容错、敏捷迭代等六大领域。数字化文化是以数据思维为核心，以用户为中心、协同共赢、持续学习、敏捷创新为支撑的新型文化体系。通过塑造数字化文化，可以改变员工的认知、思维模式和行为习惯，更容易推动数字化战略的实施。数字化转型企业的企业文化变革如表1-2-4所示。

表1-2-4　数字化转型企业的企业文化变革

数字化转型企业	数字化转型中的企业文化变革
美的	互联网文化（去中心化、平等）、用户思维
通用电气公司（GE）	敏捷、试错、迭代
德邦	数据文化
施耐德	包容赋能、创新试错、鼓励学习
宝洁	鼓励数字化创新
天虹	开放、与外部对接、与客户交互
伊利	创新、包容、开放、学习
长虹	以用户为中心的数字思维和文化
碧桂园	阳光无畏、跨界升维、灵动迭代、换位共赢
长虹	以用户为中心的数字思维和文化；体验与迭代、适应变化、迅速响应
微软	同理心、协同、以客户为导向、多元和包容、灵活动态
Adobe	数据民主化、开放和创新、敏捷
星展银行（DBS）	创业精神、敏捷、学习、理解客户痛点、全面使用数据、鼓励实验和冒险
招商银行	开放、融合、平视、包容、敏捷；鼓励创新、容忍试错

（2）数字化文化的内涵

1）数据思维。

数字化时代，数据连接一切、数据驱动一切、数据重塑一切，数据是企业数字化转型的核心要素。因此，数据思维是数字化文化的核心，是每一个数字化转型企业必须努力培养起来的新型文化。数据思维的内涵很丰富，包括数据决策思维、数据共享思维、数据价值思维等，本书主要介绍前两种思维。

2）以用户为中心。

数字化转型中更强调挖掘用户的个性化需求，创新生产和服务方式，优化业务流程，提升用户体验，与用户价值共创、共同成长，与用户的关系是平等、共生的。因此，企业数字化转型也应打造用户共创的文化。

3）协同共赢。

数字化转型不是某个部门、某项业务的局部转型，而是涉及各个环节、各个业务部门的系统性变革，要求组织各部门之间拥有更强的协同能力，其成功源自跨部门、跨单位、跨职能的集体努力和知识共享。因此，企业应在内部营造协同与合作的文化氛围，打通“部门墙”，破除信息孤岛。

4）持续学习。

学习型组织最早是由彼得·圣吉在《第五项修炼》中提出的，不少企业也逐渐意识到学习的重要性，致力于打造学习型组织、建设学习型文化。在数字化时代，企业寻求转型，而作为个人也需要持续学习，要从利用原有知识解决问题转变为持续学习和研究数字化用户和新趋势，不断进行自我提升，建立起数字化认知和掌握数字化技能，才能不为时代所淘汰。

5）敏捷创新容错。

对试错的容忍，是数字化转型成功的公司所具备的一个非常明显的差异化特质。因此，数字化转型需要营造创新文化，激发员工的冒险精神，将眼光放远，不过分追求短期的财务业绩，能够承担适当的试错和风险，对数字化项目和IT系统建设进行大胆的投资。

数字经济时代下，信息技术引发新一轮技术体系创新和生产力变革，进一步引领组织管理创新和生产关系变革，技术创新与管理创新协调互动，生产力变革与生产关系变革相辅相成，价值体系优化、创新和重构，不断创造新价值，打造新动能。在石化企业，涉及一系列业务层面的技术，如营销、研发、供应链、制造等运营层面。需要用到的信息技术，也涉及一系列专业化技术，如物联网、大数据、云计算、数据中台和人工智能等。要实现制造业的数字化转型，既要对制造业务的深刻认知，又要对信息技术的深入研究和应用。数字化转型始于战略，根在业务，成于组织，重在技术，企业的数字化转型，需要信息技术与企业业务不断地融合。

数字化转型是开发数字化技术及支持能力以新建一个富有活力的数字化商业模式，只有企业对其业务进行系统性、彻底的（或重大和完全的）重新定义——不仅仅是IT，而是对组织活动、流程、业务模式和员工能力的方方面面进行重新定义的时候，成功才会得以实现。

02

第二章

石化行业数字化转型现状和趋势

当今世界正经历百年未有之大变局，全球治理体系、地缘政治格局、科技与产业都在发生着前所未有的大变革，新冠疫情更是加剧了大变局向纵深演变。站在新时代的历史交会点上，能源革命如火如荼，第四次工业革命浪潮席卷而来，石油石化产业的创新发展、协调发展、绿色发展、开放发展、共享发展正在发生深刻变化。能源化工产业转型如图2-0-1所示。

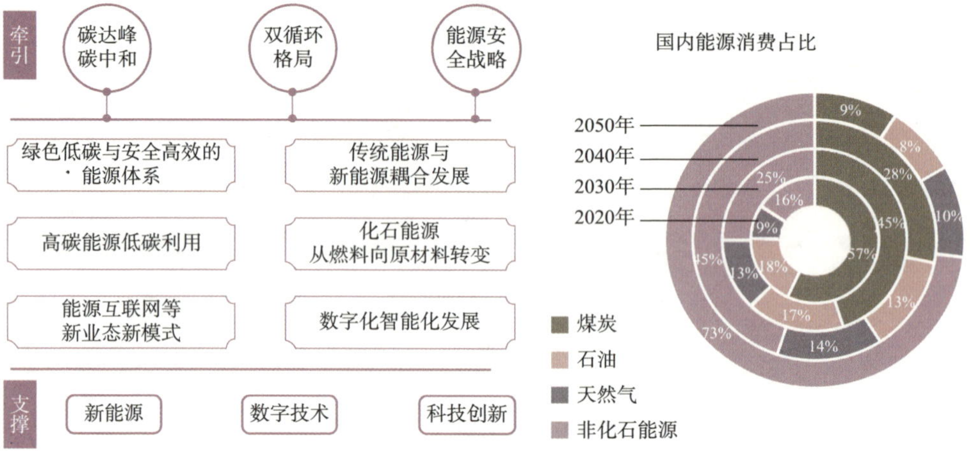

图2-0-1　能源化工产业转型

（1）能源转型加快，新能源产业快速发展

能源是人类文明发展的基础，是推动人类文明进步和人类物质财富上升的驱动力。能源问题是人类社会的根本问题，人类文明发展史同时也是一部人类能源利用史，能源转型是人类能源利用史发展进步的里程碑。能源转型是指人类利用能源从木柴到煤炭、从煤炭到油气、从油气到新能源的发展趋势，是能源形态、能源技术、能源结构、能源管理等能源体系主体要素发生根本性转变的过程。当前新的科技革命和工业革命将推动世界能源转型：能源体系主体要素将发生根本性转变，能源形态将从化石能源转变为新能源。2019—2025年，非化石能源消费将分别占世界新增总量的50%，中国的60%以上。到2025年，电力占世界终端用能比重将达21%，在中国将达29%。2019年，电力在能源消费终端中占比仅为20%；通过电气化转型，预计到2050年，电力在能源消费端的份额将提升50%～60%。同时，全球新能源发电量占比将大幅提高。太阳能、风力、水力、核能等新能源均以电力的形式输出，预计到2035年新能源发电量占世界总发电量的比重将在55%～60%，到2050年，占比将升为75%～80%。

（2）碳达峰、碳中和深刻影响全产业链

2020年，习近平主席在第七十五届联合国大会一般性辩论上提出了中国将于2030年前实现碳达峰和2060年前实现碳中和的战略目标，为中国开展碳中和国家建设提供了重要的战略指引。石化企业开展碳中和愿景下的战略调整，一方面是基于石油与天然气的供需基本面开展短期的策略调整，例如资产减值、非核心资产剥离等，另一方面基于未来的能源供需基本面，积极围绕天然气、清洁低碳、碳捕获与储存（CCS）等产业开展长期战略调整，拓展新业务的步伐整体加快。未来，中国企业一方面仍需发挥能源供应安全的主体责任，高质量开展油气生产与经营工作。另一方面，也需紧跟国内能源转型趋势，发挥各自优势，围绕碳达峰、碳中和目标开展节能减排工作，积极拓展清洁低碳等新能源业务，借鉴国际石油公司的部分经验，逐步推进公司整体转型。

（3）国家战略布局推进市场空间拓展

“双循环”新发展格局是我国疏堵点扩内需落实高质量发展的重要战略选择，也为石油化工产业市场扩展、提质增效、转型升级提供巨大的发展空间。一方面，从“内循环”上加快形成高效完整的内需体系，充分激活市场潜力，助推产业提质升级。“十四五”时期，中西部成为新的制造业增长极，东南部传统制造业梯次向中西部转移，拉动当地对石油化工产品的需求大幅增加，增速将实现两位数增长，远高于全国平均水平。其中，中西部天然气消费将增长244亿立方米，占全国增量的18.8%；成品油消费量增长850万吨，占全国增量的20.3%；乙烯消费量增长230万吨，占全国增量的12.1%。东南部则将加速创新，预计“十四五”时期东南部的高端技术服务业营收、科技研发投入、高端合成化工产品产能占比均达到全国70%～80%，成为实现现代化产业体系的主力军和智能制造、高端材料、创新模式的发源地。另一方面，以“外循环”努力改善外部发展，在疫情期间全球油气行业投资出现大幅下滑，疫情之后资源国为了拉动经济增长着眼于更多的外部能源投资，为中国企业海外油气收并购提供机会，同时海外投资油气项目投资可带动国内油气生产设备出口。在国内原油产量供应不足以满足炼油需求的情况下，海外油气投资增加从而帮助对内进口原油量的提升。同时对于原油炼化而导致过剩的成品油及化工品产能可以对外出口，形成以油气进口为原动力的油气贸易系统外循环体系。

（4）数字化转型成为行业发展新引擎

科技革命将为石化产业打造智能化产业链创造良机，新一代信息技术在石化行业的广泛应用，将传统石化行业业务单元打造成为智能油气田、智能工厂、智能加油服务站、智能化研究院等，以此提升企业感知、协同优化、预测预警、科学决策等能力。伴随着企业数字化转型工作的不断开展，将带动企业推进组织、流程、技术、管理方面的提升，为数字化工作提供支撑力。在向数字化方向发展时，石化企业基于信息技术基础建设会采取自主研发、技术合作与并购、风险投资等方式推进数字化工作，企业也会注重数字化投入的力度和方向，挖掘数字化技术市场潜力，推动数字技术与自身业务发展深度融合。

第一节 国内外数字化转型实践

受宏观环境变化等因素影响，能源化工行业进入转型变革期，竞争日益激烈，全球各大石化企业纷纷加大数字化投入，利用新一代信息技术进行全产业链业务转型，抢占数字化发展先机。由于新冠疫情的影响，许多石化企业需要将线上办公与线下办公相结合，依靠数字技术赋能企业远程作业能力，因此加速了石化行业的数字化进程。各大石化公司现在均将数字化作为技术创新的主攻方向和提升核心竞争力的重大战略，各企业数字化转型的实施策略和方法路径呈现多样性，但总体来说各石化企业均处于数字化转型起步、探索阶段。

一 国外数字化转型实践

国际石油公司的信息化历程大致可分为三个阶段：从20世纪80年代开始，以个人计算机和以太网技术为代表，企业开始利用信息技术支持其单项业务发展，企业信息化建设进入了“各自建设独立信息系统”的初步应用阶段；从20世纪90年代中期开始，以互联网和跨平台技术为代表，开始利用信息技术支持企业整体业务发展，进入了“建设全局性信息系统”的企业信息化正规发展阶段；从21世纪初开始，信息技术与企业业务全面融合，为企业战略实施、业务模式优化和各种创新提供全方位支撑，世界进入了“持续提升信息系统应用水平”的信息化全面推行阶段。

（一）荷兰皇家壳牌集团

荷兰皇家壳牌集团（Royal Dutch /Shell Group of Companies，简称壳牌）是国际上主要的石油、天然气和石油化工的生产商，同时也是汽车燃油和润滑油零售商。壳牌业务遍及全球超70个国家，每天服务于100多万商业和工业客户，并通过46000家加油站为3000万零售顾客提供服务。

壳牌拥有全球约13家炼油厂，在全球加油站的数量约为4.5万座，雇员8万多人，油、气产量分别占世界总产量的3%和3.5%。2021年的营业收入为2727亿美元，《财富》世界500强中列第15位。

1.业务发展战略

壳牌致力于打造清洁的业务组合，发展成为综合能源供应商，稳固上游核心业务，加速天然气全产业链布局，做大销售终端规模和非油品业务，发展低排放的功能型化工产品，加快构建发电业务。根据2021年初正式发布的“赋能进步”低碳发展战略，未来壳牌将以“绝对净零”碳排放目标为导向，形成上游支柱（传统上游业务）、增长支柱（市场营销以及可再生能源和能源解决方案）、转型支柱（天然气一体化、炼化产品）三大产业支柱，壳牌专注于满足客户低碳化、多样化、个性化用能需求，目标是到2030年成为极具规模的低碳企业。

（1）持续投资，稳固上游支柱

壳牌预计2019　2025年油气勘探开发业务年均投资额保持在110亿～140亿美元，占总投资水平的36%～43%。深水油气、页岩油气和常规油气是壳牌核心的勘探开发业务，其中深水油气是上游业务的重点投资对象，预计2019—2025年的年均投资在40亿～50亿美元。伴随着高投入决策也将带来高回报结果，壳牌深水油气的现金流贡献约占整个上游业务的50%。

（2）形成天然气一体化，构建转型支柱

随着全球对气候变化问题、减少排放的日益重视，壳牌把天然气产业链视为其向综合能源公司转型的关键，大力发展天然气一体化、化工和新能源业务，收购英国天然气公司（British Gas）进一步强化了壳牌公司在天然气产业链的竞争地位，在2016年2月收购英国天然气公司之后，LNG是壳牌公司青睐的天然气商业模式，壳牌参与了LNG产业链的各个环节，包括寻找气源，天然气生产、液化，LNG贸易和运输，以及电气化。2020年，壳牌公司在全球LNG市场的份额为22%，目标是保持市场领先位置，将通过打入新市场、开拓新领域（如船用和车用LNG）以及拓展天然气发电，持续做大LNG销量以确保市场份额。因此随着全球对气候变化问题、减少排放的日益重视，到2035年预计天然气占油气总产量的比重从目前的50%提高至75%。

（3）扩张油品销售和非油业务，寻找增长支柱

尽管拥有稳固的零售业务，壳牌还是在不断寻找着其中的全新增长点。目前壳牌将主要朝着两个发展方向拓宽零售业务，一是扩大零售网络，公司计划到2025年，成品油零售市场扩展至全球90多个国家，投资新增加油站1万多座，其中在中国、印度、印尼、墨西哥、俄罗斯五大市场新增5000座；二是做强非油业务，目前非油业务已成为石油公司零售业务新的利润增长点，主要包括便利店销售、润滑油相关服务以及汽车服务等。壳牌与多家知名品牌合作开展非油品业务，如可口可乐、Costa咖啡等。壳牌计划到2025年，在全球新增5000家便利店，届时油品销售业务50%的毛利来自非油销售。

2.数字化转型举措

在数字化转型的浪潮之下，壳牌为实现自身的数字化转型提出了相应的各类举措，在顶层设计方面，制定了全球数字化战略，明确数字化转型总体目标和路径；在组织架构方面，设置了首席数字官和数字化卓越中心，并通过成立数字孵化工作组集聚数字化人才，为集团数字化创新项目提供集壳牌内外部专家在内的数字化专家咨询。

在数据治理方面，壳牌通过构建数据分析平台，整合集团数据价值，助力企业运营的降本增效。在业务创新方面，壳牌利用数字技术围绕价值链开展商业模式创新；在低碳发展方面，壳牌通过数字技术开展一系列低碳项目，对碳排放以及能源消耗进行优化，为全球绿色可持续发展作出贡献。

（1）制定数字化转型目标及路径

在数字化方面，壳牌致力于以客户需求为中心不断进行创新发展，如图2-1-1所示，本着与客户合作共赢的理念，希望通过数字化转型加速价值获取，成为数字化领域具有创新力的能源公司。通过构建、探索、执行、推广四个阶段，在变革项目中不断验证方法、总结经验，循序渐进开展数字化转型。

客户为先
壳牌始终以客户需求为中心，为客户提供精准、有温度服务。

持续创新
壳牌是能源行业百年老店，创新是其根深蒂固的基因，从产品升级，到能源转型，数字化战略布局已在中国落地生根。

合作共赢
壳牌本着扎实、共享和高效的理念，与包括腾讯等行业巨头合作，共同探索如何高效打通全产业链各个环节，共享理念与资源，助力门店转型、升级。

图2-1-1　壳牌全球数字化战略

壳牌采用试点先行的策略，对基础成熟、见效快的领域率先构建数字化转型建设方案，并在推进实施过程中随时评价工作成效。在试点工作顺利开展之后，壳牌将规模化推广所获得的数字化转型技术与经验给其余待建设工厂。例如，壳牌在澳洲尝试利用人工智能技术预测大型复杂设备的保养周期，实现在24～48h之前预测到压缩机故障风险，减少了检修作业的停工时间，在试点取得成效后，这项技术被应用到全球数以千计的设备管理中，实现设备维护人工智能化，取得良好的经济效益。

（2）重视数字化组织塑造和人才培育

在数字化转型组织方面，2015年壳牌集团执行委员会决定，授权壳牌集团下属的各业务板块，从现有的人力资源中抽调技术、市场和管理等方面的优秀人才，各自建立独立的数字创业孵化工作组。在此之后，壳牌设置首席数字官，主要负责制定转型目标，进行统筹数字化项目与数字化投资，为业务部门提供数字化服务，培养数字化人才，在企业内部建立数字化生态，以此保障数字化转型。在成立数字创业孵化工作组的同一阶段，壳牌建立了由业务人员和专业工程师团队组成的数字化卓越中心，通过敏捷的产品小组快速开发数字化应用案例，实现了开发和实施方式从按流水线的瀑布式向以用户需求为核心的敏捷式转变。

（3）打造数据分析平台

对于壳牌这类国际大型石化企业，如何合理利用数据、挖掘数据价值是开展数字化转型工作，为企业赋能增效的关键。

数据治理是企业有效利用数据的基础，壳牌从指标定义入手，通过对指标数据的层层拆解和溯源，实现基于“原子数据”驱动集团各类报表和报告的动态构建。壳牌以“原子数据”为最细粒度，将业务需求用数据抽象化表明，帮助企业实现动态支撑各类指标、报表、报告。在收集并处理大量数据后，壳牌可以通过“数据”实现管理指标的业务逻辑（统计口径、计算规则）、数据转换，如图2–1–2所示。

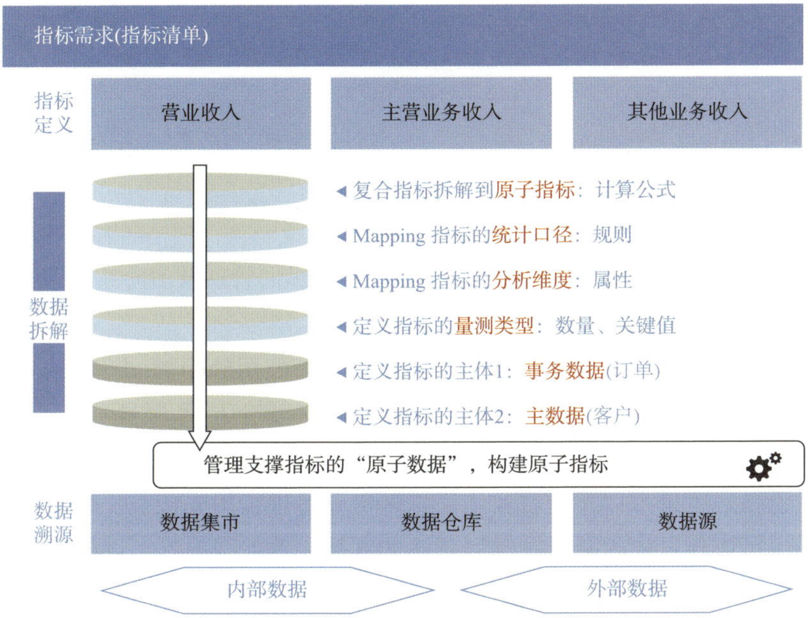

图2–1–2　数据指标构成方式

在设定好数据指标后，壳牌为了更好利用数据要素价值，通过封装数据模型和构建自助分析平台，来打造依托于“分析窗口+分析平台”的“一线指挥室”，如图2–1–3所示。该分析平台具备监测流程功能、相应分析方式和模型以及自助分析的管控模式，实现实时可见、及时报警等管控。不同于传统数据调动性差、反应较一线需求迟缓的缺点，分析平台能够敏捷、主动地响应一线的个性化需求，并实现与业务操作的共生，按照一线各业务点不同标准，识别性能不达标的油井，及时跟进检查并采取行动。此外，壳牌还建设了分析平台与各级大屏、桌面、移动端的无缝嵌入功能，使工作人员随时实现多端口对分析成果的一键提取，实现统筹灵活性监控方式。

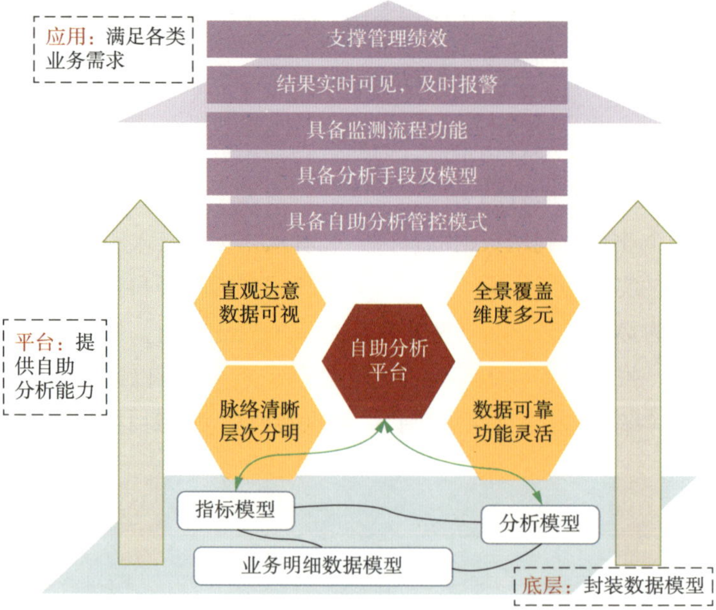

图2-1-3　自助分析平台应用

（4）围绕数字化转型的价值链开展业务创新

壳牌通过数字技术开展核心业务数字化，实现纵向管理及横向拓展的深度应用，在提升价值效益的同时实现企业可持续发展。

在勘探开发方面，壳牌的尼日利亚深水开采公司Shell Nigeria Exploration and Production Company（SNEPCo）选中Akselos（数字孪生技术服务商）为合作方部署Bonga Main浮式生产储卸油轮（FPSO）的结构化数字孪生。壳牌利用该项技术可以通过设备运营模拟以及项目实施模拟确定设备进行优先检查、维护和修理的关键区域，也可以通过模拟减少在难以到达的区域（例如载油舱）进行物理检查的必要性。

在炼化方面，壳牌、贝克休斯、微软和企业AI公司C3 AI共同创立了Open AI Energy Initiative（OAI），利用大数据和人工智能技术应用进行预测性监控来提高炼厂已有的监控技术。壳牌目有超过10000台设备正在被人工智能监控——从阀门和压缩机到干气密封件、仪器仪表和泵，并提供对潜在故障事件的预测。

在采购方面，壳牌目前正通过全球最大的B2B商务网络平台SAP Ariba与供应商进行合作。该平台可以帮助壳牌减少面向供应商的工具数量，促进壳牌与供应商之间更紧密的协同。针对企业采购资金周转事项，壳牌通过平台可以简化交易周期，以此优化采购的现金流。同时，平台对订单状态进行实时更新，可以为壳牌和供应商提供在线提交发票和获取付款信息，以此实现100%的无接触式及无纸化交易，利用数字化技术使采购变得更容易、更快、更高效及更准确。

在销售方面，壳牌打造个性化服务体验，促进零售场景智能升级。鉴于移动技术与视觉识别技术是未来零售场景的基础，壳牌与捷豹路虎（Jaguar Land Rover）合作推出全球首个车内支付系统，并在2015年推出了首个移动支付燃料服务Fill Up&Go，由捷豹路虎的车载系统同步客户手机端壳牌App，当客户驱车前往加油站时，客户可以在车内选择加油类别、加油量以及支付方式，实现全程车内操作。此外，壳牌还基于其加油站便利店提供餐饮+住宿+娱乐、汽车服务、金融服务和零售服务等不同业态的服务组合，实现业态模式创新和服务多元化。

在物流方面，2021年壳牌中国区分公司与密尔克卫旗下灵元素物贸一体化平台开展深度战略合作，为壳牌在中国加油站网点提供智能优质供应链服务，共同构建全球供应资源合作发展的新生态。用户只要登录平台移动端，即可轻松下单，订单自动传送至壳牌审核端，审核完成后进入配送环节。在用户收到货物后，移动端签收，自动传送壳牌审核端，系统同步更新中央仓及各用户点库存，进行费用结算，订单完成。帮助壳牌物流信息在线化、可视化，助力提升物流效率和客户对物流服务的满意度。

（5）利用数字技术实现低碳战略

近年来，面对不断严峻的气候问题，各国加大重视低碳发展并设定相应战略，秉持“低碳未来”可持续世界发展观理念，壳牌启动了一批减碳项目，例如，壳牌利用区块链技术来保证“碳信用计划”中碳交易的合法性，通过跟踪自然中的碳捕获来确定碳捕获量，进而避免碳的重复计算，帮助保持再造林或其他环保项目运行的效率；壳牌投资了一家数字物流服务公司InstaFreight，可以将壳牌润滑油从德国运输至壳牌欧洲各地的仓库，其中壳牌可以通过数字技术帮助企业增加供应链中的可见性，能够通过减少空车英里数将道路运输的整体效率从40%提高到60%以上，从而降低二氧化碳排放量。

壳牌利用3D打印技术开发数字仓库，可以存储打印组件所需的所有信息，由当地生态系统支持的数字仓库将为壳牌运营所在的当地社区带来真正的交付周期缩短、能源资源的合理使用。同时，壳牌利用物联网（Internet of Thing，IoT）、机器学习和大数据通过端到端集成实现更全面、连接更好的企业生态系统，从广泛的传感器网络中收集并存储在云中，使企业内工程师、科学家和分析师能够实时访问云端数据，以数据为驱动从而实现性能优化、工作流自动化、系统自动识别和响应，最终降低企业能力，除去云端数据处理之外，壳牌可以利用传感技术和云计算，使操作员可以远程处理信息，并跟踪整个机器车队，帮助企业在减少机器空转、提高燃油效率和设备利用率方面提供意见，通过减少浪费的行为来最大限度地提高效率和降低碳排放。

（二）埃克森美孚公司

埃克森美孚公司（Exxon Mobil Corporation，简称埃克森美孚）是位于美国的大型国际石油石化企业。埃克森美孚的年报显示，其主要业务是对原油和天然气的勘探、开发、石油制品的制造、贸易、运输、石油化工产品及各种特种产品的销售，其石油天然气勘探开发板块的生产线活跃于全球38个国家，在全球25个国家拥有一体化生产园区。

埃克森美孚雇用全球超过160个国家的员工近6.3万人，年生产原油和天然气超过1.28亿吨，在75个国家里，每年销售超过2.65亿吨的石油产品。埃克森美孚的2021年营业收入为2300亿美元，是全世界盈利能力最强的石油化工企业之一。2022年8月，埃克森美孚入选2022年《财富》世界500强排行榜，排名第12位。

1.业务发展战略

埃森克美孚致力于为客户提供优质适宜的能源，以支持大家共同进步，同时实施和推进有效的解决方案以降低环境风险。对于业务发展，埃克森美孚的总体战略是通过技术创新提升生产效率，加大力度投资重点业务，如石油天然气勘探、炼化业务等，以驱动公司价值增长。在企业形成一体化业务模式，从单纯注重上游勘探开发业务向全产业价值链积极转变，以管输物流等中间环节为纽带，实现与下游燃料、润滑和化学品生产协同发展。同时，埃克森美孚为了支撑业务战略发展采取构建卓越运营和优秀的员工队伍、强化公司的抗周期能力等方式。

上游业务是支撑公司增长目标最主要的动力，其利润贡献最大，增速最高。为实现目标，埃克森美孚计划通过新增大量高毛利的油气产量，实现上游资产组合的提质增效。为确保上游增长策略的顺利推进，2019年初埃克森美孚对上游组织机构进行了重组，将原来的勘探公司等6家专业公司重组为3家新的上游公司，即上游油气公司、上游业务开发公司和上游综合解决方案公司。

下游业务是确保公司盈利的稳定器。虽然下游的增长目标低于上游和化工，但净利润持续稳步增长，始终是埃克森美孚的第二大盈利支柱。埃克森美孚下游发展策略是在确保一流运营水平的同时，通过一体化优势以及技术成果应用，向客户提供高品质的产品和服务。

未来，化工仍将是埃克森美孚重要的利润来源，更加依靠高性能产品的利润贡献。埃克森美孚将化工大型项目投资集中在美国墨西哥湾沿岸和中国，新增产能均为高性能产品。

为应对气候变化风险，埃森克美孚重视减少公司运营中的碳排放以及提高能源利用效率，通过提供解决方案来应对产品需求的增长，使客户能够减少排放并提高能源利用效率。埃森克美孚还在碳捕获、生物燃料和节能工艺技术等领域开发和部署可扩展的技术解决方案。此外，埃森克美孚通过与行业协会和重点行业合作（如石油和天然气气候协议），直接参与政策，鼓励利用合理的政策解决方案，以最低的社会成本降低整个经济中的气候相关风险。

2.数字化转型举措

埃克森美孚将数字化视为制胜未来的关键，积极加强数字技术应用，与微软、IBM和英特尔等领先IT公司开展合作，构建产业新业态，以促进企业的高效升级。

（1）构建智能优化和数据分析应用

埃森克美孚重点发力数字化技术，增强技术沉淀，运用人工智能、虚拟现实、量子计算等数字技术，与业务模式充分融合。

在加快纵向生产链智能优化方面，埃克森美孚首先提出了“分子管理”理念，并于2002年启动了“分子管理”项目（“分子炼油”），能够将每一桶油的分子结构进行记录。因为石油加工过程的本质是将结构分布范围较宽的原油分子，通过选择性分离及定向转化，生产具有特定分子组成的液体燃料、润滑油产品和精细化工品等。所以埃克森美孚可以通过“指纹信息”将每桶原油根据其分子架构分配至其最有效用的生产供应链中，从而使每桶不同的原料油产生最大的价值。通过开发“分子管理”技术，埃克森美孚建立了众多炼油装置的反应动力学模型，进而开发了实时优化模型，结合先进控制系统（Advanced Process Control，APC）实现了炼油装置的实时优化（Real-time Optimization，RTO），进一步提高了炼油生产效率，从原油采集开始就建立对于原油分子水平的“指纹信息”。

在推进供应链横向贯通方面，埃克森美孚启动了全球油品移动（Global Oil Movement，GOM）项目建设，以应对来自原油贸易与运输、炼化生产、一次物流、油库管理到终端销售等各个环节的挑战。埃克森美孚通过建立专业的智能优化团队，基于调度平台支撑炼厂、油库、加油站油品移动的动态监控和调度管理，提升需求预测一致性、调度及时性，优化产品库存，提高供应链上下游一体化业务协同运营能力，在全球范围内实现分层次、分地区的库存可视化和优化，支持在任何给定时间内管理约3.3亿桶化工品库存。

除此之外，埃克森美孚还开发专有的钻井咨询系统，将多年的钻井经验整合到一个自动化系统中，该系统利用人工智能来确定钻井的理想参数，它还允许闭环自动化，无须人工干预即可控制钻井过程，该技术消除了钻机人员的重复任务，提高了钻井安全性和效率，使他们能够专注于其他工作，目前正在圭亚那的作业中使用。通过人工智能程序管控旗下分散在全球炼厂和化工厂的数百万个传感器，监测石油流量等重要数据和信息。

（2）开展数字平台建设

埃克森美孚与微软、IBM和英特尔等数字领导者开展合作，埃克森美孚与微软就二叠纪盆地（石油矿藏名称）的石油开采云技术签署协议，该技术可以让埃克森美孚与微软在集成云环境中合作，可以实时收集数百英里油田数据。根据收集的这些数据，埃克森美孚可以在钻井优化、完井和人员部署的优先次序方面进行高效决策。而在加油服务站方向，埃克森美孚也与亚马逊展开合作，为消费者提供新的无接触式支付选择，这种数字技术利用车辆的Alexa设备或Alexa应用程序，为零售消费者提供了一种新的非接触式支付方式，有可能覆盖超过6000万在家里和旅途中使用Alexa的美国家庭。

2020年，埃克森美孚中国区正式升级上线美孚优释达智能平台，该平台是阿里云物联网技术开发数字平台，把人、设备、平台全面互联，为中国用户提供更快捷、更前瞻的维护方案，供应商与客户和消费者聚集在一起，提供用于支付和综合汽车维护的应用程序来增强客户在加油站的体验，实现了更高的敏捷性、速度和价值。

（3）构建区块链联盟合作

埃克森美孚积极构建产业数字化新生态，将各参与方纳入平台管理，实现互联互通，互利共享。

2019年2月，埃克森美孚同雪佛龙、壳牌、英国石油公司等全球油气公司合作组建了首个行业区块链联盟，搭建合作网络，建设区块链应用生态，推动区块链技术在油气勘探、生产、财务、IT、矿权管理及供应链等领域的应用。在油气贸易业务中，跨境贸易各个环节均可通过各方的参与接入区块链平台，通过智能合约的应用实现数字化资产与智能资产的转型，提升贸易方式和贸易效率。

埃克森美孚在全球范围内与12个国家的高校和组织建立了专业合作伙伴关系，为公司提供新理念和新平台。2000年埃克森美孚开始与SAP合作搭建企业级大数据平台，向数字化转型，建设合作式可视化中心，以实现“全球互联”的企业目标。2019年与微软建立了合作伙伴关系，通过微软的“数据湖”平台改善上游生产活动，并计划每年投入约10亿美元用于机器学习的研究。

（三）英国石油公司

英国石油公司（British Petroleum，以下简称英国石油）是世界最大私营石油公司之一，其主要业务包括油气勘探开发、炼油和天然气销售、石油化工产品生产和销售等。此外，英国石油在太阳能发电方面的业务也不断壮大。

英国石油是世界前十大私营企业集团之一，2021年年报数据显示，英国石油在职员工有65900人，在全球65个国家的46000多家全球不同供应商中，拥有零售站20500个，电动汽车充电站13100个。2021年，英国石油的营业收入为1642亿美元。2022年8月，入选2022年《财富》世界500强排行榜，位列第35名。

1.业务发展战略

面对油气行业的新变化以及零碳目标，英国石油的目标是成为一家综合能源公司，实现业务脱碳与多样化，加快实现零碳目标的步伐。英国石油的目标是到2050年或更早，在产品销售、生产和运营领域实现“净零”。如图2-1-4所示，英国石油的业务发展战略主要包括以下三个方面。

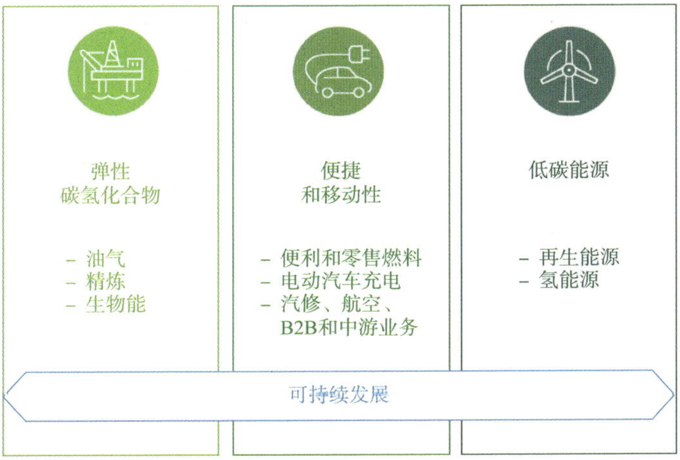

图2-1-4　英国石油公司的业务发展战略

基于现有的业务基础，英国石油持续安全、高效地生产有弹性的碳氢化合物。英国石油将基于石油和天然气、炼油和生物能源等重点领域，提高回报和投资组合的评级并降低碳排放，并将生物燃料作为转型增长的引擎之一。

为实现2030年经济利润翻倍的目标，英国石油注重零售和电动汽车充电两个领域。一方面，英国石油将为零售网点提供差异化的便利，选择性地扩张市场，到2030年将零售网点扩大到3500个。另一方面，英国石油将推动电动汽车充电、航空、B2B和中游业务的发展，到2030年将电动汽车充电站扩大到10万个。

低碳能源也是英国石油公司的一大重要发展领域。英国石油公司计划建立一体化的低碳能源枢纽，利用可再生能源和氢能源两种转型增长引擎持续扩大规模。在重点领域贯穿可持续框架，利用能源系统的集成能力，帮助客户获得清洁、可靠和负担得起的能源，同时为股东创造价值。

2.数字化转型举措

目前，英国石油以利用数字化技术实现业务目标，推动全集团现代化进程为数字化转型战略。英国石油以客户为中心，推动业务数字化变革，并通过多元化的投资并购为数字技术企业加强技术支撑，还致力于与科技机构、专家学者合作，全方位布局数字化战略。

（1）推动业务数字化变革

英国石油数字化转型整体处于起步阶段。英国石油将数字技术及配套的工作流程应用到多个业务领域，创造了数十亿美元的成本节余和新的收入机会。此外，英国石油表示未来将不断培养和发掘数字化人才，将把前沿技术应用在更多的业务场景中。

英国石油成立数字创新机构（DIO），通过自主研发，确定数字化前沿技术布局方向，建设组织、制度、流程、考核、系统等从战略到技术支撑的数据管控体系。英国石油基于高级移动出行业务单元，为快速发展的出行变革创造新的解决方案，包括电动化综合服务、车队管理服务、最后一公里便利服务及配送、按需出行服务以及移动城市综合服务等。基于数字化和创新，以新方式与客户建立联系，提高效率，并支持便利零售和移动出行等新业务。2019年10月，英国石油公司携手戴姆勒中国打造的开放式创新平台“星创高速”，聚焦电动化与高级移动出行领域，侧重颠覆性技术与商业模式革新。

英国石油在印度浦那（Pune，India）新建数字中心，旨在创建、发展和提供一系列数字解决方案，以帮助英国石油的核心业务转型，扩展其客户接口，并支持新的商业模式。该中心位于英国石油的全球主要业务服务运营中心内，该中心将支持英国石油业务的数字化，并提供新的能源和移动解决方案。

（2）并购投资数字技术企业

英国石油通过打造数字创新营，助力下游业务及跨业务单元数字化转型的创新技术，成立创业孵化器布局新型业态。英国石油通过并购或投资具有颠覆性技术的企业，并成为最终用户，加速整个能源领域的低碳与创新进程。

2018年5月，英国石油收购爱尔兰物联网专业公司Ubiworx，构建更多互联、智能、高效和可持续的能源系统。通过此次交易，Ubiworx公司的机器学习和人工智能与英国石油公司可再生能源和储能领域的现有实力相辅相成。

2020年1月，英国石油宣布投资能源管理专家R&B，这是英国石油在中国人工智能（AI）技术领域的首次投资。R&B的能源管理系统可以实现建筑能耗的预测、管理和改进，将极大支持英国石油公司在可替代能源领域的关注重点，助力发展低碳电力、存储和数字化能源价值链。

2021年1月，英国石油旗下的风投部门领投了中国电动车充电平台初创公司“电享科技”的A轮融资。电享科技的主要业务是提供连接电动汽车车主、充电服务运营商和电力供应商的物联网云平台，基于此云端系统，电力供应商可以监控和预测电网状态，以优化和避免电网区域过载充电。

（3）多方合作打造数字生态

英国石油积极与科技公司、汽车厂商进行合作，寻求数字化解决方案。2020年9月，英国石油公司与微软达成战略合作，使用微软Azure云端解决方案，推进能源系统的数字化转型。2020年12月，英国石油公司和亚马逊达成双方协议，展开深度合作，亚马逊云服务（AWS）将助力英国石油公司加速其基础设施和运营的数字化进程。英国石油与梅赛德斯-奔驰（Mercedes-Benz）和宝马（BMW）联手，通过数字充电解决方案（DCS）伙伴关系，帮助加速电气化。DCS旨在将司机与欧洲不断增长的电动汽车充电点网络连接起来，同时提供无缝充电体验。

英国石油注重与社会专家学者合作交流，探索新兴数字化转型技术。英国石油在印度浦那新建了数字中心，目标是建立一个可访问的数字专业人才生态系统与跨学科、敏捷的团队，并利用该中心与其他领先机构合作，并支持初创企业和战略性组织。另外，英国石油还邀请专家和应届毕业生与董事会成员进行交流，讨论数字基础、数字思维、新兴数字技术和转型数字技术等数字化主题领域的相关课题。

（四）美国雪佛龙公司

美国雪佛龙公司（Chevron Corporation，以下简称雪佛龙）是世界领先的一体化能源公司，并在全球超过180个国家有业务。其业务范围渗透石油及天然气工业的探测、生产、提炼、营销、运输、石化、发电等各个方面，其中炼油、化工、润滑油及添加剂三大重点业务分布范围广阔。雪佛龙业务分布如图2-1-5所示。

图2-1-5 雪佛龙炼厂

来源：https://www.chevron.com/stories/celebrating-our-growth-in-petrochemicals

雪佛龙炼化业务坚持从整体石化产业价值链出发整合资源，通过资源配置优化，实现价值链整体盈利。截至2021年12月31日，雪佛龙的总资产239.5亿美元。雪佛龙综合实力排名全球第11，原油产量和天然气产量分别位列全球第13名和第11名，2021年总营收为1624.65亿美元，截至2022年3月8日市值为3321.16亿美元。2022年8月入选《财富》世界500强排行榜，位列第35名。

1.业务发展战略

在全球能源结构变革与行业转型升级的背景下，雪佛龙的主要目标是回报更高，碳排放量更低，股东价值更高。雪佛龙的业务战略主要覆盖上游、下游和低碳新能源三方面。

在上游，雪佛龙将创新与技术结合，积极发现高价值油气资源，提高上游业务回报率，以最大限度地利用成熟领域，满足不断增长的能源需求。在澳大利亚，雪佛龙批准了Jansz-lo压缩项目，该项目将成为一个重要的天然气来源，向亚太地区各国的客户提供天然气。雪佛龙还推进了美国墨西哥湾的Anchor项目以及Permian盆地几处常规资产的销售。

在下游，雪佛龙的战略是提升全产业价值链收益，择优投资，从而成为满足客户需求的领先下游和化学品公司。雪佛龙的子公司GS Caltex，在韩国丽水的炼油厂提前启动了烯烃混合饲料裂解装置和相关的聚乙烯装置。雪佛龙还宣布与Neste Oyj达成协议，收购其基础油业务和品牌，并完成了对美国天然气公司（现Beyond6）及60个压缩天然气站的股权收购。

在低碳新能源方面，雪佛龙的目标是引领低碳密度石油、产品和天然气的发展，并推进减少主要行业碳排放的新产品和解决方案。雪佛龙计划在2021—2028年期间投入100亿美元的低碳资本，以降低石油产品和天然气业务的碳强度，并建立新的低碳能源业务。雪佛龙注重减少碳排放项目，降低其传统石油和天然气业务的碳强度，优先考虑以最低成本最大限度减少碳排放的项目，对透明的指标负责；增加在一些产品中使用的可再生能源，在可再生燃料、氢气、碳捕获和补偿方面发展低碳业务，投资有前景的低碳技术，目标是降低成本并帮助它们在市场上有效竞争以实现全球规模。

2.数字化转型举措

雪佛龙的数字化转型（见图2-1-6）以提升和创造业务价值为目标，其数字化战略涵盖业务、科技和文化三方面，聚焦业务，利用新兴技术推动业务线转型，改变企业员工思维方式和节奏，由公司业务单元牵头，实现业务线全贯通与运营模式创新，加速进入数字时代。

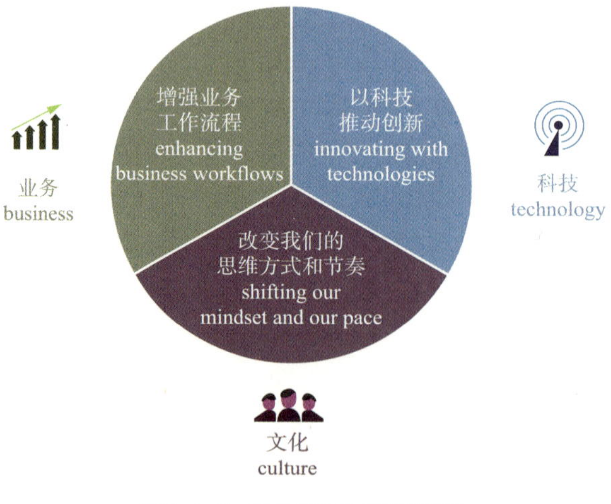

图2-1-6 雪佛龙数字化转型战略

（1）驱动业务数字化转型

雪佛龙重视一体化业务的整体价值，聚焦综合业务场景，增强业务工作流程，发挥一体化端到端业务竞争力。通过优化生产、设备维修、端到端物资与物流管理、赋能现场员工生产力、实时大修技改项目管理等业务场景，实现过程控制、生产营运、经营管理、决策支持的纵向贯通，提高管理效益，提升产品质量。

在安全管理中，雪佛龙利用数据采集与监视控制（SCADA）管线控制中心采集管道实时数据，实现对管道运输全天候的远程监测和控制，快速缓解任何异常操作状况并支持安全可靠的管道操作。雪佛龙还利用蛇臂机器系统（见图2-1-7）检查内部压力容器，该系统适合在狭窄和危险空间工作，避免了伤害员工，提高了检查效率。

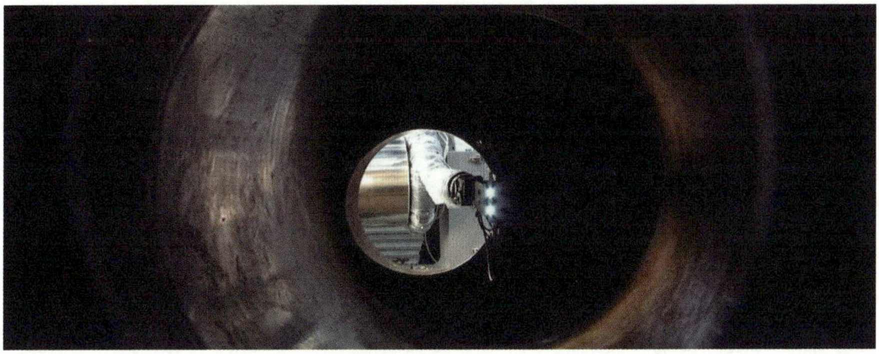

图2-1-7 蛇臂机器系统

在设备管理中，雪佛龙正在使用数字孪生技术对其油田和炼厂的设备进行预测性维护，利用云端捕捉传感器数据，识别可能发生的故障，从而提高钻井和完井等工作效率。雪佛龙的目标是到2024年将大多数高价值设备的传感器数据整合到一起进行预测性维护，从而降低百万美元的维护成本。

雪佛龙在业务数字化转型的过程中，强调业务数字化建设创造的投资回报价值，要求产生改善现金和收益、降本增效等可量化的实际业务价值，从而平衡长期可扩展性以及短期价值创造。例如，雪佛龙对关键设备进行预测性分析，实现价值约0.4亿美元；澳洲Gorgon LNG基地通过先进过程控制系统（APC）实现价值约2.4亿美元。

（2）科技推动创新发展

雪佛龙注重以科技推动创新发展，一方面注重数据的价值，打造数字管理平台，如图2-1-8所示。雪佛龙坚持六大数字化原则，包括数据为资产、通过API互联、设计安全、数字平台、云部署、敏捷，强调数据的重要性，建设统一的主数据标准和平台，实现全集团集中的主数据管理，推进业务操作统一规范。雪佛龙借助大业务数字平台，简化复杂的系统及数据架构，以安全及敏捷的方式共享并利用数据，快速响应全球业务变化，实现运营模式创新。

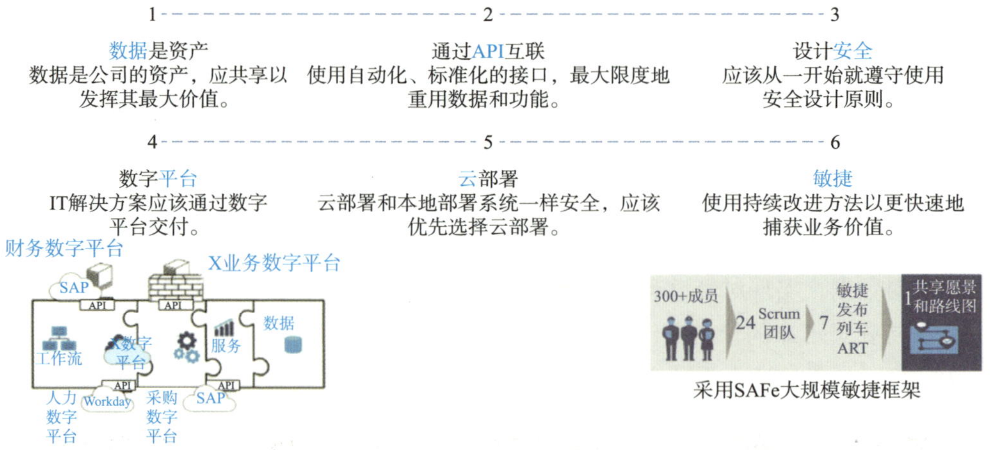

图2-1-8　数字技术构建新动能

雪佛龙成立了科技风险投资公司（CTV），致力于推动新兴技术创新，改善基础业务运营管理平台。截至2018年6月，雪佛龙已投资5家数字化技术公司，其中Maana公司开发了Maana知识管理平台，利用其专有的AI算法，将专家知识和各个孤岛的数据结合，帮助企业员工更好更快作出决策，从而达到优化客户资产和决策程序、降低成本并提高效率的目的。

雪佛龙还通过与数字科技公司、数字能源企业等开展合作，推动新的业务发展。如雪佛龙与微软建立为期7年的合作伙伴关系，采用微软的Azure平台使雪佛龙公司的IT人员从支持基础设施演变为应用更多先进技术优化炼油生产、物流运输和客户营销等业务，通过灵活的分析和提高自动化操作的方式在公司的工程师和操作之间建立起数字核心连接。2022年8月28日，全球能源巨头雪佛龙与中国能源数字化企业能链签署合作备忘录。双方将探索在中国大陆地区建设运营中能链–加德士品牌授权加油站以及新能源基础设施的合作机会。

（3）推行数字创新文化

雪佛龙建立透明及可持续创新的文化。通过树立创新思维，建立创新生态圈，推动全员创新文化，让每个员工都参与创新。数字化转型由公司业务单元牵头，由业务单元的领导担任数字化负责人，由某业务单元的运营部门，推动数字化发展，关注特定的痛点及机遇，将独立的资产整合。

雪佛龙大力鼓励员工创新。雪佛龙推广激发思维转变、制造紧迫感、鼓励个人发展的创新思维路径，重视创新变革，激励每一个人从一开始就参与创新，从IT建设开始。雪佛龙创新思维树立路径如图2-1-9所示。

此外，雪佛龙也引导员工积极关注数字创新技术，注重元宇宙的巨大发展潜力，申请元宇宙相关商标，后期将会推出虚拟商品和服务等。

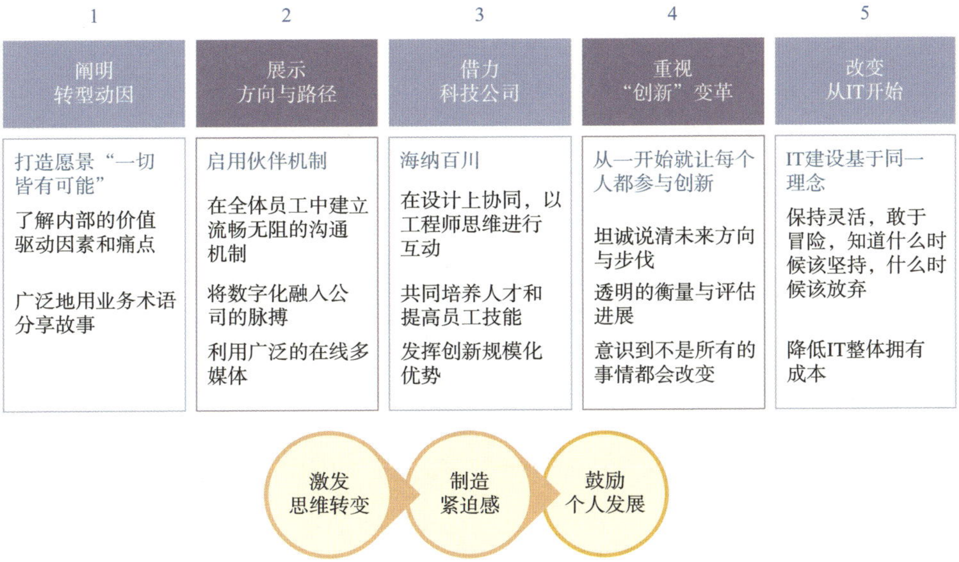

图2-1-9　雪佛龙创新思维树立路径

（五）沙特阿拉伯国家石油公司

沙特阿拉伯国家石油公司（Saudi Arabian Oil Company，以下简称沙特阿美）是一家有多年历史的综合国际石油公司，主要从事石油勘探、开发、生产、炼制、运输和销售等业务，遍及沙特王国和全世界，拥有世界最大的陆上油田和海上油田。

2021年，沙特阿美的营业收入为4004亿美元，在2022年《财富》世界500强企业中排名第5，原油、天然气产量分别位列全球第一位、第6位，炼油能力排名全球第4。

1.业务发展战略

沙特阿美的业务战略（见图2-1-10）是成为综合的能源和化工公司，以安全、可持续和可靠的方式运营，满足未来能源持续增长的需求。在整个业务领域中重点关注上游、下游、低碳、本土化四个战略方向。

在上游，作为世界上产量最大的原油生产商和最低成本生产商之一，沙特阿美提出要发现高价值油气资源，使上游业务回报率居于行业领先地位，依靠储量基础、备用产能和运营灵活性有效应对需求的变化。沙特阿美提出继续专注于油气储量的替换，持续挖掘新油田和新油藏。2021年，沙特阿美开始开发巨大的Jafurah非常规气田，估计储量为200万亿立方英尺。

在下游，沙特阿美将采取持续的战略整合，提升全产业价值链收益，择优投资，注重回报。在炼油方面，沙特阿美专门设计和配置精炼系统以优化原油生产，这有助于减少供应连锁经营成本、提高炼油作业的运营效率。在化工方面，沙特阿美注重碳

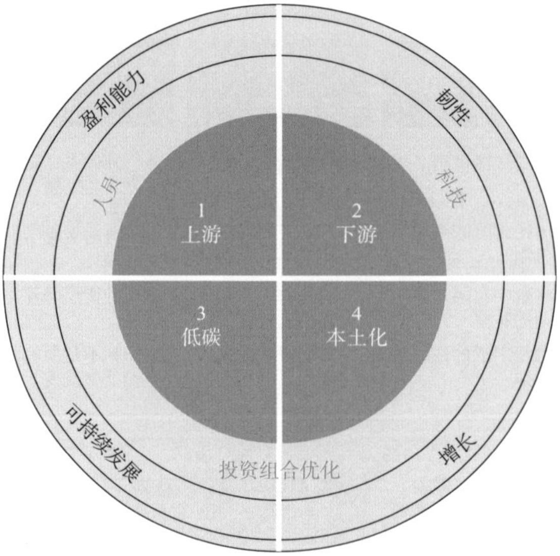

图2-1-10　沙特阿美的业务发展战略

氢化合物价值链的延伸，并在战略上对炼油业务进行了补充，不断增长不同类型的业务，包括包装、汽车和电器化学品等市场。在零售方面，沙特阿美提供汽车新产品线服务，品牌成品润滑油产品，致力于使其下游业务多样化。在供应与贸易方面，沙特阿美采用了全球一体化的业务模式，通过优化生产、精炼和工艺流程分销流程与整合确保可靠的服务。

在低碳方面，沙特阿美注重降低业务中的净碳，通过开发低碳的产品和解决方案，支持全球能源转型。沙特阿美通过布局新技术、减少碳排放、提高燃油效率、节约用水以及研发绿色新材料等方式，推动碳循环经济体系运行。同时，还利用人工智能和大数据等技术检测企业能耗和优化作业方案、改进地震检测数据处理和分析能力、优化采油方法及提高油井产能等方式减少碳排放，实现油气业务的低碳化可持续发展。沙特阿美将增加天然气储产量，利用天然气制氢，并加入了世界银行“2030年常规火炬零排放”行动计划，积极发展氢能、可再生能源发电、碳捕集及利用等新业务，并保证2030年实现天然气零燃除；收购大型化工公司、开发自有技术，布局化工、新能源领域；开发超级计算机、智能机器人等措施降低能耗、提高能源利用率以实现减排目标。

在本地化和促进本土影响力上，沙特阿美促进发展多样化、可持续和具有全球竞争力的能源生态系统，以巩固公司的竞争力，支持国家的经济发展。

2.数字化转型举措

为实现其战略发展，沙特阿美致力于开展数字化转型，部署数字化创新战略，布局数字化新技术，提升员工数字化技能，促进上下游的协调一体化，提高整体的运营效率。沙特阿美所属的油田生产的胡莱斯厂（2021年）和库阿斯厂（2020年）与天然气处理的乌德曼尼亚天然气厂（2019年）被世界经济论坛评为“灯塔工厂”。沙特阿美“灯塔工厂”的加工设施如图2-1-11所示。

图2-1-11 沙特阿美灯塔工厂的加工设施

（1）部署数字化创新战略

沙特阿美的目标是成为世界领先的数字化能源公司，提出了提高利润率、收入多样化、科技创新、开发数字劳动力、最大化本地化的五大愿景，并聚焦在供应链、电力供应、计划销售、社区空间、技术管理等12个重点领域，采用了一系列数字化技术。

合规计划：沙特阿美将利用虚拟现实和无人驾驶车辆等技术满足沙特阿美的合规性，并维护公司的声誉。

可持续发展计划：沙特阿美将采用大数据、人工智能算法和分析等数字化转型技术，提升运营的生产力和效率，从而更加可持续。

供应链计划：沙特阿美将利用智能合约和区块链等技术优化库存使用，自动验证发票，从而提高管理效率。

数字化劳动力计划：沙特阿美鼓励员工学习人工智能和大数据方面的重要技能，从而提升员工的工作效率，进而提升员工的幸福感和满意度。

运营计划：沙特阿美采用一系列工业4.0技术来改进上游和下游运营的许多环节。

此外，2020年12月，沙特阿美成立了一家新公司，专注于沙特阿拉伯各个行业以及整个中东和北非的数字化。该合资企业将为石油、天然气、电力和公用事业、制造和运输等行业的客户开发、分销并部署端到端的先进数字化解决方案。

（2）布局数字化技术提升生产效率

沙特阿美注重技术合作，与科技公司、专家学者展开积极合作。2020年底，沙特阿美与沙特阿拉伯结成战略联盟，以拓展其ERP系统的数字化，为进一步集成新技术铺平道路，该系统将深化创新工业4.0技术的部署，包括基于云的服务、嵌入式分析、移动性、机器学习、人工智能、高级分析和物联网解决方案。沙特阿美还与沙特电信公司联合宣布推出达曼7号。达曼7号是全球功能最为强大的十台新型超级计算机之一，可以降低勘探和开发风险，进一步加强常规和非常规碳氢资源的勘探和开发决策，并指导未来在生产和资源分配方面的投资。另外，沙特阿美还将构建第四次工业革命中心，该中心有一支由工程师、开发人员、数据科学家和专家组成的队伍，通过结合运营类大数据、强大的计算能力、最先进的人工智能和机器学习工具，可帮助沙特阿美提高资产的性能、安全性和可靠性。

沙特阿美还积极发展人工智能与数字化低碳等技术，促进生产运营过程中的自动化。沙特阿美积极采取各种数字技术，建设灯塔工程，优化业务流程，利用自动化流程、机器自主学习推进业务流程优化，主要优化决策流程，依托人工智能、大数据的资产绩效管理，去除决策冗余步骤。在Uthmaniyah天然气工厂，沙特阿美利用人工智能解决方案提高生产力，同时提高设施的可靠性。在工厂使用无人机和可穿戴技术来检查管道和机械，检查时间缩短了90%。在Khurais油田，沙特阿美利用数千个物联网传感器来监测和预测油井行为，功耗降低了 18%，维护成本降低了 30%，并将检查时间缩短了约 40%，从而最大限度地提高了现场的运营效率。另外，沙特阿美在Abqaiq油田部署了广泛的工业4.0解决方案，例如机器人、智能无人机以及数据和预测建模，显著提高了性能和效率。

（3）提升员工数字化技能

沙特阿美的数字化业务负责人通常是职能部门的领导，由分散的职能部门牵头，以驱动数字化进步，进行轻度整合。此外，沙特阿美鼓励员工在数字化转型中发挥积极的作用，构建公民开发（Citizen Developers）平台，教员工创建自己的数字解决方案，而无须学习编码或拥有高级 IT技能。沙特阿美还提供数字化的培训机会，员工可以在美国佐治亚理工学院举办的软件开发、数据科学、机器人技术、人工智能和机器学习等课程中取得资格和学位。与此同时，沙特阿美持续提升员工数字化技能，加强可穿戴设备应用，开展多种方式的“沉浸式”模式的培训，并建立分析与AI中心，基于海量数据搭建工厂模型，实现现实世界与IT系统间的网络连接。

（六）巴斯夫股份公司

巴斯夫股份公司（BASF SE，以下简称巴斯夫）是一家德国的化工企业，也是世界最大的化工厂之一，总部设在路德维希港，公司的主营业务有化学品、石油和天然气等。巴斯夫的业务广泛，在39个国家设有350多个分厂和公司，与170多个国家的客户商务往来。

美国《化学与工程新闻》显示，巴斯夫连续多年全球化工行业排名第一。2021年，巴斯夫的营业收入为786亿欧元，市值达到420.66亿美金。2021年福布斯发布的全球企业2000强企业中，巴斯夫位列第421位。2022年《财富》世界500强排行榜中，巴斯夫位列第109位。被美国商业杂志《财富》评为“全球最受赞赏化工公司”；同时在德国所有公司的跨行业评比中，巴斯夫名列第二。

1.业务发展战略

巴斯夫以市场为导向、以创新为动力、以效率为核心、以服务为手段，打造一体化运营模式，不断优化产品组合，聚焦客户提供定制化的服务和解决方案，不断提升企业核心竞争力。如图2-1-12所示，巴斯夫全球战略中强调需构建具有重大影响的创新能力，并且非常关注企业的可持续发展，要求通过在企业内部开展数字化转型、构建客户依赖的产品组合和培养高效的企业员工的方式促进企业发展，成为行业及全球的领先企业。

图2-1-12　巴斯夫全球战略

巴斯夫全球战略主要分为创新、可持续发展、运营、数字化、产品组合和员工等六大方向。在创新方面，巴斯夫作为化工行业的领导者，继续通过强化研究活动，更紧密结合研究与开发，促进合作，扩大这一优势。在可持续发展方面，巴斯夫从1994年就将业务活动与可持续发展原则系统结合，将可持续发展视作战略以及目标、指导流程和业务模式不可或缺的一部分。巴斯夫将可持续发展举措覆盖整个产业链，以负责任采购、安全高效生产，为客户提供可持续解决方案。在运营方面，化学品生产和加工是巴斯夫的核心业务。巴斯夫将发挥其在一体化生产以及综合价值链的优势，持续投资，创建并优化一体化体系，推动在高效基地的生产整合。在数字化方面，巴斯夫将借助数字化的多样化增长潜力，使客户受益。在员工中推广数字化技能，与IT厂商合作，将数字技术和工作方式作为业务的重要组成部分。在产品组合方面，投资、收购及剥离在巩固产品组合方面发挥着关键作用。巴斯夫聚焦以创新驱使增长领域，开发可持续技术。为了进一步巩固在亚洲市场活跃增长的地位，巴斯夫在中国广东兴建全新的一体化基地。在员工方面，巴斯夫注重营造能够培养员工个人才能、让员工个体和团队能发挥最佳水平、启迪智慧的工作环境，并推行赋权、差异化、精简三大行动，优化组织绩效。根据企业战略，业务运营部门、服务部门、地区部门及企业中心将是巴斯夫全新组织架构的基石。各部门承担战略与业务运营责任，并按部门或产品进行组织。巴斯夫全球组织架构如图2–1–13所示。

根据集团管理战略，巴斯夫设置企业发展部、财务部、数字化与信息服务部等14个主要职能部门对化学品、材料、工业解决方案等86个业务单元、四大区域进行矩阵式管理。

2.数字化转型举措

为满足企业数字化转型的战略需求，巴斯夫将数字化纳入全生命周期的管理中，加强与AI公司的合作以探索新的业务模式，应用数字化技术提高工作效率。这一系列的转型举措，将显著提高巴斯夫的运营效率，创造更多的附加价值。

（1）**数字化文化嵌入企业发展“基因”**

数字化为巴斯夫带来了巨大的发展机遇，贯穿整个价值链体系。通过利用数字技术和数据，巴斯夫实现了为客户创造附加价值，提升效率和效益的目标。例如，巴斯夫利用全新数字服务向客户实时提供重要信息；综合利用内外部数据有助于提升内部创新力；再与客户共同创建一个集成供应链，交换物流相关数据，以便向客户提供更优质、更快捷的服务；生产过程中，巴斯夫运用数据更准确地预测装备维护需求，减少意外“停车”。

此外，巴斯夫建立数字化转型团队与数字化研发部，建立业务牵头的独立团队负责数字化转型，并设置化工4.0专项部门，启动4.0智能制造计划，在生产、营销、资产全生命周期管理等领域加大数字化投资，强调要加快数字化的发展速度，不断深化影响，扩大范围。

（2）**数字化合作探索新业务模式**

巴斯夫携手技术孵化平台，探索新的业务和模式。在北美，巴斯夫联合美国最大的清洁技术孵化平台 Greentown Lahs，与在农业、废品和水处理、能源、先进材料、机器人和交通领域的高科技企业开展对话，提供实验室资源、机器工作坊、法律服务、生产网络和化学实验室空间。2020年7月21日，巴斯夫和领先的工业人工智能（AI）公司IntelliSense.io宣布建立独家合作伙伴关系，开发了名为“由IntelliSense.io提供支持的巴斯夫智能矿山”的联合产品。该产品可提供嵌入巴斯夫矿物加工和化学专业知识的人工智能解决方案，将使矿山运营变得更加高效、可持续和安全。

巴斯夫邀请了外部伙伴参与创新，并与科研界和商界的众多伙伴保持密切合作，建立“专知一体化”，共同打造高度多元化和全球化的国际合作网络平台（见图2–1–14），为研发提供了灵感和动力，从而实现增长目标。2019年，巴斯夫携手清华大学创新创业教育平台X–lah，启动48h创新创业项目挑战赛，以“减少环境负荷的可持续发展创新”为主题，通过科学创新项目为环境保护工作寻找解决方案。

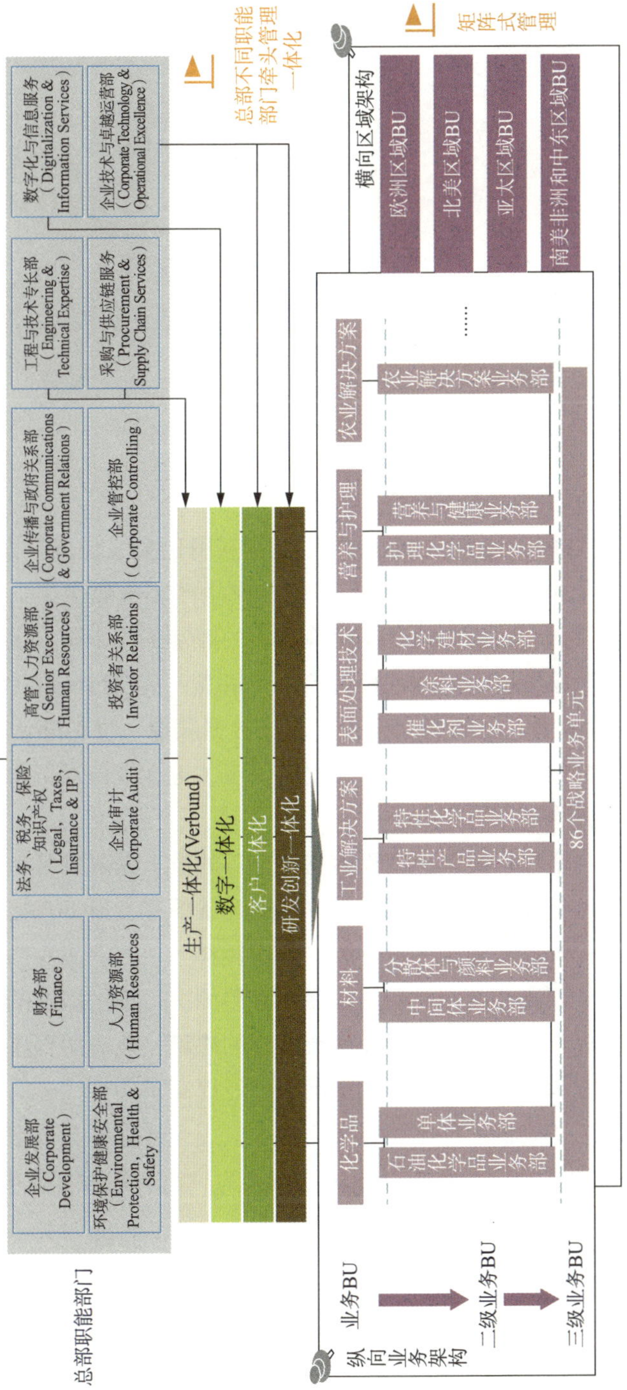

图2-1-13　巴斯夫全球组织架构（资料来源：BASF官网、德勒研究）

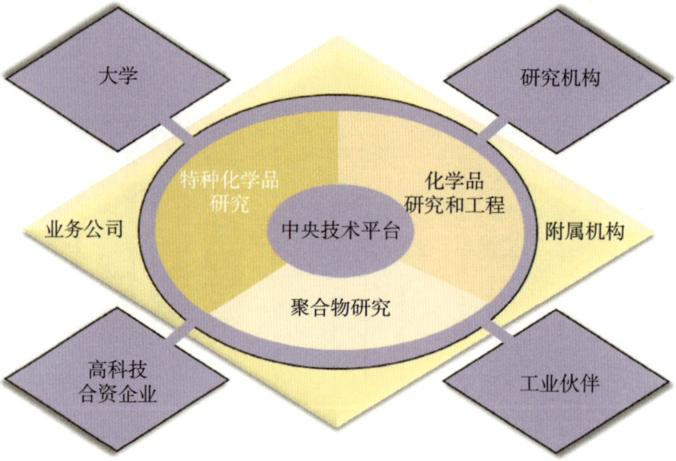

图2-1-14 巴斯夫的合作网络

（3）数字化技术提高工作效率

在技术应用方面，巴斯夫指出要大范围应用建模、仿真、高性能计算、3D打印、增强现实等先进技术，实现全球超过350座生产装置数字化，打造快速获取装置数据、减少操作失误、协同联动、安全最大化的数字工厂，建立生态促进业务转型，将设备运营外包予原厂商，厂商远程监控运行情况，实现预防维护，降低成本；在工厂运用AR于巡检抄表、现场安全检查、现场数据获取、投料确认、装卸车检查表确认等方面；基于数据分析，预测性维修提供了对关键性设备运行状况检测和预测的方法，从而提高装置稳定性。

巴斯夫利用“增强现实”应用程序支持工厂的员工完成日常工作。通过该应用程序，员工可以通过平板电脑或智能手机等特别配备的移动设备直接、快速地访问必要的信息，提高流程效率并确保更可持续的知识转移。

巴斯夫推广“预测性维护”应用程序旨在预测执行维护措施的最佳时间，以减少计划外的维修和故障，并优化维护和生产过程的协调。该应用程序基于对生产工厂中关键零部件的功能状态的预测，预测准确率已经提高了60%。

与此同时，巴斯夫将信息化和数字化技术应用于建立各类数字化平台，为各个行业客户带去全新的体验。在汽车行业，巴斯夫为广汽新能源提供专有的数字化平台；在建筑行业，巴斯夫建立虚拟设计和施工资源中心。

（七）陶氏化学公司

陶氏化学公司（Dow Chemical Company，以下简称陶氏化学）是一家研制及生产系列化工产品的化学公司，主营产品包括化学品、塑料、农用化工产品等5000多种，广泛应用于建筑、食品等领域。陶氏化学在全球拥有约50000名员工，在35个国家运营188个生产基地。

2021年陶氏化学销售额实现550亿美元，在《财富》世界500强排名第310，在世界化工企业排名第三，净利润为63.11亿美元。

1.业务发展战略

陶氏化学紧跟行业趋势不断调整发展战略，并优化业务结构，逐渐由纯化工企业向以科技驱动的企业转型，主要在环境绩效、多样性和公平、社区以及公司治理四个领域开展战略行动，如图2-1-15所示。

图2-1-15　陶氏化学的业务发展战略

在环境绩效方面，陶氏化学侧重于循环经济、气候保护和更安全的材料三个领域。陶氏化学通过循环设计，为循环材料建立新的商业模式，提出到2035年陶氏化学将使陶氏产品的包装实现100%可重复使用或可回收。通过合作收集、利用或回收塑料垃圾，向着更加循环经济的方向发展。在业务和价值链中为低碳作出贡献，计划到2030年，陶氏化学每年净碳排放量减少500万吨。此外，陶氏化学还开发创造新材料，在其生命周期内提供更加有利的健康和环境状况。

在多样性和公平方面，陶氏化学将构建一种包容的文化，使员工能够发展、进步、被倾听并贡献他们的价值；通过建设多元化的员工队伍，为如何应对全球挑战和客户创新提供新的视角。陶氏化学从自上而下的承诺和自下而上的对齐与行动两方面出发，将所有治理制度化，以提供更好的客户体验。

在社区方面，陶氏化学将发挥科学和技术专长、全球影响力和资源，改善社区人民的生活，从而让社会更加可持续。陶氏化学还通过利用陶氏产品、技术和专业知识造福社会，通过合作应对系统性气候挑战和障碍。此外陶氏化学还配备STEM通道培养未来的创新者，与需要帮助的社区合作，鼓励员工参与志愿服务。

在公司治理方面，陶氏化学强化问责制，保护陶氏所有者的相关利益。通过独立董事会监督策略，推动强有力的领导和治理推动业绩增长，并维持一个拥有不同背景和相关技能和经验的董事会。此外，陶氏化学还注重定期与利益相关方（股东、客户、供应商、员工）进行接触且接受反馈，通过有效的行为准则和道德计划确保诚信文化。

2.数字化转型举措

陶氏化学以推进业务转型为目标开展数字化转型，从供应链、组织架构、创新技术方面展开了一系列的数字化转型举措。

（1）打造绿色高效的数字化供应链

在销售方面，陶氏化学将线下销售网络和线上数字化平台协同，借助阿里平台，推动转型。2018年12月陶氏1688官方旗舰店正式上线，实现了从采购端到销售端的数字化，线下销售网络和线上数字化平台的协同，带来销售增量。陶氏化学的亚太区数字化智能制造中心于2020年在上海成立，该智能制造中心可以提供精准的实时数据和任务信息，利用图像识别技术提高生产安全，并通过建模技术预测出最佳的维护保养时机，优化工厂运营效率，打造更高效的数字化供应链。

陶氏化学于2020年宣布了“保护气候”的目标，并承诺加快与供应商、客户和价值链合作伙伴的协作，确保陶氏化学生态系统在2050年之前实现碳中和。陶氏化学于2021年加入CDP供应链计划（CDP Supply Chain Program），探索与供应商共同脱碳的机会。借助CDP提供的统一、透明的框架，陶氏化学可以向供应商收集关键的气候数据，从而更好地评估供应链风险，并探索发挥协同效应的机会，进一步促进减排。陶氏化学的客户、供应商以及其他价值链合作伙伴能够进一步了解自身存在的风险，从而作出更明智的决策，同时探索共同减少碳足迹总量的机会。陶氏化学预计于2030年底，年度净碳排放量将减少500万吨，陶氏化学生态系统在2050年之前实现碳中和。

（2）成立数字商业变革组织

陶氏化学设置首席数字官与数字化商业中心，成立业务部门与IT部门合作的转型团队。2018年，陶氏化学在上海成立亚太区数字化商业中心，配备了最先进的技术，能快速测试、开发、部署数字化解决方案。陶氏化学计划通过数字化商业中心为客户提供从产品研发、生产到销售的一站式服务，缩短与客户的距离。这并不是陶氏化学在数字化方面的第一次尝试。2016年陶氏化学曾在美国芝加哥开设第一家数字化商业中心。亚太区数字化商业中心是陶氏化学在全球开设的第二家数字化商业中心。2018年，陶氏化学在原有的“首席信息官”基础上加设“首席数字官”一职，以加强公司对于数字化技术的重视。创新性组织成为加速变革的催化剂，数字化变革并不仅限于IT部门，而是通过将IT资源和公司其他部门结合成跨界组织及项目，多维度推动和加速这场变革。

（3）数字创新技术满足个性化需求

陶氏化学从纯化工企业转型为以科技驱动的企业，以客户为中心，为客户量身打造产品。陶氏化学逐年提高对产品研发的投入，目前全球每年研发投入约为17亿美元，中国上海的陶氏中心是全球除总部外最大的综合性研发机构，设有84个研究室，有超过500多名的研究人员。陶氏化学组建客户创新中心，重点发展环氧乙烷/乙二醇工艺技术及催化剂、烯烃制羰基醇技术等，并运用模型指导实验，应用数字化技术简化从实验室研发到工业生产的过程，提高生产力，减少出错。陶氏化学开发市场情报跟踪系统，应用自动化工具读取和分析市场数据，帮助研发和市场营销团队及时精准更新和传达市场变化，应用增强现实和数据可视化技术，提升工作效率和工作体验。陶氏化学公司创新研发模式如图2-1-16所示。

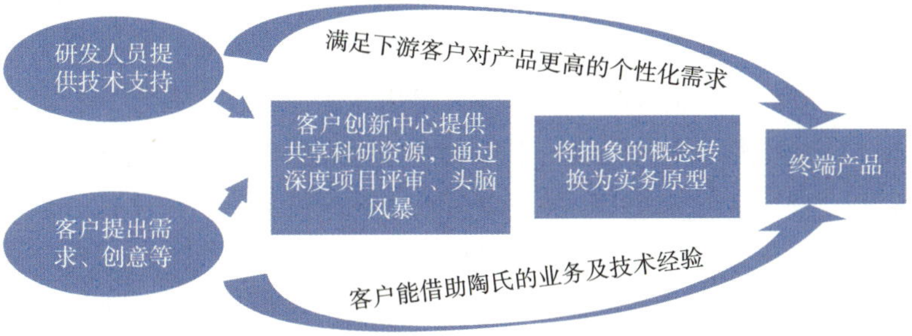

图2-1-16　陶氏化学公司创新研发模式

2020年8月，陶氏化学凭借推出的新一代有机硅尖端技术正式宣布进入电磁屏蔽市场。针对目前的两大热点——通信的5G发展与电子芯片和汽车，陶氏化学也将发挥独有的技术和创新能力，帮助客户解决他们面临的问题，给出5G和电动汽车方面的新产品解决方案。

二　国内数字化转型实践

石化企业长期以来非常重视信息化建设，信息化发展大概经历了五个阶段，从最初开发单个信息系统的分散建设阶段到构建覆盖全局的系统集中建设阶段，在集中建设的基础上逐步集成和深化应用，支撑业务发展，进入集中集成、深化应用阶段，逐步建立起“智能制造”和“互联网+新业态”两大主线，进入集成共享、协同创新阶段，未来石化企业将进一步通过搭建工业互联网平台，加速数字化转型，进入平台赋能、数智创新阶段。

（一）中国石化

中国石化是国内最大的成品油和石化产品供应商、第二大油气生产商，是世界第一大炼油公司、第二大化工公司。截至2020年年底，中国石化品牌加油站总数达到30713座，位居世界第二。2021年中国石化营业收入为4013亿美元，《财富》世界500强排名第5。

1.业务发展战略

中国石化秉持创新、协调、绿色、开放、共享的新发展理念，深入实施“价值引领、市场导向、创新驱动、绿色洁净、开放合作、人才强企”六大战略，加快构建以能源资源为基础，以洁净油品、现代化工为两翼，以新能源、新材料、新经济为重要增长极的“一基两翼三新”产业格局，努力建设世界领先洁净能源化工公司，如图2–1–17所示。

在价值引领方面，以效益为中心推进高质量发展，更加注重资源统筹、系统优化，使一切工作、一切资源向价值创造聚焦，把每条产业链都打造成增效价值；在市场导向方面，紧扣市场配置资源要素、完善组织体系、优化管控模式，实现对市场变化敏锐感知、对市场需求快速响应、对市场消费有效引领；在创新驱动方面，坚定建设技术先导型公司方向，推进以科技创新为核心的全面创新，健全符合创新规律的体制机制，深化创新链与产业链、价值链结合，推进数字化、信息化、智能化应用，实现科技自立自强；在绿色洁净方面，要将化石能源洁净化、洁净能源规模化，大力推进污染防治、节能减排，积极开发生产环境友好产品，向碳的“净零”排放迈进；在开放合作方面，中国石化目标要高质量走出去、深耕“一带一路”重点区域，提升国际化水平，高质量引进来、扩大与各类资本特别是行业领先者互利合作，加快建立高水平公共关系；在人才建设方面，坚持德才兼备、选贤任能，聚天下英才而用之，完善人才选育管用有序接替高效机制，创造吸引人才强磁场，打造干事创业、人才兴企强企的大平台。

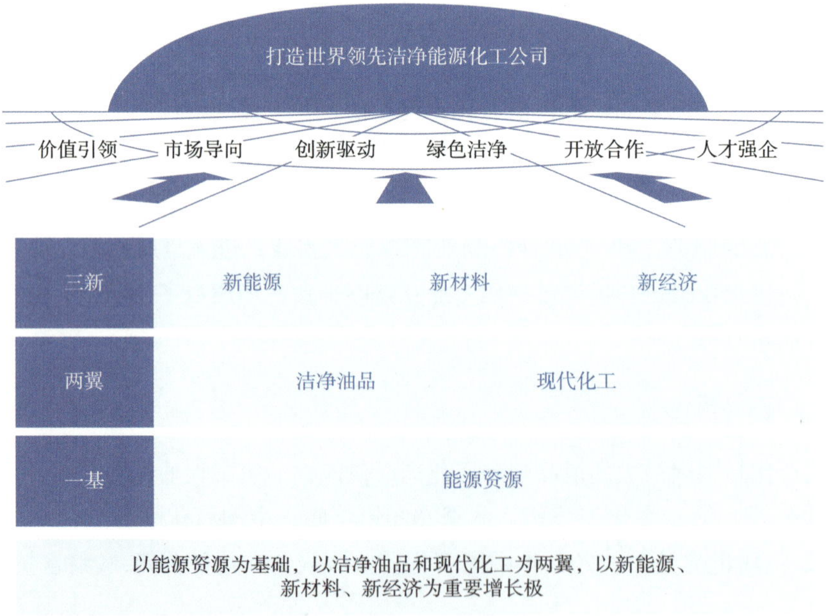

图2–1–17　中国石化业务发展格局

2.数字化转型举措

（1）信息化、数字化发展历程

中国石化在信息化长期发展历程中，始终强调以信息技术改造提升传统产业。

“十一五”后半期到“十二五”时期，中国石化的信息化建设进入集中集成、深化应用阶段，如图2–1–18所示，这一阶段是信息化向数字化迈进的升级换挡期，也是智能化建设的试点探索期。该时期信息化建设节奏加快，系统集中集成要求提高，信息化应用水平提高，注重升级发展、提质增效，企业效果显现，主要建设成果体现在建成了经营管理、生产营运、信息基础设施与运维三大平台。在经营管理层面，基本完成了ERP大集中、合同管理、全面预算、电子商务、客户关系管理、审计集成、业务公开、综合办公、共享服务、远程教育、数据仓库等系统的建设；在生产营运层面，总部生产运营指挥系统、供应链及物流管理、安全环保、源头数据采集、油气生产指挥、勘探开发业务协同平台、炼化生产执行、能源管理、设备管理、加油卡、物流等系统全部建成投用或得到集成升级。通过信息化建设，中国石化信息系统实现全产业链上中下游贯通，覆盖了各核心业务领域，成为公司经营管理和生产运营的“中枢神经系统”。

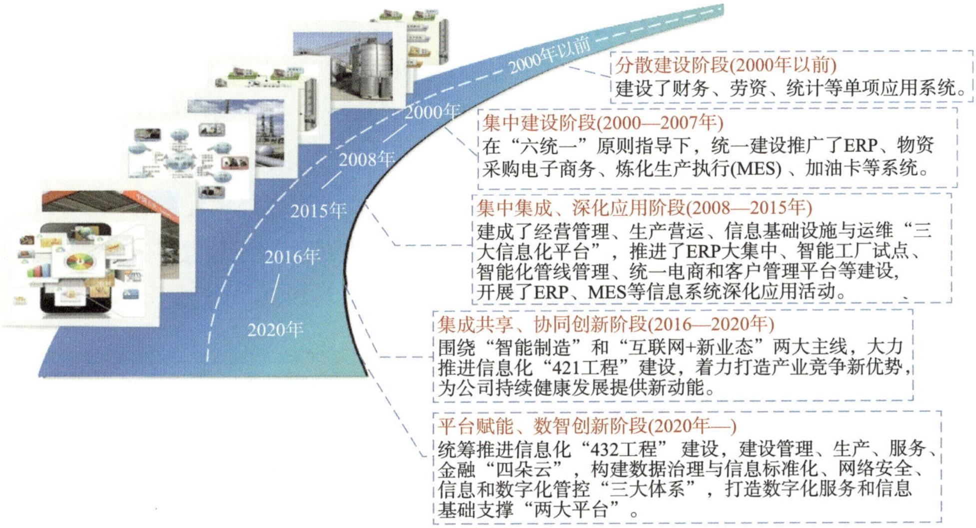

图2–1–18　中国石化信息化数字化发展阶段

“十三五”时期，中国石化的信息化建设进入了集成共享、协同创新阶段。信息化工作重心由支撑内部运营管理，向“对内支撑卓越运营、对外推进开放互联”转变，全面支撑公司战略实施，推进生产方式、管理方式、商业模式变革。如图2–1–19所示，对内支撑卓越运营就是要持续提升经营管理集约化、一体化水平，积极推进智能工厂、智能油田等建设，构建数字化、网络化、智能化的生产运营管理新模式，促进传统产业转型升级，提质增效；对外推进开放互联就是要积极推进电子商务、客户关系管理、支付与金融等统一平台建设，构建以客户为中心、互联网为载体的石化商业新业态，形成从生产制造、产品销售到市场反馈的闭环，着力打造石化商业生态圈，促进跨界经营、创新发展。

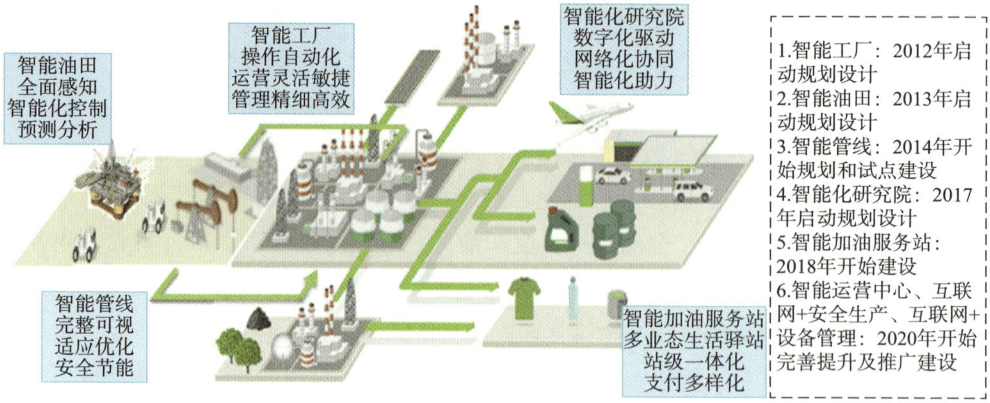

图2-1-19 中国石化智能制造升级

“十四五”期间，中国石化信息化建设开始向数字化转型转变。2020年中国石化开展了数字化转型的战略研究，形成了整体的顶层设计。中国石化将围绕“打造世界领先洁净能源化工公司”愿景目标，按照“一基两翼三新”产业格局的战略部署，以石化工业互联网（石化智云）为支撑，聚焦集团一体化管控能力、板块创新创效能力、专业化统筹管理能力和新经济价值创造能力的提升，围绕全产业链开展数字化转型，重点开展十五项转型工作任务（1个支撑、4大能力、15项任务，简称1415工程），以数字技术驱动管理创新、业务创新和商业模式创新，打造世界一流、行业领先的卓越运营新能力，实现集团公司高质量发展，如图2-1-20所示。

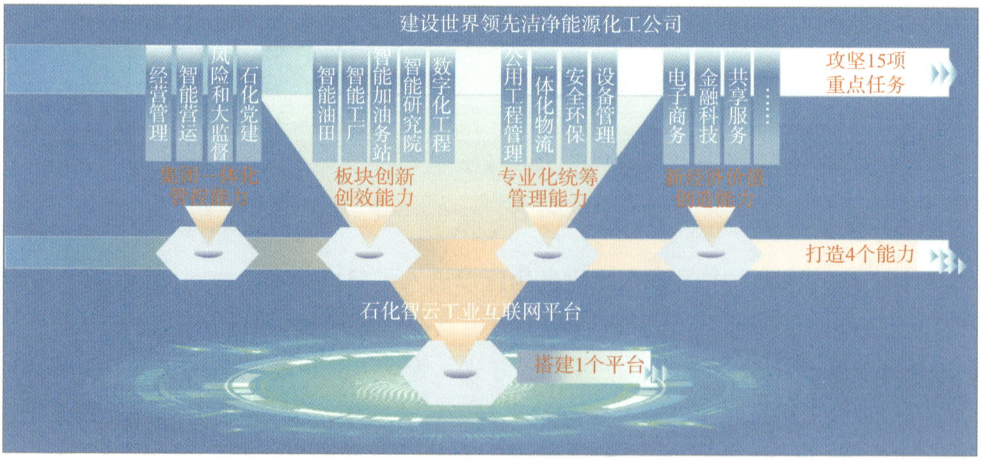

图2-1-20 中国石化数字化转型1415工程

“十四五”期间，中国石化将按照“数据+平台+应用”的新模式，统筹推进数据中心、人工智能、工业互联网等新型信息基础设施建设，夯实公司数字化转型、智能化发展的战略基石。全面推进业务应用上云上平台，支撑公司科学决策、风险管控、管理变革、业务创新，提升安全环保、运营优化、协同制造、精准营销、提质增效水平。强化数据治理，大力推动各领域大数据应用，发挥数据驱动产业升级、创新发展的核心要素作用，为支撑“一基两翼三新”赋智赋能。

“石化智云”平台建设方面，如图2-1-21所示，通过加强与各大央企、合作伙伴和科研机构合作，促进内外协同、跨界融合，实现跨行业、跨企业的研、产、供、销、融等各环节资源汇集、数据共享、协同创新，构建开放、共享、共创的中国石化“石化智云”工业互联网生态，带动供应链、产业链、价值链、创新链完善优化，提高石化行业智能制造水平，为构建经济“双循环”新格局赋智赋能。中国石化将着力打造以数为基、智为擎、云为翼的“石化智云”，形成完善的数字化服务能力。一方面，信息和数字化部门组织统一建设石化智云基础架构，按照“数据+平台+应用”的开发新模式建设三中台、三中心、构建数据湖，形成全局技术能力，提供数据汇聚和共享服务能力，打造技术、基础设施资源的支撑能力。另一方面，各业务部门围绕各业务领域进行分工负责，结合本领域的业务实际开展应用层的信息化建设。

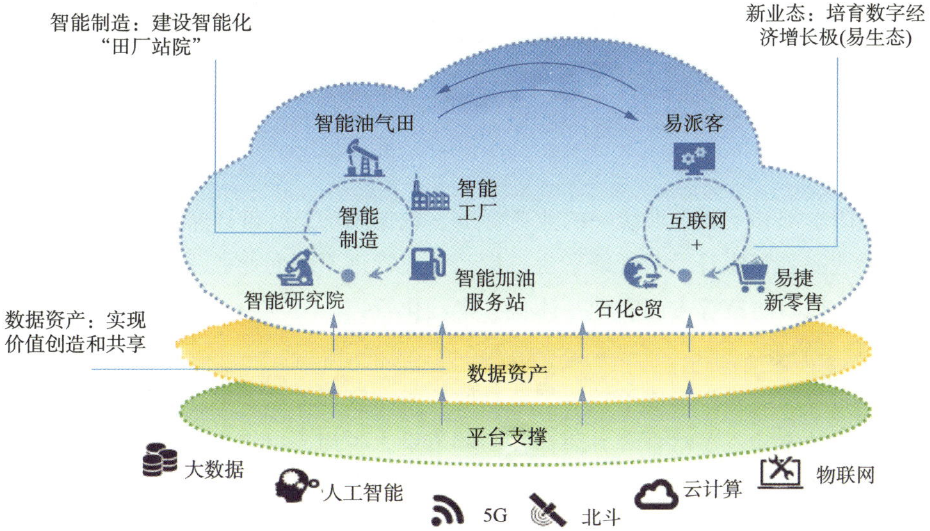

图2-1-21 以数为基、智为擎、云为翼打造中国石化“石化智云”

（2）信息化数字化建设成果

1）经营管控

中国石化经营管理平台，以ERP为核心，集成投资组合管理、预算管理、共享服务、人力资源管理、资金集中、会计集中核算等系统，经历10余年的建设和持续提升，成为企业经营管理集中管控的核心平台，全面提升公司战略管理和经营管理水平，形成集约化、一体化的经营管理新模式，规范管理提升效率，为业务发展和创新提供有力支撑。随着数字化、智能化等新技术的发展和逐步深入应用，以及受新技术所引领的内外部商业模式变化等影响，中国石化经营管理平台从一体化、集约化、服务化逐步向智能化发展，支撑集团公司的可持续、高质量发展，如图2-1-22所示。

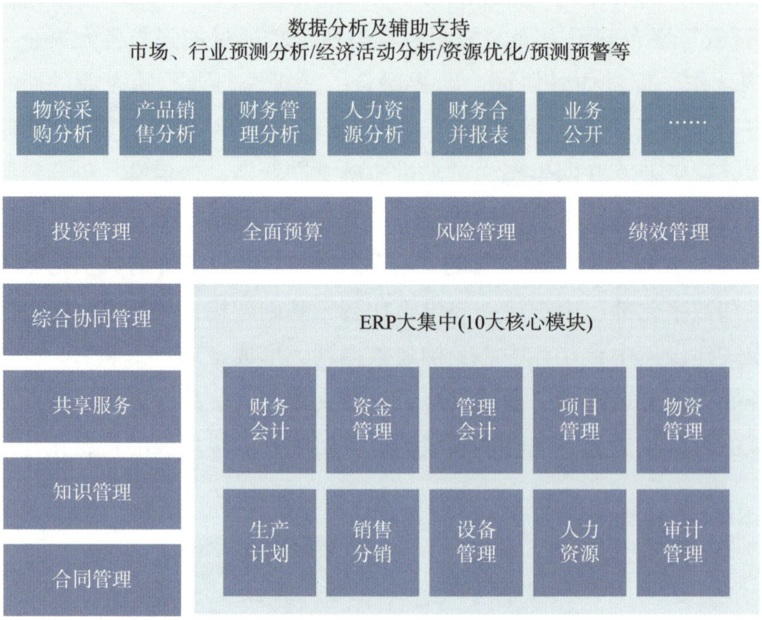

图2-1-22　经营管理平台提升专业化、一体化管理水平

以集团总部和下属企业统一的业务标准、数据和信息标准体系的建设和完善为基础，持续地完善和提升经营管理平台，推动企业管理不断向业务深入，帮助集团在战略与投资、风险防范等方面实现一体化、集约化管控。

2）共享服务

中国石化已经初步形成了较为规范高效的集团管理体系，但还在政策执行、风险管控、工作效率和资源整合等方面存在一些不足，亟须通过管理创新予以解决。主要体现在：政策执行需要强化，由于管理层级多，日常事务多，企业执行总部制度和要求存在偏差；经营管理需要加强，企业大量精力投入事务性工作，难以集中精力进行经营管理和决策支持，未充分发挥价值引领的职能；运行效率需要提高，业务标准、业务流程和职能管控需要优化，整体运行效率不高；业务风险需要防范，管办不分离，管理和执行职责交叉，存在违规风险；服务意识需要提升，对员工服务没有建立统一的服务体系，重管理、轻服务现象普遍，员工服务满意度不高；人力资源需要整合，部分职能人员基数大、结构不合理，分布不均衡，工作饱和程度差别较大；部分职能人员整体不足，分布分散，水平参差不齐，难以发挥整体优势。共享服务正是解决这些问题的有效途径。共享服务中心坚决执行总部制度和要求进行业务处理，不受企业影响，能够有效解决执行偏差的问题，统筹集团人力资源，集中处理业务，能够有效解决分布不均衡、结构不合理的问题。另外，共享服务中心专心致力于优化业务流程、提升操作自动化，有效解决效率不高的问题。共享模式下，事务型业务从企业分离出来，促使企业专心搞经营搞管理，创造价值。共享服务实现了部分职能的管办分离，为企业内部客户提供高效的服务，提升了内部服务水平。

应用效果：一是推进了多专业一体化共享服务体系建设，支撑了共享服务公司业务运营。构建了专业化分工、标准化操作、流水线作业、智能化处理的一体化共享服务体系。二是推动管理创新，支撑业务转型。利用云计算、大数据、人工智能等新技术开展数字化、智能化应用，提升集团运营效率。开发应用替代人工作业的流程自动化机器人，提高业务处理效率和准确率，工作效率提升10倍。发票识别与校验总用时由1.5h缩短到6min以内；月结程序执行时间由25min缩短至15min。

一体化共享服务体系实现了全天候工作，工作容忍度高，峰值处理能力强，整体操作过程都是根据固定规则执行，不受人为因素干扰，通常可以承担2~5人的工作量。同时，基于规则化的流程和任务，在一定程度上消除了输出不一致，操作正确率接近100%，极大地保障了工作质量。另外，智能机器人（RPA）的应用促进了业务的标准化，提高了业务处理质量，提升了客户满意度。如图2-1-23所示，共享公司上线RPA94个，开发业务流程151个，月替代人工作业超过11000h，相当于节约了62.5个人工，取得了良好的经济效益。

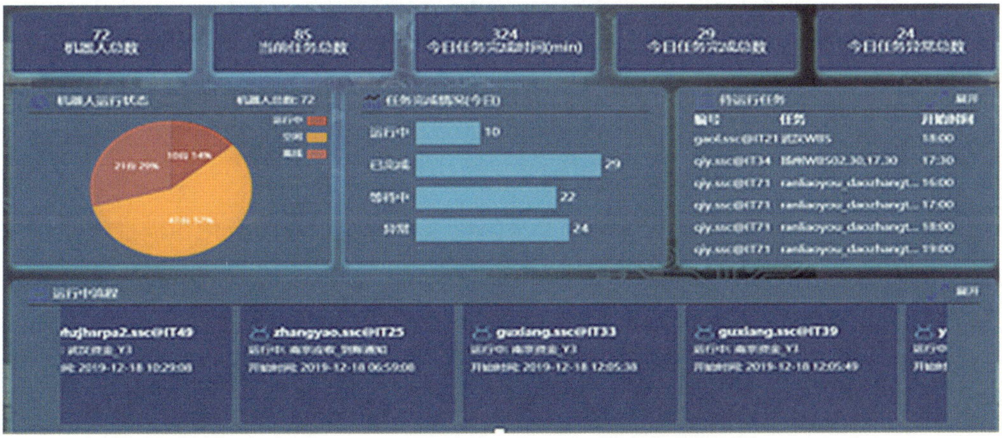

图2-1-23 智能机器人（RPA）应用监控平台

3）商业模式创新

如图2-1-24所示，以统一电商和客户管理为核心的客户服务平台建设，促进了精准营销和客户资源共享，为构建以客户为中心、互联网为载体的服务新模式、商业新业态提供有力支撑。

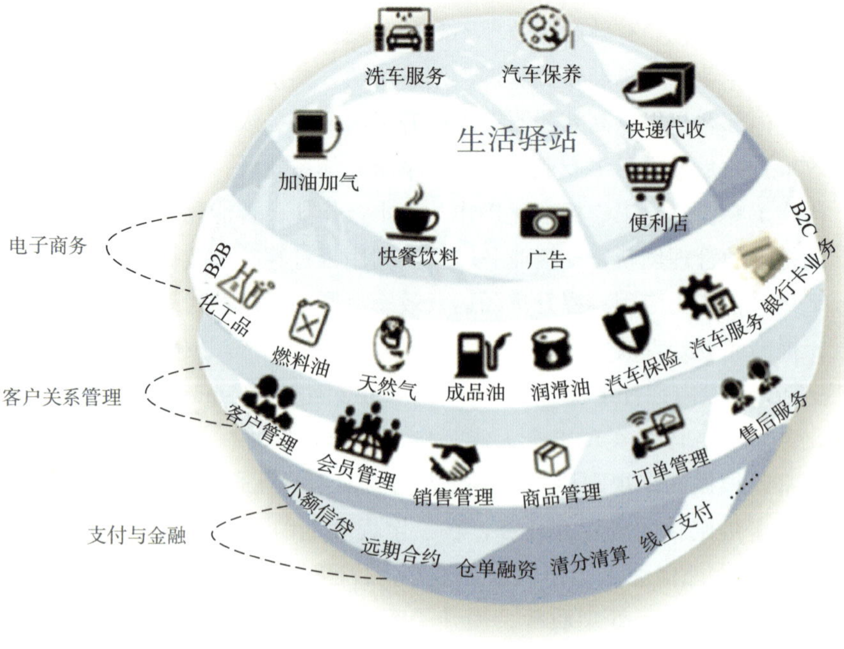

图2-1-24 互联网服务平台，促进商业新业态发展

易派客：中国石化物资采购管理经过10多年的持续建设与发展，基本满足了中国石化物资供应管理和集中采购、保供降本的需要，依靠中国石化内部庞大的供需总量，采购商品涉及56个大类、100万种，且仍在继续稳步增长。然而，在全球经济复苏乏力和国际持续低油价等因素的影响下，中国石化面对的市场环境和产业格局都发生了深刻变化，生产经营形势愈加严峻。

为适应新一轮的物资供应管理改革及转型发展需要，中国石化积极推进业务创新、流程再造，推动采购业务需要从仅面向中国石化内部各级企业及供应商，转为对外开放的石油化工物资采购交易平台，如图2-1-25所示。

中国石化顺应信息经济大潮，采用平台架构建设易派客平台，以“互联网+”思维创新发展理念，扩大供应管理外延，发挥供应链核心企业作用，应用大数据、云计算等现代信息化技术手段，创新采购管理手段和商业运营模式。2016年“易派客”正式上线运行，为中国石化以及社会企业提供物资采购、销售、金融和综合服务，被列为金砖国家2017年八项核心成果之一。

通过“易派客”平台的建设，形成了统一数据标准、技术标准、集成标准及安全标准，积累多种可复用的平台化组件产品，通过“平台+应用”架构模式的探索推进了信息化建设组织模式的创新，实现了跨平台代码复用，降低了各类电商及客户管理应用建设的技术门槛，目前实现多家国企电商平台快速部署、快速应用。创新业务生

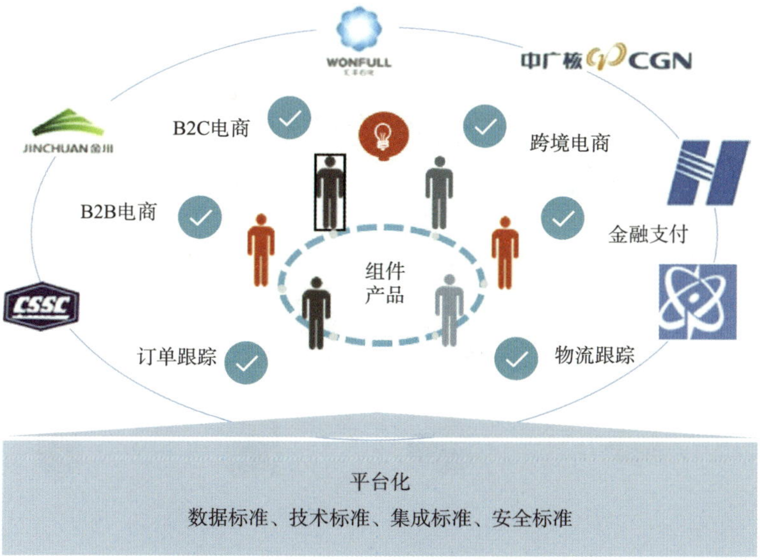

图2-1-25　电商平台快速部署、快速应用

态，2018年推出国内首个工业品企业及产品评价标准——易派客标准（ES），对企业及工业品精确评价、精准画像；2019年4月9日获批国内工业品电商领域首个“国家技术标准创新基地”；2019年4月18日启动供应链阳光行动：倡导关联方采购标准化、制造数字化、物流透明化、信息互联化，已与900余家供应商及关联方企业实现一体化连接。平台打造了易采购、易物流、易支付、易保险、易保理、易招标、易商旅等“易”系列服务产品，业务遍及104个国家和地区，平台运营5年累计交易额突破1.41万亿元。

石化e贸：石化e贸电商平台是以中国石化化工产品、炼油产品、润滑油、燃料油等产品为主的销售电子商务平台，是中国石化落实国家“互联网+”战略、大力发展平台经济、推动营销模式创新、提高石化产品销售效益的重要举措，致力于实现中国石化内部上下游一体化、生产运营销售一体化、物流资金流一体化，不断提升企业的经营创效能力和市场影响力。

石化e贸于2014年11月开始建设，2015年9月22日该平台开始试点上线运营；2016年6月20日中国石化对外正式推出石化e贸电子商务平台，逐步实现了化工产品、炼油产品、天然气、润滑油、燃料油等销售业务推广上线以及第三方商家推广上线，如图2-1-26所示。

石化e贸形成“合约+现货”“服务+产品”“线上+线下”“平台+支撑”的化工品电商营销模式，已成为集研发、生产、营销、交易、支付、物流、服务于一体的石化产品垂直电商平台，通过整合中国石化上下游间的纵向产业链和企业间互融互通的横向供应链，实现工厂到客户端的高效对接，形成石化行业电商生态圈。例如，推出

图2-1-26　“石化e贸”产品销售电子商务平台

了无接触提货，在中韩乙烯等企业通过建立统一技术标准，实现石化e贸与物联网及企业智能发货多系统互联互通，提高发货效率，减少运输工具等待时间，提升用户体验。

在新模式下，通过石化e贸化工销售2020年合约成交量达6042万吨，年交易额达3293亿元；现货成交量达35万吨，成交金额20亿元；竞价成交量达32万吨，成交金额22亿元，实现加价25118万元。2021年新冠疫情期间，通过石化e贸平台，化工销售公司投放了142家企业生产的产品，涉及6大产品条线106大类产品2271个产品牌号，有效满足了市场需求和疫区物资供应。石化e贸在做实中国石化对外销售的基础上，持续探索供应链金融、保险、广告、物流等增值业务，再为社会企业提供采购、销售、物流等各种共享服务的同时获取收益，实现国有资产增值，打造中国石化新业态。

4）智能制造。中国石化是国内最早开展智能制造研究的石油化工企业。早在2012年，中国石化就开始了智能制造研究，以推进智能制造为目标，开展了智能工厂总体设计，着力打造自动化、可视化、信息化、模型化和数字化的“智能工厂”。中国石化在“十三五”期间积极推进智能制造，完成了4家智能油气田、15家智能工厂、70余家智能加油服务站、1家智能研究院建设，提升了企业生产管理数字化、网络化、智能化水平，促进了提质增效，支撑了高效运营，5家企业获评全国智能制造试点示范单位。

中国石化智能工厂试点建设初期主要围绕可视化、智能优化、先进控制三个方面。例如，九江石化在可视化方面实现了大屏幕集成生产管控一体化、三维数字建模装置可视化、HSE管理和应急指挥实时化和可视化；在智能优化建设方面，在国内首次采用核磁共振原油快速评价系统实现了对原油及中间馏分性质的快速评价，并使该系统在全流程优化中得到了深度应用，提升了生产过程信息管理系统（PIMS）软件、全流程优化（RSIM）软件、SMES系统全流程一体化优化基础数据的准确性和敏捷性；在先进控制方面，九江石化主要以实现APC先进控制系统为主，实现了23套装置的先进控制系统的安装。

中国石化在2015年完成了燕山石化、镇海炼化、茂名石化、九江石化等4家试点企业建设，2020年底完成了上海石化、金陵石化等6家企业推广工作，同时首次在中科炼化建成了“设计+运营”一体化的智能工厂。截至目前，镇海炼化、茂名石化、九江石化和上海石化4家企业被评为国家智能制造试点示范单位，九江石化被评为国家智能制造标杆企业，如图2-1-27所示。

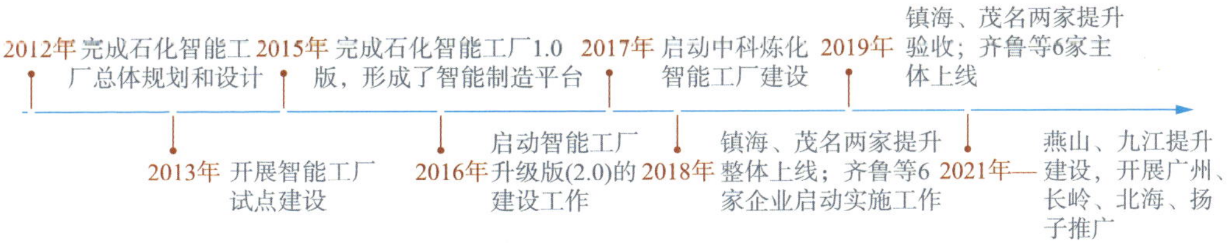

图2-1-27 中国石化智能工厂建设情况

（3）生产管控模式由分散管理向集中管控转变

中国石化通过智能工厂建设，新技术的应用和互联互通促进企业建立了一体化生产管控中心，新一代生产调度指挥中心，内外操协同交接班等，如图2-1-28所示，促进传统的分散式的相互独立的生产管理转变为集中、协同式管理的新模式，实现了车间生产运行、调度指挥、安全管控、环保监测、DCS控制、视频监控等一体化管

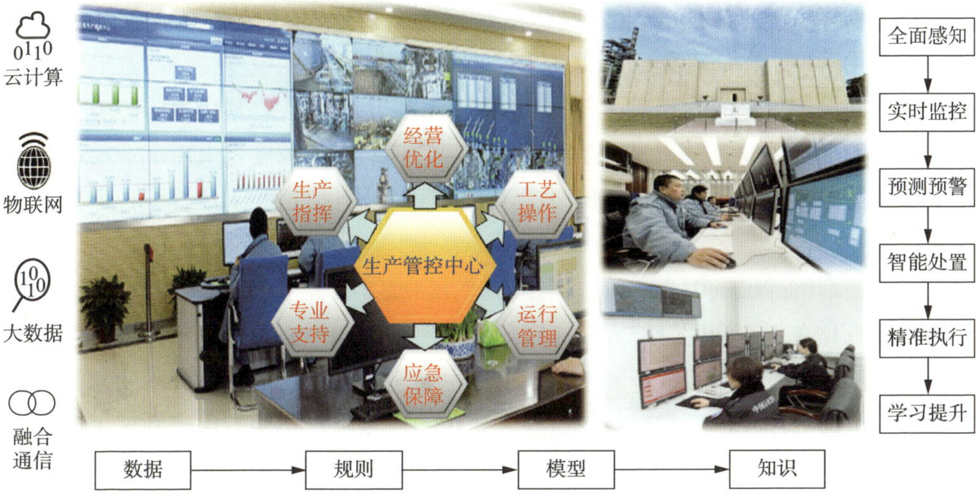

图2-1-28 中国石化生产管控中心

控，信息高度集中，资源高度集中，决策高度集中，效率提高，控制力提高，优化决策能力提高，强化了公司、部门、现场的协同与响应能力。

（4）专业管理模式由单一管理向协同优化转变

中国石化推进企业成立了跨专业的计划、调度、装置优化、能源优化等联合团队，深度开展全流程优化和单装置优化工作，将各专业处室联合起来，统一协调、整体把控，进一步加强企业各类优化工具的应用和模型的共享，由单专业管理模式向多专业协同优化转变，如图2-1-29所示。

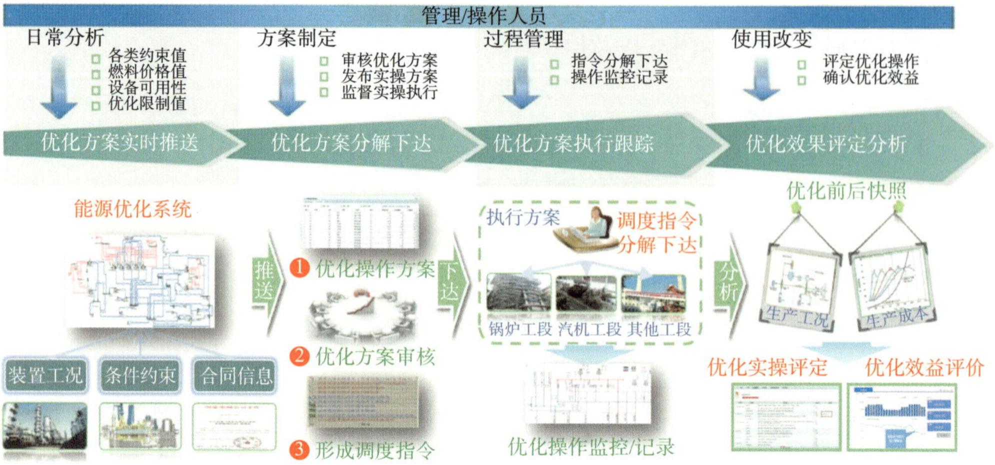

图2-1-29　跨专业协同管理

（5）业务协同模式由分段管理向闭环执行转变

中国石化首次在国内炼化企业实现结构化调度指令与MES集成闭环应用，如图2-1-30所示，把计划、调度、操作由传统的分段式管理转变为全程在线、闭环式、精细化管理，在信息化层面实现了企业生产管理业务的模型统一、数据共享、相互协作，确保了信息流的规范、高效和畅通，集调度指挥、物料管理、能源管理于一体，实现调度指令业务与物料移动信息的闭环管理，实现调度自上而下、物料移动自下而上的业务流程自动化，实现班组、调度、统计业务数据的闭环管控，提升了工作效率。

（6）运行管控模式由事前管理向预警预测转变

中国石化在生产调度管控方面，以异常预测事件为中心，采用单参数模型、组合事件模型和PCA模型提前预警。单参数模型主要包括升降速率预警、不变预警、波幅预警等。单参数预警模型实现对数据异常变化的监测进行预警，用于发现缓慢变化的生产隐患，实现防患于未然，避免非计划停车。组合事件模型是对实际生产中多个参数同时发生异常变化的监测，固化技术管理人员经验模型，对于异常事件的定位更

图2-1-30 在线闭环管理

加及时准确。PCA模型针对加热炉、蒸馏塔等工业流程中的复杂工况，基于主成分分析法的预测算法，针对变量指标信息进行分析，进行多指标关联训练，形成新的综合关联指标，实现高效率的未来工况预测。调度异常预警，变以前的及时发现为提前预警，及时预测生产异常，减少非计划停工，避免企业直接间接经济损失。

（7）现场管控模式由常态管理向精准定位转变

中国石化变革炼化企业现场作业票管理模式和流程，基于物联网技术、移动技术、地理信息的三维可视化技术、通信技术、定位技术的高度融合应用，建立了现场作业、人员和环境三位一体的闭环精准定位监控模式，实现自动记录开票人员（电子签名，定人）、开票的时间（定时）、开票的内容（定票）、开票的位置（GPS，定位），达到“四定”，实现对作业者身份、资质的快速定位，改变了传统票据开具的操作模式，提高了企业本质安全和风险防范能力。

（8）员工培训模式由书本考试向虚拟现实转变

中国石化利用虚拟现实技术、二三维可视化技术，对企业施工作业动火、设备机组拆装等培训进行变革，固化了相关操作，通过可视化交互手段，改变了传统培训中学生被动接受的模式，提高了培训互动性、真实性和友好性，提高了培训的效率和效果。

中国石化利用工程级高精度三维模型，在三维应用平台的装置模型虚拟镜像中，实现了装置设备与现场的一致性，信息的一致性，实现设备模型粒度精细到螺栓、垫片级别，员工“所见即所得”，借助于三维应用平台的设备拆解和装置游览等功能，可以在员工培训过程中，直观模拟实操现场实景、设备内部结构及拆装过程，极大提高了培训质量和效率。

（9）进出厂物流模式由现场服务向互联网化转变

茂名石化建设了智能营销一体化管理系统，客户只需使用手机微信，就可实现在线开单、自助提货等功能；客户再无须到销售部门开单，领取实物IC卡；提货车辆只要在预约时间内入厂即可，提货便捷性大幅提升。茂名石化是中国石化炼化企业首家将移动应用、二维码、车辆识别自动排号控制等信息技术融入产品进出厂环节，建设开放、高效、智能、共赢的“互联网+”信息管理平台。系统上线后，结束了沿用了十多年的 IC卡提货模式，客户只需关注“茂名石化智能营销”微信公众号，就可以在系统上进行相关操作，开展相关业务。

随着2016年“智能工厂2.0”的启动、新技术的发展以及业务需求的变化，中国石化提出工业互联网平台架构，石化智云以智能工厂为核心，以智能物流、智能服务为纽带，与智慧园区、智慧城市融为一体，形成传统行业与信息技术深度融合的新模式、新业态，引领了产业发展方向。智能工厂建设既是中国石化智能制造自身建设的需要，也立足于支撑整个石油石化工业转型升级的发展要求。“十四五”期间，中国石化将按照新建炼厂同步建设智能工厂的标准，共打造12~15家智能工厂升级版，着力推进新一代石化智能工厂建设。选择九江石化、镇海炼化、茂名石化等基础较好的企业，组织科研、生产、设计、信息、工程等单位进行“十条龙”攻关，加强大数据、人工智能、5G、区块链等新一代信息技术应用，构建石化生产集成管控体系、全流程模拟和一体化优化体系、智能安全环保管理体系，开展新一代石化智能工厂整体试点示范，推动炼化业务实现数字化转型和提质增效升级。

目前中国石化正在进行新一代石化智能工厂（3.0）的规划设计，将新一代信息技术与石化工艺技术深度融合，以工艺、装置为核心，通过“数据+平台+应用”新模式，推动设计、生产、物流、销售与服务等业务环节的数字化转型和智能化提升，形成虚实映射以数据和模型为驱动、以石化智云平台为支撑的新型制造模式，实现降本、增效、绿色、安全、转模式等五大核心价值。

（二）中国石油

中国石油天然气集团有限公司是一家集油气勘探开发和新能源、炼化销售和新材料、支持和服务、资本和金融等业务于一体的综合性国际能源公司，是国有重要骨干企业和全球主要的油气生产商和供应商之一，集国内外油气勘探开发和新能源、炼化销售和新材料、支持和服务、资本和金融等业务于一体的综合性国际能源公司，在全球32个国家和地区开展油气投资业务。

2021年营业收入为4117亿美元。在世界50家大石油公司综合排名中位居第三，在《财富》杂志全球500家大公司排名中位居第四。

1.业务发展战略

中国石油是以基业长青世界一流综合性国际能源公司为建设目标；以绿色发展、奉献能源为客户成长增动力；以为人民幸福赋新能作为企业价值追求；以创新、资源、市场、国际化、绿色低碳作为战略发展的五大方向。中国石油旗下各装备制造企业为不断提升生产效率和产品质量，深入推进关键核心技术装备研发应用，大力开展“制造 +服务”“产品 +服务”等模式。中国石油为对深化改革创新、提质增效和高质量发展不断夯实基础，为推进治理体系和治理能力现代化，加速绿色低碳转型发展、进行了业务板块优化调整、组建了油气和新能源、炼化销售和新材料、支持和服务、资本和金融四大业务板块（子集团），突出业务协同、专业化发展和产业链国内外一体化统筹。中国石油突出市场导向和效益原则，优化生产组织和资源配置，推动生产、炼化、销售、贸易一体化协调运行，提升国际化经营水平和支持业务市场竞争力，推动清洁低碳、安全高效的现代能源体系建设。

中国石油制订“行动计划”，推动公司从油气供应商向综合能源服务商转型，按照“清洁替代、战略接替、绿色转型”三步走进行总体部署，实施绿色企业建设引领者行动、清洁低碳能源贡献者行动、碳循环经济先行者行动，目标是力争在2025年前后实现“碳达峰”，2035年外供绿色零碳能源超过自身消耗的化石能源。

2.数字化转型举措

（1）信息化、数字化发展历程

“十五”以来，中国石油进一步加大对信息化的投资建设力度和在生产经营管理领域的应用推广力度，主要成果：一是建成了统一的网络体系和基础应用系统。集团公司完成了网络二期工程，建成了统一域名的企业级电子邮件系统；采用统一平台建设应用了企业信息门户系统；建成和推广了视频会议系统；积极推进主数据中心、同城备份数据中心和异地灾备数据中心的建设。二是大规模推广了专业应用系统。中国石油全面建成管道生产管理系统，同时将炼化物料优化与排产系统（APS）、炼油与化工运行系统、油气水井生产数据管理系统上线运行，基于各个系统建立了数据管理和应用平台，在上游端，中国石油同样上线勘探与生产技术数据管理系统应用。同时，对地理信息系统、加油站管理系统、工程技术生产运行管理系统等进行试点实施。三是管理信息系统建设取得重要成果。中国石油建成“能源一号”的电子商务平台并实现有效运行。第一次将财务与采购、销售、库存、生产等业务管理集成在一个信息系统平台上操作。

在构建完各类信息系统之后，中国石油的信息化建设进入了重要的转变时期，即由分散组织信息系统建设转变为集中统一组织信息系统建设；由建设部分信息系统转变为全面实施信息技术总体规划；由以基础设施建设为主转变为基础设施与应用系统建设并重；由以信息系统试点实施为主转变为信息系统试点和推广实施并重；由以信息系统建设为主转变为信息系统建设和运行维护并重的转变期。

如图2-1-31所示，中国石油集团公司“十三五”信息化建设总体规划覆盖7大类70余个项目。

其中在炼油与化工方面信息化建设取得显著提升：一是炼油与化工运行、炼化物料优化与排产、炼油与化工ERP和销售与市场ERP四个系统基本建设完成，覆盖了炼油与化工的主要业务领域，大大扩大了业务系统的覆盖范围，从整体上提高了公司的信息化水平，改善了炼油与化工分公司众多地区公司应用不统一和部分地区公司没有主要业务系统支持的情况。二是ERP系统为精细化管理提供有效手段。通过财务与销售、采购、库存、设备、项目管理模块集成，实现项目概算的事前计划、事中监督和以生产装置为单元的成本费用自动核算，促进经营活动全过程财务监控，有效控制价格、销量及信用额度，堵塞管理漏洞，加大了管控力度。三是炼油与化工运行系统为监督、管理和优化生产运行提供有力的技术支撑。通过集成所有生产控制系统信息，整合生产单元的物料计量信息和实验室信息，实现生产运行的实时生产监控，保证装置平稳运行，通过对生产制约因素的分析，协助管理人员及时调整生产运行计划，合理配置资源，挖潜增效生产运营平台。四是炼化物料优化与排产系统在支持炼化生产计划优化方面发挥积极作用。系统在各炼化企业得到应用，帮助制订月度、季度、年度生产计划，优化了加工方案。

经过集中统一的信息化建设，已经建成应用了涵盖生产管理、经营管理、综合管理、基础设施和网络安全的80个集中统一的信息系统，实现了信息化从分散向集中、从集中向集成的跨越。一是在集团层面建成应用了集中统一的经营管理和办公管理平台，在业务板块层面建成应用了覆盖油气产业链上、中、下游集中统一的生产运行管理平台。二是信息技术网络、数据中心、安全防护等方面扎实推进。骨干网络全面覆盖158家所属企业和353家国内外分支机构，总业务传输带宽31.6万兆。“三地四中心”云数据中心形成18万核计算能力和25PB存储能力。三是建立了比较完备的信息化管理组织、制度和流程，形成了一支规模较大的信息化建设和应用维护队伍。

在信息化发展达到集成共享和协同创新阶段后，中国石油在完成的“十四五”信息规划与数字化转型智能化发展试点方案的设计，明确了数字化转型目标和方向，围绕以数字化为核心，促进治理体系和能力现代化；以智能化为引领，打造油田全连接新业态；以生态化为抓手，构建智能互联网供应链；以资产化为纽带，推进数字产业化发展；以梦想云为平台，培育共享共创共赢新生态为五大任务，打造一个技术驱动型的全面数字化、可视孪生化、更加智能化的“数字中国石油”。

（2）信息化数字化建设成果

1）勘探开发梦想云。

中国石油构建了国内最大的勘探开发数据湖，统一管理了48万+口井、700+个油

图2-1-31　中国石油“十三五”信息化建设总体规划

气藏、8000个地震工区、4万座站库、共计5.0PB数据资产。涵盖6大领域、15个专业的结构化、非结构化数据，实现了上游业务核心数据全面入户共享。

在通用底台上，中国石油通过自主研发，还打造了开放、稳定的PaaS云平台，依靠平台建立了持续演进的开放技术生态，支撑12大工作平台；而服务中台面向上游业务，其涵盖业务中台、数据中台、共享组件、专业软件服务四大类型；基于服务中台的应用前台上有着油气田上百个自建系统快速云化集成，形成上云应用App超过400个，如图2-1-32所示。

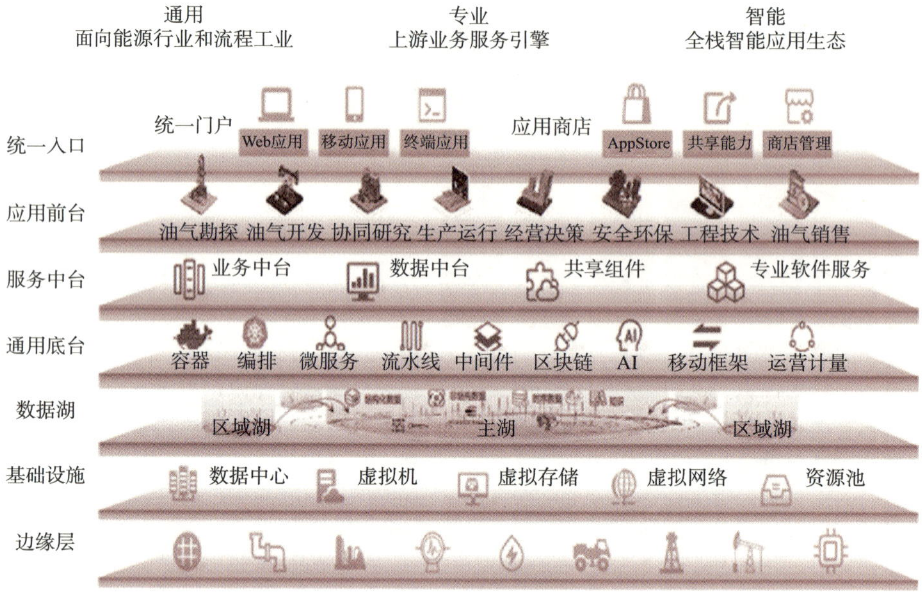

图2-1-32　勘探开发梦想云

2）智能实验室。

中国石油成立首个油气业务链优化软科学重点实验室，利用自动感知实时采集油气产业链运行数据，利用全面互联广泛获取内外部数据，运用数字化技术持续优化业务执行和运营效率，通过建立系统高效的协同机制，更好地实现上下游协调、甲乙方协作、国内外协同，发挥综合一体化整体发展重要优势。

3）智能油气田。

在中国石油旗下塔里木油田、东方物探等企业不断深入智能油气田、智能物探建设，打造集勘探、油藏管理、生产管理、决策和生产过程自动控制于一身的智能化应用体系。

4）智能炼化。

在智能炼化方面，2021年6月10日，国内首个5G专网全覆盖、5G运营全流程、5G合作全生态、5G应用全场景智能炼厂在中国石油旗下长庆石化落地。通过部署5G

工业专网、移动边缘计算（MEC）平台，构建高速率、大带宽、低时延、高可靠的5G云网基础设施，满足了长庆石化在网络延时、数据安全等方面的应用需求，在生产、设备、安全环保等业务领域已实现运行自动化、管理精益化和运营协同化。

5）智能加油站。

在智能销售方面，中国石油全面开启加油站3.0时代，为实现加油站平台化、数字化、智能化，以加油站网络为平台应用智能感知设备为基础，借助互联网、物联网、云计算、大数据、人工智能等技术，推进成品油零售业务转型升级，构建“人·车·生活”服务驿站，增强顾客在加油站的服务与体验。

6）工程智能平台。

在智能工程方面，中国石油构建钻井工程全生命周期智能支持平台，全面提升工程作业风险管控水平、工程质量和运行效率。依靠工厂智能平台，中国石油开展智能井筒建设，实现钻完井全过程地面和井下远程实时透明化监控。

7）“区块链+能源”企业。

2021年中国石油国际事业有限公司与中化能源股份有限公司、中远海运能源运输股份有限公司等 9家全球合作伙伴签署大宗商品区块链平台合作协议，正式成立从事大宗商品贸易区块链项目的合资公司——大宗易行（TradeGo Pte. Ltd.）。

大宗易行合资公司搭建了基于区块链技术的大宗商品国际贸易数字化服务平台。这个平台能够有效解决国际大宗商品交易核心单据专递的安全性、真实性及时效性等痛点问题，减少传统国际贸易业务流程各环节间的信息不对称，对于提高业务运营效率、降低资金运作成本，在为大宗商品行业上下游产业客户及相关监管机构提供更加安全、真实、高效的交易服务环境方面具有开创性的意义。

（三）中国海油

中国海洋石油集团有限公司成立于1982年，现有五大业务板块，员工约8万人。30多年来，中国海油逐步由一家单纯从事油气开采的上游公司，发展成主业突出、产业链完整、业务遍及40多个国家和地区的国际能源公司，形成了油气勘探开发、专业技术服务、炼化与销售、天然气及发电、金融服务五大业务板块。

2021年中国海油营收1269亿美元，世界五百强排名第65。

1.业务发展战略

中国海油以创建世界一流企业为目标，深入实施“国企改革三年行动”，通过优化产业结构、科技创新、完善公司治理，构建核心竞争力。中国海油贯彻落实国家能源保供工作要求，充分发挥海洋油气勘探开发和专业服务一体化优势，扎实推进油气增储上产“七年行动计划”，持续加大国内油气勘探开发力度，提升能源安全保障能力。同时，通过实施发展主业、退出非核心业务的“进转退”策略，调整优化产业结构。

为响应国家“碳中和战略发展”，中国海油开辟绿色低碳的可持续发展道路，加快向绿色能源产业转型。中国海油成立新能源部和新能源分公司，制定《新能源项目投资管理暂行办法》，统筹新能源产业发展，加快布局绿色产业链；组建新能源研究院、碳中和研究所和CCUS专班，加强对新能源技术的跟踪研究和产业化应用；发布《中国海油碳达峰碳中和行动方案》，详细描绘了实现“双碳”目标的时间表、路径图、任务书，全面完成向世界一流清洁低碳综合能源产品和服务供应商的转型。

在科研创新方面，中国海油以实施创新驱动为发展战略，坚持深化科技体制机制改革，统筹全集团科研力量，将基础研究和应用研究结合，加强海洋油气勘探、开发等领域关键核心技术攻关，以科技自立自强助力企业高质量发展，以创新驱动，加快实现科技自立自强。因此，中国海油制定了《中国海油科技创新强基工程（2021—2030年）行动方案》，围绕油气勘探开发、能源转型、炼油化工、装备国产化及数字化转型等领域规划部署16项重大攻关工程，分批推进海洋油气勘探开发等关键领域重大技术装备研发，探索形成以示范应用为目标、以产量储量为导向的“三个一体化”（组织一体化、实施一体化、目标一体化）科研项目攻关模式。

2.数字化转型举措

（1）信息化、数字化发展历程

在信息化集中建设阶段，2000年，中国海油的信息化应用开始凸显。随着基础设施的完善，财务系统、钻井系统等相继上线，并大规模使用，信息系统为生产带来的价值越来越明显。2002年，中国海油总部成立了信息管理部和信息技术中心。2003年启动IT服务管理项目，梳理了集团范围内信息技术服务管理（ITSM）的流程，形成了总公司流程化的三级运维管理架构，搭建了ITSM统一信息平台，建立了集团内统一的IT服务呼叫中心，并于2006年11月底通过ISO 20000认证。

2008年，中国海油开始试行通过考核评价提高信息化工作水平，已经建立起常规性的年度总结、考核、评优、年报的评估体系，以及重点项目结束后非常规性的后评估体系，在促进系统建设和深化应用方面发挥了重要作用。在2010年初，中国海油成立了中海石油化工进出口公司。中国海油通过能源交易和风险控制（ETRM）系统的实施，并在项目过程中进行大量的培训，帮助公司重新梳理了业务流程，为后来贸易业务的高速发展奠定了管理基础。

后续中国海油积极开展数字化转型探索和实践，不断推进新一代信息数字技术和业务深度融合，助力公司降本增效和高质量发展。在IT基础设施方面，构建高速可靠通信网络环境和稳敏双态基础架构，夯实数字化转型基础。在生产信息化方面，营造上、中、下游生产智能化运营支撑环境，促进生产运营和作业方式转变。在经营管理信息化方面，建设横向互联、纵向贯通经营管理及销售创新平台，提升集团管控和市场销售能力。在综合管理信息化方面，建立集成共享协同办公和移动应用平台，提升协同办公效率和用户体验。在海外信息化方面，加强海外信息化建设和集成整合，助力海外业务发展。

“十四五”期间，按照中国海油业务发展目标和五个战略要求，中国海油的数字化转型愿景是基于集中统一的数据资产管理，推进新一代数字化技术与业务深度融合，打造感知洞察、智能控制、协同共享、互联创新数字化能力，构建纵向贯通、横向通、内外融通数字化生态，推动业务转型升级和创新发展，建成“智慧海油”，提升中国海油管控能力促进降本增效、防范安全生产和经营管理重大风险，助力高质量发展，实现从传统模式到数字化的跨越，如图2-1-33所示。

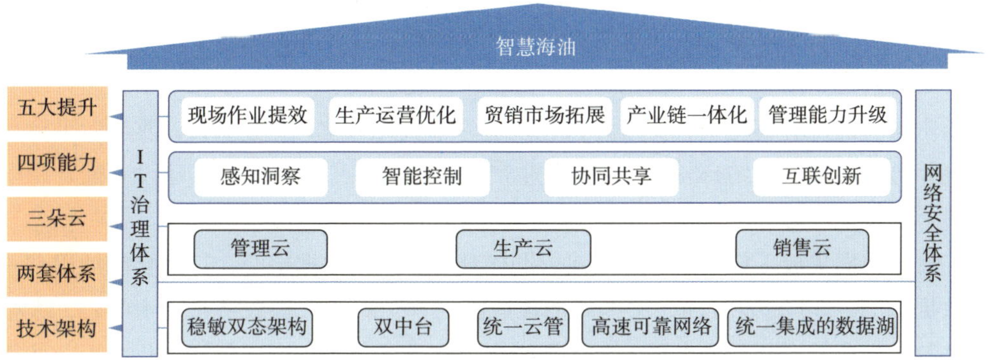

图2-1-33 中国海油数字化转型战略

中国海油在数字化转型方面，着重于六项重点工作：一是突出抓好“十四五”信息化规划和2021年度工作计划编制，以中国海油数字化转型顶层设计为指导，确保信息化各项工作的落地；二是生产信息化建设方面，围绕勘探开发生产等核心业务，加大5G、北斗导航、人工智能等新技术的应用力度，提高生产作业时效和安全保障能力；三是聚焦渤海湾新一代融合通信基础设施，加快推动“新基建”，持续提高海上通信链路的覆盖范围、带宽和保障能力；四是稳固数据标准建设，加强数据集成共享，构建一体化经营管理平台和共享服务平台；五是突出抓好海外信息化能力建设，加大海外IT共享服务支持力度，为集团海外业务发展提供有效管控手段；六是重点关注业务系统应用，充分发挥电商平台等现有系统的应用实效。

（2）信息化数字化建设成果

1）数据中心及基础设施建设。

按照中国海油数字化转型指导方向，中国海油不断加强IT基础设施建设，着力打造新时代海油“信息高速公路”。除了基础设施之外，同时开展云端平台建设，着手构建集团级云平台，使得集团内新建系统全面上云，并实现海油云应用从IaaS云向PaaS云的跨越。为了保障云平台数据的安全性，中国海油全面推进数据中心建设，建成国内“四地五中心”的数据中心体系，形成亚太、中东和美洲三大海外IT区域支持中心布局，并采用微波、散射、卫星等融合通信技术，升级改造海上通信链路和基础网络，2020年海陆通信干线带宽比2018年提升3倍，传输稳定性达到99%，海陆通信能力得到大幅提升。在基础设施、云平台和数据中心基础之上，中国海油积极开展工业互联网建设，研究和深化北斗导航应用，完成“中海北斗星基增强系统”一期建设，为公司海上及陆上油气业务运行提供了高质量的导航定位服务。

2）智能海上油田。

在油田业务方面，中国海油加快智能油田建设步伐，着力打造海上油气勘探开发“智慧大脑”。2021年，中国首个海上智能油田建设项目——《秦皇岛32-6智能油田项目（一期）》全面建成投用。在现代信息技术的赋能下，32-6智能油田实现了安全、油藏、注采和设备设施的智能化管理以及远程操控管理，从而实现海上油田少人化甚至无人化、油藏研究可视化、生产运营协同化、战略决策科学化等多方面升级。目前中国海油已有28座平台实现无人化改造，平台无人化比例达11%，改造后平台预计每年可节省操作费约15%。加快推进生产操控中心和生产指挥中心建设，配合岸电项目，逐步推进海上平台无人化、台风生产模式常态化。

对于数据集成工作，中国海油建成勘探开发一体化数据中心，打造智能油田“一湖数据”；在技术研发方面，中国海油建成国内首个海油工程数字化技术中心，大幅提升装备作业效率和安全水平。上述举措有力提升了公司生产运营智能化水平，使得智能油田“降本、增效、防风险”价值逐步凸显。

3）智能工厂。

在2022年，中国海油首批智能工厂数字化转型示范建设试点项目之一的中海石油气电集团珠海电厂“智能电厂试点项目”（以下简称项目）完成中国海油集团公司线上验收。作为中国海油集团公司首批6家数字化转型示范建设试点项目之一，项目自2021年10月开工建设以来，以集团公司生产云和通用PaaS组件为基础，在30余家国内外企业及机构进行调研和案例分析，充分结合集团公司电力板块实际需求，搭建电力板块统一平台。珠海电厂通过深度应用物联网、大数据、人工智能、机器视觉等数字化技术，将工业生产过程软件化，着力打造机群统一监管、性能分析与优化、设备可靠性维护、安全生产管理“四位一体”的全新燃气电厂运营模式，如图2-1-34所示。

4）数字营销生态圈。

在经营管理方面，中国海油加强经营管理信息系统建设，着力打造海油特色“营销生态圈”。依此推进销售模式创新，建成电商、零售、物流等信息系统，打造覆盖海油全产业链的“互联网+”营销体系。中国海油的“海油商城”于2019年6月25日正式上线，在线销售成品油、天然气、润滑油、化肥等近千种石油化工产品，是一个覆盖买卖双方流程管理、物流、仓储、运营服务的综合性大宗商品交易平台，目前拥有注册用户3万余家，销售数量1.96亿吨，运单数量350万单，业务遍及全国32个省、322个市。截至2020年12月，中国海油电商平台——“海油商城”累计交易额突破1900亿元；零管系统累计发卡402万张，消费381亿元。

图2-1-34 智能电厂试点项目

（四）恒力石化

恒力集团始建于1994年，是以炼油、石化、聚酯新材料和纺织全产业链发展的大型民营企业。作为恒力集团核心子公司，恒力石化是我国七大石化产业基地中最先投产的行业领军者。恒力石化19个月建成投产，3个月打通全流程，12个月满负荷达产，创造了多个世界同行业之最，这得益于恒力炼化智能工厂。恒力石化具有齐备的产业配套能力，综合竞争优势突出，注重通过信息技术实现企业效益最大化。其致力于发展“原油—芳烃—精对苯二甲酸（PTA）—聚酯（PET）—民用丝及工业丝—纺织”产业链，积极推进大炼化项目，提升深加工能力，产出高端化工品，提升产品附加值。

2022年《财富》世界500强榜单中，恒力集团世界排名第75，年营收超千亿美元，是中国第三大民营企业。恒力石化2019年化学品销售额为118亿美元，居全球第26位。

1.业务发展战略

恒力石化围绕产业链布局创新链、围绕创新链布局产业链。在战略上即围绕国际、国内两大市场精耕细作，围绕五大主营板块及产业链做精做强；在战术上即继续强化“品质、成本、快速反应”三个经营要点。继续健全完善安全环保管理体系、金融财务安全体系、人才建设体系、质量管理体系、大数据信息化体系、企业文化体系等六大体系建设，以及强化党建、惩处腐败和员工关怀等事项。恒力石化需主动适应新形势、新发展、新变化，紧紧围绕国家产业战略转型部署，持续强化上游以“炼化+乙烯+煤化”为产业载体的“大化工”平台基础支撑与发展平台作用，秉承和坚守恒力“创新研发基因”，做长、做深和做精下游的化工新材料业务板块的链条厚度，持续提升公司化工新材料业务板块的研发属性、科技含量和技术比重，实现“大化工”平台和“新材料”业务协同发展的“双循环”格局。

2.数字化转型举措

1）智能生产设备。

恒力石化聚焦智能化设备安装及改造，其下属公司德力化纤成立技改骨干小组，成功将部分全拉伸丝（Fully Drawn Yarn，FDY）设备改造生产预取向丝（Partially Oriented Yarn，POY），根据市场变化可随时更换产品品类的功能，经营灵活性明显增强；除此之外，恒力石化还开展恒科新材车间自动清板、无轨自动落筒、自动入库等项目改造安装工作，部分智能化项目已投入使用，生产效率大幅提升。

2）全流程数字化智能纺丝装备。

在恒力石化化纤FDY纺丝车间，有着国内首套全流程数字化智能纺丝装备，借助互联网、物联网等技术，系统实现了对设备运转、质量数据的实时监控和远程监测，在工人的辅助巡视下，机器人和自动流水线通过软件连接进行对话。如图2–1–35所示，恒力石化打造智能中控大厅，通过智慧中控大屏，对生产、经营等方面进行监管，业务模式从统计向数据分析及预警预测转变，提升集团、企业管理效率和效益。形成集团为主的一体化管控体系，加速集团整体数字化转型。

图2–1–35　恒力石化智慧大屏

3）智能工厂。

恒力炼化智能工厂的建设有五条主线、两大支撑和一套框架。如图2–1–36所示，其中，智能生产线通过企业自主研发的产品检测系统、自动条码系统、智能出入库系统、销售系统，与ERP系统进行无缝对接，实现产品的可追溯性及全流程管控，大幅减少车间工人的同时，生产效率实现有效提升，产品物流效率提升15%，产品净利润水平提升140%以上，同时由于可以24h不间断生产，也被大家称为“无灯工厂”。通过智能生产线，恒力石化在织造板块引进行业领先的自动穿综机、自动分绞机，打造智能化生产车间，使人工成本节省80%，效率提升700%。

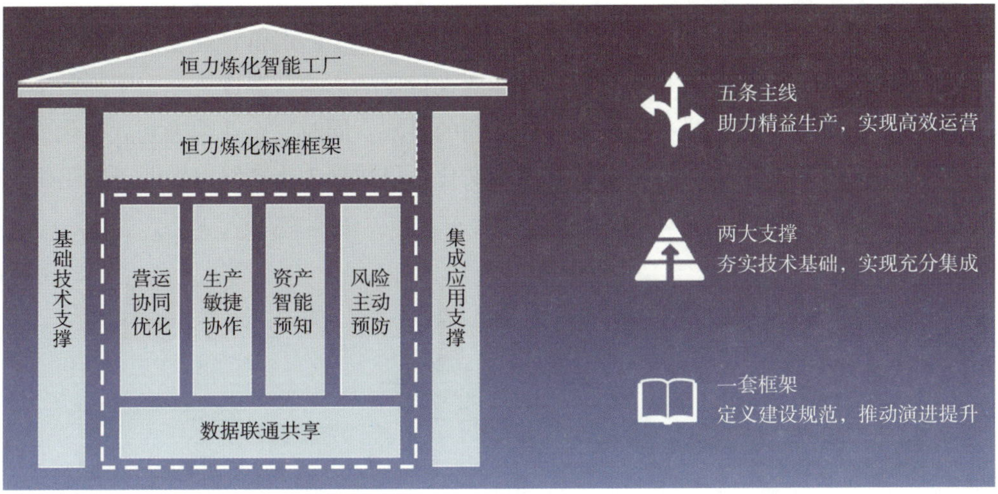

图2–1–36 恒力石化“智能工厂”设计图

恒力石化明确把智能作为产业升级转型的切入点，通过“机器换人”“自动换机械”“成套换单台”“智能换数字”等方式，逐步把企业的发展模式从人口红利向技术红利转变，“机器换人”淘汰了落后产能，不少企业的生产效率、产品质量都得到了提高，是企业控制成本的一项重要举措，相应提升了参与市场竞争的能力。恒力石化为了更加系统而全面地推进信息化、数字化、智能化建设，加快对大数据项目的推进及智能设备的使用，从而确保企业的可持续发展。

三 启示

全球产业布局正处于变革调整期，疫情、地缘政治等不确定因素引发全球供应链及我国产业布局的改变，面对宏观环境严峻、市场竞争激烈、用户需求变化、技术迭代升级带来的挑战，国际能源化工企业纷纷加快能源转型和数字化转型步伐。新形势下我国能源化工企业应顺应信息技术快速发展趋势，抢抓新基建发展机遇，利用人工智能、大数据、物联网等新一代信息技术进行全产业链业务转型，抢占数字化发展先机。能源化工企业应积极推动自身重塑，加速一体化整合、高效化管理、市场化运作、开放式创新，发展新模式、新业态，形成新的创新体系、生产方式和产业形态，提高应对变化的快速适应能力、互联协作能力、高效运营能力，推动产业提质增效、转型升级，实现高质量可持续发展。结合国际能源化工企业数字化转型实践，我国企业在推进数字化转型过程中应该注意顶层设计、价值创造、跨界协同、数据治理和人才建设等方面。

（一）重视顶层设计，明确数字化转型目标

数字转型不仅关系石化企业的信息技术部门，企业生产经营管理各部门都应当参与进来，深入研讨分析数字化力量对自身和所在行业的影响，达成统一、明确数字化转型目标，打破从生产到销售各环节业务之间的界限。同时，企业需确立数字化为公司的核心战略，并将其融入业务运营和企业文化，以数据为生命线，在业务、组织、技术各方面统筹协调推进，如图2-1-37所示。

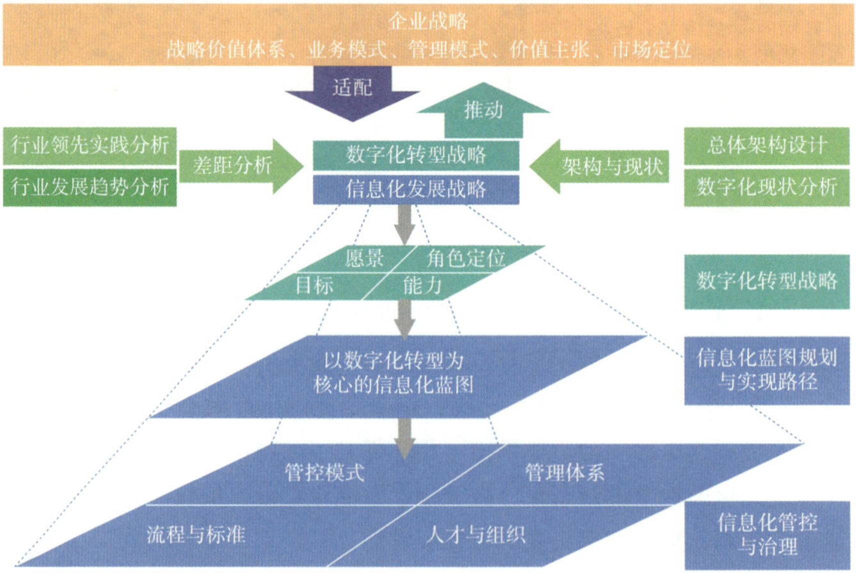

图2-1-37　企业战略、数字化转型战略和信息化战略的关系

巴斯夫将借助数字化融入企业战略，提出通过在员工中推广数字化技能，打造数字化文化，提升企业核心竞争力；壳牌构建稳健的数字化转型路径以及推广策略，以新的数字化商业模式顺应技术变化之势，完成变革自身、引领客户的双重任务。

（二）聚焦价值创造，围绕核心业务开展转型

数字化转型的本质是以价值创造为目的，以提升效率和效益为导向，用数字技术驱动业务变革的过程，其核心是业务转型。因此，企业需要聚焦价值创造，围绕核心价值链推进数字化转型，提升业务价值。

沙特阿拉伯国家石油公司聚焦优化端到端价值链，引领行业技术创新，实现多元化收入，员工赋能与本地化；优化业务与决策流程，持续提升员工数字化技能，建立工业物联网及数据系统。围绕价值链，设立数字化研发部，聚焦供应链优化。当前沙特阿美在人工智能与数字化低碳技术领域已实现油田电动潜油泵决策的自动化。在Khurais油田，建议性分析工具会自动调节速度以确保最佳操作；巴斯夫设立了数字化研发部，聚焦供应链优化、数字化研发和商业模式创新等，在生产、营销、资产全生命周期管理等领域加大数字化投资。启动4.0智能制造计划，在生产、营销、资产全生命周期管理等领域加大数字化投资，应用建模、仿真、高性能计算、3D打印、增强现实等先进技术。

（三）跨界合作，构建互利共赢，和谐发展的产业生态

搭建开放生态，建立生态治理机制，创新商业模式，促进与同业、合作伙伴、IT厂商、研究机构的融合创新，推进前瞻性引领性技术研究，支撑企业转型发展。同时，聚合生态资源和能力，实现更大范围的资源优化配置，带动生态圈内参与各方的协同发展，提升供应链韧性和抗风险能力，如图2-1-38所示。

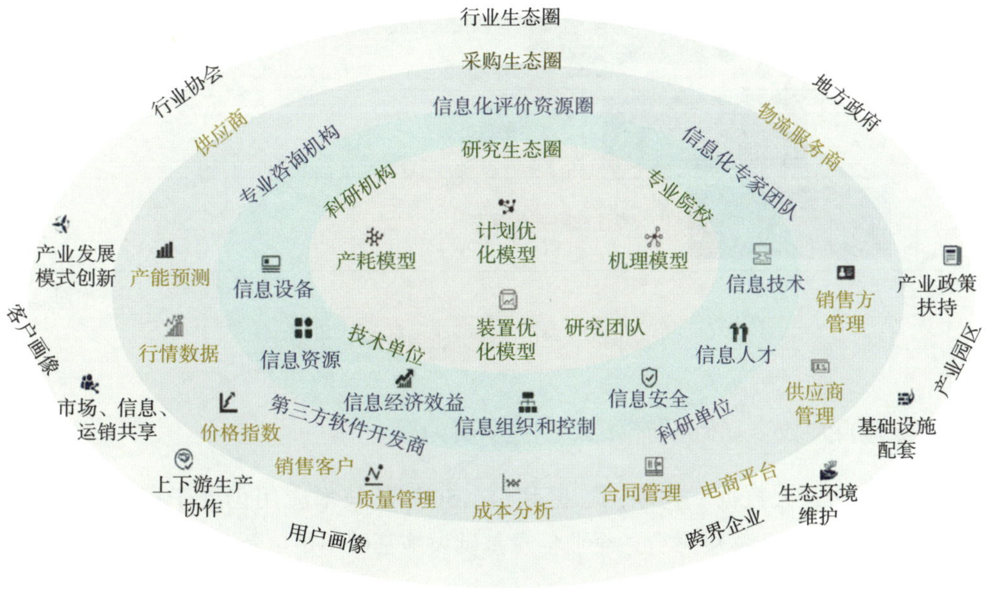

图2-1-38 行业生态圈协同发展

巴斯夫建立生态促进业务转型与领先的工业人工智能公司IntelliSense.io宣布建立独家合作伙伴关系，打造“巴斯夫智能矿山”，并提供嵌入巴斯夫矿物加工和化学专业知识的人工智能解决方案，将使矿山运营更加高效、可持续和安全。

（四）注重数据治理和数据资产，基于数据创造新价值

数据已经成为新的生产要素，推进数字化转型的进程中需加强数据治理，统一数据标准，优化数据治理流程，提升数据质量，推动数据资源形成数据资产，推动大数据应用，提升客户服务能力，发展数据服务业务，基于数据创造新价值，如图2-1-39所示。

荷兰皇家壳牌集团由业务部门牵头开展数据治理。联合建立数据管理团队，建设一体化数据中心与数据管控平台。通过封装数据模型和构建自助分析平台，实现打造依托于“分析窗口+分析平台”的“一线指挥室”。具备监测流程功能、相应分析方式和模型以及自助分析的管控模式，实现实时可见、及时报警等管控功能。

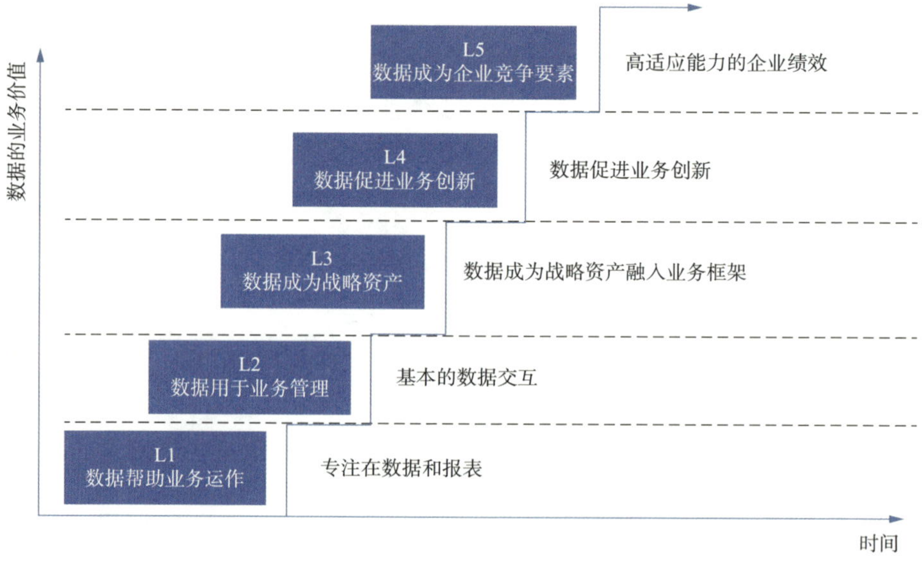

图2-1-39　数据的业务价值

（五）加大数字基础设施和人才的投资力度

人工智能、大数据、物联网、区块链、5G等新技术应用仍处于探索和试点阶段，与工业生产缺乏深度融合，企业信息基础设施基础不足。新型信息基础设施“底

子薄”，现有网络能力和数据存储能力、计算能力不能满足集团数字化转型发展需要。在组织方面，未构建起多部门、多专业、多层级统筹协同推进的数字化转型长效机制。在人才方面，缺乏人工智能、大数据、网络安全等领域的数字化人才，以及兼具技术和业务能力的复合型、创新型人才。企业需要在注重组织转型的同时，提高人才IT素养，建设人才队伍，构建数字化的文化、氛围、知识、技能，并通过人才和组织进行固化。同时，基于大数据、人工智能、机器学习等成熟技术，加大数字基础设施建设力度，打造统一的数字化底座。

雪佛龙公司采用微软的Azure平台将使自身的IT人员从支持基础设施演变为应用更多先进技术优化炼油生产、物流运输和客户营销等业务，通过灵活的分析和提高自动化操作的方式在公司的工程师和操作之间建立起数字核心连接；壳牌选择了以SAP云平台及 SAP智慧商务套件为核心的智慧企业平台架构，构造智能化运营及数字化创新两大能力。与此同时，结合 SAP Cloud Platform的人工智能及机器学习技术，壳牌在 SAP云平台上展开了由数据驱动的两化融合创新应用。

（六）打造标杆示范，引领智能化建设

为了更高效地推行数字技术，石化企业可以在优先级高的应用场景试点推广数字技术，找寻最佳实践，有了一定的经验积累后再广泛部署技术应用。例如，无人机和传感器技术在管道自动分输、压缩机远控功能改造、泄漏检测等方面的应用可从主干网、流量大的枢纽开始试点。

在试点取得成效后，石化企业可以更为高效地大规模部署数字技术在各场景的应用。例如，沙特阿美打造石化行业第一个“灯塔工厂”，打造企业标兵，树立应用典范，进而对成功标兵企业进行试点评估，分析建设经验和做法，不断总结转型的深度与广度，从而在企业内部推广建设范围并不断调整建设方案。

中国石化在九江石化、镇海炼化等企业开展智能制造试点示范工作，积极培育一批水平较高、有推广价值的标杆企业，如图2-1-40所示，实施标准化和模块化，将形成的经验模式向同行同类企业复制推广。聚焦企业生产经营难点痛点问题，培育数字化应用示范场景，逐步扩大应用范围，由龙头企业牵头，打造标杆，指导企业有针对性地开展核心业务领域的数字化转型。

通过全方位覆盖、多层次递进地有序推进数字化进程，企业可以在战略落地和实施的全过程中实时地修正方案，以闭环优化的思维，衡量数字化转型的阶段性效果，最终搭建全方位、无盲点的数据平台，建立完善的数字化转型组织体系。

图2-1-40　中国石化设立示范企业

第二节　数字化转型的发展趋势

综合国际知名石化企业、国际知名咨询机构以及石化产业研究院的数字化转型研究报告及相关实践案例。未来，石化行业通过数字化转型，将日趋互联化、自动化、智能化、生态化和绿色化。

一　互联化：实现业务可管可控

互联化关注制造核心环节的设备、系统、数据的互联互通，基于物联网（IOT）、云平台、5G通信的大范围数字化连接，使生产过程更加透明、可视、可控。例如在生产营运领域，通过实时获取底层数据，实现重点业务如原油、成品油等各业务状态的监测预警；物流领域，通过监控分析供应链各环节信息，实现计划生产协同优化，上中下游物流协同、数据共享，打造原料、产品、物资等一体化物流运营及过程管控。

二　自动化：构建“人机协同”业务新模式

自动化关注生产装备智能化，以实现提质增效、精益管控的目标，利用智能设备、机器人、3D打印等新技术实现生产环节的人机协同以及整个产线、工厂的管控和流程优化，帮助企业完成有着高重复性、强规则性的低价值工作，实现业务操作错误率低、安全可靠、无区域限制、全天工作。例如在加油站移动端App和人工智能影像技术的应用，实现自动化加油操作；在线购买非油产品、炼化工程施工过程利用机器人开展自动焊接/无人工地应用。

三　智能化：驱动自主决策和执行优化

智能化关注于制造核心环节的智能优化与决策，通过工业互联网、人工智能（AI）等新技术实现智能决策、制造核心环节全流程数字孪生，智能生产优化等，最终在智能化领域实现生产制造的自主决策、执行和优化。例如设备管理从事后维修、定期维修、状态维修等逐步发展基于设备运行状态及操作的实时感知，通过设备故障模型、预测模型的预知性维修；炼化领域利用IPC（智能控制）解决PID（比例，积分，微分控制）整定难题，实现全装置所有控制回路的智能精准控制、解决生产装置中多变量、非线性、强耦合、纯滞后、间歇式和连续式控制并存、多约束和多目标调控等技术难题。

四　生态化：实现全产业链互联互通

生态化关注在数字化集成化基础上，在保障数字安全的前提下，打通供应链上下游，将整个产业链互联、实现协同。建立开放互联平台，将所有利益相关者互联起来，形成生态系统。例如化工产品通过电商平台构建生态，提供多元的平台服务，创新商业模式，打造新的效益增长点；以客户为中心，通过产销研用的结合，提供高附加值的产品，借助数字化平台加速技术更新、模式扩散与价值增值，带动产业链上下游共同发展。

五　绿色化：推动企业可持续发展

绿色化关注本质安全和绿色发展，以数字技术促进石油石化行业相关减碳技术的研发、创新和利用，利用人工智能、云计算等数字技术进行模拟仿真实验，对于减碳技术、储能技术的研发、测试、管理发挥了核心作用。例如在炼化企业的安全管理方面将从源头减少安全和环保风险隐患，打造涵盖全业务过程的风险管控、环保管控、应急指挥、污染防控等业务。

第三节 数字化转型面临的机遇与挑战

一 发展机遇

第四次工业革命为石化行业的发展指明了新方向，提供了新途径。我国石化企业应清晰认识到数字化带来的冲击和机遇，充分利用我国新一代信息技术和新型工业化发展的深厚基础，结合自身优势和特点，构建适宜的数字化转型升级方案，提高整体信息技术与生产制造融合度，引领未来产业发展潮流。

（一）国家高度重视数字化政策

“十四五”规划纲要中，数字化建设任务相比以往的五年规划，战略位势和建设内容都有了前所未有的提高。“加快数字化发展建设数字中国”单独成篇列出，并首次提出数字经济核心产业增加值占GDP比重这一新经济指标，明确要求我国数字经济核心产业增加值占GDP的比重要由2020年的7.8%提升至10%，足见数字经济分量之重，意义之大。在此基础上，沿着“十四五”规划纲要擘画的数字经济发展蓝图，各地方各部门正在抢抓建设数字经济新赛道，壮大经济发展新引擎，打造数字经济新优势，一系列重磅支持政策正在加紧制定，为实现经济高质量发展注入新的活力。

（二）新冠疫情加速数字化转型

新冠疫情的暴发给世界经济发展带来巨大冲击，并由此产生一系列深远的经济社会影响。面对突如其来的疫情，以5G、AI、云计算等为代表的新兴数字信息技术，有效助力统筹抗疫，同时越来越多的企业开始“云办公”“线上经营”“智能化制造”“无接触生产”“互联网”，推动数字经济的新模式新业态快速发展。这既是疫情加快数字化转型的结果，也代表了未来新的生产力和新的发展方向，必将成为我国以创新推进经济高质量发展的重要引擎。石化企业可结合自身及相关产业特点，借助数字化管理手段和工业互联网平台等改善经营管理模式，提升企业的管理信息化水平，实现基于数字化驱动带来的降本增效、增收节支等好处，形成新的商业模式，增强企业竞争力。

（三）数字化转型基础日益完备

2019年开始，我国信息化基础建设增速明显，在5G网络基站数量、光缆线路总长度、固定/移动互联网宽带接入用户数等数据名列世界前位，2021年我国已经有5G基站143万个，可以覆盖所有地级市城区。在工信部新发布的《新型数据中心发展三年行动计划（2021—2023年）》中，我国提出要进行超大数据中心、各省和海外新型数据中心建设，超前的数字基础设施建设成为我国数字化转型的重要支撑，已经初步具备支撑我国数字化发展的基础能力，形成覆盖各行业生产要素的综合网络，帮助企业数字化转型。

二　面临的挑战

虽然国家密集发布数字化转型相关政策支持各行各业数字化转型，新冠疫情在冲击经济社会发展的同时也在倒逼数字化转型发展，我国新型基础设施建设工作不断完善，为数字化转型提供了重要支撑，而且目前很多企业已开始进行数字化转型的探索，部署云计算、大数据分析、移动办公等解决方案，但多数企业的数字化转型仍停留在初级阶段，转型失败率较高，各企业间数字化进程和建设水平不一致，信息化建设给企业带来的价值效益体现不充分，数字化转型面临着挑战。

（一）企业战略协同待加强

一是缺少数字化转型顶层设计。开展数字化转型升级，明晰的顶层设计思路以及基于自身产品特征、运营模式、生产流程等实际情况挑选适宜的技术至关重要。但目前，部分制造业企业在开展数字化转型升级时，缺乏明确的顶层规划，未能充分认识到数字化转型的核心是业务转型，因而对开展数字化的需求和目标不够明晰，对自身技术特点和能力范畴认识不足，而是机械模仿既有模式、理念，简单拼凑尖端技术。倘若企业在对自身的数字化成熟度和转型目标蓝图缺乏清晰认知、尚未找到未来竞争的着眼点与商业模式的情况下，孤岛式盲目部署数字化转型，往往无法精准锁定所需补强的方向，导致数字化战略与业务发展是“两条线，两层皮”，难以从数字化投入中实现价值。

二是IT与业务部门融合不足。企业在业务层面的数字化转型覆盖了企业整个产品经营周期，复杂程度高，必须采用“云—边—端”协同、敏捷高效、绿色低碳的新IT架构和统一的数字化平台来支持数字化转型，因此需要IT与业务共同努力实现创新变革。但业务部门和IT部门缺乏紧密协同的问题在企业中长期存在，导致数字化难以从根本上支持管理优化和业务创新。究其原因，企业IT规划和业务规划通常存在不一致的现象，业务部门规划自身的业务发展，IT部门制定IT规划，未和业务规划相匹配，二者存在脱节的现象，甚至在两条平行线上跑，导致IT部门与业务部门之间形成障碍，无法构建起多部门、多专业、多层级统筹协同推进的数字化转型长效机制。

（二）数字人才培育待加快

一是数字化人才缺口较大。人才是决定数字化转型整体是否成功的一个重要因素，现阶段，企业面临人工智能、大数据、网络安全等领域的数字化人才，以及兼具技术和业务能力的复合型、创新型人才缺失的挑战。因为数字化转型在我国发展历程比较短，时间阶段比较新，再加上众多企业都迈入了转型过程，造成了对数字人才的需求呈井喷式增长。而数字化转型的底层技术是5G、大数据、云计算和人工智能等，应用到消费、制造、物流等具体场景中，所需的人才集合了专业知识和实践经验，以及跨领域的多种能力的复合型人才。数字人才供应不足成为影响企业数字化转型的因素之一，急需打造基于工业互联网平台的生态体系解决这一痛点。

二是数字化转型思维文化氛围不足。在清华全球产业院2021年的调查中，35%的受调研企业认为当前企业推动数字化转型的主要阻碍是缺少数字化转型的文化氛围，体现在员工对数字化认识不足、难以形成统一认知、难以形成统一的客户观并立即执行。企业领导者缺乏数字化思维将对外部环境的变化缺少敏锐度，不能及时从上到下推动企业进行数字化变革，往往导致错失市场机会；企业员工由于缺乏对数字化转型的认知和应用经验，将不愿意进行重大变革，新的工作方式、工作流程就难以被采用，数字化转型便会遇到阻碍，面临转型失败的风险。只有建立起数字化文化，企业自上而下的思维才能得到解放，从而推进变革顺利实施。

（三）数据资产价值待开发

一是数据流通利用受阻。结构化、完整、准确、可靠、实时的数据汇聚共享是数字化转型升级的前提。从底层数据采集方面来说，数据基础不够稳固致使数据采集不完备、不准确、利用率低。受到传统自动化设备的限制，企业工业设备、传感器等协议类型多样且数字化、智能化程度较低，我国生产装备种类繁多，不同厂家不同类型设备的通信接口与功能参数各不相同，缺乏统一标准，进口高端装备采用的数据接口和数据格式封闭性比较强，造成了底层数据取数难、利用难的问题。从已有数据内部共享层面来说，由于业务流程化、流程标准化基础薄弱，很多企业的数据标准不统一，存在着数据不全、质量不高、共享水平低等突出问题，导致了数据难以标准化、规模化、低成本向其他系统进行传递。

二是数据权属、数据权利不明确、不规范。从宏观来说，由于个人数据的保护、国家的数据安全迫切要求，数据权的界定成为当前关注的热点。数据不同于传统形态下的生产要素和资产，共享权是数权的本质造成了数权一数多权的复杂性。对于数据有哪些权、如何去确权以及法律界与实务界对数据确权如何突破都是目前面临的主要问题。从微观来看，由于数据治理是新生事物，企业内部尚没有相应的数据管理制度，没有相关的数据管理组织，角色分工不清晰，缺乏相应的追责机制，数据出问题无法找到解决流程，解决方法，都影响了数据的保护、收益和有效流动。

03

第三章

数字化转型的目标、方法和路径

数字化转型是组织的核心战略，石化企业都应该制定适合自己的数字化转型战略和发展路线图，大部分企业已意识到数字化转型的重要性，但是不清楚该如何转型。尽管有些企业已经开始数字化转型的实践和探索，但大多情况下也只是“摸着石头过河”，尚未明晰数字化转型发展路线图。因此，亟须探索明确可行的数字化转型方法，为石化行业数字化转型提供参考。

第一节 数字化转型目标

当前，在科技革命、互联网浪潮、经济危机、地区冲突、新冠疫情以及全球化带来的社会变化等因素的共同作用下，企业所处的商业环境充满了易变性、不确定性、复杂性、模糊性。开展数字化转型，应对不确定性，实现内外部资源进行高效按需匹配，降低社会运行成本，才能适应时代发展需要。

从石化企业内部来看，数字化转型是企业经营战略、治理体系、组织形态、生产方式、运营模式等全方位的改造、变革和重构过程。为实现捕获增长、提升价值、增强管控能力这一长期目标，石化企业需要打通IT和OT界限，实现石化产业链数据全面采集和生产过程实时感知，以及经营管理数据集成共享；广泛建立行业特色的知识模型和数字孪生体，形成内外部连接、共享、协同机制；以感知、互联、数据融合为基础，实现生产过程“实时监控、智能诊断、自动处置、智能优化”的油田业务新模式，打造智能油气田；提升炼化企业的感知能力、分析优化能力、预测能力、协同能力，构建以高效供应链、精益化运营、安全化工控、互联网化运维为特色的智能炼化新模式，打造智能炼厂；坚持节能优先、环保优先，不断提高能源资源利用效率，最大限度减少污染物和温室气体排放，促进绿色洁净发展；推进成品油零售业务转型升级，构建人、车、生活生态圈，促进化工品销售线上线下渠道融通、一站式服务和精准营销，开创基于用户、数据、创新驱动的新商业模式、新生产方式和新产业生态。通过全价值链的数字化转型，实现降本增效、协同共享、持续创新、风险预控和智慧决策，不断提高全员劳动生产率和资产创效能力。

从石化产业来看，数字化转型的长期目标是通过单个企业的数字化转型，赋能行业发展。当下，各行业数字化进程正在加速，企业上云持续深化，国务院、各地国资委积极布局云计算产业，加快推进云计算应用的平台化、体系化和标准化。石化龙头企业需要发挥行业领域领军企业主导作用，搭建石化行业工业互联平台，强化产业高效协作，构建开放、共享、共创的工业互联网生态，实现跨组织、跨专业协同，研、产、供、销、融各环节资源汇集、数据共享，同时提供快速推广最佳实践，建立统一标准，沉淀最佳实践，形成一套可推广、可复制的解决方案，指导业内协同发展。通过打造以网络为基础、平台为中枢、数据为要素、安全为保障、产业为支撑、应用为牵引的石化工业互联网生态体系，实现云边端应用协同、服务协同和资源协同，支撑职能转化，对外输出服务，以不断提升服务能力，推动行业整体数字化转型和高质量可持续发展。

第二节 数字化转型方法

石化企业应当采用差异化的数字化转型战略，清晰地规划转型路径。围绕企业核心需求、管理特色和信息化现状，进行评估诊断，开展需求调研，梳理业务模式、管理模式、业务流程，分析业务运行的堵点、断点，对照标杆找差距，并定期回顾转型成果，形成管理闭环。石化产业数字化转型方法大致分为六个阶段，即成熟度评估、战略确立、场景识别、目标确立、示范推广以及评估改进，如图3-2-1所示。

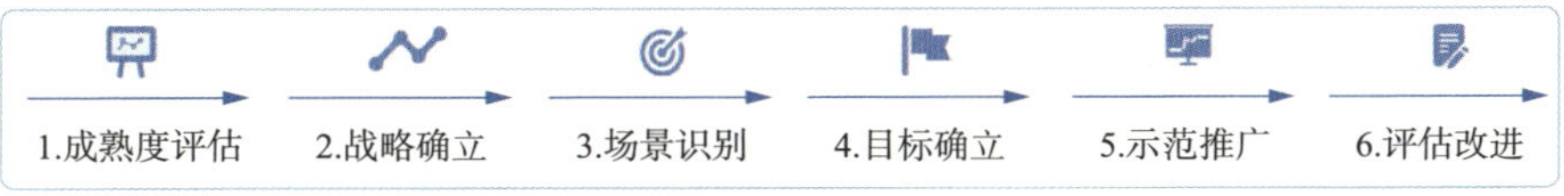

图3-2-1 石化产业数字化转型方法的六个阶段

一 成熟度评估

企业的数字化转型是一个复杂的课题，涉及企业经营管理的方方面面，仍有许多企业在数字化转型过程中普遍缺乏清晰的战略目标与实践路径，也缺乏有效的配套考核和制度激励，尽管越来越多的企业意识到数字化转型对自身发展的重要作用，但对于大多数企业而言，数字化转型缺少可供借鉴的经验。因此，在数字化进程中，企业为了寻求更适宜的方法与路径来实现转型升级，科学地分析和评估自身数字化转型成熟度水平显得至关重要。

国资委发布的《关于加快推进国有企业数字化转型工作的通知》中明确提出“建

立数字化转型诊断对标工作机制，定期开展诊断对标，持续提升新一代信息技术与企业业务融合发展水平”。《2021埃森哲我国企业数字转型指数》显示，自2018年以来，我国企业数字化转型指数平均得分从37分上升至54分，16%的企业转型效果显著，各行业企业整体数字化水平均稳步提升，但不同行业间还存在显著差异。

依托数字化转型成熟度诊断结果，企业可全面量化梳理和评判企业发展现状，准确把脉问题所在，了解数字化转型进展、难点和诉求，为制定适合企业的数字化转型战略和可行的行动计划提供参考和决策依据，周期性、常态化开展诊断工作，企业可跟踪战略实施成效，动态改进和优化数字化转型工作部署，以数据驱动精准决策、闭环管控和迭代优化，引导新一代信息技术在企业研发、生产、管理和服务等全流程和产业链各环节的深度应用，推动企业数字化水平和效益水平的双提升，实现对企业的全方位赋能。

（一）现有评估体系分析

近年，关于数字化转型成熟度的相关概念逐渐确立。成熟度指研究对象与其最佳状态的相对水平，一般用于对事物发展成熟过程进行定量描述。成熟度模型是项目管理、质量管理等领域非常常见的工具，包括不同阶段的成熟程度，把一个不可控的、无序的操作变成可控的、有序的过程。概括来看，数字化转型成熟度根据一定的标准对企业数字化转型过程进行等级划分，描述每个等级相应特征和状态，已经成为衡量企业数字化转型程度常用的方法。如今，学术界和产业界纷纷借用成熟度的基本思路，建立数字化转型成熟度模型，评估企业数字化转型现状和潜力，解决企业业务发展中的问题和痛点，不断创新业务模式和产业组织方式。

国家标准化管理委员会发布的《信息化和工业化融合 数字化转型 价值效益参考模型》中，聚焦价值体系重构这一数字化转型根本任务，给出了价值效益的分类体系、基于能力单元的价值创造和传递体系，以及基于新型能力的价值获取体系等参考模型，是我国发布的首个数字化转型国家标准。

中信联发布《数字化转型参考架构》，提出数字化转型新型能力体系建设总体框架，主要包括新型能力的识别、新型能力的分解与组合、能力单元的建设、新型能力的分级建设等内容，并将新型能力的等级由低到高划分为初始级、单元级、流程级、网络级和生态级五个等级，不同等级能力单元/能力模块的过程维、要素维、管理维呈现不同建设重点。此标准融合了两化融合体系指标，具备全行业评估的完备体系，但石化产业属性不强。

IDC认为数字化转型的核心是基于前沿的数字化技术，实现业务的转型、创新与增长，包括用户体验创新、工作资源创新、决策模式创新、产品服务创新、商业模式创新、业务流程创新等方面，基于此，IDC将数字化转型成熟度概括为单点试验、局部推广、扩展复制、运营管理、优化创新五个阶段。该指标覆盖了企业各方面评价，融合了国际数字化转型实践。但同样石化产业属性不强。

普华永道企业数字化成熟度评估框架从战略引领、业务应用结果、技术能力支撑、数据能力支撑、组织能力支撑，以及数字化变革六个维度对企业的数字化成熟度进行评估。普华永道根据企业的数字化成熟度将企业数字化转型所处的阶段分为在线化、集成化、数字化、智能化四个阶段。

华为发布的开放数字化成熟度模型（ODMM）是衡量企业数字化能力成熟度的一个整体模型，把数字化分成了战略决心，以客户为中心，数字文化、人才和技能，创新与精益交付，大数据与人工智能，以及技术领先等六大评估维度，18个子维度，174个评估指标。ODMM融合华为自身发展及应用经验，评估的结果是一个量化的、优先排序的列表，列出了企业的数字业务理想与其当前数字成熟度水平之间的差距，企业可以据此为数字化转型制订可行的计划。

综上，以上机构与咨询公司所发布的数字化转型成熟度评估指标通用型指标占比较高，对于石化产业适用性较弱。具体而言，在内容方面，各数字化转型诊断体系的评估指标涵盖面广，普适性强，部分指标内容与评价结果之间的关联度不强；在形式方面，多为选择题的方式，由于缺乏了判断的标准和尺度，只能给出结果进行选择，而作为结果的选项往往本身就比较模糊，不利于选择；在结果方面，选项存在主观定性描述较多，不同填报人的理解导致评价结果差异较大；在指标设置方面，存在大量与直接目标关系不清晰的选项，影响诊断结果。

（二）石化企业数字化成熟度评估

目前，在石化产业数字化转型评估领域国际国内仍没有统一的评价规范和标准，为进一步提高数字化转型工作的科学性实效性，亟须建立一套既能体现数字化转型未来发展方向，又结合石化产业发展特点的数字化转型评估体系。

石化产业数字化转型成熟度诊断体系设计应遵循以下原则。一是先进性原则，要学习借鉴相关国家和咨询、IT公司信息化、数字化方面评估指标设计的理念和思路；二是前瞻性原则，要立足现在、着眼未来，符合信息和数字化未来一段时期内的发展方向，要符合信息和数字化技术未来发展的趋势；三是通用性原则，对于专业化业务，指标设计应有一定的普适性、抽象性和长效性，但在具体的评价方法上要统筹考虑不同业务领域的特点；四是差异性原则，要充分考虑石化行业的特点，对于不同业务（如勘探开发、炼油化工、油品销售等）在指标设计时应体现不同业务的特点；五是结果导向原则，应在兼顾对信息和数字化发展过程评价的基础上，侧重于对信息和数字化发展结果的评价，以及能力的打造，指标评价的结果应能够作为引领其他企业学习和借鉴的目标；六是可操作性原则，重点评价信息和数字化发展及其组织、建设和应用的结果和过程，全面支撑石化行业数字化转型和智能化发展。

因此，应围绕数字化转型内涵，并结合石化产业业务特点和数字化能力建设需要，从业务、组织、技术三方面构建石化产业数字化转型成熟度诊断体系，涵盖3个一级指标，17个二级指标，如图3-2-2所示。具体而言，包括智能油气田、智能工厂、智能加油服务站等个性化业务转型指标，生产营运、安全环保、设备管理、供应链物流、工程管理等专业化业务转型指标，战略与决策、组织文化、数字化人才队伍、财务资金保障等组织转型指标以及产学研用创新、数据治理、新技术应用和网络安全等技术转型指标。

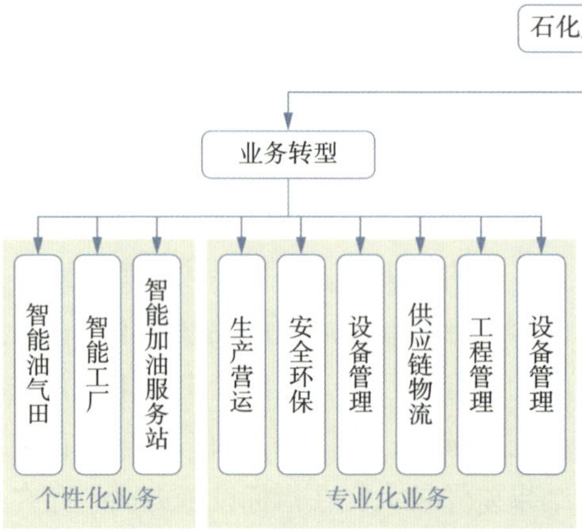

图3-2-2　石化产业数字化转型成熟度评估体系指标

通过构建石化产业数字化转型成熟度诊断体系，对企业开展数字化转型成熟度评估，全面客观地评估企业信息和数字化发展的能力和水平，以及企业在数字化转型、数据治理、智能化发展等方面的工作成效，实现石化企业在业务、组织、技术三方面融合，以引领企业信息和数字化的发展方向，为石化行业企业间的学习借鉴提供参考。

二　战略确立

数字化转型不仅关系石化企业的信息技术部门，企业生产经营管理各部门都应当参与进来，深入研讨分析数字化力量对自身和所在行业的影响，达成统一、明确数字化转型目标，打破从生产到销售各环节业务之间的界限。同时，企业需确立数字化为公司的核心战略，并将其融入业务运营和企业文化，以数据为生命线，在业务、组织、技术各方面统筹协调推进，创造新的基于数据的收入来源，成为数字化原生企业。

区别于传统的信息化发展战略，数字化转型战略通过解读业务战略，分析盈利模式、产品服务模式、生产模式、运营模式、决策模式的创新机会，进行业务架构设计、数字化现状及行业GAP分析，明确业务能力提升方向，构建适配企业战略的数字化战略，信息化发展战略应基于数字化战略理解，进行信息化现状及需求分析，开展蓝图规划（应用云与平台建设）与路径实现，搭建网络安全体系、数据治理和信息标准化体系和信息化管控体系。

数字化转型应注重顶层设计，在数字化转型战略制定过程中，应基于企业中长期业务发展战略，通过识别内外部环境的变化，明确战略框架下的可持续竞争优势，确定需要打造的信息和数字化环境下的新型能力和应用场景以及各项业务能力提升方向，优化管理流程、运营模式，ICT新技术驱动业务变革，以数据为核心、以平台为抓手，依托信息化应用的有效运转实现能力打造，通过信息化发展战略落实业务战略和数字化转型战略。

建议数字化转型过程中应基于核心业务，打造差异化、低成本、一体化、科技创新竞争优势，紧密围绕业务发展要求、运营模式和管理特色，依托工业互联网，聚焦集团一体化管控、核心主导业务创新创效、专业化统筹管理、新经济价值创造和业务赋能五大重点领域的能力提升，围绕企业核心业务价值链和管控体系，推进板块间横向协同、板块内专业化发展，综合考虑现有转型基础和预期价值收益等因素，规划数字化转型重点任务，如图3-2-3所示。

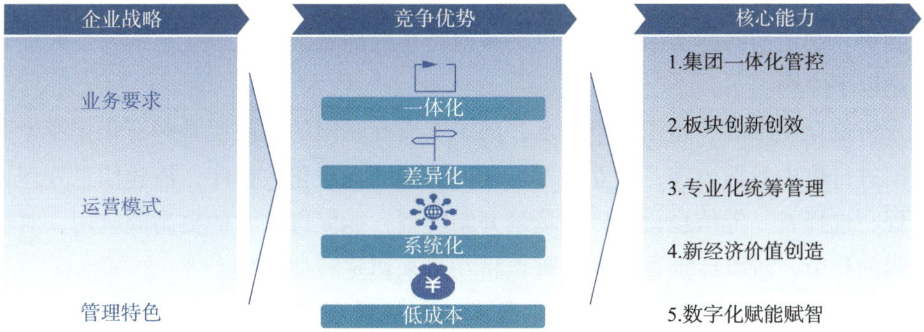

图3-2-3 数字化转型核心能力打造

数字化转型核心的打造应根据集团总部和下属企业管控模式、业务定位的不同来确定其组织贯穿度，通过横向的一体化整合、纵向的深化应用，促进各项能力动态协同优化。集团总部通常聚焦战略落地、数据统计、运营分析、风险防范和资源集约，应在统一工业互联网平台标准的前提下，统一建设管控类能力；而企业一般侧重专业化的纵深发展、业务运行的动态监测、状态异常的预警告警和智能化的生产管控，应基于统一建设标准、统一数据标准、统一信息平台，深度挖掘数字化场景，结合业务实际开展信息化、数字化建设，促进企业间协同发展。

三 场景识别

石化行业应用场景分布较广，应用场景非常丰富，目前形成了较多点状应用，基于产业链复杂、主体较多的特点，除传统的设计生产环节外，服务环节也将开展深化探索，转型过程中，应遵循一定的主线开展工作，例如基于分析深化和服务化，从设计和生产环节切入，整体从诊断、预测走向洞察，同时与配套服务结合，走向生产服务化；基于客户的分析深化，从营销端、支付端切入，围绕油品销售、化工销售、工业品电商、商旅服务等业务拓展服务环节的应用深度，走向服务洞察；从局部组织的优化，扩展到板块、集团层面的整体优化，发挥一体化优势，从不同的主线入手，场景涉及的范围、深度和智能化程度逐步提升，从而推动企业全面的数字化转型。重点应用场景如图3–2–4所示。

数字化转型的应用场景是数字化转型战略落地时的具体项目指南，在推行数字技术的过程中，识别重点应用场景和选择合适的数字技术将会影响转型成果及其成功复制速度。应用场景既是数字化转型项目实施的启动点，又是实现创新的基石。石化企业需要首先了解工艺流程和数据流状况，明确数据分析所对应的业务目的，识别从生产到销售各个应用场景中数据的盲点、痛点及外部诉求等。针对不同的应用场景，石化企业需要选择合适的数字技术进行匹配。对于贯穿全产业链的技术，如云计算、人工智能等，制定横向的实施方案，更高效地跨场景部署数字技术。识别场景的优先级应遵循以下原则。

分析信息化基础。运用数字技术，部署工业互联网的大前提是对石化企业生产运营数据进行集中数据治理，建立机器可读可识别的标准化数据库，搭建信息处理一体化流程。选择有一定信息化基础的场景开始转型，能促进技术的更高效应用，对于基础较弱的环节，阶段性推进数据治理也将在未来奠定转型基础。

注重技术成熟度。石化产业数字技术应用场景众多，可选择成熟的技术作为试点，改进现有主营业务，提升生产运营效率，减少维护费用开支。借助丰厚的技术部署成功案例和知识积淀，企业可提高实施成功概率，节约成本，确保生产运营的稳定性。

考虑增长潜力。由于石化企业组织架构庞大，在承担着保障资源供应、稳定市场秩序责任的同时，又承担着盈利压力和向股东投资者兑现价值的重任。企业在选择和投资数字技术的时候要考虑转型业务未来市场发展潜力，从最具增长能力的场景发力，确保转型不仅能够改善短期业务盈利，同时支撑长期业务可持续增长，展现成本支出价值。对于短时间无法看到经济效益但长期可实现业务升级的技术领域，例如打造智能供应链等，石化企业需要以长远的眼光看待转型，合理设置投资回报预期。

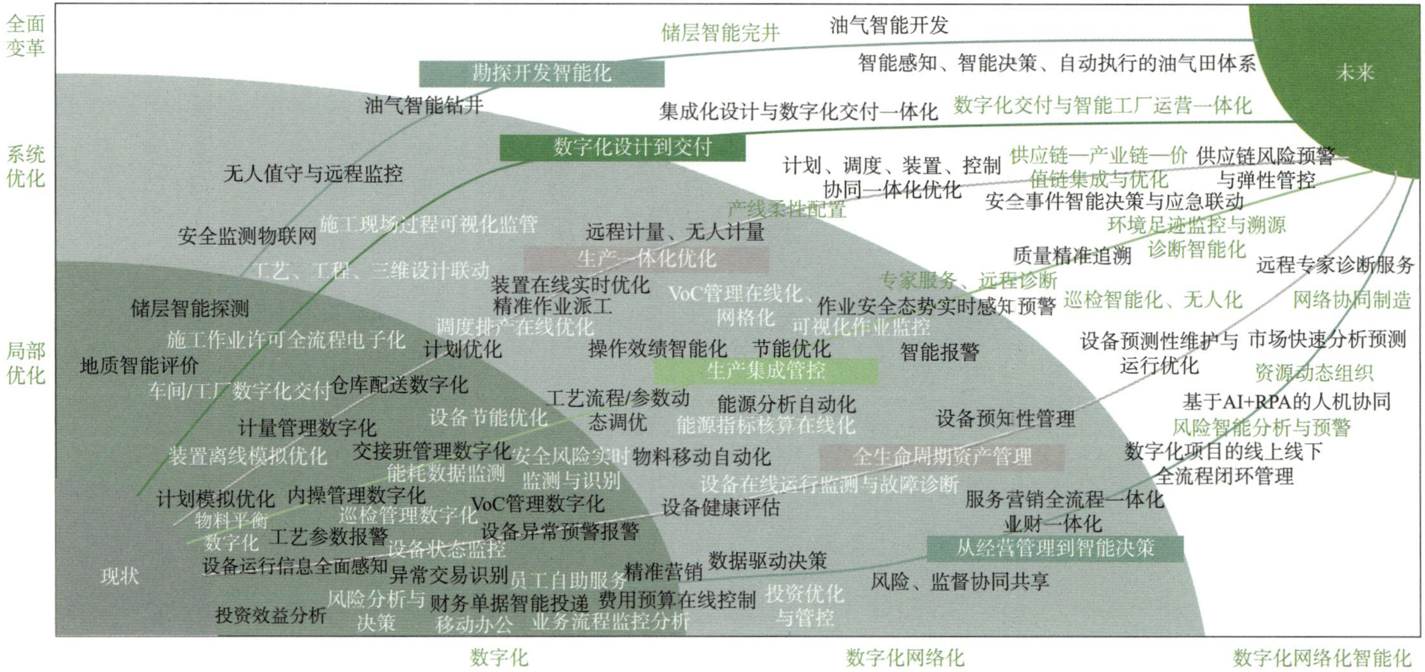
全面变革
系统优化
局部优化
数字化
数字化网络化
数字化网络化智能化
未来
现状
油气智能开发
储层智能完井
勘探开发智能化
智能感知、智能决策、自动执行的油气田体系
油气智能钻井
集成化设计与数字化交付一体化
数字化交付与智能工厂运营一体化
数字化设计到交付
无人值守与远程监控
计划、调度、装置、控制
协同一体化优化
供应链—产业链—价
值链集成与优化
供应链风险预警
与弹性管控
安全事件智能决策与应急联动
产线柔性配置
安全监测物联网
施工现场过程可视化监管
远程计量、无人计量
环境足迹监控与溯源
质量精准追溯
诊断智能化
工艺、工程、三维设计联动
生产一体化优化
远程专家诊断服务
储层智能探测
装置在线实时优化
精准作业派工
VoC管理在线化、
网格化
作业安全态势实时感知预警
专家服务、远程诊断
巡检智能化、无人化
网络协同制造
施工作业许可全流程电子化
调度排产在线优化
可视化作业监控
地质智能评价
计划优化
操作效绩智能化
节能优化
智能报警
设备预测性维护与
运行优化
市场快速分析预测
车间/工厂数字化交付
仓库配送数字化
生产集成管控
资源动态组织
工艺流程/参数动
态调优
能源分析自动化
能源指标核算在线化
基于AI+RPA的人机协同
计量管理数字化
设备节能优化
设备预知性管理
风险智能分析与预警
装置离线模拟优化
交接班管理数字化
安全风险实时
监测与识别
物料移动自动化
全生命周期资产管理
数字化项目的线上线下
全流程闭环管理
能耗数据监测
设备在线运行监测与故障诊断
计划模拟优化
内操管理数字化
服务营销全流程一体化
业财一体化
物料平衡
数字化
巡检管理数字化
VoC管理数字化
设备健康评估
工艺参数报警
设备异常预警报警
从经营管理到智能决策
设备状态监控
设备运行信息全面感知
数据驱动决策
异常交易识别
员工自助服务
精准营销
风险、监督协同共享
风险分析与
决策
财务单据智能投递
费用预算在线控制
投资优化
与管控
投资效益分析
移动办公
业务流程监控分析

图3-2-4 重点应用场景

从核心业务切入。根据自身发展阶段和需求，石化企业需要全面衡量数字化转型的必要性，准确找到切入点，选择适合自身业务战略、发展模式的转型路径，循序渐进地推进转型。通过匹配转型的难易和技术成熟程度，石化企业应当从核心业务价值链出发，寻找客户需求变化较大、竞争激烈的价值环节（包括价值创造、价值传递等）着手，率先实施数字化转型，推动业务数字化，并不断创新数字化业务，发展第二曲线。

四 目标确立

数字化转型是一项长期复杂的系统工程。为了高质量地推进转型，企业需要规划短中长期的行动计划。针对每一个战略、应用场景、业务优先级，设定阶段性目标，这有利于企业自身业务体检，重点突破转型薄弱环节。例如，在勘探环节，对在产油田、建设项目、风险勘探区块制订不同时间维度下的转型计划，定量考察成熟应用场景的阶段性成果，而定性地考察勘探前沿项目的转型进程。石化企业设置阶段性KPI（Key Performance Indicator）可参考以下方面。

明确数字化转型维度KPI。重点围绕成本、质量、时间确定价值链KPI，衡量管理运营表现，形成完整的战略价值体系，最大限度地提升企业和客户价值。

明确财务维度KPI。评估在企业价值、销售收入、盈利能力、资产利用效率等几个方面的提升。如通过电子商务化转型，带动销售增长；通过产品协同研发，缩短产品研发时间，推动产品更快上线。

明确客户及伙伴维度KPI。评估在企业品牌、客户体验、产业链合作伙伴协同三方面的提升。如构建全渠道支撑能力，实现端到端的客户服务管理；全面了解客户旅程，客户洞察并挽留和发展客户。

明确内部流程维度KPI。评估在流程标准化和流程执行、预测、协同和精益等方面的提升。例如通过打通LTC整体流程，提升内部流程效率。

明确企业运营维度KPI。评估在风险管控、智能决策和集约化运营方面的提升。例如通过数据集中管控，实现精准化运营；建立风险管控及合规体系，实现企业内控的提升，及国际业务的合规化。

明确企业学习与成长维度KPI。评估在企业文化、企业组织能力建设、企业人力资本方面的提升。例如通过在线培训提升员工能力；通过远程会议构建数字化的协同能力。

明确企业转型支持维度KPI。评估在业务标准化、流程一体化，以及创新业务及商业模式的支撑与提升。例如打造平台型生态系统。

五 示范推广

由于数字化转型复杂度高、属于创新性课题，在业内尚未形成标准化、可借鉴的参考模式，加上石化产业组织、业务、产品和价值链的复杂性，近年来，虽然我国石化企业明显加大了对数字化转型和智能制造的重视程度，试点数字化转型很普遍，但能够在组织内全面推广，并取得财务和运营绩效持续稳定改善的企业较少，多数正困于试点陷阱。石化企业急需在行业内打造行业标杆企业，选取数字化转型成效较为显著的企业作为领航者，验证数字化转型的实现路径和实现形式。

2018年，世界经济论坛与麦肯锡公司合作启动“全球灯塔网络”，以及工信部启动的智能制造试点示范项目，打造智能制造标杆企业正是契合了打造标杆示范这一理念，寻找制造业数字化转型典范。参考项目管理过程中“由点到面”项目过程管理优化试点和推广的方法，通过最简化实施方案（Minimum Variance Portfolio，MVP），即投入最少的资源，作出最基本的尝试和探索，通过验证是否能够产生一定的成绩，显露判断出一些项目能够成功的特质。

一方面，标杆企业在自身数字化技术应用的过程中、不断总结经验，提升数字化转型的深度和广度；另一方面，通过试点归纳总结行业共性需求，总结数字化转型的方法和经验，为行业提供一条更具普适性、可复制、可推广的数字化转型方法论和实施模板，发挥示范、突破、带动作用。通过建设工业互联网平台，优化业务流程、开展数据治理，创新商业模式，带动一批批企业迈上数字化转型之路。

六 评估改进

（一）定期评价

项目实施完成后，要切实关注应用状况，由于数字化转型落地实践的特殊性，存在建设目标不明确、需求变化频繁、技术性较强等特点，加之数字技术在石化企业的应用场景广泛，涉及的技术种类众多。因此，在逐步推进转型的过程中，企业需要建立反馈和成果自评机制，衡量技术适配性、成熟度，考核转型效果、能效提高程度等。

定期评价通过对已经建成的数字化转型落地项目进行全面综合的调研、分析、总结，对数字化转型落地项目的目标是否实现，前期论证过程、开发建设过程以及运营维护过程是否符合要求，是否实现了预期的经济效益、管理效益以及社会效益，是否能够持续稳定地运行等方面的工作内容作出独立、客观的评价，主要包含目标评价、过程评价、效益评价及可持续性评价等内容。

对于成效不佳的实践，企业需要适时终止并寻找原因，主动调整方法及转型路径，及时制定补救方案，使项目尽快达到预期效益。对于取得成效，业务提升明显的应用，企业应当加快部署，并加强跨部门、跨业务合作，寻求更大范围的业务增长。

通过后评价，及时反馈信息，调整相关政策、计划、进度，改进或完善在建项目，同时增强项目实施的透明度和管理部门的责任心，提高投资管理水平。基于经验教训的反馈，调整和完善发展规划，提高决策水平，改进未来投入与项目管理，提高投资效益。在不断的反馈和再实验过程中，企业可逐渐建立起一套成功标准体系，从多个维度考量转型的阶段性成果，为未来项目提供方法和最佳实践案例参考。

（二）滚动改进

项目实施完成后，需要建立计划—执行—检查—行动（Plan Do Check Act，PDCA）循环的持续优化机制，不断深化的应用体系，使数字化转型实践充分发挥其效用，如图3-2-5所示，PDCA循环是美国质量管理专家修哈特博士首先提出的，由戴明采纳、宣传，获得普及，它是全面质量管理所应遵循的科学程序，适用于一切循序渐进的管理工作。PDCA对成功的经验加以肯定并适当推广、标准化，对失败的教训加以总结，未解决的问题放到下一个PDCA循环里。

石化企业数字化转型PDCA循环以成熟度评估作为起点，既有利于企业诊断问题，发现不足，又有利于企业摸底基础，找到迫切需要开展的领域，抓住核心需求和痛点。数字化转型定期评价是数字化转型的后评估工具，可有效的评价信息化建设投资效果，展示信息化发展轨迹路线，及时完善和纠偏，保障企业数字化转型和信息化投入科学有效。

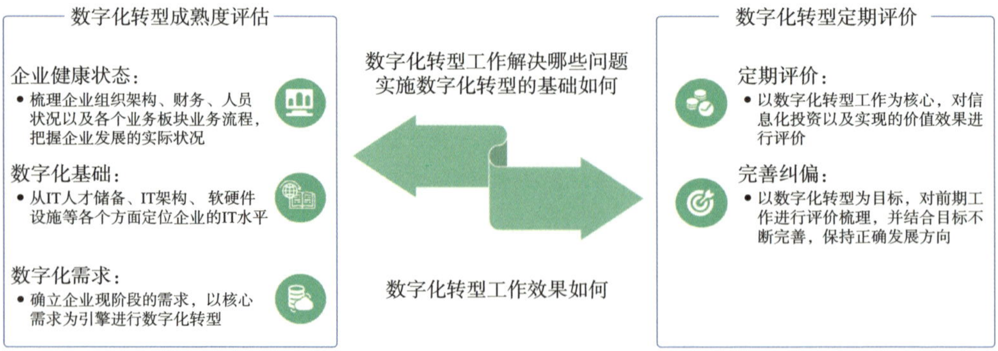

图3-2-5 滚动改进机制

第三节 业务和数字化能力打造

依托工业互联网，聚焦集团一体化管控、板块创新创效、专业化统筹管理、新经济价值创造和数字化赋能赋智五大重点领域的能力提升，如图3-3-1所示，围绕企业核心业务价值链和管控体系，推进板块间横向协同、板块内专业化发展，综合考虑现有转型基础和预期价值收益等因素，规划数字化转型重点任务。

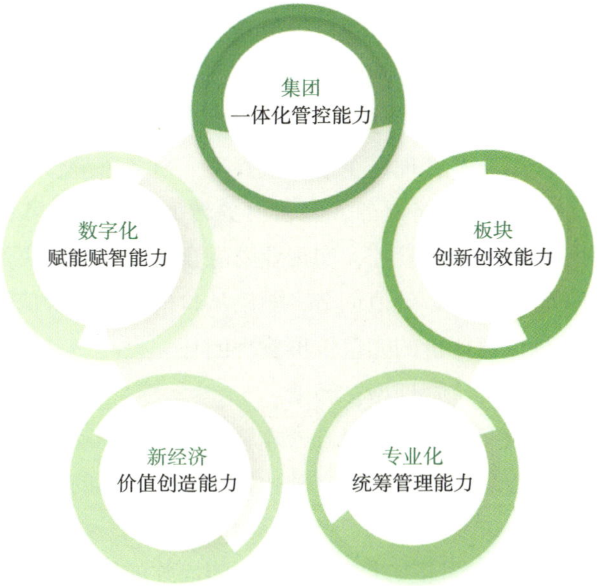

图3-3-1 数字化转型重点培育的五大能力

一 集团一体化管控能力

聚焦战略管控，纵向贯通战略规划、计划、预算和生产活动，横向打通价值链各环节，实现敏捷高效运营、跨板块跨企业资源优化配置，缩短经营决策到落地执行周期，激活企业的经营潜力，提升抗风险能力。推动组织扁平化、企业平台化、管理可视化，实现集中、精准、集约、智能的新一代集团管控。

（一）开展经营管理数字化转型，打造精益化、敏捷化、智能化管理新模式

聚焦战略管理、业财融合和资源优化，采用云计算、人工智能、大数据、区块链

等信息技术，打造经营管理数据的共建、共享、共用能力，深度挖掘数据价值，提升精细管理、智能管控、敏捷组织和科学决策能力，提升企业管理效率。

构建战略管理闭环，完善投资一体化体系，强化投资效益分析。实现从战略到执行的全过程管理和投资全流程全链条闭环管理，进一步提升战略管理水平与投资效益。围绕核心主业、以投资业务为手段、以多元业务为补充，构建投资一体化体系，综合考虑投资回报率和投资风险，推荐最佳投资组合，提高投资质量和效益水平，打造灵活的业务和资源整合模式，构建动态的产业布局调整和优化能力，合理利用资本运作等手段，优化集团资源配置。建立市值管理的长效机制，追求公司价值最大化，为股东创造价值，将公司的价值创造能力在资本市场上同步体现。

加强财务与业务的有机融合，实现以价值和智慧为核心的财务转型。借助大数据等技术，融合贯通财务数据与业务数据、生产数据，纵向做深财务专项分析，横向做全产业链、价值链、一体化投资分析。总部层面，强化全面预算管理、现金流量管理、资产负债管理、全员成本管理、企业价值管理、财务风险管理，由核算财务向管理财务转型，由传统财务向战略财务、经营财务转型，夯实价值管理基础。板块层面，聚焦产供销全价值链和风险管控，实现业财融合，支持各级决策，由决策执行向决策支持转型，引领资源优化、价值创造，驱动从价值理念、价值规划、价值量化、价值监控、价值引导到价值评价的完整价值管理闭环。提高财务人员的分析能力，推动财务人员由“核算型”向“管理型”转变。

推动人力资源管理数字化转型，提升人才管理效能。创新人力资源管理决策和运营模式，推动人力资源管理的流程化、自动化，重塑数字化的人才管理模式，打造满足企业战略发展需要的人才供应链。通过智能化的分析，动态评估组织人才管理现状、人才市场竞争力，有效预测人才管理未来可能面临的问题和挑战，帮助组织制定更科学的人才决策。加强人力培训开发，打造智慧学院，建设培训领域知识体系、学院培训知识库、学院管理图谱、学院知识管理等信息化应用，增强培训效果，实现经验知识统一管理、沉淀、共享，形成世界一流的智力支撑能力。加快推进海外人力资源信息管理应用建设，提升海外人力资源管理水平。

打造数字化工作环境，实现高效无边界协同。基于计算机、移动互联网、云计算等技术，助力企业办公打破时空局限，实现员工之间跨组织、跨地域、跨时区、跨企业的实时沟通，促进组织的柔性化。通过AR模拟真实的办公环境，实现在线协同办公，加强信息流通。不同分工或不同层级的员工可以流畅地进行工作内容的传递，即时反馈、修改和迭代，提升协作效率，在灵活办公的体验下确保工作质量。实现人员沟通交流、工作流程信息化、文档共享与协作、项目管理等在线协同办公功能，加速无边界协同，形成统一的数字化协同办公环境，如图3–3–2所示。

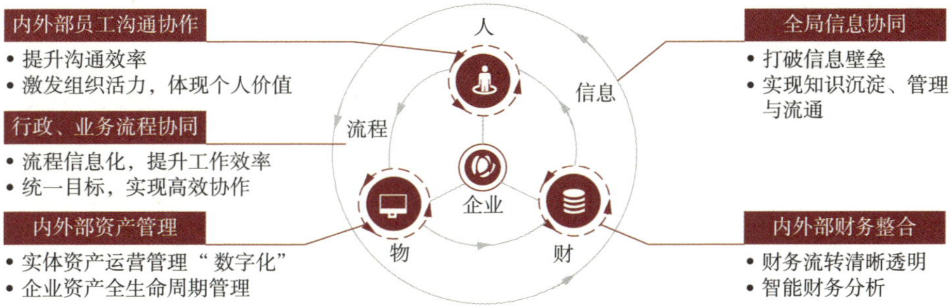

图3-3-2　企业数字化协同办公平台

（二）推动智能营运数字化转型，打造实时监测、智能分析、智能运营的生产运营指挥新模式

聚焦集团效益最大化和资源利用最大化，采用人工智能、大数据、增强现实、机器人等新技术，在生产营运指挥的基础上，提升智能化运营分析、协同优化、监测预警、调度指挥、科学决策等方面的支撑能力，推进组织变革、优化创效，提升实时化、可视化、协同化、精益化管理水平，打造实时监测、智能分析、智能运营的生产运营指挥新模式。

实现基于数据洞察的优化创效，提升科学决策能力。建立数据驱动的管理模式，运用数字技术，从海量数据中生成洞察，在科学深入的分析基础上，精准识别市场变化，智能辅助业务决策，促进运营流程持续优化、生产要素高效分配、价值创造深度挖掘，使购运产储销各环节环环相扣，促进物流资金流信息流顺畅流通，上下游、境内外、产销研紧密衔接，打造可持续竞争优势。

实现集团整体效益动态测算和优化，提升集团公司运营协同优化能力。建立效益测算模型、跟踪分析主要物料价格趋势及升级集团一体化测算模型，实现集团日效益测算、盈利能力分析、价格敏感性测算分析、集团级生产计划排产、经营分析，分析营业收入、利润总额、净利润、资产负债率、加工费用、成本费用、现金流水平、ROE和ROCE等集团及板块的主要财务指标，实现上下游全产业链的资源、配置和产品结构等优化，全面提高生产经营协同优化水平。

实现重点业务运行动态监测，提升全业务链异常监测和预警能力。加强与集团各板块信息系统集成的深度和广度，完善升级原油、成品油等各业务链，实现面向集团全业务链生产运行的动态监测及预警，并实现加油站加油枪数据的动态监测；同时，实现对重大安全风险、重大安全隐患、高风险作业、重大危险源风险、污染物排放总量、重点污染源的实时实对监测预警。

实现生产调度与应急指挥的融合，提升生产应急一体化协同指挥能力。升级改造生产调度平台及与应急指挥平台、视频监控平台的深度融合，提升生产调度日常监控分析工作的管理水平，实现应急地图、应急资源、应急预案、应急会商的高效协作和快速响应，并建立异常信息处置跟踪功能，实现对集团十类异常事件（故）处置全过程的闭环管理。

（三）促进风控和“大监督”数字化转型，打造智能监控预警、风险监督管理新模式

聚焦风险防控和大监督管理，采用大数据和人工智能等信息技术，打造风险防御应对能力和监督协同联动能力，提升内控和全面风险管理水平，完善做实“大监督”体系，打造智能监控预警、风险监督管理新模式。

优化内控和全面风险管理，提升风险防控水平。建立新型数字化风险管理体系，优化风险管理基础能力。完善境内外风险管理体系，分类、分级开展风险防控，提高防御应对能力。根据业务特点，建立定制化风险管控工具，指导业务标准化和规范化，降低操作风险。将内控和风险管理进一步嵌入业务流程中，风控流程从单一、线性转向与业务交互、集成，实现三道防线从相对孤立向整合应对转变。运用平台思维整合各类资源实现平台化运营的全面风险管理，实现风险管理快速迭代和风险的敏捷管理。

推进信息共享和智能分析，提升监督效率和质量。统筹推进监督数据资源集成，深化大监督协同共享应用和监督成果共享，各业务系统设立各级监管用户的查询权限，系统之间数据互联互通，为监督工作开展综合分析、查询有关信息提供数据支撑。构建“大监督”信息平台，利用机器学习、自然语言处理、自定义调查、自动化流程等手段，快速定位事件相关信息和文件集群，跟踪数据流向，对被调查对象的所有文件进行信息比对、交叉印证等综合预判，实现评审过程部分自动化，提高调查和决策效率。提升发现苗头性、倾向性、潜在性复杂问题的能力，提升监督针对性和有效性。

协调整合监督力量，增强监督合力。协调整合公司内部纪检监察、组织人事、巡视巡察、财务、审计、法律等监督管理力量，不断增强监督合力，全面提升监督效能，着力推动监督向集中统一、权威高效迈进，提升公司治理体系和治理能力现代化水平。促进专业协同、部门联动，实现各类监督上下统筹、信息互通、成果共享、联动推进、协同高效，保障运行机制顺畅有序，实现从“条块化”管理向“大监督”高效协同管理模式转变。将监督工作深入企业运营的每一个细节，运用信息化手段形成嵌入式预控，减少人为干预，不留盲点。开发监督模型，进行实时监督，保证控制措施落实到位。

二 板块创新创效能力

聚焦高效勘探和效益开发，采用物联网、人工智能、大数据、云计算、数字孪生、北斗卫星导航等新技术，推进勘探开发业务协同、生产运行高效管理、软硬件和数据资源整合共享，形成智能油气田建设标准，建立区域集中监控和智能调控中心，实现单井无人值守、区域集中调控、远程支持协作，提升实时监控分析、生产预测预警、流程动态优化、运营智能决策能力，打造协同化、一体化、智能化的勘探开发新模式。

（一）加快智能油气田建设，打造协同化、一体化、智能化的勘探开发新模式

聚焦高效勘探和效益开发，采用物联网、人工智能、大数据、云计算、数字孪生、北斗卫星导航等新技术，推进勘探开发业务协同、生产运行高效管理、软硬件和数据资源整合共享，形成智能油气田建设标准，建立区域集中监控和智能调控中心，实现单井无人值守、区域集中调控、远程支持协作，提升实时监控分析、生产预测预警、流程动态优化、运营智能决策能力，打造协同化、一体化、智能化的勘探开发新模式，如图3–3–3所示。

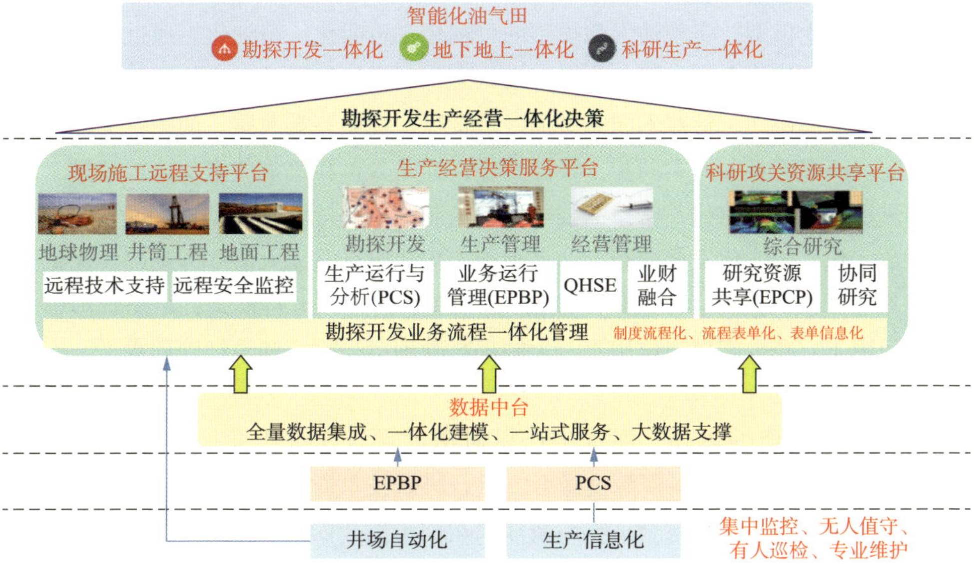

图3–3–3 智能油气田

推进勘探开发一体化，实现勘探开发业务协同。通过勘探开发研究、部署、运

行环节信息共享、多学科协作，推进勘探开发业务协同（EPBP）架构与功能升级，拓展EPBP总部及企业层面业务覆盖范围，实现总部、企业两级油气开发、油气生产运行、采油气工程等业务协同和贯通，满足总部生产管理、调查研究、分析决策需求；整合专业软硬件资源，打造勘探开发跨专业协作、人机协同、软件共享的研究生态；加快建设勘探开发数据资源中心，打通资料共享壁垒，提升数据共享水平；提高勘探自动化处理与智能化解释水平，促进高质量勘探。加强数字技术与数据采集、数据处理和数据分析技术的深度融合，实现地震资料辅助处理、速度场建立、断层识别等勘探综合研究业务环节的智能化，促进地震采集与处理一体化、地震地质一体化。

推进地上地下一体化，促进地下地面的有机关联。基于地震资料和地质资料迭代建立地质模型指导方案、井位设计优化，开展单井运行动态数值模拟和监测、单井产能预测分析和优化、单井产量关键影响因素分析，实现一井一策，提高油田盈利能力及产能收益率；基于一体化模型，实现生产动态模拟及生产预测，对全流程的生产风险和异常进行超前预警，采用无人机、无人驾驶汽车等技术监控环境风险，实现自动地震采集，降低人工成本；通过地面业务持续动态监测，促进地面运行提速提效。

推进地质工程一体化，促进跨地域、跨专业协同工作。创新管理机制，优化业务流程，促进跨地域、跨专业协同工作，建立一体化协同研究与决策支持环境，实现不同环节数据、成果等信息融合，推进油气生产信息化（PCS）建设与深化应用，建立油气田数字孪生模型，实现油气藏模型的可视化、透明化、精细化。通过精细化的油藏动态监测和分析，实时把握油气田开发状态，制定油气藏动态优化调整措施，实现地质与工程全面协同，针对不同类型油气藏特征，优化各类地质、油藏、工程个性化设计，实现研究同步、方案同步、设计同步，提高分析和决策效率及执行效果

推进经营管理一体化，支撑油公司体制机制改革。持续深化经营管理一体化，建立适应数字化、智能化发展的新型劳动组织架构，以场站无人值守为基础，优化完善采油气作业区组织架构，形成集中监控+区域巡护的井站运行模式，压缩管理单元，有效盘活用工，减少基层岗位用工，大幅提高管理运行效率和精细管理水平，支撑油公司体制机制改革。

推进科研生产一体化，促进生产科研深度融合。深化勘探开发软硬件共享（EPCP）应用，促进生产科研深度融合，整合科研技术资源，为生产提供强有力技术支撑。实现生产科研深度融合，将科研成果运用于生产任务中，集中力量攻坚勘探开发难题。通过动态跟踪、动态解释和动态调整模式，使科研与生产中反映出的“差异问题”靠近，实现生产与科研的优势互补，促进技术创新与生产效益提升。

打造智能油服，推动生产、管理及运营模式转型升级。开展生产协同运行一体化

建设，建成技术服务、生产运行、决策分析等核心应用，实现数字化工程建设与勘探开发一体化。利用新一代数字技术延伸服务链，实现数字化设计、数字化交付；提升石油工程装备智能化水平，形成高端高效的石油工程装备体系。

深化数字技术在新能源领域应用，提升自动化信息化水平。推进数字技术在新能源领域的应用，如三维可视化建模及数模技术，提升地热资源勘查与选区评价。利用线上线下手段，促进科技成果转化，扩大科技领域开放合作。加强与互联网业务、共享经济等新业态新模式的深度融合，探索“互联网+智慧能源”的新模式。

（二）深化智能工厂建设，打造协同优化、实时优化、全局优化的炼化生产新模式

聚焦卓越运营和精益生产，采用5G、物联网、大数据、边缘计算、云计算、人工智能等技术，提升全面感知、预测预警、协同优化和科学决策能力，提高生产过程管控分析水平和装置诊断分析优化水平，打造协同优化、实时优化、全局优化的炼化生产新模式，形成新一代智能工厂建设标准。建立一体化生产管控中心和炼油化工生产优化专家团队，实现工艺远程诊断，打造远程技术服务新模式，如图3-3-4所示。

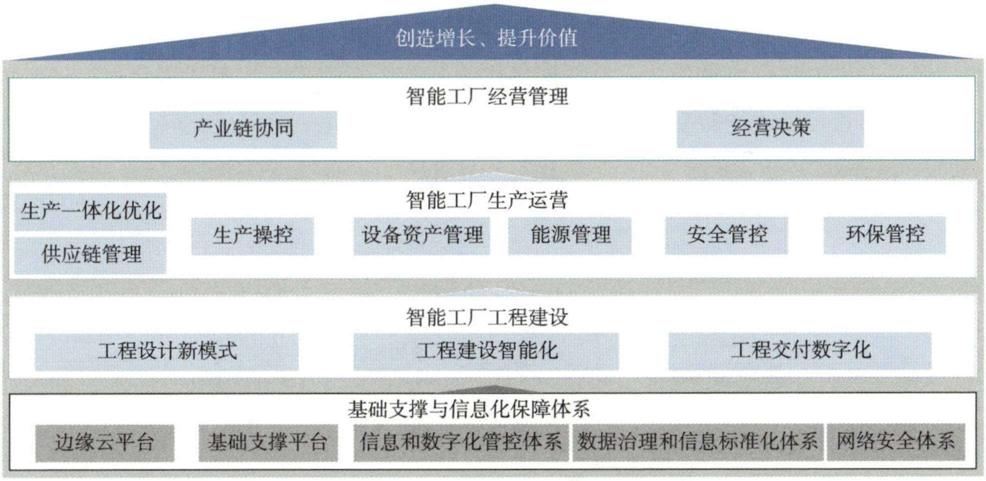

图3-3-4　智能工厂重点建设内容

实现生产一体化管控，提升精益管理水平。如图3-3-5所示，开展智能调度、智能化检测、智能巡检、智能报警、智能故障诊断系统的建设，打造一体化生产管控中心，促进分散式的生产管理转变为集中、协同式管理，实现生产运行、调度指挥、全流程优化、安全管控、环保监测、DCS控制、视频监控等一体化管控，强化公司、部门、现场的协同与响应能力，实现业务协同高效有序、生产优化动态调整，提高资源配置优化水平。

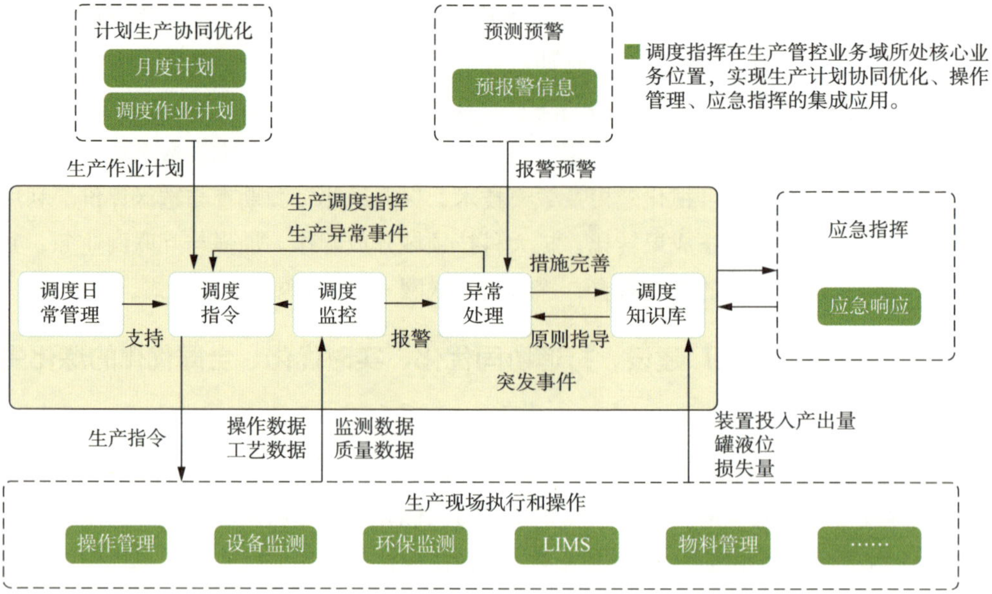

图3-3-5　生产一体化管控

实现价值链闭环管理，提升协同优化能力。如图3-3-6所示，加强产品供应链管理与优化，推进产品需求、计划排产、生产调度、物流配送协同优化，推进智能仓储，促进产供销存供应链优化。打造现场作业及管控新模式，实现从事后跟踪到事中监测、事前管控模式的转变，实现从局部优化向区域优化、全局优化转变。

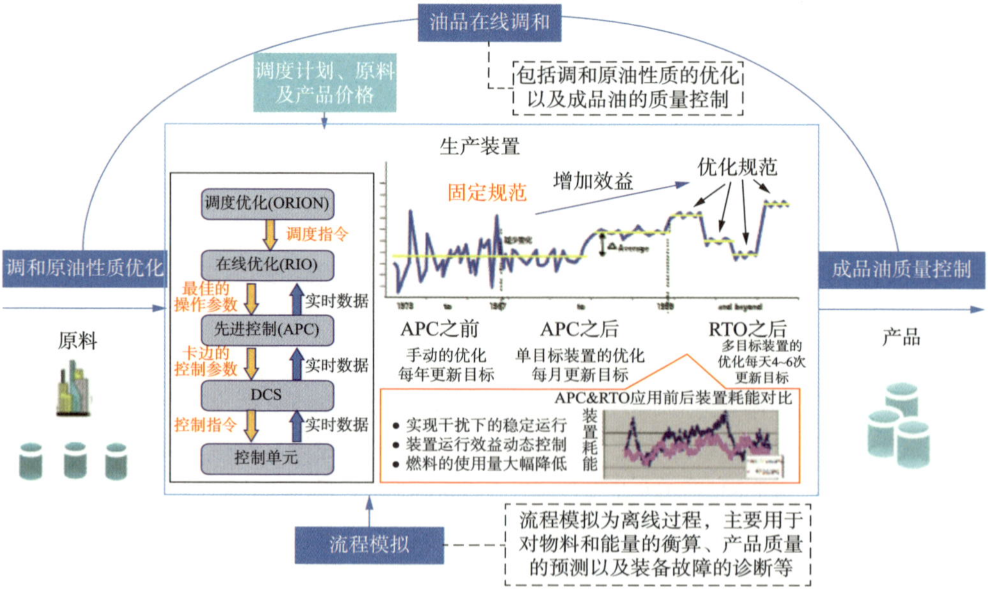

图3-3-6　全流程一体化优化

实现重点业务生产执行智能化，提升作业自动化水平和效率。开展实时在线优化、原油在线调试、智能油品调试等技术应用。发展无人值守、无人巡检、生产过程无人干预等替代程序化操作，提升现场生产自动化水平和生产效率；利用无人机、AGV小车、巡检机器人等石化专有机器人，实现在外操巡检、安防、应急、工程建设、化验分析检测等方面，推进生产执行层面的智能化和生产组织模式转型。

构建面向炼油化工的知识图谱，提升科学决策水平。利用人工智能技术，构建面向设备、生产、安全、环保有关的知识图谱，初步实现炼油化工行业知识的自动生成，实现“数据—信息—知识库—智能行为”的转换，提供百科全书式信息支持，协助工作人员完成日常工作及特殊情况的处理，提高人员精准决策能力。

实现产销研用一体化，提升差异化产品的市场竞争力。开展市场走势分析研判，促进资源和市场有效对接，实现产销研用密切结合，巩固市场竞争优势。

（三）推进智能加油服务站建设，打造高效便捷、智能互联的油站管理新模式

聚焦向现代化综合能源服务商转型的发展目标，采用5G、物联网、大数据、人脸识别、无接触支付、智能硬件等新技术，建设智能加油服务站，提升资源优化、精准营销、会员经营、资金风险防控能力和综合能源的信息化支撑能力，提高经营创效水平，打造高效便捷、智能互联的油站管理新模式，如图3-3-7所示。

图3-3-7 智能加油服务站

建成风险防控预警预测系统，打造运营风险防控体系。加强市场走势研判，有效防范化解外部环境风险，提高对库存、资金等高风险业务管控；运用系统远程监控、数据比对等功能，有效防范化解内部环境风险，强化对资金预算、账户管理、资金收支、会员平台营销等关键环节的管理，巩固“制度+技术+执行”的监督手段，风险防控常态化制度化精准化；在质量管理上，充分利用LIMS系统把好油品质量入库入

站关口，完善供应商约谈机制，提高“他有我营”网点、合资企业的油品来源，加强乙醇汽油、车用天然气等质量监控。

开展精准营销，提升经营创效能力。以加油站周边数据为支撑，以加油卡、石化钱包为切入点，基于综合营销等模型的动态分析，合理制定营销策略，支持汽油产品的一域一策、一站一策、一时一策、一客一策；设定不同区域、路网、竞争站点、关键站点等不同的营销策略，统筹定价策略，合理差价等，支持柴油产品的差异化“点对点”竞争策略，落实“一路一策、一户一策”，持续扩大柴油卡全国联动营销优势，利用合作方平台优势和大数据分析功能，精准锁定跨省柴油客户，提升柴油客户开发维系效率。推动开展网格化营销，利用大数据精准匹配营销资源与区域市场客户。对营销活动效果进行成本分析、营销效果统计分析等量化评估，及时改进营销活动。

打造智能加油服务站，探索加油购物新场景。对液位仪、加油加气机、视频终端等站级自控设备进行升级改造，实现站级设备设施的标准化、自动化，打造互联互通、敏捷高效、实时感知损耗的自动分析。立足加油站便利店特点及客户消费偏好的差异化，依托车牌识别、5G、云技术等新技术，以及石化钱包、电子券、直播带货等新兴引流手段，为客户提供加油卡、电子钱包等多种支付渠道和扫码支付、无感支付等多种支付方式，探索“一键加油”“一键到车”等加油购物新场景，支撑油品、非油品等多种营销手段。

提升考核分配的精细精准度，发挥绩效考核“指挥棒”作用。通过油机协议软件升级、站级一体化系统建设等，实现对员工劳动量和销售额的精准、及时计算，实施联量计酬，为“差异化、类别化”深化分配制度改革，树立工效联动、多劳多得的导向，为完善站库员工“增量增资”、机关干部“增量增效增资”的分类考核机制提供支撑。加大对网络发展的考核激励力度，奖励定向招拍挂、小站变大站、关停站复业等完成好的单位。

统筹经营各要素，优化管理模式。精心运作市场、调控市场，做优量价、库存等每个环节，动态实时获取油库、加油站的库存、汽油、柴油的零售等经营环节的所有数据，为工程改造方案和油枪分配方案提供依据，形成数据驱动的业务链条，在资金风险管理、存货管理、账期管理、预期风险管理环节自动取数，在每个作业线条、经营业务都形成智能的管理。

坚持炼销一体化，提升资源统筹能力。如图3-3-8所示，立足于整体效益最大化，紧盯国际国内两个市场，加强炼销点面结合、双向沟通，建立生产、出口、外采全环节资源效益测算，将市场信号、效益信号向上游有效传递，优化资源配置方案，探索和建立炼油和销售一体化统筹算账模型，推动石化和外采两类资源的系统优化，完善生产经营与效益测算的联动决策机制。统筹配置、外采、进出口多种资源，精准运作，统筹零售、直分销联动经营。

图3-3-8　销售单位与炼厂的数据互通

开展物流储运信息化建设，降低生产成本。如图3-3-9所示，通过大数据技术，基于油库、油站、液位仪、车辆等多维度数据，开展物流优化，实现油站脱销预警、主动补货、智能调度、物流全过程可视化管理新模式。通过以站代库、增加收储等方式，优化物流调运，为石化企业保持较高生产负荷提供强力支撑。

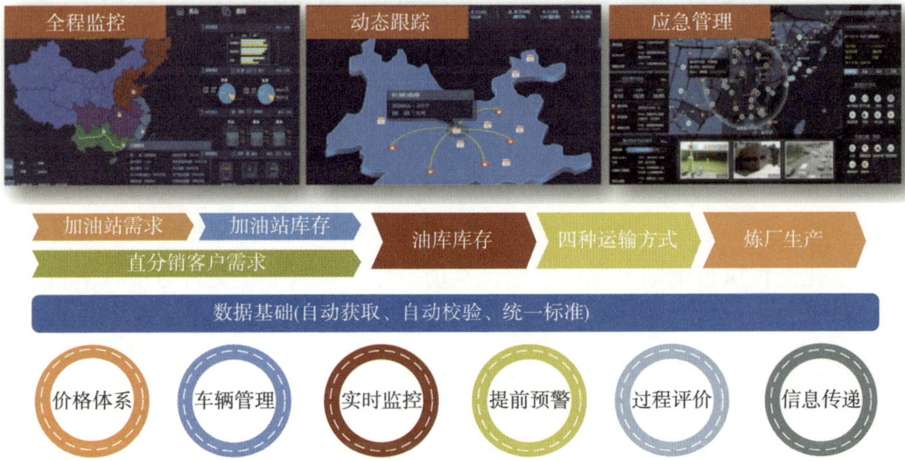

图3-3-9　经营型智慧物流体系

灵活运用轻资产发展战略，对外输出管理能力。充分利用中国石化的品牌、加油卡、管理能力等优势，以较小的代价拓展公司的经营网络，稳定市场份额，减缓区域竞争成本，实现低成本扩张。输出品牌，加快轻资产发展，因地制宜分类建设智慧加油站，利用他有我营网点，有效抢占优质网络资源，稳固市场控制力，统筹优化挖掘存量站点潜力，全面提升智慧营销、智慧服务和智慧管理水平。

加大综合能源信息化支撑力度，抢占市场空间。加速对传统加油站的改造，为支撑发展加气业务、布局LNG走廊，推进加氢回电布局、探索充电盈利模式做好信息化支撑，与生态伙伴共同开发建设具备加注油、气、氢、电以及非油品销售等功能的综合供能站，提供全方位的客户体验。

（四）建设数字化工程，打造协同设计、数字交付和智能服务新模式

聚焦项目全生命周期管理，采用边缘计算、大数据、机器学习等新技术，提升工程设计及生产工具数字化应用能力和国际化运营管理能力，实现集成化工程设计与可视化现场施工一体化、模块化工厂设计与智能制造一体化、数字化工程建设与智能工厂运营一体化，建立一体化工程设计与数字化创新中心，打造协同设计、数字交付和智能服务新模式。

建立管控到位、标准规范的数字化管理应用。以工程项目全生命周期管理为切入点，基于经营管理、项目管理、技术管理体系，深化以ERP为核心的经营管理平台，建设以成本费用控制为核心的项目管理应用，构建以质量安全为核心的施工管理应用，提升以编码对照为核心的工程主数据应用，支撑集团化管控与一体化运营。

提升工程设计及生产工具数字化应用。以国内外项目实施为切入点，深化智能化工艺设计、数字化工程设计、模型化工厂设计，推进设计、采购、施工协同，推广设计、存档、出版无纸化，推动数字工厂、智能制造、模块安装联动，支撑工程设计与施工建造融合。以国家工业软件适配性验证项目为切入点，开展管道、设备、土建等专业三维设计软件研发，开展流程模拟、应力计算、设备仿真等专业工程计算探索，支撑国际化与国产化融合。

以数字化工厂交付为切入点，拓展数字化交付及转型应用。如图3–3–10所示，统一标准、统一平台、统一服务，推广《石油化工工程数字化交付标准》和《石油化工工程数字化交付执行细则》项目应用，推动石化企业数字化交付与接收平台工厂主数据集成应用，推进石化企业集成化设计与数字化交付一体化、数字化交付与数字化接收一体化、数字化接收与智能工厂建设一体化。

深化智能化应用与生态体系建设。以集团公司设备、工程等专业领域服务为切入点，采用正向建模、逆向建模等数字孪生技术，提升专业运行支撑水平，完善知识管理体系，构建由业主、承包方、监理、监管单位、供应商、分包商等构成的数字化工业生态，创造协同价值，支撑数字化工程建设与智能工厂营运应用融合。

（五）开展智能化研究院建设，打造开放、融合、协同的科研新模式

聚焦科研管理、科研创新和技术服务三条主线，采用大数据、人工智能、高性能

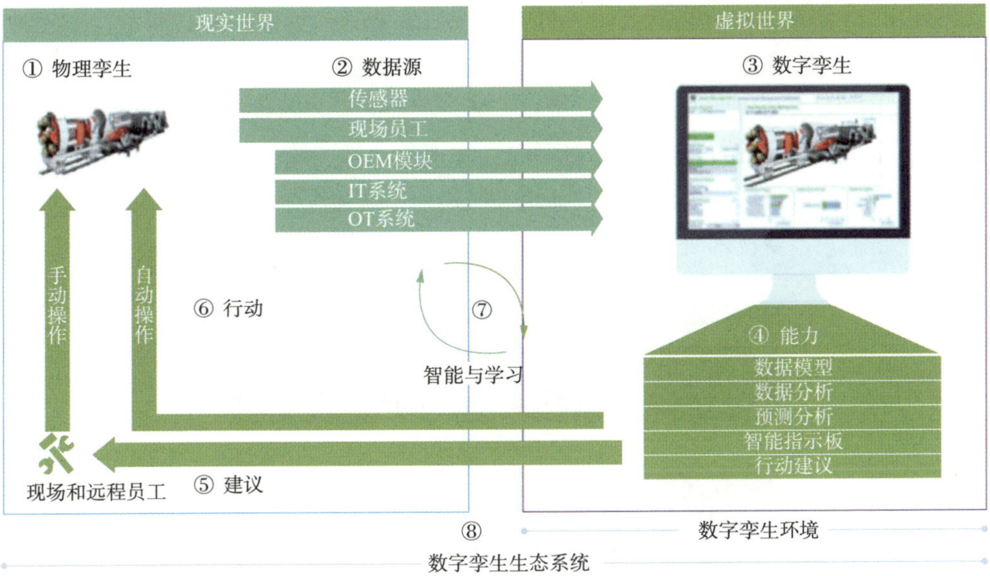

图3-3-10　数字化交付

计算等技术，实现科研项目精细管理、科研资源灵活调度、科研手段持续升级、技术市场快速响应，打造世界级高水平联合创新平台，提升科研项目管理、实验室智能管控和技术服务三大能力。建立健全技术服务专家团队，创新技术服务模式，打造扁平化的科研组织机构，提升科研资源的利用效率，打造开放、融合、协同的科研新模式。

围绕科研管理，加强过程管控，提升精细管理能力。如图3-3-11所示，定制开发线上管理流程，实现全方位、全流程、全节点精细化管理；实现管理流程根据业务变化随时组态调优；打造扁平化的科研组织机构，利用信息应用评估科研人员能力水平，实现科研课题自动优化组队与科研资源的最佳配置。

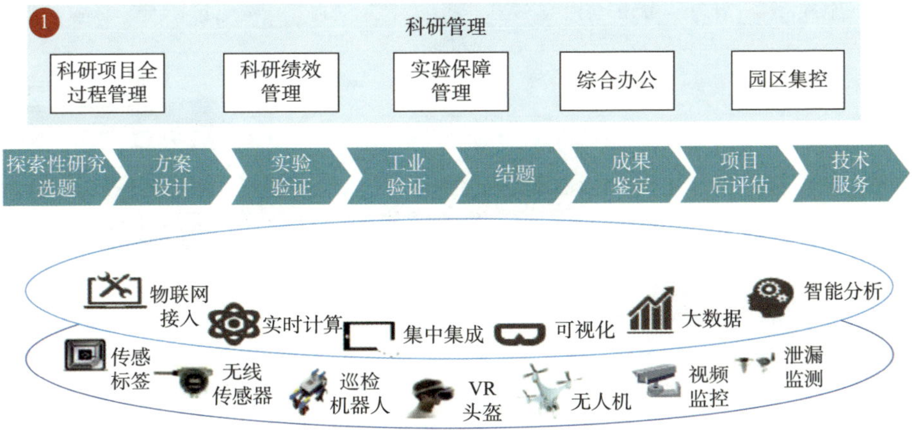

图3-3-11　科研项目管理

围绕科研创新，释放创新活力，提升科技研发能力。如图3-3-12所示，实现种类齐全的科研创新支撑工具全面覆盖所有研究室；实现支撑工具全部国产化，软件功能可根据用户需求和习惯灵活配置，可自行通过辅助研发工具修改软件功能和新增算法模型，形成科研人员个性化的创新空间；实现跨地域、跨企业和跨学科的自主研发、协同创新；以市场需求为牵引，加快升级换代，增强竞争优势，围绕主营业务需求，强化新工艺、新技术研发。

图3-3-12　科研创新

围绕技术服务，变革服务模式，提升在线服务能力。如图3-3-13所示，实现所有技术产品在线推介，领域专家提供全天候在线技术支持；搭建智能在线服务专家应用解答技术问题；构建客户精准画像，分析用户需求和行为，深入挖掘用户潜在需求；实现实验情况的无延迟“同步直播”与远程操控。

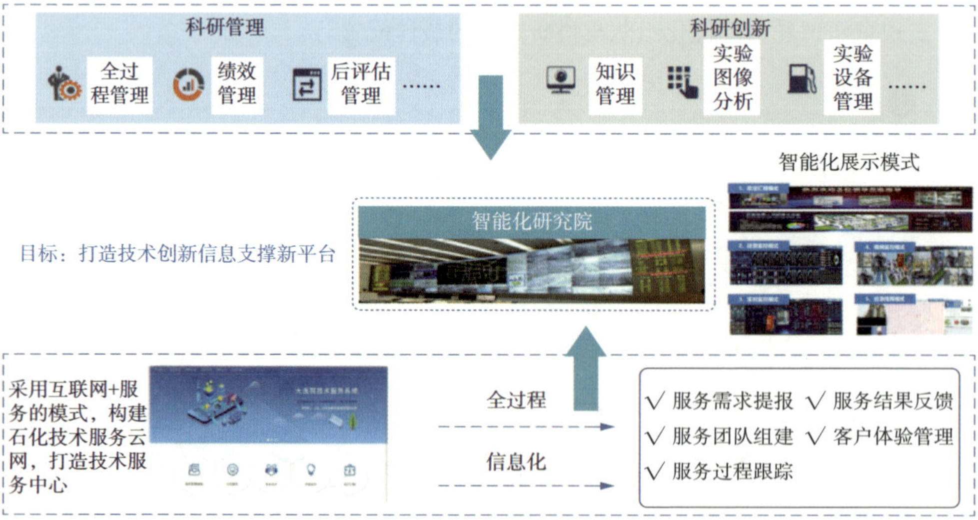

图3-3-13　技术服务

围绕知识管理，实现沉淀共享，提升知识服务能力。搭建知识沉淀共享体系，建立共享知识库，巩固知识成果，实现知识积累、共享应用与知识资产的有效管理与增值，扩大业务支撑范围和能力，支撑业务创新和提质增效。

三 专业化统筹管理能力

聚焦数字赋能，夯实发展基础，创建数字与实体融合的全新业务模式。基于工业互联网平台对专业化业务进行升级改造，提升专业化业务的数字化智能化水平。建立扁平化、专业化、集约化的协调运作组织，创新专业化服务模式，打造高技术含量、高附加值的专业化服务能力，推动实现制造业服务化转型。

（一）深化安全环保数字化转型，打造本质安全、绿色发展新模式

聚焦本质安全，采用5G、北斗、传感器、智能分析识别等技术，探索安全生产管理新方式，提升风险防控、隐患治理能力，实现企业生产、工艺、设备设施安全异常的实时报警，促进HSSE管理体系高效运行。建立与数字化智能化发展相适应的安全管理组织体系，打造集中监测、集中管控的安全管理新模式。

推动安全管理体系高效运行，提高本质安全水平。推动HSSE管理体系高效运行，加强全面风险管理，推动风险防控常态化制度化精准化，提高本质安全水平，有效防范安全风险。

实现生产运输储存的全程监控，提升风险防控能力。开展罐区、油库等危化品存储设备信息和数字化建设，实现存储数量、物料特性、存储环境风险管控；推广装卸栈台信息和数字化建设，实现装卸作业安全可控；完善危化品运输安全管理系统，实现危化品运输过程的智能化监控；整合危化品生产储运管理信息化应用，实现危化品全生命周期管理。

实现重大风险动态识别，提升安全防范水平。围绕企业罐区、高危工艺装置等设施，建立罐区腐蚀泄漏模型、雷击模型、厂区可燃有毒气体泄漏模型，实现重大危险源安全生产风险监测预警；以异常管理为核心，实现企业生产、工艺、设备设施等业务安全异常的实时报警。加强消防安全管控、消防设施监控、消防车管理、消防推演等智能化应用。

推进信息技术应用，提升风险管控、隐患治理水平。充分利用大数据、人工智能、5G、北斗等技术，提升安全生产快速感知、实时监测、预测预警、智能分析和联动处置能力，用智能化手段促进企业本质安全。探索安全生产管理新方式，推动现场检查向线上线下相结合检查转变、一次性检查向持续监测转变，提升管理效率。

推广环保管理应用，提升监管能力和环保管理水平。加快绿色库站建设，提升绿

色企业创建质量，推广环境监测、三废管理等核心污染管控业务应用，实现环境风险可控，实现企业绿色创建和环保管理量化考核，严格监控加油机铅封、外采油、油罐车运输。

深入开展清洁生产工作，提升企业绿色发展水平。实现环境监测能力、应急资源和专家技术人员等资源高度共享，支撑风险的动态管理和预测预警，支持环保现场管理远程诊断和技术服务，提高板块的应急响应和环保服务能力。

实现生产环保协同管控，提升本质环保水平。利用云计算、大数据等新技术对环保大数据、生产大数据进行分析应用，持续有效降低污染物产生和排放，实现治理设施运行优化和VOCs网格化监测溯源、污染物排放溯源，如图3-3-14所示。

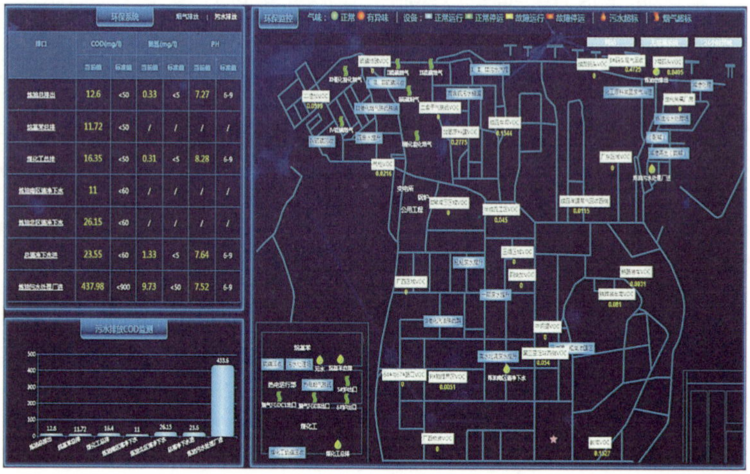

图3-3-14　环境VOCs在线监测

推进智慧环保应用，提升智能感知与智能决策能力。基于物联网、人工智能等技术提升环境智能感知、预测与预警分析能力，引入走航车、无人机等智能设备进行异味源排查和应急监测监视。建立环保管理绩效和智能决策模型，对环保业务管理水平及能力进行绩效评估，提升环保智能决策水平。

（二）加快设备管理数字化转型，打造设备智能诊断、预知维修新模式

聚焦设备资产全生命周期管理，采用物联网、大数据、人工智能等技术，提升设备运行状态的实时感知能力，实现设备全要素管理。建设石化企业设备管理运营中心，落实动、静、电、仪设备的预知性维修策略，开展统一的设备远程监测和运维支持服务，打造智能诊断、预知维修新模式。

实现设备完整性管理，提升设备运行水平。建立健全设备完整性管理体系，开展设备设施全生命周期管理，支撑设备设施稳定可靠运行。通过设备管理移动App应

用，实现缺陷库、缺陷管理流程标准化；开发防腐蚀管理、电气管理、仪控管理、大检修管理、设备大检查等专业应用，提升设备各专业预防性维修管理水平。

实现设备预测性维护，支撑安稳长满优运行。通过大数据模型、可靠性模型、健康状态模型，实现设备管理从事后维修、定期维修、状态维修等逐步发展为预知性维修，降低运维成本，提高设备运行周期。

实现设备实时监测与远程诊断，提升预测预警能力。如图3–3–15所示，通过现场设备的实时监测与数据实时采集，构建设备管理CPS，利用远程诊断的方式，提供健康评估、故障预警、故障定位、故障诊断、寿命预测、远程管理等服务。

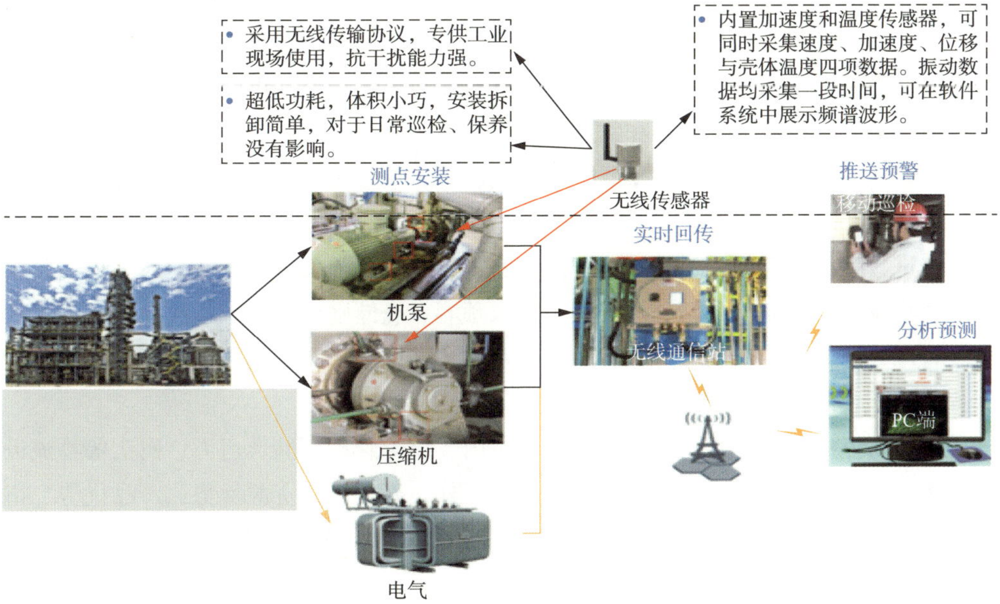

图3–3–15 关键设备状态感知

实现设备全生命周期管理，提升设备管理水平。建成统一的设备管理信息化应用，贯穿设备规划设计、制造交付、安装运行、维护检修、改造报废，实现设备资产的全生命周期管理。

实现设备域数据标准统一，推进设备管理的标准化、规范化。开展以数字化交付为起点的设备域数据治理，构建设备数据资产中心，建立设备分类、设备特性参数等数据标准，支撑数据互通。

（三）开展一体化物流数字化转型，打造全程可视、全局优化、生态协同的物流运营新模式

聚焦物流资源优化，采用物联网、区块链、大数据技术，构建支撑全产业链的一

体化物流，提高信息共享和业务协同水平，实现物流全过程实时监控。构建物流生态圈，提供外部衍生物流服务，创造物流增值服务，打造全程可视、全局优化、生态协同的物流运营新模式。

建设一体化现代物流应用，提升跨板块业务协同能力。搭建一体化物流应用，打通供应链的上中下游，实现对“油、炼、化、销、贸、储、运”全产业链一体化支撑，支撑上中下游物流业务一体化管理，促进整体物流成本降低，提升物流全局优化水平。

实现物流全过程实时监控，降低运输风险。以库存的预测、预警和可视化监管为核心，接入车载视频、电子铅封、TMIS、船讯等，实现物流订单、调度、运输、收货和库存的全过程监管。有效监控公路、铁路、海运运输过程，降低运输风险。

实现数据共享和业务协同，提高决策支持能力。实现原油供应、生产、销售业务环节中需求、排产加工、库存和物流动态等信息的共享，通过完整数据支撑和综合分析，实时掌握物流动态，及时获取准确市场动态，缩短决策时间，对市场变化快速作出反应。

推进数字技术应用，提升物流智能化水平。采集总部及生产企业、成品油、各销售公司物流数据，通过数据分析，实现需求预测、仓储网络布局、物流优化、资源的准入管理等；推广二维码应用，实现数据及时、准确录入及采集；试点智能仓储，利用智能叉车、AGV、RFID等技术实现产品智能出入库管理。

构建物流生态圈，开拓商业新业态。对内，统筹管理仓储、运力、码头等物流设施，提高跨板块设施共享，减少设施闲置。对外，充分借助资源优势、产品优势、市场优势，拓展社会资源，构建物流生态圈，提供外部衍生物流服务，创造物流增值服务。

（四）促进公用工程管理数字化转型，开展公用工程数字化转型，打造一体化、集约化、共享化管理新模式

聚焦节能减排，采用智能传感、大数据、高性能计算和智能优化控制等技术，完成热电机组生产运行管控和自备电厂信息化建设，提升电厂一体化优化、机组优化和热电联产优化水平，建立健全能源优化组织体系，实现热电生产过程一体化管控，打造现代化的热电生产、供应新模式。

实现热电业务集团层面的集中监管，提高生产决策管控水平。建设总部端热电机组生产运行管控应用，建设石化企业热电生产数据中心、运行监视中心、环保监督中心、节能效率中心、分析预警中心，实现总部对热电机组生产过程的参数动态可视化监测和集中管控，提高总部对热电板块生产管理决策水平和管控水平。

实现热电生产过程一体化管控，提升电厂运行效率。全面推进电厂信息化建设，

实现电厂生产过程监控、机组性能与厂级性能计算、机组耗差分析、机组在线性能试验、机组寿命管理、生产过程统计与分析等，提高自备电厂的一体化生产管控水平和运行效率。

实现电厂一体化优化，提升节能降耗水平。基于厂级监控信息系统，开发机炉设备和厂级模型，实现机组节能诊断、机组运行故障诊断、机组设备寿命分析、热力系统整体优化等，实现电厂降本增效、挖潜增效。

全面推进数字化/智能化电厂建设，促进电厂安全、高效、环保、智能运行。集成智能的传感与执行、控制和管理等技术，采用大数据、智能优化控制、智能决策支持等智能化技术手段，促进电厂达到更安全、高效、环保和智能运行，实现电厂全生命周期内企业资产最优分配、生产质量最优控制。

扩展和深化能源优化应用，提升企业挖潜增效能力。新建瓦斯、氢气、蒸汽等介质优化应用，建设炼油化工重点装置用能优化，逐步提升能源管理智能化水平。

实现水务应用的数据集成、运行监控、预测预警和智能决策，提升水务业务管理水平。打造标准化水厂，提升服务保障能力，基于信息技术，进行数据的深度挖掘应用，对水务应用进行全方位的监控与集中管控，实现水务应用数据集成、运行监控、预测预警和智能决策支持，构建感知全面、服务主动、资源整合、决策科学、应对及时的水务应用管控体系，提升水务业务管理水平，如图3-3-16所示。

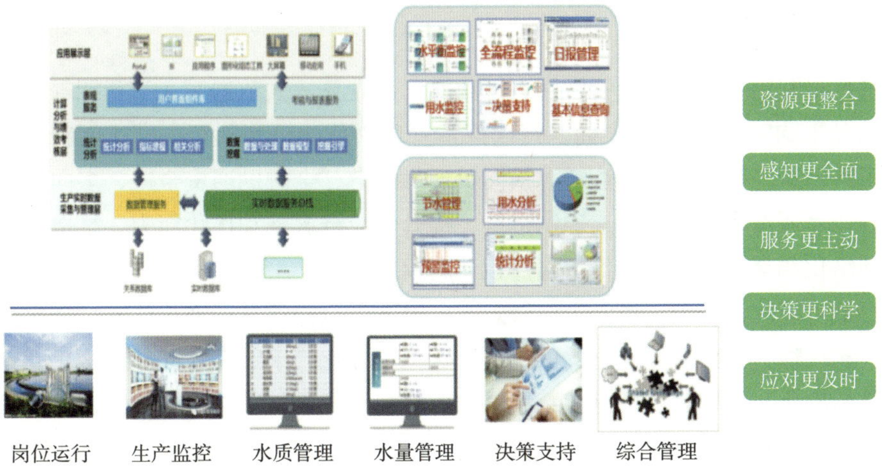

图3-3-16 水务全闭环管理

实现新鲜水数据集成集中，提升新鲜水运行管理水平。开发新鲜水管理应用，建设管网信息应用，打造无人值守泵站，实现新鲜水应用各生产环节数据信息集成集中，提高新鲜水应用生产信息传递效率与管理效率。

实现循环水应用整体优化，提升水资源利用和能效管理水平。基于超结构优化建模、混合整数规划规则、软测量建模及流程模拟模型，开发优化技术，开展循环水整体优化，提升能效管理水平。完善补水水质、循环水水质和水处理效果的实时监控，建立循环水水质预测模型，实现水质预警和智能优化，提高水资源综合利用水平。

实现化学水应用全程智能化监控，提高化学水质水比。完善化学水应用自动化建设，对进水水质、产水水质、制水周期和再生浓度、再生时间等综合分析，智能进行过滤器反洗、离子交换器再生等操作，通过过程监控辅助企业提高化学水质水比。

实现污水应用实时诊断与分析，提高污水提质达标水平。建立污水全流程模型，完善来水水质、水量监控，加大缓冲、调节设施容量，实现异常来水时流程自动切换，提高污水系统应对上游冲击的能力；优化污水系统的溶解氧、污泥浓度和污泥停留时间等关键参数，降低污水系统能耗与运行成本。

四 新经济价值创造能力

聚焦价值创造，创新商业模式，重塑服务业态。以客户为中心，建立敏捷组织，优化供应链、制造链、产业链，拓展贸易链、资金链和服务链，快速应对市场变化，及时响应客户需求，不断创造客户价值，开辟新的价值增长空间。

（一）深入工业品采购电商升级，打造数字化支撑、网络化共享、智能化协作的运营新模式

聚焦采购供应链，采用物联网、区块链、云计算、大数据、人工智能等技术，打造工业品采购SC2B综合性电商，持续探索管理创新、机制创新、模式创新、平台创新、工具创新，纵向贯通产业链，横向贯通供应链，金融助通资金链，多向打通服务链，合作互通贸易链，嫁接连通制造链，提升供应链服务和优化能力，打造数字化支撑、网络化共享、智能化协作的电商运营新模式。

打造智能化供应链，提升供应链效率。完善供应链信息标准化体系，夯实数字化基础。实现物料主数据标准化、供应资源数据标准化、采购技术标准结构化、仓储物流信息标准化和管理制度信息化；完善供应链智能化运行模式，提升采购效能。完善需求计划智能管理、采购策略智能匹配管理、招标采购智能管理、采购结算智能管理、仓储配送智能管理和物资全生命周期管理。加强供应链数据资产管理、建设数字化供应链运营平台和实现供应链风险智能化管控。加强供应商、生产制造商、分销商、零售商，以及最终用户所构成的供需网络协同，提升供应链效率。

发展电商增值服务，实现平台价值增值。提升一体化互联效能，全面推进供应链阳光行动。围绕电商增值服务，全面拓展数字化经营业务。基于供应链采购建设电商服务云，对外提供电商化、数字化服务。围绕石化企业供应链，聚商流、促流通、建

生态，推出关联方自主搭台、自主建站、自主运营的新架构、新模式，打通供应链上下游数据通道，实现信息流、交易流、资金流、物流、票据流互联互通、开放共享，打造“易系列”特色增值服务体系，提供标准化、智能化、有黏性、有特色的客户服务，培育“易派客”电商生态，实现平台价值增值。做强“易专区、易物流、易商旅、易生活”等电商专业服务，做精“易支付、易保理、易权通、易保险”等金融增值服务，做优“易标准、易招标、易认证、易学院”等综合支持服务。

输出数字化供应链方案，打造多元化服务模式。从石化企业物资供应管理与工业品电商建设运营实践中提炼，整合形成一系列供应链数字化的方法和工具，经产品化后对外输出，向专业供应链服务业务延伸，提升石化企业供应链整体效能，创造价值增值。围绕石化产业链、供应链及电商业务，聚焦关联方数字化供应链业务运行的痛点、难点、堵点，深入发掘关联方需求。为关联方提供供应链融资、保理、保险、数字化建设、数字化运营等全方位、精准化的数字化供应链服务。

实现专业化平台运营，构建工业品数字化生态。顺应电商业务发展，吸纳先进电商运营经验，完善数字化运营支持体系，建立数字化运营机制。构建工业品领域产业链数字化生态协同生态圈，形成各关联方平台间融合、共生、互补、互利的合作模式和业务模式。优化管家服务模式和机制，围绕供应链和电商运营挖掘价值增长点，提升服务创效能力，实现关联方共赢。

持续创新SC2B工业品电商模式，打开广阔增长空间。借力金融助通资金链、合作互通贸易链等供应链和国际贸易工具，促进关联方产业链贯通、供应链融通，共创价值增值，实现贸易增长，深化运营模式创新，打造国际化经营新的增长点、增长极和增长带。以专区模式为创新雏形，探索培育若干垂直电商新业态，结合集团内外部需求，聚焦具备市场拓展空间、有资源掌控能力的物资品类或业务类型，打造能够自主运营、自我发展的垂直电商子平台。

推进物资储备资源共享，提升物资供应保障能力。整合集团公司企业库存与供应商库存信息，实现供应商库存资源与企业需求实时共享，推动物资储备由占有资源向控制资源转变、由实物库存向信息库存转变，形成线上线下资源共享的一体化仓储物流服务网络。建立供应链库存资源协同共享机制，降低供应链整体库存资金占用，有效控制物资供应风险，稳步推进区域储备和仓储物流集中共享与协同运作，试点开展库存共享、配送共享，逐步扩大试点范围，打破企业界限，通过协同运作提升区域物资保障效能，降低仓储物流成本。

（二）深化石化产品销售电商升级，打造一体化、生态化的电商服务新模式

聚焦石化产品销售，采用区块链、物联网、大数据、云计算、人工智能等技术，提升资源优化、营销创新和数据价值变现能力，促进线上交易和线下服务相结合，打

造具有石化行业特色的垂直电商生态圈，发展平台经济，助力高端合成材料发展和上下游一体化。全面推进电商模式下的管理体制创新，由“坐商”向“行商”转型，打造一体化、生态化的电商服务新模式。

创新营销模式，提升经营创效能力。开展智能营销，建立新型互联网营销渠道，建设产业链市场研究基础数据库，开展全球市场信息常态化收集，提升化工产业信息收集和市场研判能力，建设市场分析和价格预测模型，支撑营销决策和板块发展决策，以服务创造价值，深化“一品一策”“一企一制”“一户一案”，建设模式创新与良好体验的智能客服，提升全流程客户体验，推动供应商客户全生命周期管理，提升渠道管理水平，尤其是高端合成材料的渠道建设，全面形成以长约、直供销售为主的客户结构，稳固渠道基础。

完善产销衔接机制，加快市场响应速度。密切产销联系，推动与生产企业、科研院所紧密合作，对于产业预警监测、行业政策制定、企业投资、行业转型升级的参考和指导作用，积极应对市场变化，促进C2M反向定制，提升客户黏性，推动高端产品结构优化和基础产品资源优化，促进生产销售运营一体化，提升产销效益。

扩大电商业务范围，培育电商新业态。石化e贸逐步吸纳在化工产品销售、炼油销售、润滑油、燃料油及天然气等专业销售公司以及生产企业自营产品等集团内各专业公司资源，开展行业电商平台服务，创新服务新模式，加强产业链战略合作，开展符合大宗石化产品特色的电商物流、金融增值服务和专家定制等衍生创新服务，提升客户价值，拓展利润来源。

建设现代化物流体系，构建全球智能供应链。构建物流生态圈，提高物流资源集约度和集中度，境内外网点布局成型，实现内外贸业务高度一体化，实现设施资源的最大化利用。做实网点、优化仓储布局，形成点、线、面相互协调的化工品仓储网络布局，完善配送体系，实现仓配一体化，对客户近距离地定时定点配送，满足个性化物流需求，提高终端市场占有率，打造“智慧安全、绿色透明、服务效益”的新型化工品电商物流运作体系。

建立运营团队，推进化工销售体制机制创新。建立多元化的股权结构，与技术领先、管理先进的公司合资合作，优化网点和岗位设置，组建石化e贸电商平台运营公司和物流平台运营公司。按照营销与销售分离、采购与销售分离、前台与后台分离三原则，推进电商业务模式体制机制改革；推进传统物流向平台物流、保障物流向价值物流转型升级的物流运行体制机制。

挖掘数据价值，提升数据服务能力。利用客户大数据和外部数据资源，建立覆盖产业链上下游厂商、供需、价格、贸易、物流等信息的化工生态数据库，为研发、生产、采购等各个环节决策提供依据，推动物流资金流一体化，加快形成新的利润增长点。

筑牢一流的风险防控体系，为营销业务健康发展保驾护航。做好资金、信用、汇率、利率、金融衍生品业务、涉外法律合规事项等风险排查，落实重点风险事件报告制度，强化依法合规经营管理，通过数字化、信息化技术及时感知、精准认知、有效防控风险，精准提出防范策略、制定防控措施，固化到工作业务流程中；加强高风险业务的日常监控，实现纵向到顶、横向到边的管理闭环。

（三）推进O2O综合电商建设，打造全渠道融合的人·车·生活新零售生态圈

聚焦加油站、便利店、线上微信公众平台、加油卡网厅等各渠道，采用大数据、人工智能、智能硬件等技术，构建统一的易捷平台，大力拓展车后市场，发展保险、旅游、电信等增值服务，打造线上线下会员服务、平台融合、数据营销、业务开拓、基础管理五大核心能力，加速推动非油业务转型升级，促进油非一体化和线上线下一体化，打造全渠道融合的“人·车·生活”新零售生态圈。

推广线上线下全渠道营销，构建“油气并举、油非互促”的新模式。以会员积分管理、整合营销资源、电子券推广等模式构建线上线下深度融合的全渠道平台，探索天网地网人网三网合一的商业模式；以互联网+私域流量为依托探索创新型社区团购、社群营销、直播带货等新的营销模式，推动生产生活方式绿色转型；以跨界共享合作资源为手段打造综合服务平台，通过数字技术，试点分布式电商，从支持网上下单、支付等线上购物方式开始，打造品牌化、差异化竞争优势。推进智慧门店建设，引入智能摄像头、自助收银机、语音导购、虚拟无感支付等新技术，简化购物流程，优化购物体验，探索并践行加油购物新场景，发掘客户新需求。

推动大数据应用，提升客户服务能力。如图3-3-17所示，推动数字技术和能源消费环节的深度融合，整合精准营销、价格制定、物流优化等数据，为客户提供偏好灵活性更高、经济性更好的综合服务，以客户关系管理系统为支撑，搭建同客户全天

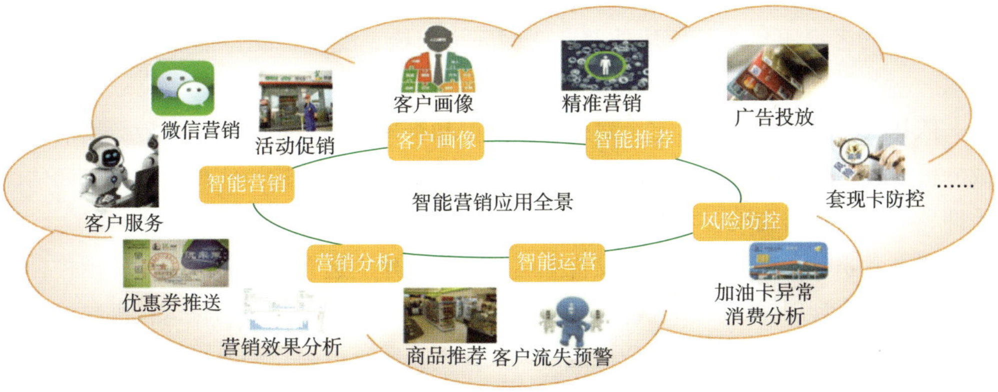

图3-3-17 智能营销

候、全方位交互平台、提升服务、提高黏性为目的的客户营销与服务的新零售平台。依托油及非油业务场景累积的大数据，开展数据交易、数据报告、大数据营销等服务，实现线上线下全渠道业务数据、会员数据的实时在线及汇总集合。由营销分析向采购分析、物流分析、门店运营分析等维度延伸，构建总部—省市—地市—网点四级数据看板，提高运营数据洞察能力，设立模型，优化算法实现销售趋势，需求形势，网点运营预测，智能补货，风险识别。

加强会员管理和服务能力，做大做强会员基础。整合各省市、各渠道、各业务、各合作商户的会员数据，构建全国统一的“油品+非油品会员体系”，建立完整的会员标签体系；基于机器学习算法，构建客户活跃度、客户价值度、客户优惠敏感度等会员模型，对客户精准分类分群；实现后台自动触发式的智能营销模式，开展数字营销创新；实现营销过程可视化监测，营销结果可视化评估，营销策略动态调整优化，构建闭环营销体系；开展会员积分、油品积分、非油品积分、互动积分、会员积分等多种积分管理手段，加强与消费者互动，增强用户黏性。通过丰富多样的积分管理，实现油品、非油品积分双兑换业务，提升流量变现能力。

构建高效供应链物流体系，支撑线上线下一体化的新零售平台发展。兼顾电商物流在可得性、时效性，依托石化企业便利店的网点优势及物流基础，通过“持续优化现有便利店物流体系、探索建设门店前置仓模式、引入外部优势物流资源”等措施，合理规划布局，完善区域、省级配送中心网络体系构建，增加仓储、运输等冷链设施，加大对系统外社会便利店体系物流配送业务的拓展，拓展网购店提、网购店配、网购到车等服务、探索店购异地提以及以加油站为中心社区的闪送服务，逐步打造仓售配提一体化（前置仓、零售店、配送站和提货点）的便捷、高效、全覆盖的2C业务的物流体系。

围绕“人·车·生活”延伸价值链，共享共建生态圈。加大自有品牌商品的开发力度，“互联网+加油站及便利店+第三方合作伙伴”模式广泛开展与保险业、银行业、通信业、汽车销售及服务业、互联网企业以及政府的跨界合作，创新合作模式，打造全新的客户服务产品，从外部互联网渠道引流、变现，支持油品、非油品扩量增效。

依托数字化平台建设生态，对外输出数据和管理服务。对各领域脱敏数据信息形成分析报告，提供行业及市场洞察，对接行业和专业数据机构，实现数据资产评估、质押、交易的数据变现，对外数据管理能力，提升合作伙伴业务水平。

建立专职电商运营团队，激发自主运营动能。建立运营团队一体化运作模式，形成成熟的运营管理体系，推进电商公司三项制度改革，完善与市场化运行机制接轨的人力资源管理体系；探索电商公司运营模式，创新激励措施，激发自主运营动能。

（四）推动产业金融平台建设，打造“产业经济+金融服务+生态体系”的数字金融新模式

聚焦集团核心业务，采用区块链、大数据、人工智能等技术，打造高质量、全球一体化的产业金融平台和金融生态体系，提升风险识别和防控能力、数字化运营和场景联通能力、先进技术应用和产品创新能力、金融生态体系建设和运营能力，为集团总部和成员企业、产业链合作伙伴、集团电商平台用户和公司员工，提供全方位、多层次的线上金融服务，创造新的商业模式和利润增长点，打造“产业经济+金融服务+生态体系”的数字金融新模式。

核心业务、金融业务和数字技术的深度融合，实现金融服务产品的数字化。依托金融科技平台，科学合理运用数据资源，构建统一线上金融产品和服务体系，以及统一在线支付和风控体系。以集团总部和成员企业、集团产业链合作伙伴、集团电商平台B/C端用户、集团公司员工和家属为目标客户，提供先进的数字化运营服务，提供包括在线支付结算和互联网风控等内容的金融服务，以及在线信贷、保理、保险、理财、期货、供应链金融等金融产品。为内外部金融机构围绕集团产业的产品创新和运营提供领先、差异化的金融科技服务，实现产业金融需求全覆盖和场景全触达，推动核心业务和金融业务协同发展。

构建开放金融生态体系，打造石化特色产融结合新模式。整合内外部金融机构和科技企业，第三方支付和资产管理牌照资源，汇集各类优质金融资源，通过科技创新金融，重塑金融商业模式。以服务石化企业核心业务为出发点，通过科技创新合理运用信贷、投资、保险等金融服务，依托金融云场景融合到产供销各环节，重塑产业发展和金融服务协同的商业模式，助推数字金融与主业协同发展、投贷联动，孵化集团发展的新动能，打造“产业经济+金融服务+生态体系”的数字化生态闭环，携手为内外部金融机构围绕集团产业的产品创新和运营提供领先、差异化的金融科技服务，全方位赋能实体经济发展，不断壮大新模式、新业态和新产业。

（五）加快共享服务数字化转型，打造全品类、专业化的共享服务新模式

聚焦客户价值最大化，采用机器人流程自动化（RPA）、人工智能等技术，推动共享服务从基础业务服务向高端增值服务转变，业务运营从标准化、流程化向自动化、智能化转变，服务客户从集团内部为主向内外双轮驱动转变，构建共享服务产品体系，提升央企共享品牌影响力，打造一站式共享服务新模式。建立设备管理、安全环保、热电水务等专业化业务的共享服务模式，连接内外资产，实现行业赋能，引领能源化工行业商业模式创新。

打造全业务链、全方位、全球化财务共享服务。建立基于业财融合的智能财务共

享平台，拓展财务共享服务模式功能，提供用户一站式、便捷化体验。实现“端到端”全业务链条流程优化，不断夯实基础业务发展优势。

打造全球化、平台化、智慧化人力资源共享服务。优化人力资源信息化体系，夯实人力资源数据分析基础，推动数据分析产品化服务，提升人力资源共享服务效能，打造系统完备、科学规范、运行有效的一流人力资源共享服务模式。

打造一体化、数字化、全球化、智慧化IT共享服务。提升运维服务效率，再造运维管理流程，打造安全服务名片，促进数字化转型工作安全发展，探索数据服务模式，夯实数字化转型基础，拓展技术服务方向，提高IT支持服务水平。

打造商旅生态圈，成为ToB领域国内领先商旅服务供应商。建设全产品、全流程、一站式、全球化的商旅服务体系和智慧商旅数据服务平台，打造石化商旅生态圈，建立运服一体化新模式，创新商旅出行智能服务和数字化运营管理机制，提升面向内外部企业、全球化的服务能力。

实现专业化业务共享服务，推动共享经济发展。发展设备管理、安全环保、热电水务等专业化业务的共享服务，基于工业互联网平台，实现统一的远程监控和维护，并逐步向集团外部企业赋能，连接内外部资产，开拓新业务，创新商业模式，融合工业数字技术，普适能源企业需求，实现行业深度赋能，共享全球服务能力，引领商业模式创新。

五 数字化赋能赋智能力

完成IT转型工程建设，打造“数据+平台+应用”的信息化管理、建设、运维新模式。以业务为核心，打造“数据+平台+应用”的信息化发展新模式，以统一平台作为打造数字化转型的加速引擎，推进上云上平台；建设数据资源中心，提升以数据资产为视角的数据管理能力，实现数据全生命周期的增值管理。

（一）加速上云上平台，构建工业互联网生态

1.建设工业互联网平台

打造以能力开放、持续交付和服务管控为核心的研发运维一体化能力，持续积累和沉淀业务中台、数据中台和技术中台服务能力，形成完善的数字化服务模式，如图3–3–18所示。

建设数据中台。基于数据湖技术实现数据的接入和汇聚；通过数据治理实现数据资产化管理，为不同应用场景提供数据服务，支持全域业务应用、大数据分析以及人工智能应用。

沉淀业务中台。围绕业务场景识别并构建全局共享的服务区，灵活支撑各业务领

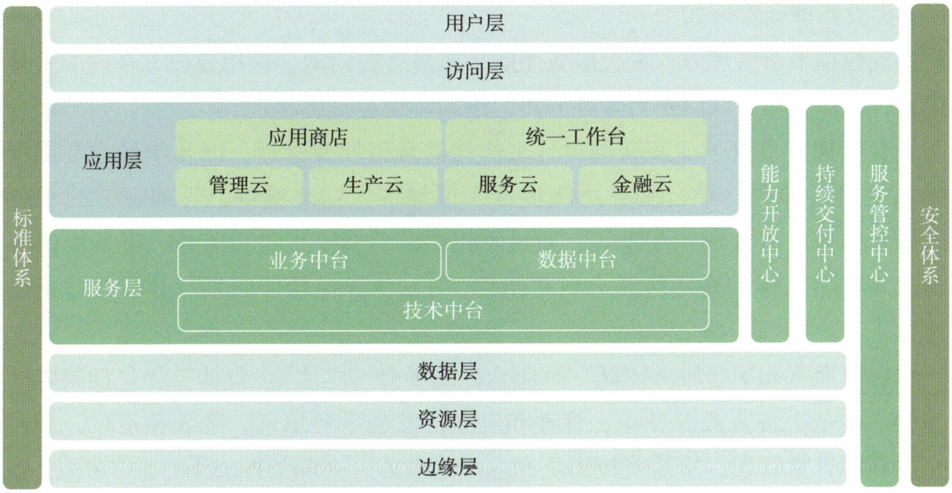

图3-3-18　石化行业工业互联网平台体系架构

域应用诉求，减少重复建设，快速响应业务变化；实现各业务应用在平台上快速有序建设，通过持续运营、中台赋能实现统建服务能力价值最大化。

丰富技术中台。构建基础服务、安全服务、移动服务、数据服务、AI服务等多类通用技术服务能力，为应用开发者提供标准、规范的技术组件。

提升边缘能力。打造数据接入的平台通用服务，部署各类终端边缘计算模块，将通用IT软硬件架构向边缘侧下沉，实现工业设备数据实时处理。

提升研发运维一体化能力。以能力开放、持续交付和服务管控为核心，提高敏态开发和稳态开发的研发运维一体化能力，提高研发效率和运维能力。

建设运营服务和质量管控队伍。围绕“数据+平台+应用”模式，重点建设专业化平台服务、质量管控等队伍，高效支撑平台运营，如图3-3-19所示。

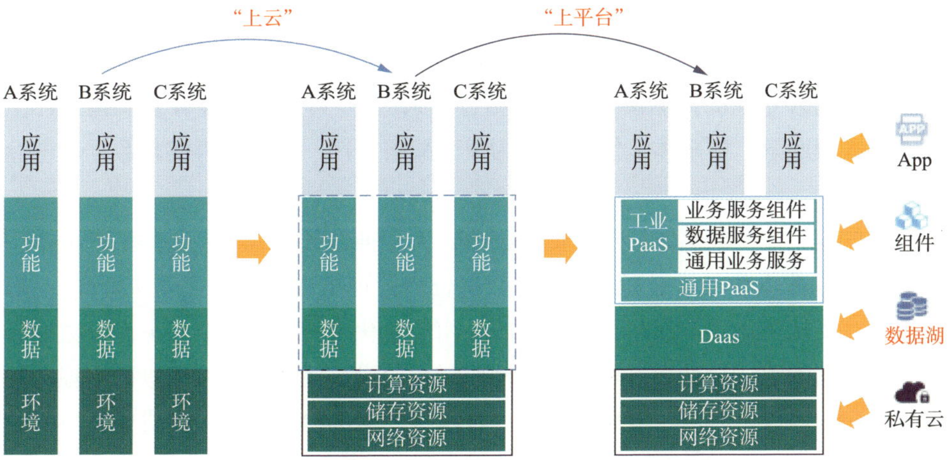

图3-3-19　信息化建设模式升级

2.建立管理运营模式

形成包括平台管理方、平台服务团队、质量管控团队、应用建设方在内的管理运营模式，确保工业互联网平台管办分离，建立持续运营机制。

平台管理方负责工业互联网运行工作的监督指导及管理；以及项目建设需求发起确认及最终验收。平台服务团队负责人员培训、标准编制，管理日常的平台运维、平台服务支持、资源配置等。质量管控团队负责研发过程管控，进行组件部署测试、审查发布等。应用建设方负责组件、工业App等软件研发，并开展数据治理工作。

平台管理方和平台服务团队，一起为PaaS平台"立法"。具体工作包括制定平台的标准、规范，负责资源准备、管理和发布，发起平台培训、准入和授权，进行组织、协调等日常管理。质量管控团队和应用建设方，一起为PaaS平台上"执法"。具体工作包括规范质控流程、标准，管控组件设计和组件开发过程的质量，负责代码检查和缺陷管理，进行内测和部署测试。

（二）开展数据治理，推动数据资源整合和开发共享

在《"十四五"国家信息化规划》《"十四五"大数据产业发展规划》等政策指引下，借鉴业界主流数据治理方法论以及石化产业实践经验，构建石化产业数据治理总体框架，开展数据治理，全面提升数据资产管理能力、数据资产运营能力，并建立体系运行所需的保障机制和工具支撑、形成数据治理长效机制，实现数据"提质、赋能、优化"业务、驱动业务创新，推进数字化转型，如图3–3–20所示。

1.强化数据治理

（1）深化数据治理体系

建设数据治理体系，完善数据治理组织，发布数据治理相关管理制度和办法，统一数据架构与标准，优化数据治理流程，持续提升数据质量，保障数据安全，推动数据资源整合和开发共享，形成全业务领域的数据资产。基于集团公司数据治理现状，参考国内外组织的数据治理历程，结合未来3~5年可预测的业务发展模式，拟定未来数据治理愿景，即整体上使数据成为集团战略资产、局部能够实现数据促进业务创新。

石化产业企业要聚焦数据资产价值创造，大力推进数据管理、数据治理工作，建立健全数据标准体系、数据资源共享与数据资产管理机制，打破管理"藩篱"，消除信息孤岛。要从公司发展战略出发，按照集团信息化工作的总体要求，做好数据治理蓝图、路线图的顶层设计和过程把控，构建涵盖建设、运营和持续改进的治理机制，确保战略一致性以及制度、流程、组织、技术等要素的协调联动，促进整体协同效应发挥。

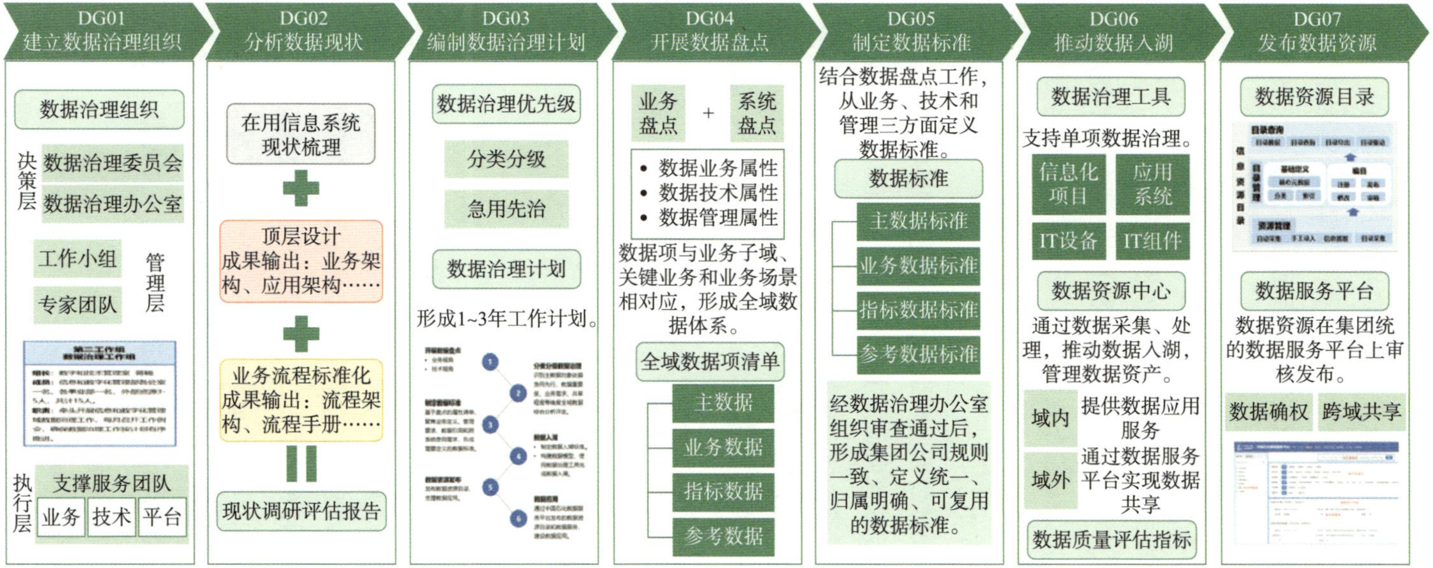

图3-3-20 数据治理七步法

（2）开展数据盘点、标准制定工作

按照数据治理工作计划及数据治理总体框架的要求，开展数据资源盘点。一是基于业务视角，梳理业务分类及业务对象；二是基于技术视角，梳理源系统、技术属性等信息。结合数据盘点工作，从业务、技术和管理三个方面定义数据标准，经数据治理办公室组织审查通过后，形成公司规则一致、定义统一、归属明确、可复用的数据标准。

从业务视角，定义对象在业务设计过程中应遵循的规则、要求，包括数据的业务含义、业务关系、关联关系、同义词、业务规则等。

从技术视角，定义对象在技术实现过程中应遵循的技术要求，包括数据源、数据类型等。管理视角，定义对象在技术实现过程中需落实的各方职责，包括数据管理部门、数据应用系统等。

（3）完善数据治理组织

建立健全各业务领域数据治理组织，明确协作机制和职责。组建常态化的数据治理工作小组，明确业务域数据责任主体及责任人，组织推进、协调的数据治理工作。建立业务域数据治理专家团队，在数据治理专家团队指导下开展数据治理工作。完善数据治理组织和工作机制，实现常态化、专业化的日常数据管理。开展数据治理体系和数据标准编制，进行数据治理理念、方法的培训，指导板块、企业开展数据治理工作。

要建立数据治理专员责任制度，设立数据治理专员，组织开展本业务域、本单位的数据治理工作。各级数据治理专员要明确职责、目标和内容，确保数据管理政策及要求能在各层级有效承接及执行。

2.推进数据共享

（1）设立数据入湖标准

按照统一技术路线要求，各业务领域遵循数据入湖标准，进一步明确数据资源的管理责任人、引用标准、数据源、数据密级等信息，制定数据入湖策略，推动数据入湖。完成数据入湖的标准建设，包括：入湖时需要明确数据责任人、检查数据的数据标准执行情况，明确引用的数据标准或者是需要新增数据标准、做好数据源认证，识别清楚初始源、可信源；一般指业务上首次产生或正式发布某项数据的应用系统、入湖的数据必须明确数据密级、进行源系统数据质量评估，制定数据质量方案，满足数据质量要求、进行元数据注册，为数据应用导航，并为数据地图的建设提供关键输入等。

（2）健全数据共享机制

各业务领域提交数据资源成果和数据标准，数据治理组织审查通过后，在平台上发布数据资源目录，支撑数据应用。业务域发布数据资源后，可在平台上查询、使用

域内数据资源。各业务领域可在平台上看到公开的数据资源，并通过数据使用申请，经数据所有者同意后，获得数据资源使用权。

要建立标准一致的数据资源中心。构建统一标准、统一流程、统一授权的“三级数据资源中心”，打造标准化、自动化、可视化和智能化的数据服务能力，建立健全数据资源共享与数据资产管理机制，打破数据管理“藩篱”，实现全业务、全量、全生命周期的数据资源管理，实现数据有序流动、数据跨板块跨业务共享应用，高质量开发利用数据资产资源。

3.释放数据价值

（1）建设数据应用

采用信息化建设新模式，基于统一服务出口、统一数据处理、统一数据接入的总体要求和业务需要，建设数据应用，体现数据治理效果。推进各领域大数据应用，高质量开发利用数据资产资源，实现数据资产增值增效。

重视数据资源挖掘与分析利用，基于已形成的数据治理、服务管理体系和数据资源模型，开展建设财务、物资、营销、金融等业务领域数据分析类应用；在生产领域开展异常工况识别、生产预警、设备故障诊断分析等工业大数据应用，实现设备运行状态的在线评估和故障诊断预警；开发客户画像、客群分析、采购预测、营销分析等客户大数据应用。

（2）强化数据资产管理

组织编制数据资源管理办法，经审定后颁布执行，各业务领域按照制度要求制定执行细则并具体落实。制定符合各业务实际情况、专业特色的实施制度文件、行动指南、操作手册。按照“分级制定、明确规则、配套细化、支撑执行”总体思路，建设包含制度、流程、规范、模板等在内的数据治理制度体系，为数据治理提供数据治理政策指引和基础保障。

要建立统一的数据架构。围绕“数据是集团的战略资产”这个理念，协同各业务和职能部门，按照统一的方法论体系，梳理关键数据资产，形成规则一致、定义统一、归属明确、可复用的数据标准全集，形成公司级、行业级数据模型，规范信息化项目设计与建设，为数据共享应用、挖掘数据价值奠定基础。

（三）强化网络安全，提升综合网络安全防御能力

1.业务、应用及数据安全

面向管理、生产、服务和金融业务领域，重点在互联网业务服务、营销、业务风险控制、音视图文内容等方面，全面加强业务保护。利用大数据分析、用户和实体行为分析（UEBA）、智能画像等技术，防范业务风险。针对互联网服务，通过客户账户保护组件、人机识别等安全组件，强化注册、登录的安全管控，实现批量注册、虚

假账号的识别和拦截；面向电商系统，采用大数据智能技术，发现并防范刷单、薅羊毛等异常的“黑灰产”行为；完善业务操作风险防范，通过反欺诈监测技术，检测、分析、处置、反馈的闭环流程；加强内容安全检查与防护，发现并拦截涉恐、涉政、涉黄等内容，保障平台内容安全及业务合规。

遵从机关保护、数据安全法、个人信息保护法等法律规范，打造集团整体层面的、面向业务的常态化和体系化的数据安全治理体系，推动数据安全管理体系和流程，建立和监管部门及上下游业务的有效联动机制，推进数据安全场景域的防护技术落地，推进零信任架构、数据安全态势感知等新安全技术应用建设。

2.新技术、新业态安全防护

人工智能、5G、物联网、区块链等新技术的应用从新技术本身的安全考虑，确保其应用场景下的数据安全、接入安全、应用安全、边缘云安全等方面进行体系化防护。同步进行信创体系安全建设，实现安全能力对信创基础设施和信创应用的全面覆盖、深度融合。加强对信创应用和业务的安全保障，提升网络安全自主可控与自主创新能力。

3.建设网络安全应急指挥中心

建设实战化平战融合的网络安全应急指挥体系，针对日常标准运营策略和战时应急响应策略进行双系统切换，实现满足实战化和常态化的线上系统支撑；建立网络安全应急指挥中心，建设基于大数据技术的网络安全应急指挥平台。开展实时监测、通报预警、应急处置、安全防护、指挥调度等工作，全面覆盖系统安全、策略管理、态势感知、内部威胁、自动化编排处置以及挂图作战等功能；优化健全网络安全信息通报机制。及时收集、汇总、分析各方网络安全信息，提升针对行业的威胁情报采集、分析研判和预警处置能力，与上、下级单位联动，协同防御。

4.加强工控系统安全防护

随着数字化业务推进，工业控制网络边界逐渐被打破。当前工控网存在网络结未按安全等级划分区域，各工业系统、工作站之间安全防护不全面等问题，造成网络访问控制风险与数据安全风险。同时随着业务环境与网络环境的变化，网络安全运维流程及安全运维工具亟须更新，以确保对业务的安全防护，达到国家监管要求。

划分合理的油田网络安全域，对于生产网、办公网、视频网等网络，划分逻辑网络，并对网络内部进行逻辑区域划分，建立各安全域的业务隔离安全；完善边界防护、主机防护、安全监测、安全审计、安全接入、安全加固等技术手动，将生产控制系统按业务重要性进行分类分级，设置不同的安全防护策略，形成纵深防御体系；建立动态的态势感知运营系统，集团部署监管平台，二级单位实现安全统一安全运营平台，实现生产网的统一安全管理分析；建设工业安全仿真平台，满足攻防、靶场、实训等不同场景要求，对安全防护方案进行可行性研究以及充分测试验证；编制工业控制安全标准体系规范；对于远程数据采集和远程运维操作，建立身份认证与加密机制，进行行为审计和威胁监测。

（四）建设数字化转型管理体系，推动数字化治理新发展

1.健全信息和数字化管理组织

根据业务需要和组织建设情况，选择信息和数字化部门承担日常工作。主要负责整体工作的日常协调和组织推进，技术架构和数据架构管理，以及信息技术平台建设与运营管理。

组建专家团队，形成由牵头人、专家和成员等组成的业务域管理团队，负责业务领域的工作落实。主要工作包括信息化应用的顶层设计、数据质量、授权管理、深化应用以及业务流程标准化与业务需求的统筹管理等工作。

2.明确组织职责

组织职责主要涉及顶层设计、业务流程标准化、数据治理、深化应用等方面工作。

顶层设计：梳理业务子域和关键业务，设计层次清晰、科学合理的应用架构。梳理本业务域信息系统，收集、审查和归并域内信息化需求，分析系统对业务的支撑度，提出信息系统新建、提升、整合建议方案，打破管理“藩篱”，消除数据孤岛。

业务流程标准化：建立跨组织、跨系统的端到端流程体系，推进业务流程化、流程标准化，夯实数字化基础。推进业务标准化，包括业务流程、业务术语、业务编码等标准化，促进实现业务数字化。

数据治理：按照统一方法梳理关键数据资产、数据资源目录和数据标准，提升数据质量，促进数据互通、信息共享。建立健全数据资产管理与数据资源共享机制，强化数据治理责任人权责，构建数据共享与服务体系。塑造数字化文化，营造数据应用良好氛围。

深化应用：推进信息系统深化应用，提升经营管理绩效，以业务的发展创新促进系统完善升级，实现信息化和业务的深度融合，统筹梳理各业务域信息化需求，形成年度重点工作和投资计划安排。

3.建立常态化发展机制

建立工作例会制度。建议每半年组织召开一次工作会议，听取各业务领域重点工作汇报，决策各项重大事项；每季度由信息和数字化部门组织召开一次工作会议，协调和推进各项工作；各业务领域按需召开工作会，研究本领域发展的主要问题，检查各项重点工作进展情况。

建立业务领域动态更新和管理机制。包括系统的需求、项目储备、投资计划、信息化树、应用系统、业务标准、数据资源等内容，通过需求的动态更新机制，及时调

整项目的储备和计划，根据业务的变化和信息化的发展，及时更新业务领域和业务子域，促进数字化转型组织的落地执行。

第四节 数字化转型路径

数字化转型要着力培育壮大数字生产力，打破层级化、职能化的生产关系，从供应链、产业链、价值链的角度，构建与数字生产力相适应的组织与运行机制，实现模式再造。在转型推进中，内容、范围不断扩大，由局部优化渐至全局优化和全面变革，价值效益随之逐步提升。企业数字化基础不同，可以同步推进，也可以循序渐进。转型的终极目标是重新定义客户价值，开拓全新业务模式，颠覆固有的工作方式。一般来说，通过业务赋能、运营优化、模式再造，最终实现全面转型，如图3-4-1所示。

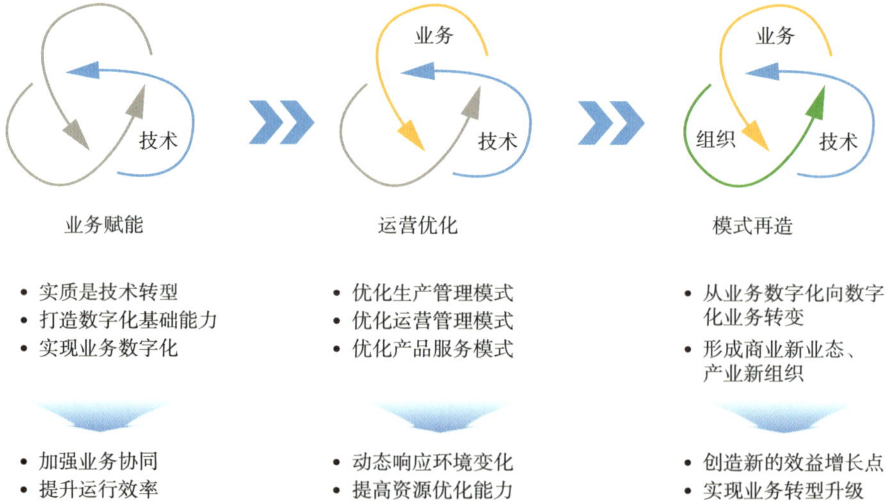

图3-4-1 数字化转型三步走

业务赋能阶段的核心目标是加强业务协同，提升业务运行效率。其关注重点实质是技术转型，打造数字化基础能力，实现业务数字化，为产品、工具、员工、团队赋能；统筹推进数据融通，加快数据资源共享，提升数据的管理和运用能力。

例如，在制造执行系统（MES）的应用方面，生产执行系统支撑生产业务精细化、规范化管理和调度指挥协同；在设备管理方面，整合关键机组、机泵、腐蚀回路等设备监控，设备故障进行智能诊断及预测预警，制定合理的维修策略；在质量管理方面，物流执行系统（LES）与实验室信息管理系统（LIMS）集成，提高了质量管理水平。LES对实验步骤进行量化，规范分析方法，形成标准模型。LIMS应用于生产、质管、质检等环节，支持原材料、产品、过程分析等质量管理相关业务，满足了企业对产品质量监管的需求；在安全管理方面，建设安全管理、应急指挥等系统，实现报警信息的集中管理，提升了企业应急响应能力和本质安全水平；在环保管控方面，搭建了一体化环保管理平台，支撑环保管控体系运行及泄漏检测与修复技术在炼化企业全面建设，降低挥发性有机物排放及加工损失。

运营优化阶段的核心目标是动态响应内外环境变化，提高资源优化能力。关注重点为优化管理模式、运营模式、产品服务模式、生产模式；挖掘数据价值，形成数据洞察，以数据自动流转带动资金流、人才流、物资流的合理配置，实现智能决策。

例如，在计划优化方面，构建计划优化模型，充分发挥模型测算作用，合理安排企业生产计划，推进产品结构调整，实现了油—炼—化—销上中下游全产业链的生产计划优化功能，有效支撑了生产计划优化的业务；在智能调度方面，优化管理流程，实时跟踪物流及指令执行情况，促进公司级调度和厂级值班长的业务协同，实现问题追溯及调度指令管理；在生产优化方面，建成了覆盖全产业链的生产经营一体化优化模型，支持了板块现金流准确预测，提升了协同优化水平；在实时在线优化方面，构建装置实时优化模型，实现优化和控制一体化操作，为生产装置提供优化操作参数，实现装置效益最大化，如图3-4-2所示。

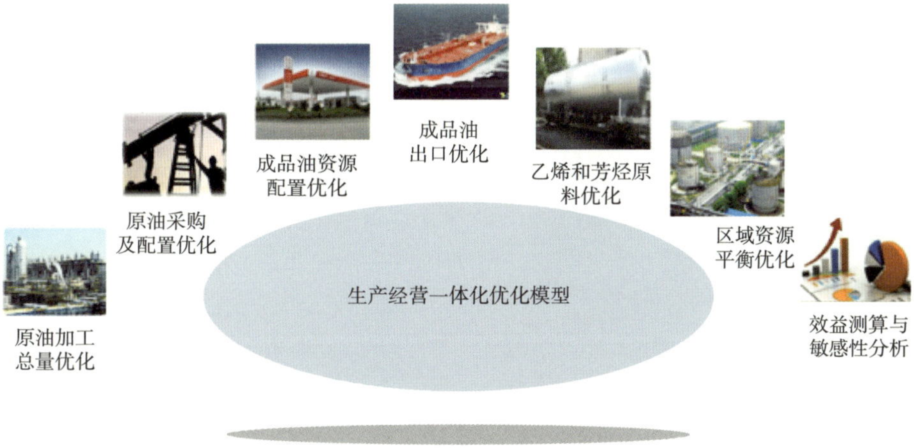

图3-4-2　生产经营一体化优化模型提升资源优化水平

模式再造阶段的核心目标是创造新的效益增长点，实现业务转型升级。其关注重点为再造组织、流程，打造全新的业务模式，重构融合产业要素，形成商业新业态、业务新环节、产业新组织、价值新链条，从业务数字化向数字化业务转变，形成数字化生态，适应竞争环境的快速变化。

例如，在日效益日优化方面，部分企业研发了日效益与分析系统，使企业由月度效益分析转变为每天效益分析，支持管理和决策人员及时了解工厂成本和盈利情况。在计划调度生产协同方面，研发了生产优化、效益预测、实时跟踪功能的协同优化管理平台，持续开展加工路线比选、装置优化等工作，改善产品结构，增产高附加值产品。在无人值守方面，开创“黑屏操作”方式，屏蔽无效报警，实现生产正常状态下操控台黑屏，生产异常状态下系统自动精准警示。在智能立体仓库方面，建成国内石化行业首个超大型全封闭、全自动、无人操作聚丙烯立体仓库，实现了固体产品包装、仓库作业的自动化管理和无人装车发货。在远程技术诊断方面，变设备现场故障诊断为现场远程协同诊断，发挥行业、科技、专家优势，开展设备远程诊断服务，保障了设备长周期稳定运行。

04

第四章

石化产业数字化转型典型案例

数字技术正引发新一轮科技革命和产业变革，国家已把数字技术、数字经济作为驱动产业高质量发展和供给侧结构性改革的重要战略。在国企改革行动方案中，对国有企业采用信息化智能化方式，推进管理体系和管理能力现代化提出了明确要求，加快数字化转型升级，发挥数字技术与企业管理深度融合产生的“聚变效应”，以生产经营数字化提升供给质量，以企业管理智能化提高决策科学性和运营效率，敏捷服务客户，更好地满足客户需求。石化企业需要聚焦数字化转型、智能化发展，助力提质增效升级，塑造竞争新优势，实现智能制造、绿色制造、服务型制造等新模式、新业态。

目前石化企业数字化转型刚刚起步，各企业还在探索阶段，部分企业在某些业务领域进行了技术应用的尝试或者在某些业务单元实现了优化，仍需系统打造综合能力，基于企业当前数字化现状和业务发展战略进行数字化转型的顶层设计，借鉴成功案例组织，制定适合自身特点的数字化转型路线图。

第一节 集团一体化管控

一 智能营运中心

（一）转型背景

传统石化企业生产及管理模式正面临严峻挑战。近年来，国企、地方炼厂、合资企业、民营企业的多样化市场格局正在形成，同时在全球能源发展正向洁净化、数字化、多元化转型的推动下，石化产业发展面临供需矛盾突出、清洁生产压力变大、安全生产要求严格等问题。随着石化企业规模的不断扩张，企业内部的生产日益复杂多样，管理压力陡升。面对石化企业从战略到管理、从组织到流程、从生产到经营、从技术到规范拥有的海量数据，如何发挥不同类型、不同层级数据的不同价值，如何实时获取企业运行情况、优化生产结构，如何实现业务联动成为众多石化企业面临的难题。

产业转型升级与数字化技术蓬勃发展的机遇相融合，为石油石化企业应对内外部挑战提供了新的动力。利用数字化智能化，企业能够更加有效提高应对变化的快速适应能力、互联协作能力、高效运营能力。集团智能运营中心是生产运行、经营管理的核心中枢，是强化一体化管控、提升运营质量、优化经营创效的“灵敏大脑”，作为推动企业数字化转型的重要抓手，为企业解决管理难题提供有效途径。基于新一代数字技术的智能运营中心，通过加强信息化管理、提升系统集成能力，将新一代信息技术手段与企业经营管理深度融合，不仅仅能够实现基于经营数据的效益分析预测，更能深入生产一线，联通每一个设备、每一次操作，实现生产的监测和优化，助力企业智能化卓越运营，推动企业实现以数字化智能化支撑的管理变革。

（二）主要措施

某国有特大型石油石化企业集团以公司发展战略和产业格局要求为指导 ，按照“总体规划、分步实施、快速部署、全力推进”的策略，在总部生产营运指挥系统现有功能基础上，打造了集团级智能运营中心1.0版。集团级智能运营中心以“数据+平台+应用”新模式，采用统一的石化智云的技术架构，围绕“1+4+N”（1个中枢、4项功能，N个应用）的框架体系开展建设内容规划，充分利用人工智能、语音识别、地理信息、三维建模、数据可视化等主要技术，加强协同优化、监测预警、调度指挥、集成展示等方面的支撑能力，如图4–1–1所示。

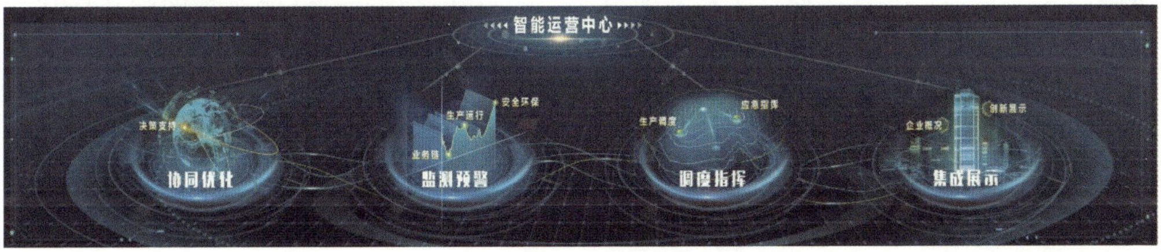

图4–1–1 集团级智能运营中心建设内容

1.协同优化

集团级智能运营中心通过建立效益测算模型、跟踪分析主要物料价格趋势及升级一体化测算模型，开展石油石化企业日效益测算、盈利能力分析、价格敏感性测算分析、石油石化企业生产计划排产、经营分析，营业收入、利润总额、资产负债率、加工费用等石油石化企业的主要财务指标分析，推动上下游全产业链的资源、配置和产品结构优化，开展上中下游全产业链的生产经营一体化优化，促进油田、炼油、化工、销售等不同板块的采产销协同，实现集团公司整体效益动态测算和优化以及资源合理配置，加强区域资源平衡优化，提高总部生产经营整体优化水平，提升板块间的协同能力，为集团公司实现世界一流创造条件。

2.监测预警

集团级智能运营中心通过集成25个业务部门的37套源系统，梳理出包括原油产量、乙烯产量、成品油销量等1848个数据模型，656个数据服务，实现面向石油石化企业全业务链生产运行的动态监测及预警，增强集团级横向跨板块、跨业务协同管理能力；同时，从集团公司纵向管控的角度出发，实现“集团—板块—企业—重点部位”的逐层管理，拓展集团公司纵向管控的深度，针对重大安全风险、重大安全隐患、高风险作业、重大危险源风险、污染物排放总量、重点污染源的实时监测预警，提升了数据实时监测的力度，以便及时发现生产执行偏差，及时调整生产经营策略，从而实现重点业务运行动态监测，提升全业务链异常监测和预警能力。

3.调度指挥

集团级智能运营中心通过生产调度平台及与应急指挥平台、视频监控平台的深度融合，提升生产调度日常监控分析工作的管理水平，实现应急地图、应急资源、应急预案、应急会商的高效协作和快速响应，并建立异常信息处置跟踪功能，实现对石油石化企业十类异常事件（故）处置全过程的闭环管理，从而强化生产调度与应急指挥的融合，提升生产应急一体化协同指挥能力。

4.集成展示

集团级智能运营中心支撑大屏上多样化展示企业日效益、易派客、石化e贸等典型场景，通过运用人工智能等先进技术，实现对外宣传展示的智能语音控制、智能化讲解、交互式语音应答，提升用户体验效果。通过建设领导驾驶舱，辅助领导在办公电脑随时查看集团生产、经营各类数据。最终实现新技术在宣传展示中的应用，提升典型场景的智能化展示能力。

（三）主要成效

1.技术应用亮点

集团级智能运营中心建设过程中打造众多应用亮点。其基于人工智能算法、图像识别、智能语音、三维可视化等技术尝试开展了多项智能化应用建设，包括生产智能预测、销量智能预测、油站配送预测等运用人工智能算法开展的预测预警类应用；驾驶员行为异常报警、火炬异常识别、周界入侵等智能视频识别及图像处理类应用；数字员工讲解及互动等智能语音处理类应用；以及企业三维数字化工厂等虚拟现实类应用，更好地支撑了业务精细化。

2.管理机制创新

集团级智能运营中心实现了“纵向穿透”和“横向协同”。其首次打通了“财务、生产、销售”数据链路，集成了财务、计划、生产、销售相关数据，实现关键职能的管理口径水平对接，支撑了跨业务、跨板块的运营分析；纵向穿透了海量数据的多级企业，进一步拓展了集团公司纵向管控深度，实现了110余口重点油气井、80余套重点装置、27000余座自营加油站等重点业务的实时运行动态监测，实现“公司—板块—重点业务单元”的管理路径垂直贯通。集团级智能运营中心促进整个公司的管理机制更有效、业务协同更顺畅、数据分析更高效，有效解决运营管理难题。

3.运营模式变革

集团级智能运营中心实现了集团型企业运营模式转变。其促使新一代信息技术手段与企业经营管理深度融合，全方位赋能业务发展，打造实时监测、智能分析、智能运营的生产运营指挥新模式，实现了管理决策由“经验判断”向“模型支撑”转变，业务运营由“计划调度”向“实时调度”转变，管理手段由“线上化”向“智能化”转变。

二　数字风险监督

（一）转型背景

企业是国家在发展壮大进程中的核心力量，随着企业的不断发展，其所面临的风险也日渐加大。企业风险是影响企业实现战略目标的各种因素和事项，企业执行力将决定企业的兴衰成败。科学完善的规章制度和质量管理体系是企业高效运行的基础，加强监督管理是保证企业执行力有效推行的重要手段。在打造具有我国特色现代国有企业制度的过程中，建立了一系列的规章制度以及标准的工作流程，以此明确党组织在国有企业经营生产各个环节的监督职权与工作方式，有助于发挥党的监督工作优势，建立完善的党组织领导和公司治理相互统一的“大监督”机制。在石油化工行业中，完善的规章制度和质量管理体系可以帮助企业规范开展业务，有效管理企业运营。

近年来，石油化工企业规模不断扩大，业务类型多样化增长，为了促进企业的稳定运行，需要不断完善规章制度，但在传统内控管理模式下，内控制度以文件化管理为主，多样化的业务和复杂的工作流程与制度文件、权责、控制点很难协同运作；在一些关键的控制点，需要人为判断、处理与检查，无法及时有效地推进业务及工作。许多企业普遍存在的一个问题是，设计了完善的内部控制制度体系，但是由于企业庞大的规模，往往无法切实执行每一项内控制度，导致内部控制流于表面，无法真正帮助企业预防风险和有效开展监督管理工作。

当前数字技术日新月异，改变了各行各业的发展格局，随着人工智能、云计算、5G等信息技术的进步，风险与监督管理也应运用科技手段强化风险防范和管控措施，提高风险管理的效率。结合习近平总书记关于“坚持科技强审，加强审计信息化建设”的重要指示精神，根据国资委“构建与业务信息系统相融合的‘业审一体’信息化平台，对重要子企业实施联网审计，提高审计监督时效性和审计质量”的决策部署。石油化工企业需聚焦风险防控和大监督管理，采用大数据和人工智能等信息技术，打造风险防御应对能力和监督协同联动能力，提升内控和全面风险管理水平，完善做实“大监督”体系，打造智能监控预警、风险监督管理新模式。

（二）主要措施

1.大数据审计平台强化内控风险管理

某国有特大型石油石化企业集团以审计数字化、网络化、智能化为发展目标，按照国务院国资委的决策部署，打造“业审融合”大数据审计平台，提升内控和全面风险管理水平，推动各单位各部门间的监督协同、信息共享、联动处置能力。并构建以内控与风险管理“组织体系、制度体系、检查体系、综合服务体系”为核心的“3+N”内控风控管理平台，实现内控体系建设、内控检查评价、风险评估与监控提升的在线开展，如图4-1-2所示。

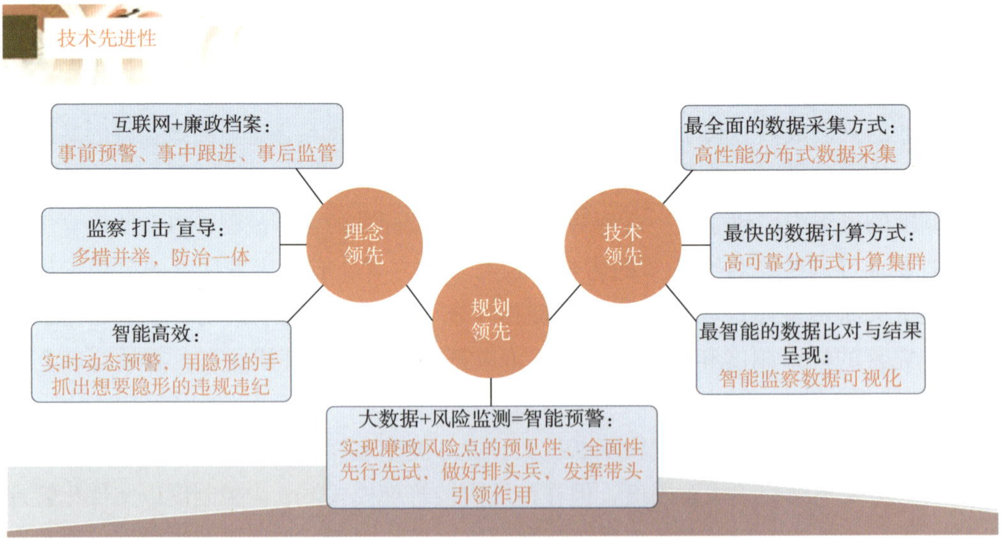

图4-1-2　风险智能预警

（1）建设数字化审计建设合力

集团在2020年从审计部及各区域审计中心抽调23名具有信息技术、数理统计专业背景和丰富审计实践经验的人员，组建了大数据审计团队，形成了专属于集团大数据审计团队的核心力量。2021年在审计中心专门设立了大数据审计室，主要负责总结审计查证案例方法、提报审计模型需求并参与建设、开展审计项目技术支持，进一步明确了审计信息化一体化管理运行机制，打造集团内控风控管理平台，使得集团与子公司、分公司统一管理标准，实时更新相关制度，将各子公司、部门壁垒打通，管理事务和流程能够集中到集团层面，同时方便各子公司、分公司部门间开展企业内部合作或者协同参与外部业务。一体化管理运行机制可以使多部门同时审批业务流程，加快审批处理效率，实现集团整体效益提升，提高集团管理经营整体优化水平。

（2）审计数据建设

集团根据“需求梳理、系统调研、数据匹配、数据获取、‘宽表’建设”等特点建设审计数据建设方法论；针对审计所需内外部数据跨领域、跨系统、跨层级的特点，创新提出了审计数据体系架构和数据“宽表”建设方案；按照审计数据专区建设方案，针对财务、采购、销售、工程等重点业务领域中的业务流程进行梳理，列明审计关注事项，结合内外部业务信息系统，对各领域控制点进行实时监控。内控部门可以通过平台收集财务、采购、销售、工程业务中资金信息、供应链信息、业务日期及审计对象基础信息搭建分析模型，快速发现业务中或流程中的问题，帮助审计团队节省大量时间进行业务审查以及流程问题分析，有效帮助集团开展流程优化以及监督管理工作。

2.大宗商品交易风险防控

某国有石油石化企业打通业财一体化端到端流程，实现系统集中集成，实现线上全流程管理，数据一次录入，信息传递通过系统自动完成，减少了重复录入、复核工作，数据质量、沟通效率、管理效率大幅提高。主要业务的会计核算全部实现标准化和自动化，衍生品自动核算，大幅提高了业财一致性、数据完整性、报表准确性和工作效率。

实现业财高度融合，针对大宗商品贸易中量、价、期灵活、频繁变化的特点，推动实施大量创新，业务一次录入，业务、财务数据贯通，财务直接穿透业务数据，财务与业务进行联动，信息数据自动传递，盈亏计算、成本计算的融合统一，实现套保核算自动化，将衍生品核算与系统建设结合，根据套保核算规则进行衍生品业务核算。

（三）主要成效

1.技术应用亮点

通过应用社群发现、聚类等大数据算法和云计算信息技术建设审计数据模型，实现数据的快速处理和智能分析，有效发现庞大数据内的隐性关联关系。某国有特大型石油石化企业集团整合2017—2019年期间100000份合同及相关供应商（含投标商、中标商）表单数据构建审计模型，识别一共3000多个关系网络社群。运用PMI点式交互信息算法，筛出无意义的社群，在剩余社群中识别30个异常社群；在异常的社群中，根据不同的行为模式识别近100家异常供应商，通过审计团队分析，将异常供应商分为中标专业户、陪标专业户以及疑似轮标三种类型。帮助集团实时更新可疑供应商及供应商黑名单，以确保集团业务流程的规范性以及业务开展的合法合规性。

2.提升审计管理水平

国有特大型石油石化企业集团按照“数据+平台+应用”的信息化发展新模式，实施了审计项目全流程在线作业和在线管控。审计事项分为八大类，分别为审前准备、审计实施、项目审理、集体审理、征求意见、报告签发、问题整改以及计划下达。在信息化发展新模式下构建审计资源库，审计资源库全方位赋能审计业务开展工作，打造知识信息共享平台。审计资源库共计记录2017—2022年期间454份企业年度工作报告；涵盖国家级、行业级和企业级的法律法规及制度；收纳200多份审计案例、1000多个查证审计方法以及8000多个发现的问题；归档10000份审计项目档案；以及提供专家库，内含审计专员、兼职审计专家、数据梳理及模型研究专家共计800名以上。实现以大集成推动大协同，构建统一高效的信息平台，实现信息沟通、线索移交、措施配合、成果共享等各项工作的线上线下联动，帮助企业集中推进解决重点难点问题。

3.提升风险防控水平

为应对市场风险、金融衍生品业务拓展和信息处理能力薄弱等痛点问题，我国石化建立了覆盖企业全业务、全品种的贸易风控体系，为业务的开展和经营创效提供全方位支持，实现能源化工行业风控软件的国产化替代。同时，通过规范贸易、运输、交易对手、纸期货等多达125项的基础数据，加强了3000多个主营交易对手、船东等重要基础数据的管理，提升防范风险能力。

三 一体化投资平台

（一）转型背景

随着行业规模的扩展、业务复杂性的提高、供应链长度的增加及客户差异的扩大，财务向业务延伸不足，资源配置优化水平亟待提升，传统财务核算以事后处理、静态管理为主，对战略决策、经营决策的作用有待提升。在管理上存在重视报项目、批项目、争年度投资计划，淡化长远发展、战略研究；缺乏统一的监管、评价机制，重视要钱上项目，轻视项目效益与前景；投资项目管理条块分割，信息孤岛化，缺乏共享，无法有效形成合力等管理上的痛点、难点；固定资产投资类项目大多具有项目金额大、周期长的特点，项目各个阶段的工作专业多、环节多、流程长、事项繁杂，在大型项目中涉及的专业人员甚至有成千上万人，加之各专业信息分散，往往导致项目管控难、协作难、规范难，参与人员抱怨跑断腿、效率低，而且容易造成业务过程中规范、制度、流程难落地；投资项目监督管理贯穿项目事前、事中、事后各阶段，为及时掌握项目进展并保障项目目标完成，需要从各方收集大量信息，但各业务单元往往按各自分工各自运行，项目监控与分析所需数据难以及时全面地获取，容易造成投资项目执行管控滞后，不利于及时发现项目进度延后、成本超支等隐患，及时量化的监督考核难以实现。

因此各企业将按照“管理制度化、制度流程化、流程信息化”的思路，同步在线上嵌入管控流程，构建投资领域的统一标准，开展业务标准化的投资管理；同时迫切希望打破投资领域信息孤岛，实现各系统数据之间的联动，做好顶层设计，统筹推进投资领域数字化建设，深化内部各应用集成与融合，深入挖掘数据价值，提升平台能力，推进跨域集成。

（二）主要措施

在投资管理方面，某国有特大型石油石化企业集团从2018年至2020年，战略与决策管理域按照“业务+事务”“过程+结果”“平台+应用”的设计原则，以“数据高度集成、应用相对独立、服务开放共享”为目标，打造一体化、优化、管控、共享的一体化投资优化与管控平台（SUIP）。

一体化投资优化与管控平台采用“数据+平台+应用”及“敏捷+快速迭代”的建设模式，范围覆盖某国有特大型石油石化企业集团，建设内容包括标准化制定与数据治理、投资域应用建设、平台业务组件建设等。SUIP平台建设“一个平台、七个服务、九个应用”。七个服务指数据服务（包括一仓四库）、展示服务（包括个人工作台、工作助理、移动服务）、功能服务（包括项目创建服务、项目批复流转服务、经济评价管理服务）；九个应用包括战略规划管理、项目科研管理、项目审查管理、投资计划管理、动态监控管理、考核评价管理、责任追溯管理、报表分析管理、投资组合优化。建设范围覆盖投资业务全流程，与生产和财务域的系统相连，实现融会贯通。

如图4-1-3所示，通过开展SUIP平台深化应用年活动、建立关键用户队伍，开展专题提升活动等一系列工作提升优化机制，持续推进平台的应用效果。SUIP平台已经成为一类、二类、三类项目投资决策、投资计划、投资评价的协同工作平台，支持总部、事业部及专业公司、企业的三级管理。

（三）主要成效

1.横向到边的业务融合

加强各板块投资业务的融合，在SUIP平台上建立了油田、炼油、化工、资本金融类项目的全业务管控，通过与销售公司投资管理系统（IPM）的全面融合，将销售

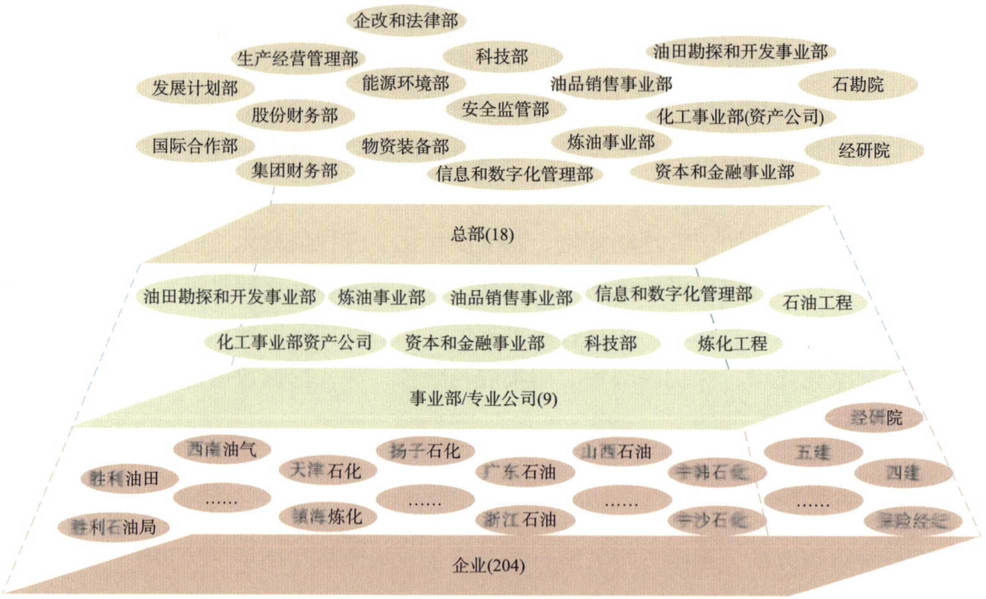

图4-1-3　全集团推广SUIP平台

业务纳入域内管理体系；参与信息部综合业务管理系统的顶层设计，支持信息化投资业务在域内的统一管控。

2.纵向到底的层级融合

采用总部统一规划、专家落实管理要求，企业独立建设的方式推动战略与决策管理域在企业的信息化建设工作。发展计划部联合信息部对可行性研究、项目验收2个门径进行检查，保证投资域标准、逻辑、数据管理的统一。

3.数据共享

在投资管理方面，该集团建成的一体化投资优化与管控平台（SUIP）覆盖了总部、事业部/专业公司和企业三个层级，实现了从战略规划、投资计划、执行监控到项目经济评价的全过程一体化管理。云平台的建设模式促进了项目信息流通和共享，提升了工作效率。

平台保存了该集团“十三五”期间12万余个项目数据，支持了全类型的投资管理；通过项目卡片组合的方式实现了投资项目基本信息和专业信息的管理，支持全要素的数据管理；经济评价管理服务对94个项目进行测算、投资组合优化模型提供108种组合方案，建立“一把尺子”的测算标准，提升投资的科学决策能力。

经过开发建设、试点推广和提升完善，一体化投资平台为集团打通了投资业务管理的流程，联通了各子系统之间数据共享的逻辑，这些阶段性成果的取得为深化完善投资域数字化转型奠定了基础。

四 财务数智化

（一）转型背景

石油化工行业经过多年发展建设，现有各信息系统已经在一定程度上有效地支撑了目前的会计核算、财务管理、投资管理等工作，会计信息质量和实效显著提高，财务管理、投资水平整体提升。然而全球化给石化集团型企业带来巨大机遇的同时也带来了挑战。石化集团在各地的分子公司、业务单元及其组织架构、运营模式和业务流程由于种种原因均存在差异，集团管控能力弱，不能有效进行资源整合。石化集团企业面临信息系统分散、集成度差、难以有效支持全球化运营的需要等困难。

因此，石化集团企业需要以构建深入高效和前瞻洞察相统一的财务数字化智能化体系，财务领域的数字化转型主要集中在四个方面：一是资金管理方面，集团推动资金分析向数字化、智能化转型，以此提高资金运营效率和质量，提升公司在市场风险方面的分析、研判与防控能力，进而实现资金运行场景分析、市场指标监测、市场趋势分析、市场风险监控四类功能的快速部署；二是预算管理方面，集团以战略规划为指向，实现各预算之间互相融合、有机衔接、相互支撑，以业务驱动预算编制，加强各项业务计划和财务预算间的勾稽关系，提升业财融合度；三是会计管理方面，集团以业财融合、全过程集约化管理为方向，在关键驱动因素、流程、数据、系统上实现业财深度融合；四是风险控制管理，集团建立集团风险管控体系，强化风险管控信息化刚性约束，实现财务系统与业务系统互联互通、有机融合。为实现以上四个方面，集团应建立统一的标准化流程体系和应用架构、统一的数据采集与交换规范，依靠体系和架构的统一性，实现集团各子企业在财务系统的上下贯通和财务系统与部分业务系统的集成整合，达到集团内部数据汇聚与融合目的。

（二）主要措施

1.业务流程在线管理

在资产管理方面，某国有特大型石油石化企业集团完善资产综合绩效分析指标体系，支持资产决策和绩效分析，涵盖不同层级用户、不同资产业务领域的决策分析需求，支持多维灵活查询，提供领导驾驶舱功能，推动资产决策分析数字化、自动化。

梳理资产全过程管理业务，实现在线化管理，涉及购置建设阶段、运行维护阶段、处置退出阶段的资产全过程流程，明确管控要求，完成系统接口设计并进行系统落地，满足资产实现部门内调拨、利润中心间调拨、跨公司法人调拨的在线处理、开展资产修理费精细化管理，实现盘点全过程在线管理、资产闲置及调剂业务在线管理、实现报废处置闭环管理、资产档案管理以及其他资产日常管理功能。

2.资金统筹管理

以资金账户为基础，以资金预算为抓手，按照资金所有权、使用权、收益权不变的原则，总部负责集中管控和统筹安排，企业负责分级组织运行；资金收入实时进入境内外“资金池”，支出按预算统一从“资金池”支付（统一系统，统一的业务及数据的信息处理平台）。通过财务公司境内外资金平台，以及集团公司总部、股份公司本部等资金管理平台，统一协同实施资金管理和运营。

3.财务大集中管理

某国有特大型石油石化企业集团持续推进集团业务端业务处理规范化、标准化工作，集团针对企业资金、会计核算、报表出具等相关业务开展执行规范的统一，消除个性差异。对预算管理形成一套绩效指标、一套预算模型、一套报告体系、一套组织流程、一套预算实施模板、一个预算管理平台等“六个一”体系。同时将集团旗下全资子公司银行承兑票据集约化管理，由总部统筹调配。

4.风险协同管理

某国有特大型石油石化企业集团通过数字化技术与业财数据的深度融合，构建风险控制模型，充分挖掘数据背后价值，实现主动式、前瞻式的风控模式，实现“事前、事中、事后”三位一体的财务风险管控体系。加强与业务部门、审计部门、信息化建设部门协同配合。

（三）主要成效

1.构建统筹管理

某国有特大型石油石化企业集团在财务域内统筹开展财务信息系统建设工作，构建了战略型集约化财务管控体系，因此充分发挥域内高效组织、高规管理、高度集成的特点，使集团财务各处室与信息部门之间协同发展，可以结合多个角度、不同部门/企业财务管理内容进行统筹规划，集思广益，深度融合。

2.管理效率提升

在资产管理方面，从资产全生命周期理念出发，基于先期资产管理规划项目内容，充分借鉴典型企业的成功经验基础上，以实现财务内部流程贯通、提升效率为主要目标，重点解决财务资产全生命周期管理从“无”到“有”、从“线下”到“线上”、从“手工”到“自动”的问题，实现财务资产业务全过程在线处理，有效提升效率并防控风险，支持资产绩效分析。

3.管理体系优化

全面构建资金业务的全口径、全流程管理体系，进一步提高资金工作效率、提升资金运营水平、加强资金安全风险管控，健全资金管理运行体系，提升资金管控能力。通过资金业务全过程在线管理，实现资金业务集中管控；通过实时获取数据，强化资金运营分析；通过资金业务全过程安全评估，强化风险管控；通过与周边系统集成互通，实行资金业务闭环管理，如图4-1-4所示。

2009年系统推广应用以来，充分发挥集团资金整体运作优势，提升集团公司资金管控水平及运行效益，实现集团公司资金价值最大化，集团境内当前资金收支集中度达94%以上，境外资金收支集中度提升至75%。连续5年融资综合成本率控制在3%左右，比境内人民币贷款利率低2.3%。资金集中管理综合运作效益年均61.60亿元，按信息化贡献率30%计算，年均效益18.48亿元。

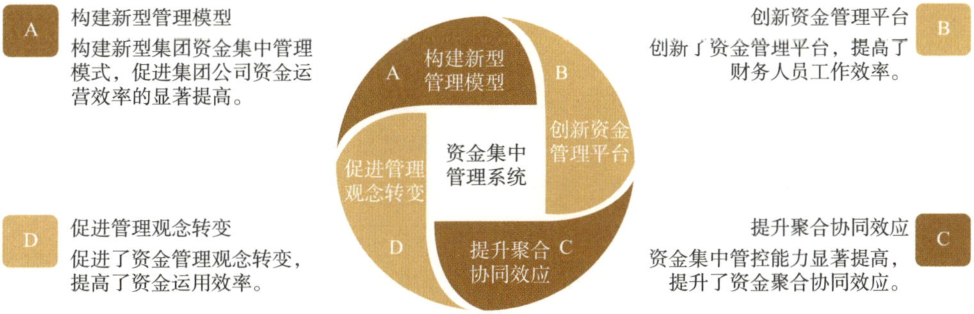

图4-1-4　某国有特大型石油石化企业集团资金集中管理系统应用成效

4.管理规范化

某国有特大型石油石化企业集团以业财融合、全过程集约化管理为方向，在关键驱动因素、流程、数据、系统上实现业财深度融合。集团实施“统一提报入口、细分业务情景、精简填报信息、线上审批”等情景化提报功能提升，并对系统流程进行优化，从而实现业财深度融合。在系统流程优化之外，集团同时对关联交易业务处理流程进行优化，并完善关联交易平台及周边系统功能。集团对集团本身与股份企业报表出具工具进行统一，深化了集团数据标准化治理，加强了财务集中管控，提升了集团数据分析和决策能力，最终实现报表出具的集成化、自动化、智能化。

自构建一体化财务管理后，在会计管理方面共形成1185个集团一体化财务指标，113张集团共性报表，集团、股份统一率达到92%，因为统一了报表口径、逻辑和报送流程，规范数据质量标准，从而大幅提升了财务报表工作效率。

第二节 板块创新创效

一 油藏智能预测

（一）转型背景

随着勘探开发难度的逐渐加大，技术创新、数字化转型将成为推动行业高质量发展的重要驱动力，加快推进数字化技术普及，推动油气田勘探开发向更深、更远拓展，实现从要素驱动向创新驱动、从粗放式发展向内涵式发展、从单纯规模竞争向产业链整体实力竞争的深刻转变。未来勘探开发将呈现以下趋势。

油气资源可视化、透明化、精细化：利用三维油田数字孪生模型和精细化的油藏监测和动态分析，实时反映油田开发的状态，预测油藏动态演化及开发全过程，实现地质与工程全面协同。

地质—油藏—工程一体化智能优化：新数字技术促进跨地域、跨专业协同工作，实现不同环节过程数据、成果等信息贯通融合，促进勘探开发一体化、地质工程一体化，提高探井成功率和油气采收率。

全领域知识图谱推动勘探开发智能化："数据+知识"的双驱动探索实践，利用知识图谱技术推动勘探知识的关联与推送，实现对勘探开发数据管理自动化、检索智能化、分析多维化。

生产运行自动化、无人化、远程化：随着油田现场自动化程度不断提高，作业人员数量持续减少，业务运行趋向自动化、少人化、无人化、远程化，实现单井无人值守、区域集中调控、远程支持协作。

胜利油田作为我国东部陆上老油田的典型代表之一，目前整体进入高勘探程度、特高含水开发阶段，探明未动用储量以低渗透、稠油等低品位储量为主，动用难度大，开发成本较高，剩余油与油藏流场更加复杂，传统的开发技术在兼顾大幅度提高采收率与降本增效方面面临严峻挑战。胜利油田经历了60年的勘探开发，积累了地震、地质、开发动态、实验分析、采油工程等多源、多尺度的海量数据资源，同时，随着信息化建设水平的提高，在源头数据实时采集、存储，以及高效计算处理的软硬件设备方面具备了强大的基础支撑能力。目前，胜利油田数据中心共存储86个油气田、4152个区块/单元、8965口探井、67241口开发井的数据，数据总量为7.6亿条、5TB，每天新增数据30万余条，为151个应用提供数据服务，也为开展勘探开发大数据及人工智能技术研究提供了有利条件。近年来，在胜利油田围绕勘探开发大数据及人工智能技术的落地应用，按照“全面调研、重点攻关、定点突破”的思路，开展了多个应用场景的攻关探索，在地质智能表征、油藏智能预测与调控等场景应用研发方面取得了一系列进展。

（二）主要措施

1.三维断层自动检测

断层、岩性变化、噪声干扰都会导致地震反射同相轴的不连续性，常规的相干、方差、曲率和断层似然性等地震属性分析方法无法对断层进行有效识别。虽然可利用平滑滤波、蚂蚁追踪等方法对其进行后续处理以增加断点连续性和检测准确率，但流程复杂、关键参数选取困难，导致解释主观性强、可靠性低、效率低等问题。利用深度神经网络结构可建立断层与地震数据之间端到端的映射关系，提升断层解释效率及检测精度。胜利油田首先开展实际断层样本数据的典型特征解剖，详细梳理断层实际解释成果，根据花状、阶梯状、“Y”字形等不同断层组合样式，分别建立实际断层样本库；其次，有针对性地建立胜利探区断层正演样本数据，统计分析断层倾角、断面方位角、断距、断层切割关系、地层倾角、地层曲率、地层速度、地震子波、信噪比等构造要素及地球物理参数，构建了适用于胜利探区的三维断层模型及地震正演数据1000余组，进一步丰富断层样本数据；最后，改进联合实际解释和正演模拟样本数据的断层自动检测网络模型，进一步提升复杂构造背景下的断层自动检测精度。在胜利东部探区的东辛、牛庄等地区开展了应用测试，结果表明，相比本征相干等常规方法，基于深度学习的自动检测结果断点清晰连续，和专家解释的断层结果吻合度高，且计算效率可提升10倍以上，如图4-2-1所示。

2.测井自动解释及曲线自动生成

测井岩性自动识别：常规测井曲线岩性识别方法主要包括交会图、统计学方法等。但随着岩性识别目标越来越复杂，识别结果越来越精细、多解性越来越强，亟须寻找可以进一步挖掘岩性测井响应特征的技术手段，以提升测井岩性识别精度及效率。为此，将知识图谱、深度学习技术结合，建立了测井岩性的自动识别技术流程。

通过建立测井领域知识图谱，提取邻井同层知识特征。如图4-2-2所示，根据岩性识别业务需求，基于石油技术词典、测井领域文献、测井专业书籍、地质勘探书籍、地质开发书籍等测井领域资料构建测井知识体系分类、测井本体模型，进行命名实体识别、关系抽取、知识融合，建立测井知识图谱，并通过知识表征技术，实现邻

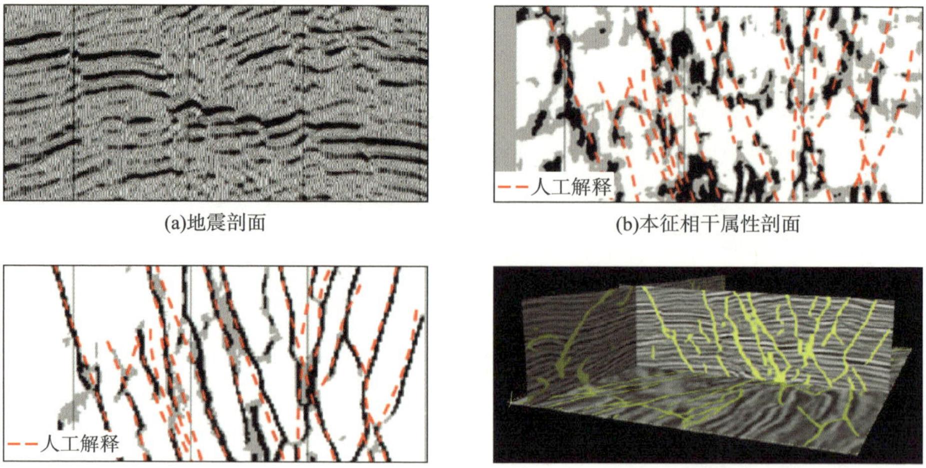

(a)地震剖面　(b)本征相干属性剖面
(c)断层自动检测结果剖面　(d)断层自动检测结果三维显示

图4-2-1　断层检测结果对比

井同层的知识特征提取；其次，通过卷积神经网络和长短期记忆神经网络，实现了测井曲线的数据特征提取；最后，经由注意力机制将两类特征融合，建立了深度神经网络与知识图谱联合的测井岩性识别模型，实现了测井资料的岩性自动识别。根据上述研究思路，在胜利油田孤东七区西开展测试应用，对该区块40口井进行测试验证，整体准确率为96.3%。

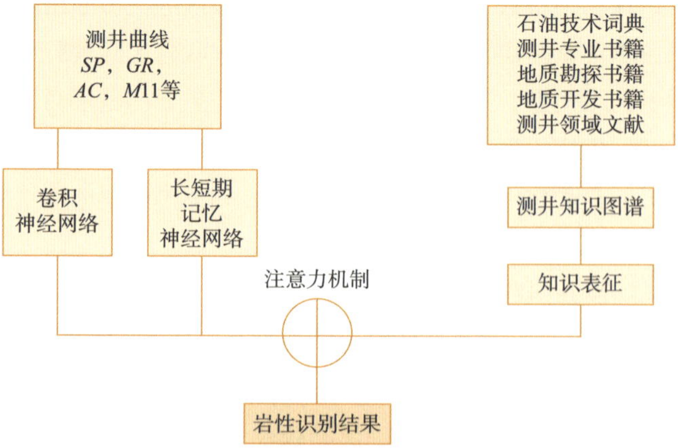

图4-2-2　联合知识驱动与数据驱动的测井岩性自动识别技术流程

测井小层自动划分：老油田开发井数多、纵向层系发育，地层对比人工解释工作量大、多解性强。为反映测井曲线在深度方向的结构特征，摒弃了常规机器学习方法中“点对点”的技术思路，重新设计了一种基于数据驱动和循环滑动时窗的小层划分方法。通过优选将对地质分层敏感的测井曲线作为特征参数，采取“窗口对点”的循环滑动时窗方法进行样本采集。同时，通过大量测试，优选了随机森林作为核心方法，并通过超参数调优，得到最终的小层自动划分网络模型。实际应用测试中，“点对点”的方法预测精度为75%，改进后的“窗口对点”划分精度达到89%。

3.生产指标预测

对单井初期产油量、递减率、累计产油量等开发指标的预测，是油气田开发方案制订和优化的重要环节。传统方法通过数值模拟和油藏工程方法来预测，但存在数值模拟方法成本高、周期较长，油藏工程模型准确度低等问题。利用模式识别挖掘实时生产数据中反映的生产信息，建立油藏或单井代理模型替代数值模拟计算或传统的产能分析方法，可实现剩余油分布和生产指标的快速准确预测。

对胜利油田典型单元开发数据的时序特征进行聚类分析，提出数据集应该首先根据渗透率、储层厚度、原油黏度三参数进行分类；其次将开发动态数据根据措施时间进行分段，分别对无措施、有措施进行建模分析预测，避免了多种因素同时考虑，机器学习模型复杂程度高、训练速度慢的缺陷。编写动静态数据融合模块，实现了钻井、地质、开发动态、措施等多源数据的自动汇总，形成了单井产量预测所需的数据整合方法流程。

实现了样本数据的辅助清洗、转换，形成了样本预处理基本流程。针对无措施、有措施2种不同预测场景，设计了有、无措施数据的自动分割方法，构建了单井产量预测所需的样本库。通过对数据指标的反复循环分析（单变量、多变量、数据转换等），抽取出有用特征，初步形成了无人为预先假设条件的单井指标预测的特征提取流程和方法。如图4-2-3所示，目前采用BP神经网络（BPNN）和循环神经网络（如LSTM）方法构建叠加模型，静态特征向量输入BP模型中，动态序列输入LSTM模型中，然后用全连接层拼装在一起形成叠加模型，这种网络结构可以提取动态时间序列

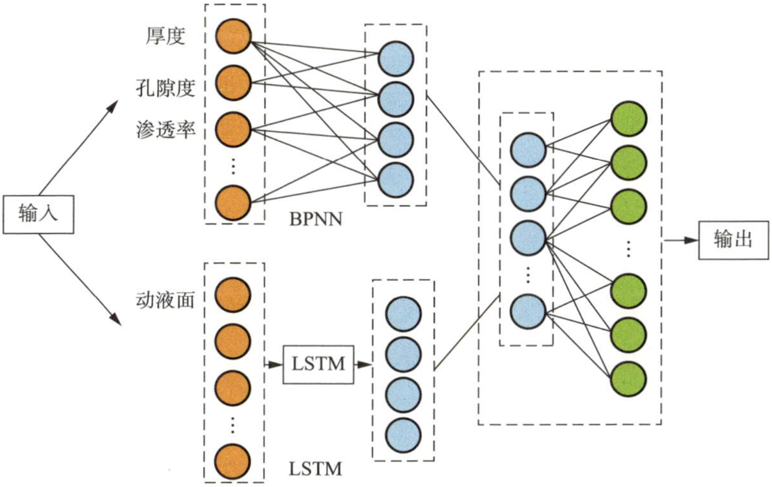

图4-2-3　BPNN+LSTM网络模型

数据前后变化的自相关特征，综合静态特征、时序数据动态趋势特征进行指标预测，提高拟合、预测精度。

4.开发方案智能决策和优化

开发方案决策包括层系组合、井位优选、注采量调整，该类工作依赖于数值模拟计算的常规历史拟合和生产优化方法，求解难度大、计算耗时长、难以快速收敛。近年来，基于代理模型辅助历史拟合和生产优化的方法受到了广泛的关注和研究，使用代理模型替换数值模拟的复杂计算可大幅提高计算效率从而加速优化，满足油田现场的实时生产优化需求。

该类方法首先利用人工智能技术建立油藏生产指标预测模型，再结合优化目标和优化方法实现快速历史拟合和生产优化。通过神经网络和主成分分析相结合的历史拟合方法，可根据数值模拟生成的数据训练得到能直接预测历史拟合函数值的神经网络模型，结合优化方法实现油藏模型参数的自动寻优；基于人工神经网络和遗传算法的生产优化方法，可以在历史生产数据训练后的人工神经网络模型基础上，利用遗传算法实现油藏注采参数的优化；基于代理模型的水平井完井策略优化方法，可建立以地质数据和水平井完井数据为输入的代理模型，通过优化方法对完井策略进行优化，实现水平井以最大产能生产。2021年，已初步实现了井位、措施等优化系统的搭建，对非均质油藏开展了优化测试及应用研究。

5.井下作业在线协同设计

胜利油田组织业务专家分析业务需求，梳理采集内容，经过四轮迭代开发和三轮测试，建立了一套具备“流程管理+数据采集+绘图运算+数据分析”等功能的井下作业设计体系。将业务流程固化在系统中，通过工作流驱动实现了岗位工作环环相扣，将岗位工作要求固化在系统中。

业务专家经过8次调研学习、16次需求对接、7次业务确认，形成了井下作业业务模型、流程规范以及数据采集标准，编制了油田企业标准两项。通过标准先行，支撑了业务流程化管控和数据结构化采集，填补了中石化作业设计标准的空白，达到石油行业先进水平。井下作业在线协同设计充分分析设计文档的结构，梳理不同的油藏、工艺类型、井型等特点的设计，编制了8大类54套规范和统一的作业设计模板，将整个设计文档模板按照章节、类型、内容拆解成 87个条目模块。设计章节灵活配置，全面支撑各项作业内容。配置完成的模板是一个个单独的结构，需要通过小节标题、章节标题等上下级关系，配置形成一个整体的文档。

（三）主要成效

1.推进油气勘探开发领域智能技术发展，助力提质增效

目前，油气勘探目标日趋精细，物探采集数据量越来越大，对地球物理资料处

理、解释的效率及精度提出了更高的要求。人工解释无法快速认识数据包含的特征信息，也无法获得高质量、高分辨率的精细解释结果，地震解释走向自动化和智能化已成为必然趋势。作为一种端到端的数据分析手段，大数据及人工智能技术可更有效挖掘深层次的数据特征，对提高预测精度及工作效率、降低勘探成本都有极大的帮助。

经过持续攻关研究，在胜利油田油气勘探方面形成了断层检测、层位提取、岩性识别、测井解释等多个应用场景的智能化技术，断层解释效率提升10倍以上，测井砂泥岩岩性识别准确率超过90%；在油气开发方面，探索实现了注采响应识别、开发指标预测、方案智能优化等场景的智能化应用方法，方案优化效率提高5倍以上。研究表明，大数据及人工智能技术具有多维度、多尺度的数据高效分析能力，不仅可大幅度提升工作效率，而且有助于提升地质建模和油藏工程预测精度。同时，针对现有技术应用问题，未来将重点聚焦核心算法攻关、样本数据标准制定及样本库扩充、智能应用平台建设等工作方向，逐步实现勘探开发全方位、全流程的智能化应用落地，推动油气勘探开发领域智能技术发展，助力油气行业提质增效。

2.井下作业在线协同设计解决了业务模板不统一、流程多样化、数据难以共享等业务痛点

井下作业在线协同设计在胜利油田16家开发单位、370余支作业队伍全面应用。13个设计流程全部贯通，日均新增设计70余口、每日指导500余口作业井施工，年发起作业设计2.2万口。在胜利油田推广应用后，替代原有的18套作业系统，每年节约系统运维费用支出约270万元，节约服务器运维费用约180万元，合计节约各类运维费用支出约450万元。通过数据联动应用及技术支持库的辅助，加快了设计的编写速度，每口井可节省设计编审时间6小时，每年作业井2.2万口，年可节约人工费用约1324.5万元。胜利油田井下作业设计标准填补了中国石化空白，通过流程化管控，强化了甲乙方管理；通过结构化采集实现精细化管理，减轻了设计工作量，提高了时率时效。井下作业在线协同设计解决了以往设计人员在多系统间不断切换的问题，消除了已有“信息孤岛”，避免“新孤岛”的产生，提升了工作效率与水平，为决策创新提供技术支撑。

二 油气田地面工程

（一）转型背景

石化产业中油气田地面工程项目的规模普遍较大，涉及的流程繁杂，在工程管理上存在较大难度。在实际的油气田地面工程建设施工中，受到内外部多种因素的

影响也容易引发一些矛盾和冲突，导致工程建设施工存在着质量和安全风险。因此，在油气田地面工程建设施工中，必须要加大管理力度，制定完善的管理规范，加强对油气田地面工程建设的监督和控制，以质量和安全为核心，加强对工期、造价的把控，做好地面工程建设的组织与协调工作，推动油气田企业经济效益的不断提升。

顺北一区百万吨产能建设工程处于沙漠地区，环境恶劣、交通不便，外部关系协调难度很大，给油气开采带来了极大不便。基于国家及企业的外因背景以及顺北地区环境现状的内因，建立地面工程建设一体化管控平台，以工程数据为核心，设计为源头，对采购、施工、试运等各阶段的数据进行采集与集成，在物理工程建设的同时实现数字化工程的交付，辅助提升管理水平，提高劳动生产率，降低工人劳动强度，对实现顺北油气田的智能化目标具有积极意义。

（二）主要措施

工程数字化交付是一项系统工程，是实现工程全生命周期管理的基础，涵盖设计、采购、施工全过程。

1.标准先行、夯实数字化交付基础

工程建设期每个工程对象都包含多种几何属性与工程属性，把每个工程对象的关键特征属性筛选出来，并固化形成标准，可用于各类工程的交付执行，包含线路、站场、集输、电力、道路等工程。最终形成了包含31项1544个文档的完整标准体系，为数字化交付系统的建设夯实了基础，并以此为基础，与设计单位共同编制了集团公司油气田地面工程数字化交付细则。

2.一体化管控、奠定孪生工厂基础

通过数字化交付平台，依托顺北五号联合站工程及顺北外输管线工程，在中国石化内部首次实现了站场工程与长输管道工程的一体化交付，打通了工程全生命周期数据流，为孪生工厂提供模型、数据及三维实体基础。

3.技术融合、试点已建站场数字化恢复

在顺北一处理站数字化恢复过程中，应用三维激光扫描及倾斜摄影相互融合的技术，在提高建模效率的同时，保证了模型与现场实物的绝对一致以及模型的精细化和完整性。

4.可视化管控、助力高质量建设

应用三维可视化技术展示顺北五号联合站全貌，并结合生产进度图表，为领导决策提供基础建议，为生产管理、运维提供实时应用。

利用地理信息技术实现管线类交付数据的可视化操作，以油田地理信息为底图，叠加油田的相关设施，实现对比分析，操作简单易用，一目了然。

5.平台功能涵盖建设期全业务链条

数字化交付平台包含五大模块，即设计交付、供应商交付、施工交付、文档管理和三维数据综合应用。

系统为数据交付用户提供桌面端和移动端相结合的方式。对于批量数据交付建议采用桌面端，而移动端可实现实采实录，在线离线两种模式。

（三）主要成效

西北油田分公司通过建立涵盖油气田建设期的数字化交付标准，实现全专业数字化设计，以管控工程建设期设计、采购、施工等工作为目的，确保建设期基础数据的完整性和延续性。开发分公司级数字化交付平台，交付内容涵盖建设期各阶段产生的模型、数据、文档及关联关系，实现了综合信息大屏应用、4D施工进度及站场管道焊缝的精细化管理等，完成了中国石化首座数字化交付大型联合站——顺北五号联合站。

1.三维可视化工程信息管理

顺北五号联合站工程管理人员，需要了解吸收塔（01–T–0601）的设计参数或采购参数或相关施工情况，便于优化工况、站内改造等。

平台以位号为核心，关联设计、采购、施工等各阶段信息，并实现信息联动，直接通过交付平台中物理模型定位或位号搜索功能查询定位到该吸收塔，在系统中实现了“一键点击、关联查询”的方式，代替了以往线下翻阅图纸的工作，显著提高了数据的准确性和工作效率。同时，抽取顺北五号联合站中的10个位号进行测试，在系统中每个位号只需要点击三下，即可查看所有关联数据及文档，共用时3分钟。而逐个查询本机中的设计图纸、施工记录和技术规格书，需用时30分钟，效率提高了90%。

2.施工进度管控

将施工进度与交付模型中的工程对象进行关联，在可视化窗口管控项目进度状态，工程建设管理人员或现场施工管理人员可通过配置颜色的显示和变化，快速了解现场施工进度情况。红色代表未开工，黄色代表施工中，蓝色代表已施工。模型中不同的颜色可形象清晰地了解顺北五号联合站的施工顺序及进度情况，与文字的表达相比，更加直观。

3.综合信息应用

在工程建设指挥中心部署大屏，调用交付平台中顺北五号联合站的基础数据，经过处理、统计及分析，可清晰地全面掌握工程总进度、各标段进度、各单位资源配置情况等。通过应用综合大屏的方式，代替了以往按期进度统计和汇报的工作，高效地管控项目建设期人、机、料、法、环的信息，节省了人力成本。

4.站场焊缝精细化管理

在施工阶段，施工单位通过设计提供的管道PCF文件加设施工焊缝，并完成交付。运营阶段，技术员就可以通过交付模型中的管线编号或焊口编号查看焊缝属性及相应焊接记录文档，为管线维护或站内改造提供参考。顺北五号联合站在上游板块首次实现了站内焊缝的管理，为智能化运营和完整性管理奠定数据基础。

5.提高了劳动效率

融合设计、供应商、施工数据，建立工程对象与数据的关联关系，实现建设期各阶段的数据管理。通过位号串联，消除“信息孤岛”，保证了全生命周期数据递延。同时，方便快捷地查找，免去了一些查阅资料的手续和流程，提高了劳动率、减少了沟通成本。

焊缝的精细化管理，为油气管道工程运营期的安全提供了有力的保障。顺北五号联合站外输管线交付焊缝近16000条，站内交付约2500条管线的施工焊缝信息，避免了运营期的安全事故带来的经济损失。通过智能化运维，年维修费节省10%（根据项目经济评价），每年节省约200万元。

6.推进了工程精细化管理

实现了建设期可视化管控水平，通过应用综合大屏、4D进度管理等提升进度控制、风险管理、成本控制等，提高了管理水平、优化了管理工作方式，从而保证了工程的整体质量。同时，实现了工程建设的五个“一体化”即业主设计建造一体化、全专业设计一体化、项目管控一体化、建造运维一体化、工程全生命周期一体化。

7.带来显著的社会效益

依托顺北五号联合站示范工程，以地面工程数字化交付为先导，实现了“五个首次”，完成了三个项目的数字化交付，打造了中国石化“五化”建设和“数字化交付”的“双示范”工程。

三 生产一体化优化

（一）转型背景

石油石化企业计划优化以全厂效益最大化为目标进行年/季/月排产测算，调度是以月度计划为目标进行旬/周/日排产，由于计划调度部门排产工具、管理职责不同等，往往造成月度生产计划难以执行，日作业计划不能保证效益最佳；调度由于异常信息获取不及时、指令下达信息滞后、数据关联性不高、领导层掌控信息不全面等，不能作出科学决策而影响企业整体效益；操作层面信息化水平较低，无法及时有效评价操作水平高低及装置运行平稳性，班组层面精细化管理缺少有效的信息化支撑手段。

由于DCS系统的应用，使报警的设置非常方便，但方便也带来了相应的问题，报警过量和报警不当，大量和低效的报警给企业生产带来了巨大的潜在风险，同时缺乏多类型DCS系统报警的统一管理和对报警事件分析的工具；炼化企业的工艺人员是生产装置的核心人员，工艺人员需要每天对装置的报警情况进行掌握，查看装置原料和产品质量的变化情况，对工艺方案的执行进行管理，对众多工艺资料和工艺台账进行编写和数据记录，处理和追踪日常工作流程，这些工作十分琐碎，消耗了工艺人员的大量精力，会造成工艺管理工作执行不到位的情况。

随着全球智能制造趋势的不断演进，国内外MES发展也日新月异。普遍来看，MES解决方案应以国际标准ISA-95为准则，在业务范围上覆盖生产层面全部业务活动，同时不断融合ICT新技术，实现MES的一体化、实时化、自动化、智能化、平台化，助力企业向知识驱动型运营模式转型，国内石油石化企业MES业务方面应形成一体化、实时化、自动化、智能化的管理能力，MES技术方面应具备平台云化能力；但是各类生产工艺数据分散在各种不同的设备及控制系统中，控制系统对外的接口类型五花八门，导致对现场数据的获取及使用存在很大的困难，反过来又影响计划调度的准确性与效率，如图4-2-4所示。

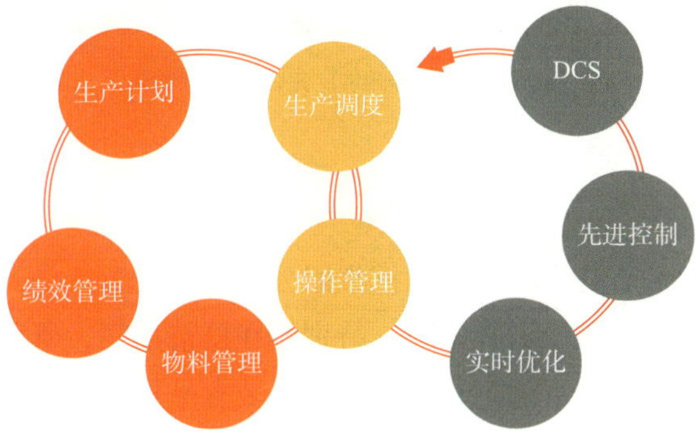

图4-2-4 生产一体化优化

（二）主要措施

某国有特大型石油石化企业集团通过智能工厂建设了工艺过程诊断系统，通过“院士工作站”“大师工作室”等多种形式，建立了5个大师级工作室，722名专家对十大类千余套装置进行网上巡检及远程诊断，指导企业开展装置生产操作优化。

如图4-2-5所示，某沿海炼厂通过全自主无人机+全自动机库+四维全息管控平台相结合的方式，建设无人机智能巡检系统；通过AI智能识别，对输油管线上施工作业、车辆占压与管道泄漏等情况进行实时监控与预警。纯电多旋翼无人机及自动机场采用VPDN通信方式，通过四维全息管控平台实现协同管控。平台建立四维全息实景模型，可提前规划航线，预制任务；智能识别软件采用AI智能识别技术，对无人机巡检实时回传视频进行智能分析，对长输油管线和厂际管廊周围施工作业、大型占压、工程车辆、异常人员、可见漏油等现象智能识别，对高压电缆的绝缘子破损、地线和导线挂点、本地异物、销钉开销、脱落、螺母脱落等进行重点部位影像实时回传和分析，并通过弹窗提示、声音预警、短信等方式将异常情况及时推送给相关管理人员，巡检全程可达到无人值守的自主巡检与任务监测。

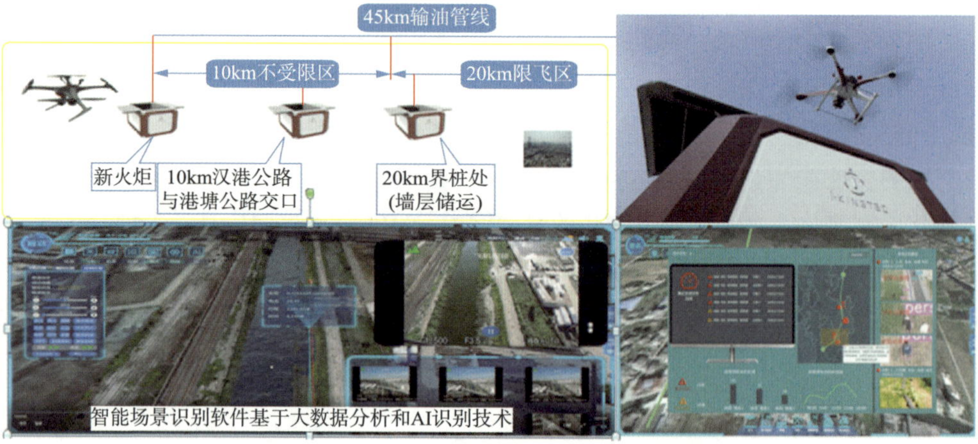

图4-2-5　某沿海炼厂无人机智能巡检

（三）主要成效

某国有特大型石油石化企业集团发挥集团公司专家资源优势，整合企业、科研院所的专家资源进行网上巡检及远程诊断。特别是在疫情期间，研究院所的专家为多家企业开展了工艺诊断分析，帮助炼化企业提升了装置平稳运行水平。

某沿海炼厂无人机巡检项目，有效提升巡检质量和工作效率，降低作业安全风险。采用无人机智能巡检，相当于给长输管线加上了第三只眼，不仅提高了巡检质量和效率，还降低了巡检人员的劳动强度，从而有效缩短异常事件的响应时间，提高了巡线效率，节约巡线人员配置。

四　先进控制

（一）转型背景

在石油石化企业先进控制方面，由于炼化装置工艺复杂，存在多变量、强耦合、非线性、大时滞、多目标、多约束、自干扰等难题。采用常规控制难以实现稳定运行，经常造成操作波动，关键工艺指标缺乏有效的在线检测手段，难以满足装置操作最优化的需求。传统的PID控制系统对于一般的工业生产过程基本上能满足控制要求，再加上这种控制方式比较简单，也容易操作，所以受到工业界的普遍欢迎；但是，随着工业生产过程规模的扩大和复杂性的增加，对产品质量和过程被控变量的波动范围要求越来越严格，特别是对于那些与工业企业经济效益密切相关的工业生产过程，简单的PID控制系统已远远不能适应。

先进控制技术是在常规控制的基础上，采用先进的建模、多变量预估控制、软测量技术等手段，对装置或工艺单元进行多变量协调优化控制。通过实施先进控制，为操作人员提供一个方便的工具，承担大多数常规操作任务（相当于一个优秀的操作员全天24小时工作），可以改善过程动态控制的性能、减少过程变量的波动幅度，使之能更接近其优化目标值，从而实现生产装置的卡边控制，最终达到增强装置运行的稳定性和安全性、保证产品质量的均匀性、提高目标产品收率、增加装置处理量、降低运行成本、减少环境污染等目的。通过实施先进控制，改善了过程动态控制的性能，减少了过程变量的波动幅度。由于波动幅度的降低，使生产装置能够在接近其约束边界条件下运行，在卡边操作上也取得了一定的经济效益。

（二）主要措施

APC直接对生产装置实施优化控制，把效益目标直接落实到控制阀上，是装置进一步挖潜增效必不可少的技术手段。如图4–2–6所示，某国有特大型石油石化企业集团自20世纪90年代开始引进APC技术，进行项目试点、消化吸收、大规模推广，目前在20多家炼化企业推广应用APC系统超过200套，涉及常减压、催化、焦化、重整、汽油吸附脱硫（S Zorb）、气体分馏、乙烯、芳烃抽提、聚乙烯、聚丙烯、PTA等17类装置。

某沿海炼厂从全厂生产装置建设之初，就开始规划APC项目，装置开车运行后，一次性实现企业炼化主体装置APC全覆盖，形成APC应用的规模效应，提升了炼化企业整体经济效益，为进一步实现炼厂装置区域优化、实时优化奠定了基础。

某内陆炼厂为稳定乙烯裂解深度，减少油品进料属性波动造成的裂解深度波动，提高乙烯装置的平稳率和双烯收率，降低操作人员的劳动强度，减少装置能耗和物耗，在乙烯裂解装置实施通裂解深度APC。首先通过神经元网络技术利用进料特性、裂解炉负荷、出口温度和横跨温度、汽烃比等主要相关变量计算当前的裂解深度，然后利用在线分析仪的分析值对裂解深度预测模型的计算值进行校正，并作为裂解深度控制器的输入值，装置操作人员通过深度控制器设定合适的SP值并将输出作为出口温度（COT）控制器的设定值，从而实现闭环控制。在裂解炉运行末期，如果COT的设定值达到预设的控制上限，现场操作人员可以通过调整裂解炉总进料质量流量等实现稳定裂解深度的目标。

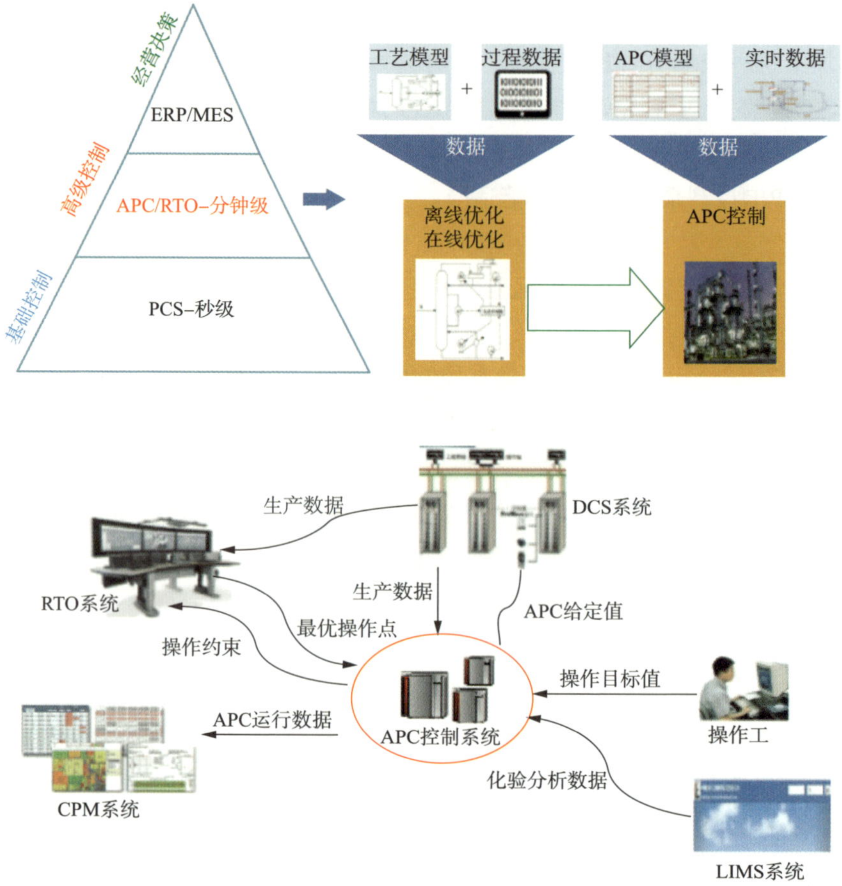

图4-2-6　APC示意图

（三）主要成效

某国有特大型石油石化企业集团的APC应用效果主要体现在以下几个方面：

1）APC投用后，提高了装置控制水平，增强了装置操作平稳性。

关键被控参数的波动方差平均降低20%，加热炉氧含量、分馏塔关键温度等关键参数的波动方差平均降低30%以上。通过多输入、多输出的动态矩阵控制技术，降低了单参数调节存在的操作波动，提高了生产运行平稳度。

2）实现了卡边控制，提高了高价值产品收率，减少质量过剩。

通过多变量协调，实现了高价值产品质量指标的卡边控制。常减压、催化、焦化等装置主要产品的收率提高0.25%以上，乙烯装置双烯收率提高0.4%左右。

3）APC通过用能平衡优化，降低了单位能耗。

对于加热炉，利用APC实现了流量支路平衡控制，降低燃气消耗和排烟温度，提高能源利用效率，如某沿海炼厂常减压节约能耗184.9吨标油，某内陆炼厂重整装置能耗降低2.12吨/万吨原料油，某沿海炼厂乙烯裂解炉的单位热负荷降低了0.64%。通过对精馏塔的气液比、回流比等参数进行优化，提高了分馏效果，降低了能耗。

4）持续推进APC建设应用，取得了明显的经济效益。

通过对已投用APC的统计分析，炼油装置APC年平均创造经济效益503.2万元。

某沿海炼厂APC实施后，关键被控变量平均标准偏差明显降低，提高了装置自动化水平和装置运行平稳率，降低了操作人员劳动强度，统一了操作方法，改善了装置运行工况，提高了产品质量控制平稳率，实现了卡边操作，提高了高价值产品的收率和产品产量，并降低了装置能耗，年增经济效益3000万元以上，取得了良好的经济效益和社会效益（见表4–2–1）。

表4–2–1 某沿海炼厂APC应用效果

序号	装置名称	应用效果	直接经济效益
1	常减压	石脑油收率提高0.37个百分点，航煤提高0.45个百分点，混合柴油收率提高0.58个百分点	714.12万元/年
2	延迟焦化	柴油收率提高0.91个百分点，汽油收率提高0.07个百分点，液化气收率提高0.13个百分点，合计轻油（含液化气）收率提高1.1个百分点	885.6万元/年
3	催化裂化	柴油的初馏点由191.83℃上升到了192.86℃，粗汽油流量提高了1t/h；在稳定汽油蒸气压与控制指标的差值由原来的2.6kPa减小到了目前的2.3kPa，汽油产量增加0.15 t/h	717.8万元/年
4	连续重整	通过卡边操作，减少了石脑油干点指标的质量过剩，提高了石脑油的回收率；由于反应系统和分馏系统操作平稳性提高，降低了反应炉的燃料气消耗	511.6万元/年
5	气分	丙烯纯度由原来的99.66下降到了99.63，丙烯产量可增加67.2t/a；通过降低各塔回流比，全年节省能耗558tEO	234.1万元/年
6	聚丙烯	聚合产量可增加约0.5t/h，能耗平均降低5.43kgEO/PP	220万元/年
7	柴油加氢	尾油硫含量的卡边控制，新氢（辅料）消耗降低了0.01个百分点	112.96万元/年
8	加氢处理	尾油硫含量的卡边控制，新氢（辅料）消耗降低了0.009个百分点	83.3万元/年

如图4–2–7所示，某内陆炼厂经过标定，乙烯裂解深度先进控制投用后，裂解深度能控制在±0.02范围内，双烯收率平均增加0.2个百分点，控制器投用率达到95%以上，每年可以给该公司乙烯装置带来大约1023万元的经济效益。该乙烯装置采用APC系统结合多种裂解炉炉型和不同裂解油品开发了裂解深度在线预测模型、裂解深度软测量在线校正系统和裂解气分析仪在线监控系统等，提高了裂解深度控制系统的安全性，提高了高附加值产品的收率。

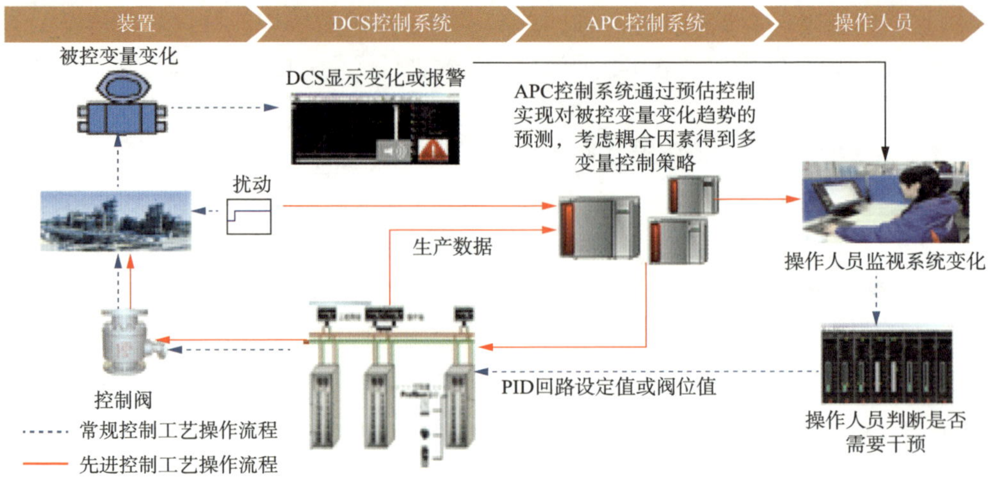

图4-2-7　某内陆炼厂APC应用实例

五　“日效益”“日优化”

（一）转型背景

石油石化企业生产是连续不间断的，生产环节多、工艺流程复杂、上下游装置间物料移动相互交错。其具有物料流动、主副联产、产耗同步、产品多样、质量差异、库存变动等生产特点，使企业进行全方位全过程监控、优化生产、成本核算、效益测算等受到一定程度的限制。

争取最大效益是每个企业生产经营的目标，而企业的效益来源于每天每个操作单元，要提高企业的整体效益，必须优化每个生产单元的生产和操作，强化各级人员的责任意识和效益意识，将企业效益分解落实到具体的生产单元，才能实现整体效益的提升。为此，必须弄清楚各生产单元每日的生产情况，是盈利还是亏损，生产是否优化，单元局部优化与企业全局优化的关系。要进行装置日效益的准确计算。效益测算过程中，涉及很多方面及环节，需收集大量数据，进行复杂的逻辑运算，依靠人工实现起来很困难。因此，迫切需要通过依托信息技术，综合应用数学、计算机、化工工艺等多个领域的技术，建立相关处理模型及相应的业务系统来实现，解决企业存在长期计划目标与实际生产脱节、执行过程跟踪监控不到位等管理上的诸多问题。

石油石化企业过往的管理模式已不能适应企业从严管理、精细管理的要求。一是效益管理责任落实不到位，效益核算只是笼统落实到月度公司级，没有分解到具体部门和责任人，使得责任的追溯性被弱化，对绩效评价的责任也难以追究到责任部门和责任人。二是生产运营的事前调整、事中控制能力不足，只是根据原油行情、装置加工结构、开停工检修计划，结合产品配额等外部条件利用计划优化工具生成年度、季度、月度生产方案，以计划的形式下发，缺乏过程控制，到月末通过月度结算，才能知道执行情况，即使发现有偏差，也已无法修改。

日效益管理平台有机集成了物料流、能量流、信息流、资金流，在MES平衡推量及相关业务系统的基础上，将利润逐层分解到各个装置、单元、侧线，并与优化模型相结合，扬长避短，千方百计增产高价值产品，减少低价值产品的产出，形成企业每日生产优化方案。企业以日效益为抓手，全面推进生产优化，引导生产方向，细化操作流程，使企业利润平稳逐渐上升，并保持较高水平，平稳生产，实现企业利润的最优化。

（二）主要措施

某沿江炼厂运用管理学中的“反馈原理”建立起“日优化”管理体系。该体系是根据每天生产动态和外界条件变化信息，以企业整体效益为出发点，及时作出反馈并加以测算，将测算结论以量化的日优化生产指令并下达到生产一线，实现生产全流程优化，达到提高企业效益的目的。企业经过几年的管理实践积累，逐步形成如图4-2-8所示的闭环管理模式。通过建立“日优化—日效益”精细化管理模式，将其层层分解后，可以直击问题根源，找出真正的薄弱环节，解决实际问题。

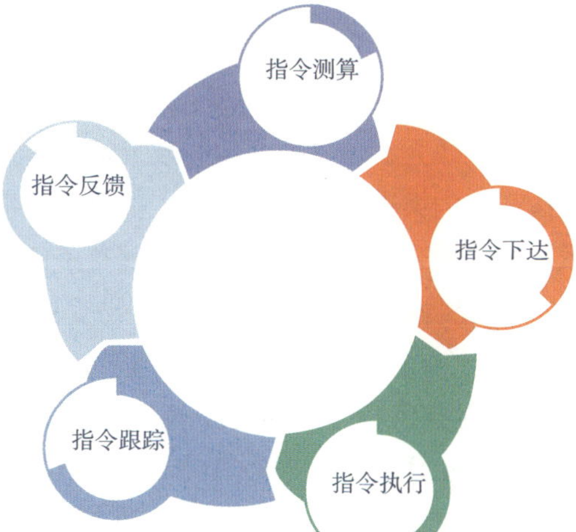

图4-2-8 日优化闭环管理模式

“日优化—日效益”精细化管理模式以企业生产的全局优化为主要的效益潜力，通过对经营管理层（ERP）、生产执行层（MES）以及过程控制层（PCS）这三个层面的集成与优化管理，实现从原油进厂到出厂全过程流程的横向集成与优化；实现从年、月、日、到时、分、秒的实时在线闭环优化，通过这三个维度的分析与综合，企业可实现生产的闭环管理和持续改进，即协同优化，企业始终运行在最佳状态。

“日优化—日效益”精细化管理是对战略和目标分解细化和责任落实的过程，是让企业的战略规划能有效地贯彻到每个环节并发挥作用的过程，同时也是提升企业整体执行力的一个重要途径。其核心流程就是将月目标落实到每日操作：运用月计划模型，优化计算得到月优化目标，通过周计划模型分解到日，再运用日计划模型，得到每日优化目标下达装置层面，从而实现了优化目标从月—周—日的落实。

在日优化的基础上，该炼厂创造性地提出并实施了日效益管理模式，打破传统上仅核算到公司级月度效益的做法。日效益管理模式下的生产运营就是以效益为抓手，优化安排公司的生产，并及时解决效益瓶颈，不断优化提升。为使日效益管理真正在实际工作中起到作用，该炼厂建立效益指标层层分解机制，将公司月度经济指标分解落实。首先公司月度经济指标分解到炼油、化工、资产三个板块，再分解到运行部，开拓性地将效益定量分解到每一天、落实到每套装置，突出效益责任的追溯性，以效益指标引导每日的生产运营，使效益管理和优化决策变为量化的控制行为。

随着优化工作开展不断深入，仅在传统的单部门内部开展优化工作已不能满足和适应新的市场形势下获得高效益及企业发展的需要。为了能够更好地整合资源，进一步提高优化工作效率及效能，该公司层面成立一个跨部门的优化组织机构，将每日优化上升到公司层面进行管理。

为了提高日优化管理体系的运转效率，该公司领导以“职责明确、覆盖面广、强调细节、规范管理”为原则，建立了日优化管理网络。以生产计划处为指挥中心，优化小组成员负责每日优化方案制定、下达及监督实施，各个运行部内部每套装置选出一名主管为日优化指令执行责任人，负责方案执行及反馈。日优化管理网络的建立自上而下地打通了优化工作开展的渠道，为长期开展工作提供了平台和流程保证。

在日优化管理体系推行初期，部分优化方案由于现有条件的约束、原有考核机制的压力以及单装置生产技术经济指标变化的影响，容易受到质疑，集中体现在炼油全流程方案可能对单装置指标有负面影响，进而出现“活干得越好，钱拿得越少”的尴尬局面。生产一线人员对日优化指令执行积极性不高，给优化方案的实施效果打了折扣。公司在充分考虑了工作推行以来凸显的矛盾焦点，结合现有的考核制度，先后制定了《公司装置优化生产考核办法》《运行部增产考核办法》，每月定期对各装置日优化指令完成情况上网进行通报奖励和处罚，结果作为公司月度经济责任制考核的一部分。同时，及时和装置负责人进行必要的双向沟通，有效提高了基层单位的积极性。

（三）主要成效

该公司通过日效益管理模式的实施，实现了从装置到运行部再到分公司的日效益逐级计算汇总功能，一目了然了解各单位每天是否盈利及盈利多少。同时对利润的构成进行了明细化的分析，盈利盈得明白，亏损亏得清楚，为进一步优化生产提供了及时准确的数据支撑，也指明了优化方向。有利于对装置的效益做直接的评价，有利于对装置的盈亏进行客观的分析，有利于对未来的趋势做适当的预测。

通过将事后统计变为日效益测算和日效益优化，公司上下统一认识，提高了效益责任意识，日常生产运营以效益最大化为目标，及时作出决策和调整。建立了与之相适应的组织管理体系，成立跨专业的计划、调度、原油调和、装置优化、能源优化等联合团队，深度开展全流程优化和单装置优化工作，如图4-2-9所示。

以公司效益最大化为目标，以增产高附加值产品为立足点，充分挖掘装置潜力，实现资源在炼油、化工和有限公司3个板块间的最优化配置，不断创新并实施全流程优化，努力把握生产经营主动权。经过公司全体全员的共同努力，该管理体系已经与其他现有管理体系有机融为一体，"日效益"的理念已经深入每个员工的心中，各尽其职。根据效益计算情况，第一时间作出调整，明确优化方向，确保效益不流失。

截至目前，该炼厂通过"日优化—日效益"精细化管理系统，使每天排定生产方案时间从2h缩短到30min，确定原油和汽油调和优化方案时间由180min降至15min，汽油、柴油、航煤等成品油在线调试平台一次调试合格率增至95.95%。累计实施生产优化方案46项，使生产指标合格率上升5.5%。累计降本增效超1.2亿元。

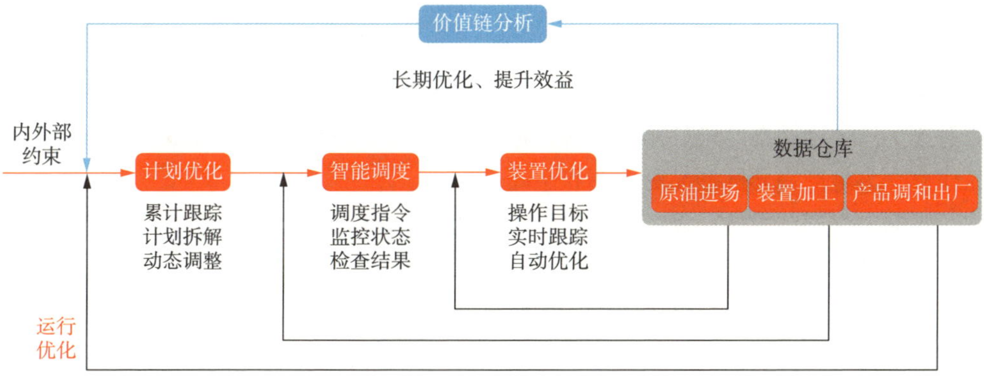

图4-2-9 某沿江炼厂生产全流程优化系统

如根据92#汽油与C_4价格，及时调整催化稳气蒸气压；根据石脑油与0#普柴价格，及时调整焦化汽油干点；根据天然气与液态烃价格，判断是否补烃；根据焦化保本点与沥青价格，判断焦化是否满负荷等。将每个装置的效益及时并真实地反映出来，为管理层决策提供了切实可行的数据支撑，明显提高了管理水平，装置平稳率显著提高，非计划停工较去年明显减少，通过大平稳，实现大优化，取得了建厂以来的史上最佳效益。

六 产销一体化

（一）转型背景

聚焦石油石化企业整体效益最大化，加强产销点面结合、双向沟通，从供应链预测需求端发起，考虑生产计划，根据每天直分销的数据、外部的销售数据，测算未来销售数量，结合库存情况，预测的消费需求，能够实现精准的供应链货源供应，加强资源统筹，实现产销一体化推动油品增销上量。

炼厂油品产销计划与销售公司存在较大偏差，计划的结构性差异给生产组织和油品出厂带来很大困难。以产销计划编制为例，某炼厂月度实际生产量与当月计划量存在较大差异的情况时有发生，计划收率与实际收率最大时相差4~5个百分点，这不利于辖区产销的平稳运行和配置计划的执行。

炼厂通过与销售公司及时沟通，得到准确及时的信息，从而作出快速决断，提升经济效益。炼厂通过与用户加强回访，变被动服务为主动服务，主动加强沟通，减少环节，提高加工、生产计划编制的准确性，帮助炼化企业合理安排生产和有效控制成本，并将炼化企业的满意程度作为检验工作成效的标准。销售公司与石油石化企业建立盟友关系。自觉维护辖区整体部署，携手并肩，相互支持，保证市场的稳定供应，维护辖区的整体利益。

炼厂按照以销定产、以产促销的原则，积极配合炼厂生产计划部门、协调销售企业有关部门合理调整产销计划，同时，督促销售公司加快油品出厂节奏，及时降低油品库存，为生产差异性油品腾出调和空间。

不断加强产销衔接，保障产品出厂后路畅通。在炼油产品出厂方面，加强对国内成品油市场分析研判，制定疫情期间油品出厂应急预案，强化成品油产销调运衔接，努力做到以销定产、以销定供。炼厂按照月度生产经营工作要求，紧盯油品出厂工作重点，加强与销售公司的产销衔接，推动和落实产销计划，合理调整油品出厂节奏，不断优化流程，加快油品出厂进度，千方百计推动汽柴油增销上量。

（二）主要措施

某东北老炼厂销售储运中心作为保障公司产品“储运销”畅通的关键环节，做好疫情防控和产品出厂“两不误”。

疫情期间，对外，某东北老炼厂与东北销售公司及区域公司、交通部门全天候协调流向和运力，采取外运出厂为主、以车代库为辅、管输应急并重等有效方式；对内，与生产厂保持紧密沟通协调，紧盯调运关键环节，对清车、洗车、装车等环节进行周密统筹安排，高效组织车辆进厂，第一时间组织装车，及时腾空油品调和罐。

在出厂方面，一是春节前与销售公司沟通衔接，加大出厂力度；二是面对下游厂家多数停工，前沿库房长期满库的局面，密切关注前沿库房动态；三是密切关注下游企业复工动态，解决外部运输车辆不能进入炼厂问题；四是组织车辆加大QL505P发运出厂力度。

某东北城市炼厂针对自营类产品，拟订以销定产的战“疫”措施。淡季遇疫情，下游用户出现停产或需求骤降状况，为缓解产销矛盾，生产部门将相关装置降至最低负荷，同时充分利用中间产品罐容作为调节手段。销售部门应紧盯目标市场、强化主动服务，以空容能力为基础，建立库存预警机制，动态制订销售计划，控制堵库风险；紧急增设库存，调配多品种、多批号的产品存储；调整销售策略，引导用户连续购货，切换线上销售模式，提供优质售后，疫情期间发货、推广两不误。比如，该炼厂石油焦类产品在疫情期间争取到新用户订单，当月有望实现超计划输出。

对于统配类产品，该炼厂规划了减量降荷之路。在后路狭窄的情况下，该炼厂提出三个优先：优先降低负荷，积极压减成品油产量，强化变更管理，抓好防冻防化冻工作；优先防控短板，针对低负荷运行可能产生的薄弱点成立专项监控小组，从安全运行、环保指标、产品质量、设备可靠多方面制定方案并实施；优先外贸输出，积极调整产品输出策略，寻求外贸出口配额，发挥临港优势，加大外贸输出力度，在国内市场销售极其不畅的情况下，为兄弟炼厂让路。

（三）主要成效

某东北老炼厂对外，全天候协调流向和运力，多措并举保障公司炼油装置平稳生产。对内，与生产部门保持紧密沟通协调，紧盯调运关键环节，对车辆运输等环节进行周密统筹安排，高效组织车辆进厂，尽可能减少疫情对公司油品出厂的影响，努力保障炼油产品出厂后路畅通。

在出厂方面，一是尽量将产品罐存、库存降到低位；二是密切关注前沿库房动态，在前沿库房倒出库容的间隙争取计划及时抢运；三是针对有需求的产品及时协调调运、物流、铁路部门，解决外部运输车辆不能进入炼厂问题；四是确保产品在发运、装车、配合等方面高效顺畅。

某东北城市炼厂对于自营类产品，淡季遇疫情的状况，生产部门与销售部门合力控制堵库风险、紧急增设库存、调整销售策略、切换线上销售模式、提供优质售后，疫情期间发货、推广两不误。

对于统配类产品，该炼厂规划了减量降荷之路。成品油市场输出不畅是当下大部分炼化企业的共同难关，保证不停产靠的是输出不停滞。

石油石化企业立足于整体效益最大化，紧盯国际国内两个市场，加强炼销点面结合、双向沟通，建立生产、出口、外采全环节资源效益测算，将市场信号、效益信号向上游有效传递，优化资源配置方案，探索和建立炼油和销售一体化统筹算账模型，推动石化和外采两类资源的系统优化，完善生产经营与效益测算的联动决策机制。统筹配置、外采、进出口多种资源，精准运作，统筹零售、直分销联动经营。

七 油站新零售

（一）转型背景

加油站作为石化行业中成品油销售端与社会客户最主要的接触点，其内部管理与对外服务能力，很大程度上关系到石化企业的社会责任与品牌形象。当前，加油站在外部服务方面存在加油慢、支付慢和开票慢而导致车辆排队等候，前庭效率低，严重影响加油站销量的问题；在客户服务方面存在识客难、招客难和留客难等问题，难以分辨到站加油的常客和新客户，从而无法定制有效的营销策略以增加客户黏性；在营销方面，油非收银系统相互独立，客户需要进行二次支付，手续烦琐，油非之间营销互动较少，无法达成联合营销，起到相互促进的作用。

在后疫情时代，消费习惯改变对各行业冲击各异。加油站需要在对外服务、营销方式等方面进行建设与提升；为提升客户体验感，提高加油站工作效率以及应对内外部的竞争与挑战，各大成品油零售企业将主动或被动采取转型措施，自动化、智能化将成为发展的必然趋势，对内容多样复杂的场景进行整合，形成统一的智能加油站服务模式，以打造示范先行试点，后续推广为传统加油站融入创新技术和新零售基因。

（二）主要措施

1.一键加油

某国有特大型石油石化企业集团开发的“一键加油”App是自主发行电子钱包的加油支付管理工具。通过加油消费模式“三变”（有卡变无卡、线下变线上、模糊变精准）和加油卡业务“三保”（保留忠诚客户、保留沉淀资金、保留加油机数据等主要资产），在较短时间内实现了加油站支付便捷化、操作移动化和营销智能化，有效应对了其他移动支付工具和互联网平台的竞争，提高了加油站通过率和精准营销能力。客户可以通过“一键加油”在手机上下单后，订单信息传送至加油员手持智能设备，员工识别客户身份后，完成加油并自动扣款，客户全程免办卡、免圈存、免下车。开发的电子钱包管理系统包含充值、预授权、扣款、退款等核心交易功能；支持运营人员配置电子账户模板，实现账户管理、交易查询等功能；完善业务系统支付管理，实现无感加油、电商平台、前台POS等相关场景下支付功能调用。

2.一键到车

“一键到车”是利用顾客加油等待的5min时间，在“一键加油”等待页面，将顾客带入便利店的网上店铺，展示爆款商品、促销商品，配备极速下单功能，使顾客在线上与便利店进行深度的业务交互和联动。顾客在加油等待时下单，便利店收到订单分拣备货送到顾客后备厢。通过对一键加油和一键购物进行深度融合，顾客无须下车和进店，即可完成加油购物场景的体验。

3.构建客户画像

某国有特大型石油石化企业集团下属加油站基于业务数据源（如“一键加油”“一键到车”等）构建客户标签体系，为加油客户、非油品客户和线上平台会员构建客户标签，从用户属性、加油行为、非油品行为和线上平台行为等多维度形成客户画像，最终实现多系统的数据统一，客户标签的混合使用，实现客户动态感知。标签分别对客户基本信息、油品偏好行为、非油品偏好行为等进行洞察分析，分析不同群体的特征行为以用于营销与客户服务等场景，基于客户标签开展个性化精准服务，如图4-2-10所示。

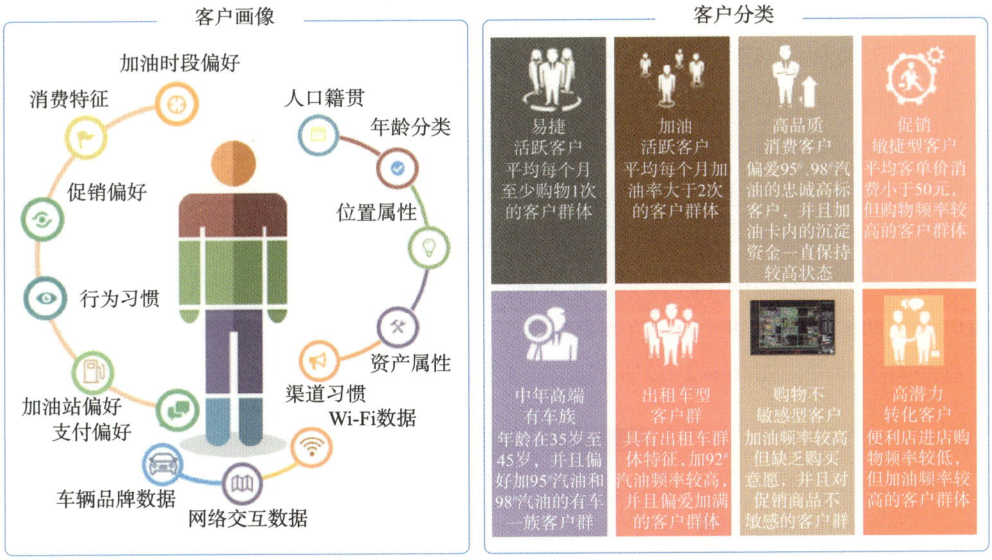

图4-2-10 客户画像

4.智能机械臂辅助加油

国内首款智能加油机器人在某特大型石油石化企业集团西部地区加油站正式投入使用。加油机器人结合了人机交互、人脸识别、北斗卫星定位、动态监控、自动识别等多项技术，能自动识别车辆油箱的大小、位置、打开方式，实现自动定位并开关油箱内外盖，自动插拔加油枪，整个过程都实现了自动化，能带给车主更加便利的加油体验，如图4-2-11所示。

图4-2-11　智能机械臂加油

（三）主要成效

1.加油站服务提质增效

株洲长岭加油站以“加油服务”为入口，以“互联网+”为依托，突破传统模式，在进站口设置了智能引导发布，加快了车辆进站加油速度；站内均采用二代智慧型加油机，罩棚区域设置了车牌识别系统，以便将来在加油区域进行无感支付；便利店内设置了人流热点分析、人脸识别、微信支付、扫码购等智能设施，节省了客户排队等待、结款交付的时间。同时设置了自动付专用通道，为自动付用户提供专享服务，大大改善高峰时期的加油站拥堵状况。加油结束，车牌和车主人脸被自动双重识别验证通过后，加油站便自动完成该车辆的油费结算并扣款，扣款成功后发送支付凭证，车主直接离场即可，如图4-2-12所示。

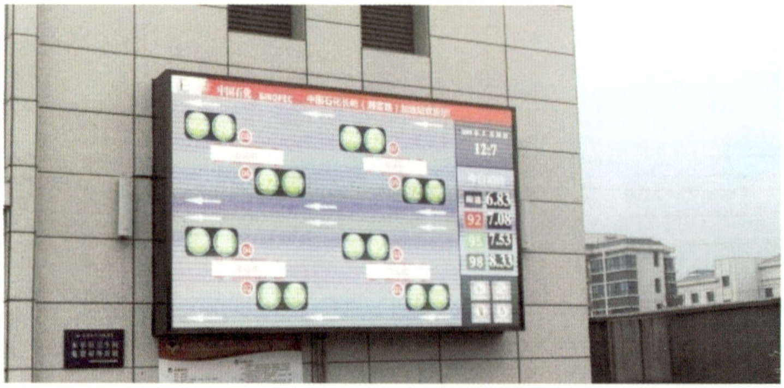

图4-2-12　自动支付智能看板

2.推动增量创效

“一键加油”全面推广的2019年，机出零售量增加28.6万吨，实现收入26.08亿元、毛利6.79亿元、利润1.87亿元；2020年人均零售量由788吨/人提升至815吨/人，节约用工成本1500万元，较线下刷卡支付节约手续费2975万元；2020年“一键加油”客户由238万增长至358万，新增客户带来销量2.8万吨，增加价差收入5310万元，活跃客户稳定增长，市场控制力得到有效提升。

3.精准营销定位

基于客户的加油行为标签分别对客户基本信息、油品偏好行为、非油品偏好行为等进行洞察分析，分析不同群体的特征行为用于营销与客户服务等场景，同时计算客户流失可能性，制订不同客户群体的流失预警计划（激活、挽留、召回），结合客户标签和流失预警计划构建客户流失预测模型，精准推送不同力度的优惠券，通过监测客户回流加油情况，调整优惠券力度并完善客户的优惠券敏感程度标签。

八 油站一体化经营

（一）转型背景

近年来，各大公司在发展过程中面临成本攀升、竞争加剧、盈利能力不足等显著问题。从市场竞争角度来看，各类竞争主体充斥，资源供大于求且鱼龙混杂。同时公司内部市场机制没有建立到位，销售环节需大幅承担来自生产环节的亏损，进一步削弱了企业的市场竞争能力和盈利水平。销售板块在多年的信息化建设和长期运行过程中，积累了大量的基础数据，但数据分布在多个业务系统，数据分析和应用难度较大。随着业务范围的不断扩大，传统加油站的经营管理制度无法清晰了解企业经营指标状况及业务流向，难以综合协同物流运输、车辆管理以及人员调度等复杂业务。加油站是车辆人员密集的场所，对于人员安全以及油气品管理有着严格要求，现场值守人员、设备稳定性以及卸油操作合规的管理一直是油站管理的痛点。

为提升企业油站管理水平和核心竞争力，应通过数据挖掘实现市场细分、物流优化和成本控制，实时监控、端到端优化各环节运营。数据驱动优化加油站选址、油价定位、人员定位、经营决策及设备预警等，保障油站安全高效运行，打造油站智慧运营新模式。

（二）主要措施

1.一体化经营系统

某国有特大型石油石化企业集团下属销售公司在基础平台方面，依托集团平台技术（石化智云），全面推进“系统上云，开发上平台”工作。按照“数据+平台+应用”的开发模式，建设销售企业核心系统，打造站级一体化建设推广。站级一体化集成了加油卡系统、便利店系统、充值卡易捷卡系统、发票系统、资金监管系统、零管系统和CRM电子券系统等，实施站点超过2.2万座，实现了油品一键班结、多项业务一屏操作，油非一体化收银等功能。

2.AI视频安全监控

零售管理和安全管理两个方面对视频监控系统AI应用进行了探索和实践。通过前端数字摄像头捕捉动态画面，实现视觉触点，加持前端算法智能判断并输出到综合运营管理平台。运用机器视觉进行学习与智能识别，自动获取各个加油站的车辆通过率，人员在岗情况，人员工作状态，设备使用运行情况，对识别结果进行快速判断，并及时上报运营数据和安全数据。

3.数字应用平台

某国有特大型石油石化企业集团基于数据仓库数据源在ERP、零售管理和非油品等系统，扩充了物流、液位仪、电商平台、加油卡查询等系统数据，为数据分析和应用打下坚实基础。并依托总部大数据服务平台，以需求和应用为导向，建设了大屏端的经营管理数据中心、手机端的“油你掌控”，以及面向加油站长使用的站长俱乐部微信小程序。

如图4-2-13所示，对经营数据、新业务场景、不同维度、不同口径的数据应用分析需求，搭建数据平台，对海量数据进行采集、计算、存储、加工，同时统一数据标准和口径。最终以Web端中式报表、移动端图形看板、定制化的邮件报表服务于公司管理层以及业务部门，提供数据应用、分析等技术支持，便于快速形成多种报表进行对比分析，为领导决策提供科学依据。

图4-2-13　油站经营监控数据大屏

（三）主要成效

1.实现信息共享机制

依托经营管理数据中心，实现主要高速路系统内外加油站价格、实时销量、实时库存、日结销售、便利店销售等信息共享构建站长俱乐部，以此方便经营决策和策略协同。多种可视化方式清晰表达企业经营指标及业务流向，让管理者一眼发现问题、掌握趋势、提升洞察力。加油站所处的环境和竞争状态，通过车行等时圈、布局竞争、站点价值、POI核密度这4个点将宏观、抽象的地图信息实施可视化和数字化展示，如图4-2-14所示。

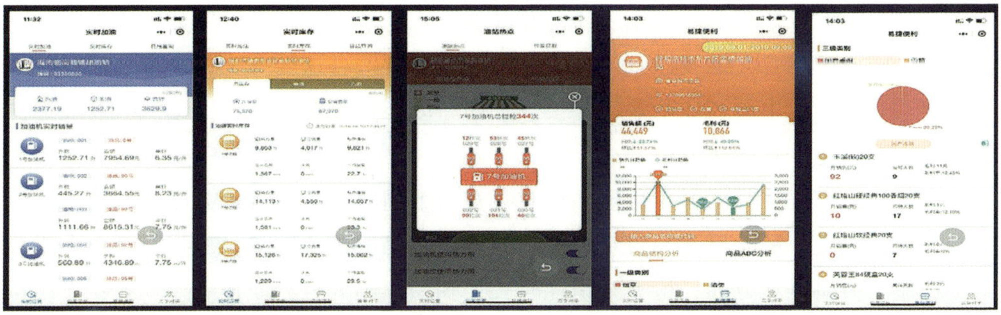

图4-2-14　站级人员小助手

2.统筹定价决策机制

依靠大数据服务平台的强劲计算能力，以多样化的形式为销售企业四级管理人员、业务人员提供了全链条、准实时、真实的数据分析支撑。制定分区域阶梯价格，根据市场规律和周边环境，总部确定各省最低挂牌价，充分发挥省市区域作用，形成了合理价格梯度，提升企业整体量效水平。

3.构建智能风控体系

以数据平台中心为基础，构建主动型、智能化、安全可靠的风控体系，对交易数据、行为数据、注册数据等信息进行分析，通过用户身份、行为、设备等信息进行多维度、多特征的数据预测，识别异常行为。对客户风险进行更为及时有效的识别、预警和标识，实现全链条自动化、智能化业务风险防控。

4.强化安全管理

通过智能识别系统，设定为9级车辆拥堵报警，由被动变主动，当排队车辆超过3辆时，触发通过率报警，拥堵分类定级后联网或短信通知现场管理人员进行疏导，从而加强加油车辆的引导、提高加油车辆通过能力和销售通过率。针对接卸油场景，识别判定卸油现场安全设施、现场值守人员以及安全设备摆放情况，精准识别接卸油操作过程，由事后追溯到实时预警，解决了管理当中的痛点。当卸油设备设施未按规定操作时实时通知现场管理人员进行现场纠正，符合安全规范后报警解除，实现了接卸油过程安全管理实时化。

九 智能研究院

（一）转型背景

习近平总书记在全国科技创新大会上指出，必须坚持走我国特色自主创新道路，加快各领域科技创新，发展数字经济，加快推动数字产业化，以数据为纽带促进产学研深度融合，形成数据驱动型创新体系和发展模式，推动互联网、大数据、人工智能同实体经济深度融合，继续做好信息化和工业化深度融合这篇大文章，依靠信息技术创新驱动，不断催生新产业新业态新模式，用新动能推动新发展，推动制造业加速向数字化、网络化、智能化发展。

智能化研究院在开展科技管理工作时存在如下问题：科研管理方面，科管工作流程多；项目进度、风险反馈不直观；材料分散、信息记录不完整；提报材料存在重复提交现象。科研创新方面，检索知识耗时长；知识存储分散，质量参差不齐；大批量对比试验耗时耗力，且人工操作容易出错；料剂库存情况不透明，且申请周期较长；科研过程数据记录规范性、完整性、真实性有待提高；模拟计算工具数量有限。在技术服务方面，客户信息分散，服务模式费时、费力、费钱；技术服务过程形成的经验、心得等没有有效记录和挖掘；技术服务过程的资料查阅等信息化程度低；技术咨询工作量大，亟待智能手段辅助支持。

通过互联网应用，促进科研生态圈的建立，先进信息技术综合应用保障知识共享传承，大数据及密集型计算促进科研第四范式形成，物联网+工业5G综合应用推动技术服务模式变革，搭建科研创新平台提高科研管理效率。

（二）主要措施

面对产业和技术革命的时代发展大势，通过信息化与科研深度融合，推进研究院数字化转型，围绕科研管理、科研创新和技术服务三条主线，打造数据驱动、平台承载、AI赋能的数字化科研模式，依托互联网+、大数据、云计算、人工智能等先进信息化技术，建设项目全过程管理、数字化实验室、在线服务中心等应用，全面提升研究院精细管理、科技研发效率、远程服务能力，实现对科研力量的有效整合、科研资源的灵活调度、科研手段的持续升级、技术市场的快速响应。推动构建开放共享、群智协同、产研联动的科研生态圈，实现跨地域、跨部门和跨学科之间智能化的高效协作创新，打造世界一流的能源化工研究院。

针对目前研究院的科研管理现状，研究院应重点围绕科技项目管理、科研保障管理、技术咨询管理、科技创新管理四条主线，打造数据驱动、平台承载、AI赋能的智能化研究院，依托互联网+、大数据、人工智能等先进信息化技术，建设科研项目全过程管理、实验室设备与料剂管理、技术服务管理和智能实验室等应用，全面提升研究院科研管理、科研创新和技术服务能力和水平，实现对科研力量的有效整合，对科研资源的灵活调度，对技术市场的快速响应，打造世界一流水平的研究院。

聚焦于科研管理、科研创新、技术服务三大业务，以全面提高科研工作的数字化、网络化、智能化水平为目标，把人工智能图形识别、知识图谱等技术融入企业科研过程中，实现对科研力量的有效整合、科研资源的灵活调度、科研手段的持续升级及对技术市场的快速响应。

通过科研管理、科研创新、技术服务三大业务域的智能化建设，全面提升科研效率。

科研项目的精细管理：实现研究院科研全流程的精细化管控和科学的绩效评估；实现管理模式标准化、协同办公网络化、信息共享高效化、业务催办快捷化；实现跨地域、跨组织、跨学科的科研能力协同和资源共享。通过里程碑计划督办、节点经济技术评价、过程材料规范化审核入库等多种手段对项目立项、执行、结题等各阶段进行管理，实现研究院在研项目的过程精细化管理和可视化监控；通过外委、工业放大、零购设备等子流程线上化，实现研究院科研业务的全覆盖管理；同时，标准化的管理模式、网络化的协同办公、高效的信息共享和快捷的业务催办促使科研管理效率提高。

科研资源的灵活调度：智能研究院建设实现了专业软件、设备料剂灵活调度以及科研数据的统一管控和灵活调用。通过计算、通信、控制技术的深度融合，实现计算资源的实时感知与动态控制，形成了灵活的科研资源共享能力。构建了石油石化研究院数据标准体系，按照“统一数据标准、统一数据模型、统一业务视图、统一数据管控”原则，实现对研究院项目、实验、物料、设备、客户、安全等主题数据的数据同源和集中管理，实现科研人员根据业务应用场景进行数据灵活调用。

科研手段的持续升级：实现科研工作方式便捷化，如实验过程口述记录、实验方法语音检索与智能推送等；实现信息化技术在实验分析业务方面的深化应用，如电镜图像的智能化识别；识别技术极大提升催化剂研发过程中电镜图片分析的效率，大数据技术挖掘催化剂特征数据与制备条件的关联关系，辅助提高催化剂研发效率；实现科研知识条目自动加工、智能分类和科研知识的精准推送。

技术市场的快速响应：实现专利技术、专利设备和自主产品的线上推介；实现技术市场的信报采集与智能分析；实现工业现场与专家屏幕实景同步，提供在线实时指导作业环境；实现技术服务模式由“反复跑现场”向“线上实时问答”的转变。

（三）主要成效

基于人工智能图像识别算法实现催化剂电镜图像的智能化识别：在催化剂电镜图像领域首创性地将传统图像识别算法（空间域、频域滤波、分水岭算法等）与基于深度卷积神经网络的物体检测和实例分割（Mask R-CNN）算法结合，自动识别统计并生成报告，代替原先人工计数和统计的工作，极大地提升了催化剂研发过程中电镜图片分析的效率，同时避免了对科研人员视力的损伤，如图4-2-15所示。

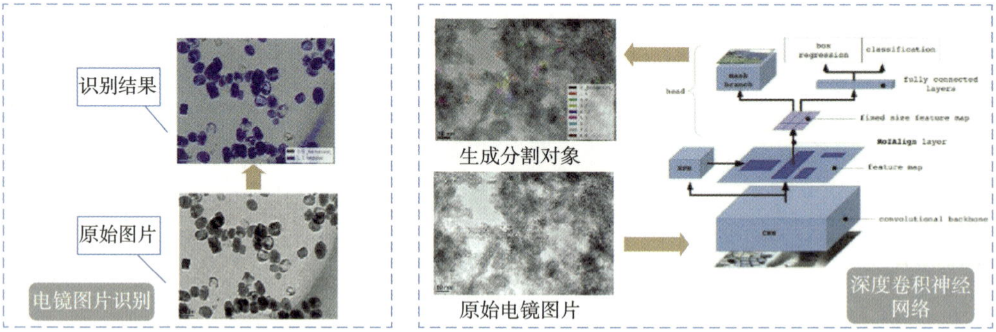

图4-2-15　电镜图像的智能化识别

大数据技术与科研实验深度融合，提升分析预测能力：打造X射线衍射图谱分析、分子筛合成实验分析、热模实验分析等大数据应用，实现分子筛XRD图谱的批量自动识别及分子筛结构参数的自动关联，单张谱图的解析时间从20min降低到2min，减少基础性科研的工作负荷；实现科研期刊文献中数据的自动提取，单篇文献分析及数据整理时间从小时级降到秒级，极大节省人力成本，提高工作效率，奠定了分子筛实验数据分析的数据基础；实现实验操作参数的自动寻优，使甲醇制烯烃技术（MTO）催化剂评价实验过程摆脱了对操作人员能力的依赖，提升了装置控制的及时性和稳定性，如图4-2-16所示。

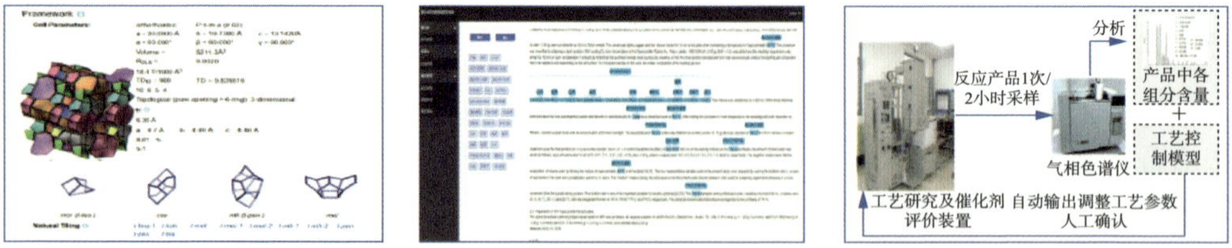

XRD图谱自动分析　　分子筛文献指标自动抓取　　MTO催化剂评价装置辅助控制

图4-2-16　电镜图像的智能化识别

实验过程的语音记录：利用长短时记忆网络技术，实现语音识别功能，提高实验效率：打造语音识别、指令识别、自然语音处理等功能，实现科研人员在实验过程中可以口述记录实验，语音发布指令检索知识，为科研人员提供便捷的工作方式，如图4-2-17所示。

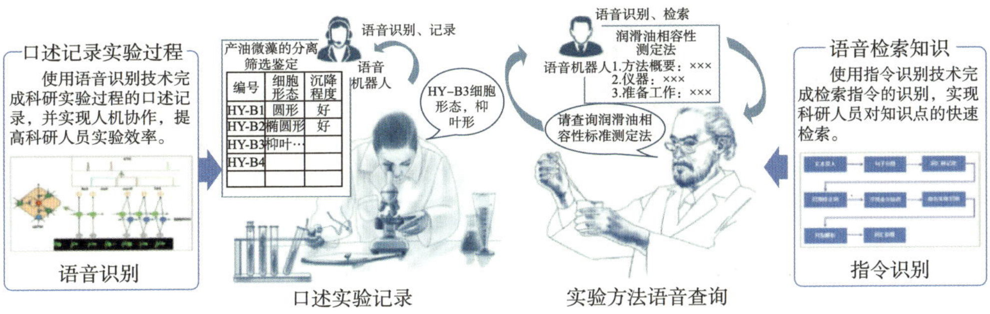

图4-2-17 实验过程的语音记录

科研知识的精准推送：利用卷积神经网络、自然语音处理等技术，实现知识的智能化精准推送。通过对科研人员行为日志进行聚类分析，形成科研人员用户画像；利用自然语言处理技术对知识进行结构化加工的同时提取知识文本特征，并通过匹配模型将用户画像与知识内容进行对比关联，实现在“正确的时间”将“正确的知识”采集、加工并推送给“正确的人”，提高科研人员的知识获取效率，如图4-2-18所示。

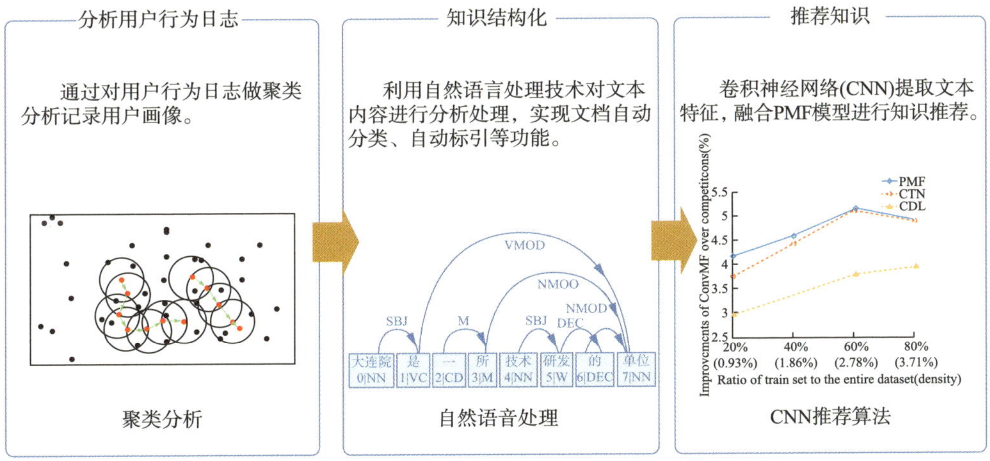

图4-2-18 科研知识的精准推送

远程实景同步技术：基于4G（支持5G）的远程实景同步技术，搭建远程在线服务中心，实现了工业现场与专家屏幕实景同步、服务过程语音实时换文字存档，提供了在线实时指导作业环境，技术服务模式由“反复跑现场”变为“线上实时问答”，技术服务时间由平均3天缩短到1h，如图4-2-19所示。

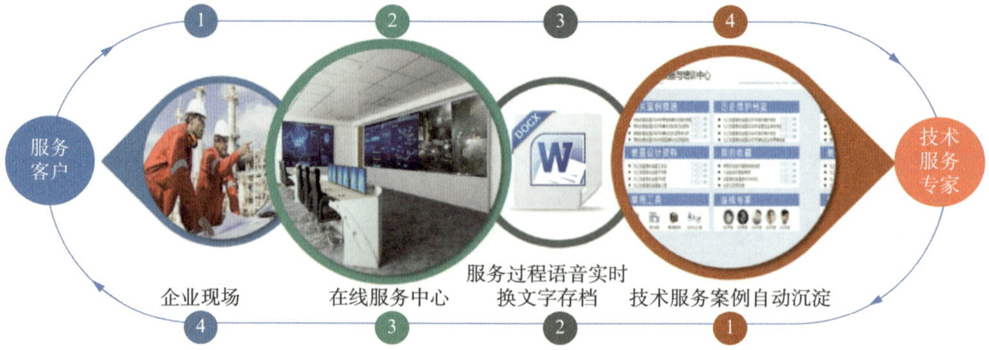

图4-2-19　远程实景同步技术

第三节　新经济价值创造

一　工业品采购电商

（一）转型背景

国家层面自2015年提出“互联网+”与《中国制造2025》等开始，逐年加大工业与信息技术相互融合的政策发布力度，从积极推进到深化发展，并在党的十九大的报告中提出了关于推动技术与制造业融合，促进数字经济发展壮大的需求。

企业采购电商市场规模维持较快增长态势。我国企业采购电商市场发展迅速，2020年我国企业采购电商市场规模达8570亿元。未来市场增量空间较大，预计未来2~3年企业采购电商市场规模将维持较快增长态势，到2023年市场规模将超1.5万亿元。头部企业采购电商平台在客户基础、资源整合能力、研发技术、服务团队、资金规模上均具明显优势，采购电商市场头部平台规模效应显著，第一梯队规模占比达80.7%。

传统制造业线下采购模式存在制约性。传统制造业采购一直以来都存在产品良莠不齐，供应链管理原始，流程周期长，价格不透明，效率低下，中间成本高等痛点，加之工业品采购本身具备一定的专业性，传统线下模式已制约企业发展。

因此，优化供应链、简化程序、降本增效的工业品电商采购模式成为趋势。易派客是中国石化顺应国家发展战略与网络经济发展需求，结合公司物资采购与供应实际建立的集电商化采购、管理效能提升，智慧供应链为一体的阳光透明、开放共享泛工业品电商平台，于2016年4月18日正式投入商业运营，启动基于“互联网+供应链”的SC2B电商运营新模式。其对内服务中国石化，对外汇集甄选百万工业品优质资源，深度挖掘供应链内在核心价值，为社会企业提供采购服务、销售服务、金融服务和综合服务，充分发挥专家采购、行家招标、管家服务优势，致力于实现采购供应链价值增值。面向未来，易派客将持续提升平台服务创效能力，全力助推企业供应链产业链数字化转型发展。

（二）主要措施

1.构建质量分级评价体系

（1）创新建立质量分级评价标准

为解决企业面临的“合格不满意、合格不好用”、供应链管理质量性价最优落地难等问题，易派客依托中国石化坚实产业链，在深度融合供应链管理实践经验和产品质量评价要素基础上，结合检验检测方法创新，构建产品质量分级评价标准，对产品质量进行量化分级和数字化评价，建立了质量评价由定性走向定量、从质量门槛走向质量阶梯的新模式。

易派客产品质量分级评价标准是通过实施质量分级评价，构建了涵盖国民经济主要工业品门类，包括机电设备、特种装备、金属材料、非金属材料、电工电气、仪器仪表、化工化学品等在内的工业品质量分级标准体系框架，进一步丰富现代供应链管理内容，促进供应链管理水平的提升，引导企业重质量、重服务、重品牌、重口碑。

（2）营造诚信守约良好电商生态

依托易派客产品质量分级评价标准，实现对关联方及其产品精确画像、精准评价，全方位反映关联方综合服务能力。把控交易前风险评估、交易中风险管控、交易后风险评价，让消费者真正全面充分了解商家信用以及服务水平。发布标准数据榜和产品质量评价数据榜，按照3年为一个评价周期对参评企业进行动态管理、量化展示，促进行业间的“比学赶超”质量管理氛围，同时积极参与国家标准和国际标准制定，推动优势技术标准和管理标准成为国家标准和国际标准，推动企业核心指标水平持续提升，形成良好电商生态。

（3）助力质量管理转向质量生态

通过易派客质量评价体系全方位、多维度、科学量化反映商家诚信行为和综合服务能力，保障从源头采购高质量的原材料、零部件，满足高标准、优质供给需求。在质量体系管控、产品质量评价要素的基础上，围绕用户关心的工业品性能属性作为评价的核心内容，提出在合格基础上对产品进行质量分级的理念，提出质量量化数字理论，建立起围绕企业的生产能力、检验检测能力、质量保证能力、研发创新能力和市场竞争力等各方面在内的企业现场审核和产品实物性能测试。对于企业在质量保障能力和产品性能测试存在的问题，向企业及时反馈；对于C级及不合格产品制造企业，指导企业改善质量控制能力，助力企业管理水平提升。营造守诚信、重质量、优服务的工业品质量生态圈，从而增强企业产业链韧性、激发企业潜能，实现更高质量的发展。

2.打造SC2B电商新模式

易派客平台充分发挥供应链核心作用，创新打造“互联网+供应链”的SC2B电商新模式，持续推出“互联网+采购”“互联网+销售”“互联网+金融”“互联网+综合”等新业务，致力于实现采购供应链价值增值。

（1）开展采购服务

易派客通过打造数字化、镜像化的供应链，全面开展供应链阳光行动。发挥专家采购、行家招标、管家服务的成本、质量、服务、大数据分析优势，为国内外企业提供物资采购解决方案，业务板块既有通用物资的专业市场，又有低值易耗品的电子超市，也为个性化需求提供定制化采购服务。与战略合作供应商建立供给侧结构性改革的战略同盟和服务联盟，依托易派客平台共同开展采购、销售等合作。

（2）提供销售服务

在国内，发挥经营平台优势和贸易人才优势，一方面积极开展与中国石化关联的精细、特型产品的差异化、市场化营销，探索具有市场潜力产品的自营代理业务；另一方面开展提供基于专业平台的产品国内销售和对外出口经营服务。在国外，紧跟国家“一带一路”倡议和《中国制造2025》发展战略，协同国内优秀企业，工贸并举，将国内技术优良、信誉良好、产品质量可靠的“中国制造”推向世界。

（3）衍生金融服务

一方面，与国内知名金融机构合作，依托易派客平台供应链金融，致力于为有融资需求的供应链上下游企业提供快速便捷、低成本的融资服务，缓解合作伙伴资金压力。另一方面，凭借供需双方合作信誉，为合作供应商的原材料供应商，提供核心企业模式的融资服务。

（4）发展综合服务

建立大宗通用物资的备件库存及应急储备物资信息库，面向企业开放共享，探索开展第三方仓储服务，致力供应链去库存、降成本，实现储备服务价值创造。分析供求关系，整合供应链上下游、一体化的采购及服务需求，延伸提供质量监造、物流配送、招标代理、广告保险等综合服务。

3.助力关联方数字化转型

易派客不断助力平台企业提升供应链采购管理能力和数字化应用水平。依托我国石化国际事业公司26年来在实践中推进采购管理体制机制变革，凭借易派客平台在采购降本增效及采购流程合规性等方面的优势，为广大社会工业企业提供采购供应链整体解决方案。目前易派客公司已与64家行业龙头企业、大中型企业开展战略合作，供应链整体方案的输出和企业赋能，帮助企业实现供应链数字化转型升级和采购管理效能提升。

（1）提供专业供应链管理服务

践行“让采购更专业”的理念，为关联方提供专业化、平台化、定制化的服务。从采购组织机构、采购业务流程、采购制度、采购绩效管理、供应商管理、品类采购策略等方面提供供应链管理整体解决方案，帮助关联方提升供应链运行机制，提高供应链标准化水平和运行效率，推进融合深化应用，打造数据企业，实现规范统一、协同高效、降本增效、阳光可溯，提升采购管控能力。

（2）聚焦电商云平台建设运营

基于易派客平台建设电商服务云，对外提供电商化、数字化服务。基于易派客平台成熟运营经验、业务资源及采购、销售、金融、易系列工具等基础服务，打造数据中台、业务中台，推出关联方自主搭台、自主建站、自主运营的新架构、新模式，打通供应链上下游数据通道，实现信息流、交易流、资金流、物流、票据流互联互通和开放共享的需求，加快推广嫁接“易系列”工具，构建工业品领域产业链数字化生态协同生态圈，形成各关联方平台间融合、共生、互补、互利的合作模式和业务模式。

（3）全面促进关联方提质增效

易派客持续创新和探索实践，不断增强内涵服务能力，不断拓宽外延服务范围，与关联方共同构建以电商增值业务为核心的“易系列”服务板块，不断完善工业品电商生态，为企业提供全方位一站式服务，致力于打造阳光诚信、绿色安全、开放共享的电商生态。除易支付、易保理、易保险、易权通金融服务外，为满足企业管理需求推出易物流，为关联方提供物流解决方案；推出易商旅，为关联方定制舒适省心的商旅服务；推出易生活，为关联方提供劳保福利数字化解决方案；推出易认证，为关联方开展知识创新能力评价；推出易专区，为关联方提供专业化采销服务。不断推出阀门、物资处置、外贸商品等专区，展现专业特质，提升服务质量，实现价值增值。

（三）主要成效

1.企业产品质量明显提升

产品质量评价从第三方角度对产品进行全面“体检”，让企业了解产品的质量状况，告知企业在质量管理以及技术性能方面的短板弱项，帮助企业有针对性地提升产品质量。

产品质量评价区分了产品的质量差异，也为质量价值的体现创造了条件。首先通过质量数据排行榜等形式的价值引导，帮助企业树立质量为先，追求品质的质量观；其次通过招投标等形式的执行机制，使优质优价从理念的倡导变为落地的现实。

产品质量评价标准虽不是制造标准，但体现了用户的真实质量需求，因此在不断应用和推广当中，逐步促使制造企业按照需求，不断优化质量控制手段和技术指标，对产品制造标准进行优化升级，进而带动行业整体标准水平的提升，为企业技术进步和转型发展注入了标准化的新动能。

2.供应链生态圈基本建成

易派客基于多年的实践积累创造性的SC2B电商新模式，践行“让采购更专业”的理念，精心淬炼采购、销售、金融、综合等服务，创新“六通”商业运营模式，面向全球打造国际业务平台，建设“易系列”业务板块，为供应链、产业链关联方提供增值服务，创造价值增值。截至2021年末，“易生活”为关联方提供劳保福利数字化解决方案，实现交易规模3294万元；“易商旅”为关联方定制舒适省心的商旅服务，实现交易规模2898万元；“易认证”为200余家关联方开展知识创新能力评价。

易派客聚焦部分关联方融资难的痛点，以中国石化生产经营业务为基础，开展交货后有追索权的保理、交货后无追索权的保理、针对部分优质生产企业开展订单保理等3类保理业务，为关联方提供精准、高效的供应链金融服务，并为关联方企业提供全方位的风险评估和保险定制服务，涵盖企业经营过程中的企业财产、企业信用、质量保证、物流运输等板块以及企业员工的意外、医疗、重疾等项目服务。

3.关联企业转型基础加强

基于中石化物资采购管理的先进经验和“易派客”工业品电商平台建设成果，易派客持续为关联方提供供应链管理整体解决方案，搭建供应链管理一体化平台，利用集中统一采购模式和集约化管控模式，规范关联方物资全过程管理，实现采购业务全程在线交易，采购全过程操作信息和结果信息记录在案、永久追溯，打造阳光采购，提升整体采购运行效率，加快企业采购需求响应。

同时，在供应链管理经验的推广输出过程中，易派客充分发挥电商平台的资源优势，与所服务企业资源共享，提升采购效率，促进采购流程增值，用互联互通的合作共赢模式与业务联通机制，促进智慧、阳光、透明、健康、诚信的供应链构建，助力企业从采购管理到供应链管理的转型升级。

二 化工品销售电商

（一）转型背景

电子商务已成为我国国民经济中最有活力的一个领域。作为经济增长的新引擎，电子商务不仅催生了平台经济的快速发展，更推动了行业对加强顶层设计、形成政策合力提出更高的要求。石油化工企业只有充分发挥产销研用一体化优势，才能满足全新的市场环境，努力实现从传统贸易型企业向综合服务型企业转变，全面加强产业链战略合作，夯实合作基础，从传统销售模式向平台经济转型发展，实现互利共赢。

近年来，石化行业相关监管持续趋严，或将加速中小型企业退出市场，而化工行业总体体量巨大，如果化工综合型企业剥离自营物流，分包给第三方物流服务商，那很多化工产品贸易量较大，涉及的贸易金额较高，用户对交易的安全性也有所顾忌。

石化e贸平台产品范围覆盖石化产品和原料，实现工厂到客户端的高效对接，致力于整合我国石化上下游间的纵向产业链和企业间互融互通的横向供应链，促进第三方物流市场规模和集中度的提升。如图4-3-1所示，石化e贸将建设成为集研发、生产、营销、销售、支付、物流、服务于一体的石化产品垂直第三方电子商务平台，打造石化产业链生态圈。

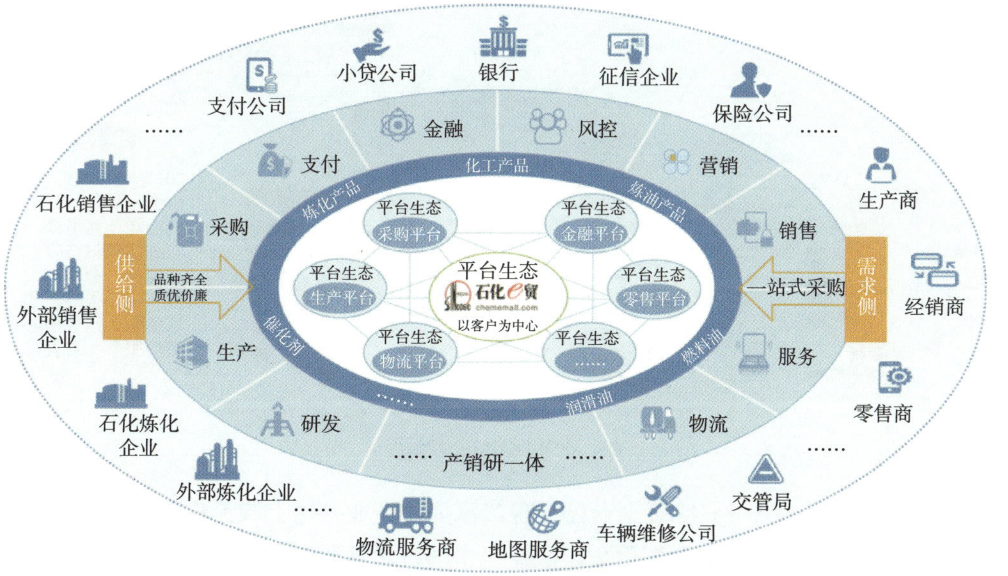

图4-3-1　石化e贸产业链生态圈

通过提高产业的结构布局优化能力和资源共享协同能力，实现产业链的有效延伸、整合和协同。以客户为中心，解决各环节面临客户需求掌握不足、经销体系层级多、数据无法全链共享等问题。在大数据、云计算、人工智能等新一代技术渗透传统产业链的各个环节进行改造重塑的基础上，将生产流程有效打通，建立供给侧和需求侧的相互联结，实现生产的快速响应与协同，促进平台经济发展，构建石化商业生态圈。

（二）主要措施

石化e贸是我国石化产品销售综合未来业务发展、发展平台经济、拓展新业态等几个方面，积极探索用互联网经济的高效率代替传统低效的运作方式的一项尝试，符合我国石化行业拓展新业态的需要，不仅推动了业务运行效率，还为石化行业树立了服务新标杆。

1.开发历程

石化e贸始建于2014年7月，到2015年12月已经实现化工销售、炼油销售现货交易，电商渠道销售等整体功能上线。随后建设我国石化统一销售电商，打造石化产品网上销售平台，2016年6月，石化e贸在化工销售权公司范围内推广上线。2017年石化e贸使用全新阿里云架构，分为“门户、买家中心、卖家中心、运营中心、微信服务”五大应用，如图4-3-2所示。

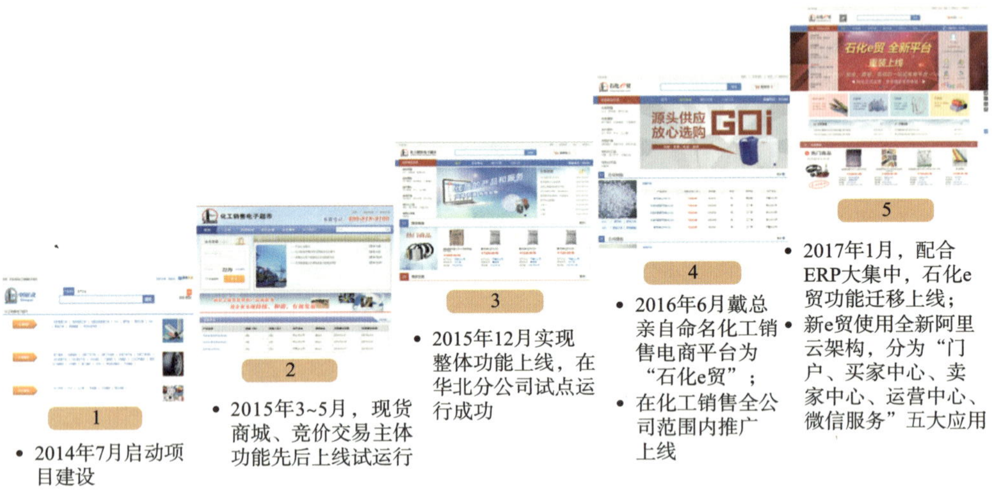

图4-3-2 石化e贸建设历程

截至2021年7月，石化e贸平台已实现22家炼化企业打通上线流程目标，统一电商销售并深化其应用。与中国石化合作伙伴、中国石化下游经销商和生产厂及其他产业链的合作伙伴一同建立范围更广，影响更深的一体化、生态化电商服务新模式。

随着平台运营力度的加大，石化e贸不断通过整合石化内外部用户的需求，持续优化提升平台业务应用和运营管理功能，完善平台的适用性和承载能力。

2.实现手段

石化e贸在化工品销售方面进行了创新性的营销模式改造，在原来的计划销售模式外，增加了现货和竞价的电商销售模式，平台上线以后，9家生产企业依托网上竞拍业务功能，广泛开展了竞拍业务。

为顺应网络时代需求，石化e贸开拓了客户网上采购石化产品的新渠道，实行资源投放与订单开立过程相互独立，客户通过电脑或者移动客户端，可以实时自主开单，参与竞价，查看物流、资金和发票信息，随时反馈产品应用中的问题。此举不仅提升工作效率而且加强了客户服务能力。

值得一提的是，电商平台客户的准入门槛也由审批制改为注册制，此举不仅吸引到更多小微客户加入中国石化的采购用户阵营中来，而且扩大了电商的业务范围，除化工品销售外还包含润滑油、天然气等其他产品。

如图4-3-3所示，垂直的电商平台模式，石化e贸根据危化品的级别和管理要求，对客户采购行为、提货行为进行规范化管控，规避经营管理风险的危化品管控功能，为营销业务健康发展保驾护航。

图4-3-3 石化e贸业务模式

石化e贸平台的运行对企业营销管理水平的改进有显著作用。通过明确客户经理负责的客户清单以及客户服务责任，建立客户经理考核机制，激发客户经理服务客户和开拓市场的积极性，提高企业市场竞争力。

2020年，石化e贸电商平台运营公司和物流平台运营公司成立，建立了股权多元化的股权结构、市场化的运营机制和薪酬体系，通过与技术领先、管理先进的公司合资合作，实现电商平台高效管理和专业化运营，为物流业务由现有“管物流”的模式向未来“做物流”运营模式转变提供了强有力的体制机制保障。

石化e贸平台的诞生促进了产销研用一体化，满足新产品开发、产品结构优化、质量提升等需求，更好地覆盖产业链上下游厂商、研发中心等相关单位。该平台现已建成我国石化统一共享的客户资源库，构建以客户为中心的石化商业新业态，充分挖掘信息数据的价值，真正形成以客户为中心、互联网为载体的商业新业态，实现能够满足客户的各种需求。

（三）主要成效

1.业务效率快速提升

在互联网电商平台的帮助下，业务运行效率大大提高。财务收款平均入账时间由原来的12min缩短为3min，效率提升75%，订单下达效率提高近40倍。

2.经济效益增长显著

2020年合约成交量达6042万吨，年交易额达3293亿元；现货成交量达35万吨，成交金额20亿元；竞价成交量达32万吨，成交金额22亿元，实现加价25118万元，2021年平台交易额4488亿元，同比增长40%。截至2021年11月，炼化企业自销化工产品在平台成交量达到336万吨，成交金额达到167亿元，通过石化e贸平台竞价交易实现效益提升459万元。

3.行业生态圈雏形已现

借助石化e贸平台建立起石化行业生态圈已实现产、销、储、运信息共享、协同联动，开展商机管理、客户开发等大数据分析应用，还可支撑一户一案、一企一策等定制化营销策略实施。在新冠疫情期间，化工销售公司更是通过该平台投放了142家企业生产的产品，涉及六大产品条线106大类产品2271个产品牌号，有效满足了市场需求和疫区物资供应。

石化e贸平台的发展壮大，已经对整个石化行业的产值增加和服务规模的扩大起到了推进作用，也为社会带来更加充分的需求满足和更多的就业岗位。

三 O2O综合电商

（一）转型背景

互联网特别是移动互联网带来的零售环境发生了重大变化。互联网带来新的消费方式、效率工具和高效商业模式，市场特征由以往的大众化变成了小众化，消费市场的主要支撑力量由以往数量众多、具备中低消费能力的大众消费群体在逐步变为以中产阶层为代表的具备中高消费能力的小众消费群体。

在疫情持续影响、经济萎靡大环境的后疫情时代，受政府管控及消费者消费习惯改变影响，各行业所受冲击各异。综合电商、即时配送、到家服务以及新兴业态的“快餐超市”满足了本次疫情中对“非接触性”服务的需求，疫情期间业务量不降反升；

而以传统线下销售模式为主的零售企业面临经营成本高、顾客流量小、受众面小、消费者观念转变等综合因素影响，业务量大幅萎缩，预期长期成长性难以获得支撑。

近年来，一大批以线上、线下联合营销的“新零售”企业如雨后春笋般涌现，且都取得了巨大成功，尤其是以“苏宁易购”及“盒马鲜生”为代表的新零售企业。在成品油销售企业方面，部分企业也进行了新零售营销模式的试点，如大众、壳牌与SAP联合，开展壳牌+车联网+用户销售模式试点，打开了成品油销售企业探索新零售转型发展的潘多拉魔盒。因此，“新零售”将是新经济和新领域的战略发展重点。

多年来，易捷坚持“实体服务+平台增值”发展思路，致力于打造“美好生活服务商”，为消费者提供优质产品、贴心服务。易捷不断扩大便利店业务规模，以2.8万座便利店高居全国连锁便利店数量排行榜榜首；培育自有品牌，孵化了卓玛泉、长白山天泉、鸥露纸、赖茅酒、三人炫、澳托猫汽服、易捷咖啡等子品牌；发展汽服、餐饮、广告、金融等多种业态，建设加油站汽服网点9100余座，拓展餐饮门店1300余座，开发广告媒体15万块；积极打造全国统一线上平台和会员体系，推出易捷国际跨境商城，构建“易捷自提、易捷到车、易捷到家”等全渠道消费场景，目前全国全渠道会员超2亿人。

（二）主要措施

易捷公司以线下3万座加油站、2.7万家便利店为触点，打造集“加油服务、购物服务、养车服务、生活服务、物流服务”为一体的“人·车·生活”综合服务平台。采取“优势业务自营、跨界业务合作”的工作思路，明晰平台业务经营模式；以做深自营业务、做宽平台业务为指导，集中营销、运营、技术等资源持续强化自营业务，依托互联网运营中心专业化团队不断拓展异业生态，丰富服务功能；通过线上线下引流、油品非油品交叉营销等手段快速实现平台价值，如图4-3-4所示。

图4-3-4　人·车·生活综合服务平台

1.打造加能服务平台

聚焦能源服务，打造集“加油服务、加气服务、加氢服务、充换电服务”于一体的加能服务平台，满足车主用户核心需求，建立持续、稳定的高价值线下流量，为衍生其他服务奠定基础。

打造一键到家新零售消费场景，满足同一用户到店、到家、即时、预约等多维度、全方位生活需求。小时达（分布式电商）店配，根据顾客位置展示3公里范围内的加油站，客户依托实体门店的前置仓库再下单采购，门店通过呼叫附近骑手1小时内闪送到家，如图4-3-5所示。

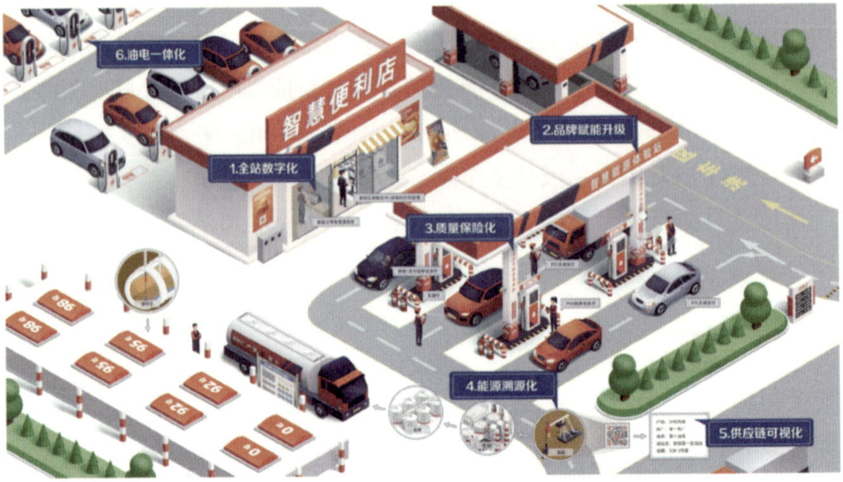

图4-3-5　一体化加能服务平台

2.打造购物服务平台

倾力打造易捷自营业务，通过易捷商城、易捷国际两个平台拓展国内外商品渠道。其中，将易捷商城打造成场景多元化、产品特色化、营销常态化的车主购物平台；同时整合香港公司与燃料油公司先天优势，联合运营易捷国际，一方面引进国外高品质商品，另一方面助力易捷自有品牌商品出口海外。

一方面，围绕非油创新营销模式，利用互联网+私域流量开展直播、微信、App平台销售，并探讨社群营销、社区团购等新业态，如图4-3-6所示。一是基于直播带货有效解决了营销的到达率和穿透性问题，一机在手，全网直达。二是通过建设微信客户端、车友群、员工微信群、社区群等社交媒介，打通线上媒介和线下购物体验的通道，完成线上引流客户到实体门店消费，在线上平台下单购买的良性循环，强化消费的情感体验，吸引消费者走进企业、走进油站、走进门店，为加油站赋能，实现增量增效。三是深入社区开展社区团购业务，具备获客成本低、流量变现快、交付体验好、配送成本低、运营模式轻、易于规模化复制等优点。

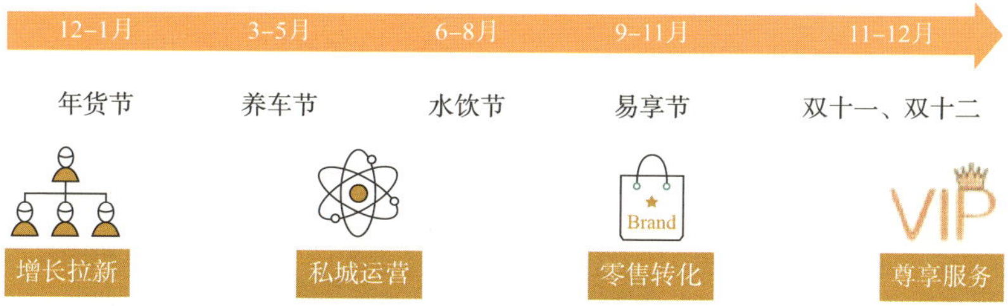

图4-3-6　营销模式

另一方面，通过创新营销模式，实现油非双赢新飞跃。一是推广电子券营销，打造黏性会员。新冠疫情暴发以来，国家、各省市为促进内销，通过支付宝客户端等平台推行电子消费券，大幅促进了旅游、商业等行业的消费增长。易捷公司借鉴此模式，通过油品券、非油券、折扣券、礼品券、合作券等方式捆绑油品、非油品销售，在丰富成品油销售企业营销策略的同时让利消费者，实现油非双赢。二是完善会员积分管理制度，加强油非互促。易捷公司以线上线下一体化营销平台为依托，采用会员积分、油品积分、非油品积分、互动积分、会员积分等多种积分管理手段，加强与消费者互动，增强用户黏性。

3.打造养车服务平台

新零售模式下，成品油销售企业要以提供一站式汽车生活服务中心为主轴，协同推进多业态发展。

打造车后市场供应链网络，复用加油站空间资源，并聚合线下洗车、保养、换胎、补漆等车辆等服务，并衍生汽车维修、汽车精品云交易、二手车辆云交易、车辆金融贷款等业务的综合服务体，通过拓展汽车后市场业务如机动车检维修等业务流量反哺成品油业务。

整合三方生态服务，开展购车险送加油充值金、易捷现金券等互联网保险销售业务，为用户提供多样化金融方案，且提供保险计算、推荐、购买、延保等服务。

车主商城及权益体系延伸，车主商城及会员积分权益体系的结合，满足用户用车商品的日常需求，有效促进用户活跃、增强用户与平台黏性的同时，促进营收增长，如图4-3-7所示。

4.打造生活服务平台

易捷公司通过开放平台吸引第三方，广泛开展与保险业、银行业、通信业、汽车销售及服务业、互联网企业的跨界合作，丰富平台多样化服务功能，打造“一个平台、多个业态”模式下的“1+N”生活服务平台，如图4-3-8所示。

与保险业合作，巩固客户基础。采用线上线下结合方式推广发展，线下以员工个体模式为主，线上以互联网车险为主，持续扩大车险、个人险业务规模。此外，引导保险行业采购我方的数字化产品作为客户购险的优惠返还，带动客户到我方消费。

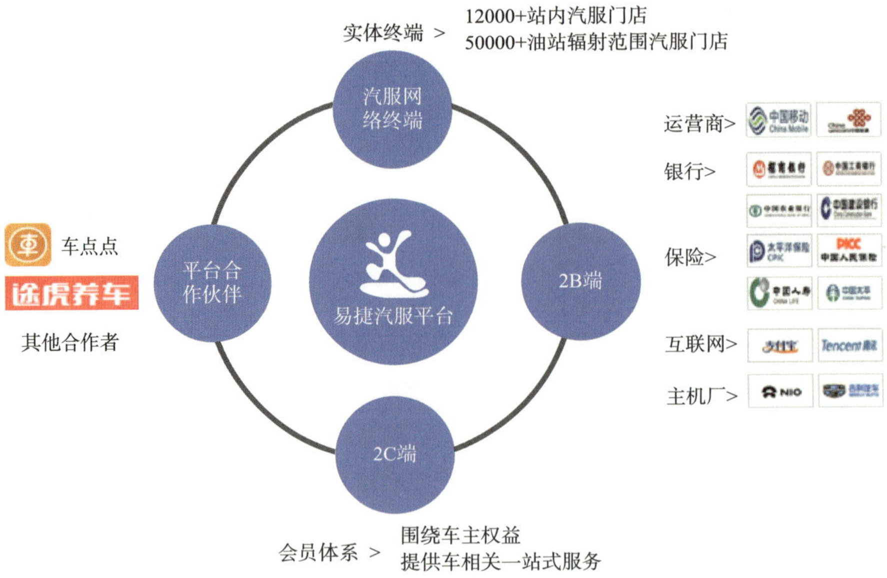

图4-3-7　养车服务平台

与银行业合作，扩展消费群体。通过与银行系统对接，拓展信用卡在线申请、加油卡充值直联、入驻银行积分兑换平台等合作业务，借助银行资源叠加客户充值、加油优惠，锁定信用卡客户群体消费。

与通信业合作，实现资源共享互促。接入移动和包支付、沃支付、翼支付等移动支付方式，打造电子联名卡叠加双方客户权益，依托易积分等第三方平台打通运营商积分兑换功能，共享双方优质资源。

与互联网企业合作，借助平台精准引流。与腾讯合作微信支付、微信卡包券营销、微信私域营销、微信直播等合作，借助微信社交传播功能精准引流，实现用户流量变现；如与阿里合作支付宝支付、天猫旗舰店、支付宝小程序、淘宝直播等业务，借助对方的互联网平台流量实现客户引流和业务转化；如与京东合作探索易捷到家营销模式，打通问题“最后1公里”，使客户享受更为便捷的消费服务。

与汽车行业合作，拓展关联企业生态圈。大力推动如4S维修店、二手车销售、汽车保养、轮胎销售等关联企业入圈，开展汽车销售、洗车美容、车辆维修、违章年审、代驾约车、共享停车、在线汽服等业务，逐步丰富和完善车相关消费服务场景。

与政府合作，探索新的政企合作模式。与政府单位开展城市消费券等合作业务，与农业农村厅等单位开展易捷净菜合作等，借助政府平台宣传企业品牌和形象，树立品牌影响力。

通过跨界整合，综合服务生态圈企业可实现资源共享、优势互补、相互引流，并在大数据运营基础上通过顾客消费行为数据挖掘、分析，针对性开展营销活动，协助生态圈企业业务增长的同时可控制成本，让消费者受益，并进一步赋能中石化品牌，提高品牌运营效率，提高客户黏性。

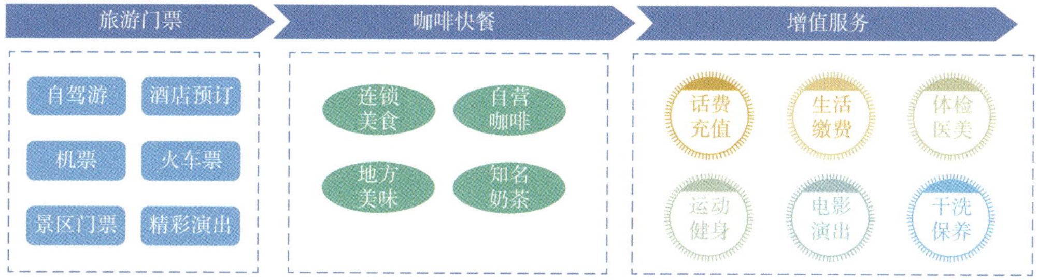

图4-3-8　生活服务平台

5.打造物流服务平台

易捷公司以内部企业为突破（如石化e贸、成品油运输车队、易派客及非油品二次运输车辆），利用油品及卡车之家不断吸引外部卡车企业，探索与头部物流企业深度合作，打造联合国内最大卡车运输类综合服务平台。

一是满足长途卡车司机路上所需，提供吃饭、购物、休息场所；二是提供一路行车保障，针对卡车运输提供途中加油、尾气液加注、维检修等服务；三是发布车辆、货物信息，建立海量卡车司机数据库，打造货物运输发布平台，助力货车匹配；四是提供中介金融服务，发挥资金优势提供融资贷款服务，打造集金融实体一体化服务平台。

如图4-3-9所示，通过打造一体化供应链物流服务平台，满足“人、车、货、财”多方需求，实现商流、信息流、物流、资金流四流合一，推动配送更快、费率更低、库存更准，为服务于全行业奠定基础。

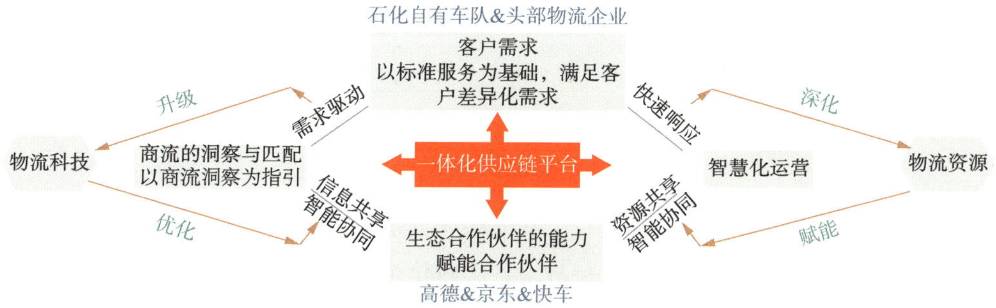

图4-3-9　物流服务平台

（三）主要成效

1.线上线下深度融合

通过利用全国微信公众平台粉丝、注册会员、绑卡会员的优质资源，拓展线下流量、自有流量、社交流量资源，并通过会员积分、销售积分、活动积分等手段，达到了会员营销管理、忠诚度管理、积分管理、优惠券管理等目的，实现了平台相互引流、流量变现，推动油品、非油品商业流量增长。

2.油品非油互动发展

油品销售客户流量及积分兑换活动带动了非油品销售，通过聚合营销、互利共赢，实现了油品、非油品销售双提升。以流量为主轴，为进入积分商城的各种业态引流，提供低于市场价的产品和服务，开展油品、非油品积分双兑换业务，从而引领消费，提升流量变现能力。通过三方营销资源聚合，在将充值卡、权益卡设为奖品有效联动油品的同时，通过现场购车、现场办卡、现场充值，实现新车客户的转化，从而带动油品销售的增长。

3.跨界资源共享合作

始终围绕“人·车·生活”这条主线进行价值链的延伸，通过跨界合作，充分发挥合作企业各自优势，补齐自身短板，实现了客户资源共享，创新生态合作模式和客户服务模式，同时为营销平台引入了优质资源，与合作方共建车后生态，为消费者提供超值服务，实现消费者、公司和合作伙伴共赢。

第四节 专业化统筹管理

一 全厂数字化交付

（一）转型背景

随着全球能源格局发生深刻变化，在能源转型加速的大环境下，国内能源化工行业面临油气体制改革、产能过剩等挑战。各大石化企业经营效益下降，工程项目现场生产作业环境复杂，人员复杂，多工种交叉作业，协作方多，传统的管理手段如大检查、监督、监控、写报告、巡检、规章制度约束等弊端突显，事故频发难以预防，隐患难以根除，进度、质量无法保证。

与此同时，工程项目由于缺乏有效的管控手段和信息化管理工具，操作层、管理层在工程项目管理中面临诸多困境：工程建设管理端到端业务流程贯通不足，部分业务应用环节缺失。部分用户关注的业务应用深度不够，未能有效解决实际业务痛点；

各石化企业工程建设管理领域已初步建成了管理标准，但信息化程度不高，缺少跨专业/跨板块/跨系统的标准规范，应将现有标准延伸，完成整套工程建设编码、表单、流程、接口等的相关标准；涉及多专业的变更不能综合反馈，专业协同较为不顺畅；跨领域、跨业务、跨系统的数据共享不足，数据集成与共享的时效性有待改善，数据共享对业务层面的支持手段和方式单一，大数据分析对工程建设管理决策支持有待提升；知识管理重视不够，工程建设过程中的经验与数据没有形成积累；信息传递时效长，企业对项目状况的掌控能力不足。

（二）主要措施

1.工程建设数字化管理

某国有特大型石化企业集团以深化两化融合为中心、数字化为抓手、“3557”管理体系为基础，利用云计算、移动互联、三维应用、大数据等IT技术，建设统一的工程建设管理信息系统，覆盖总部，企业（项目部）及各参建单位用户，实现建设项目全生命周期一体化管控。按照资产全生命周期管理总体目标，以工程全过程数字化建设为主线，以强化现场施工管理为重点，实现物理工厂与数字工厂同步建设、同步交付。实现工序质量控制实时记录和检查、监督见证，并结合电子签名形成交工资料，加强现场作业环节的实时管控。结合试点企业建设成果及标准功能，基于石化智云统一规划工程管理业务域组件化应用服务，打通数据流、业务流、信息流。

某新建沿海炼厂聚焦项目全生命周期管理，采用信息化EPC模式，全面基于“数据+平台+应用”模式建设，基于ProMACE（面向能源化工行业的工业互联网平台）提供的个人工作台、工业数据湖、集成平台服务、工业物联引擎和工业大数据与AI引擎等21个服务组件，采用边缘计算、大数据、机器学习等新技术，提升工程设计及生产工具数字化应用能力和国际化运营管理能力，实现集成化工程设计与可视化现场施工一体化、模块化工厂设计与智能制造一体化、数字化工程建设与智能工厂运营一体化，建立一体化工程设计与数字化创新中心，打造协同设计、数字交付和智能服务新模式。

该炼厂通过开展全厂数字化交付实现全厂三维模型正向建模，完成包括三维模型、数据、文档，以及关联关系的正向交付。完成从设计、供应商到施工全产业链数字化集成和联动，实现了工厂全生命周期数字化交付。通过全面的数字化交付，智能工厂基于数字化交付成果搭建4D管道、三维、设备主数据等应用，指导工程建设期的管道焊接进度、质量管控和材料管理等业务，并且借助防腐保温量算、辅助工作量量算、管线横断面分析三维可视化应用，辅助企业施工管理，提高施工管理效率，确保安全、高效地开展施工工作。

2.工厂建设数字化交付

某东部沿海炼厂在数字化交付方面，与装置同步建设三维数字工厂，大幅提升装置审图、培训、维护工作效率。渣油加氢装置现场及三维模型，如图4-4-1所示。以工程项目管理“五大控制”为核心，建设投用工程项目管理系统，打通了从设计、采购、施工到运维全过程数字化管理模式，累计管理项目848个，175家外部单位高效协同，各种业务的平均审批时间由原来5~7天减少至1~2天；采用“二维码”等移动技术，实现近4万名承包商人员和3万台（套）工机具的动态管理，现场安全质量问题整改闭环率98%以上。

图4-4-1　某东部沿海炼厂渣油加氢数字化交付

（三）主要成效

1.工厂运营一体化管控

通过全面的数字化交付，前文提到的新建沿海炼厂实现了虚拟可视化工厂与实体工厂的动态联动，汇集来自工程公司、施工单位和设备制造商的不同阶段交付的各类工程数据、工程文档、三维模型，形成了静态的数据成果库。该炼厂作为首批完成从设计、供应商到施工全产业链数字化集成和联动的企业，实现了信息化与工业化的有效融合：该炼厂人员定员比同规模企业减少50%，生产效率提升20%，实现了1600余人管理年产千万吨炼油、80万吨乙烯等31套工业装置，在异常状态的预警预测及处置上每年将节约千万元以上。未来将进一步实现数字化工程建设与智能工厂融合的模式再造，推进数字化工程建设与智能工厂一体化。基于数字孪生构建“虚拟工地”，对施工现场进行远程监控，如图4-4-2所示。

2.提高运维审查效率

前文提到的东部沿海炼厂通过数字化交付实现在三维数字工厂审查POX装置模型，耗时仅5天，查出问题630项；同比去设计院审查模型，提高工作效率10倍。2019

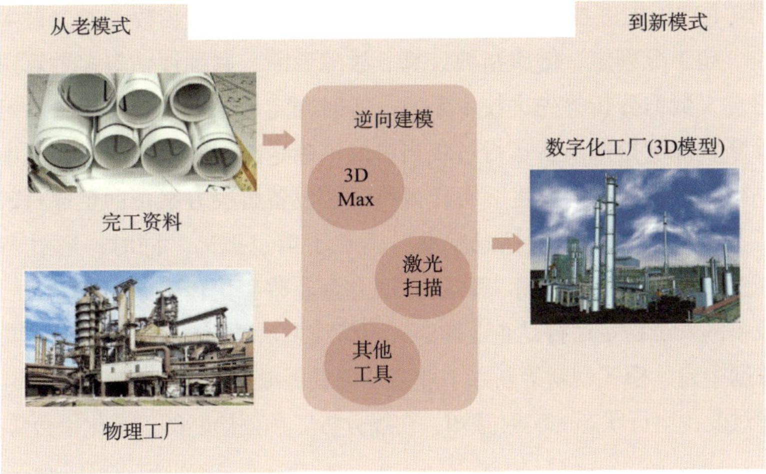

图4-4-2 某新建沿海炼厂的智能工厂装置及配套单元全部正向数字化交付

年12月，渣油加氢装置数字化交付，物理装置和虚拟装置同步建设、同步交付步入正轨，运维检修应用三维数字工厂编制、评审检修及技改方案，快速识别空间位置和管线信息，避免现场来回确认，提高工作效率90%。

3.工程建设管理标准化

某国有特大型石化企业集团试点工程建设管理信息系统建设取得了一定的成果，固化了69个规范流程和86个标准表单。随着我国石化工程建设业务标准体系的持续建设，结合扩大试点企业在系统中的应用，进行模板验证，并根据企业个性化建设内容，逐步完善或补充标准模板，深入推进管理体系落地。

二 设备全生命周期管理

（一）转型背景

石化企业作为资产密集型企业，数量众多，种类众多，分布区域广，各类设备设施数量大，且各类数据相互制约关联，面临着安全、成本、长周期运行、稀缺专家资源等各类挑战；与国际水平相比，能源成本及维修成本比例居高不下，装置运行周期差距明显；诊断专家分散稀缺，仅离心机组每年支付的诊断费用就很高昂；在线监测覆盖面窄，数据深化应用系统很少，缺少统一平台，技术无法实现沉淀共享；设备管理片面，主要管理工作体现运维期，未能贯穿设备全生命周期，缺少对设备设计、制造等提供反馈。

随着石化行业利润下降和新一代信息技术的发展，传统的设备管理模式已无法满足石化企业精细化管理需求和工业互联新技术需求，设备管理面临的问题日益严重。

利用物联网（IOT）先进技术，集中集成设备运行相关各类参数，通过自主研发的设备综合监控、超工况判定、健康指数计算、故障诊断、腐蚀评估等多种算法模型，采用机器学习、大数据分析等先进技术手段，实时判定设备运行状态、自动触发性能分析和故障诊断，深度挖掘设备运行过程当中的不确定因素和不良因素，提前发现设备异常征兆，减少设备故障的发生。石化盈科智能设备解决方案帮助企业打破了专业和专业之间、系统和系统之间的信息壁垒，消除了信息孤岛。同时，通过多种算法模型，极大减少了业务部门的实际工作量，助力企业数字化转型。

生产设备的安全稳定运行是企业健康、可持续发展的基础。充分利用智能感知、互联互通、数据中台、模式创新等新兴工业互联网发展成果，通过大范围和深层次的数据采集，构建对设备运行状态的实时感知、在线分析、预测诊断的信息化平台势在必行。

（二）主要措施

某东部沿海炼厂开展设备管理数字化转型，打造设备智能诊断、预知维修新模式。以“设备全生命周期管理”为理念，采用物联网、大数据、人工智能等数字化技术，提升设备运行状态的实时感知能力，提高设备运行的本质安全可靠性，降低运维成本，提升设备的可用性和生产效益，实现设备全要素管理。

在数字化运行方面，以设备完整性管理体系为指导，建立了设备完整性管理信息系统，包含146项业务流程、定时事务，实时动态跟踪45个设备管理核心KPI绩效指标，实现重要设备的状态监控、集中展示、多渠道分级推送异常报警和跟踪；该炼厂设备完整性管理系统，如图4-4-3所示。采用自建4G无线网络，实时采集并监控1786

图4-4-3　某东部沿海炼厂设备完整性管理系统界面

台大型关键机泵运行状态，实现设备健康和可靠性管理，高危泵由人工现场间歇式检查改为DCS主动实时预警，提升预知性检修水平，支撑装置四年一修。对现场8000余台电动机振动、温度等巡检数据自动上传，实现异常数据自动提醒、后台数据自动分析的功能，同时防止漏检。建立仪表设备健康平台，在线监控20多万台仪表。智能物资管理实现了备品备件从计划、订单、入库、出库全流程跟踪，实时分析积压物资的责任主体，降低库存规模，减少流动资金占用。

在数字化维护方面，采用移动应用技术，打造以项目流为主线，融合费用流、技术流、承包商管理流、固定资产管理流的“五流合一”设备维护模式，对检修现场、检修设备和项目进行统一管理，实现检修过程管控痕迹化、信息化。镇海炼化设备维护“五流合一”架构，如图4-4-4所示。

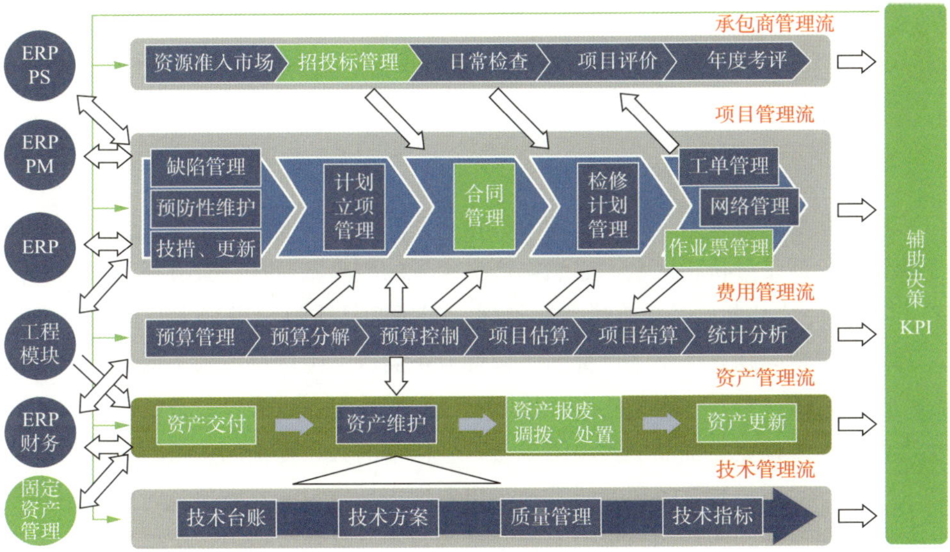

图4-4-4　某东部沿海炼厂设备维护“五流合一”架构

某国有特大型石化企业集团发挥公司领先的行业优势，通过石化智云，整合内外部的专家资源，科技优势、专家优势，实现超过350余台大型设备远程集中监控、远程诊断服务和基于VR的沉浸式仿真培训，集团公司和厂商设备专家可以利用系统的数据进行设备故障诊断分析，有效保障了设备长周期稳定运行。

（三）主要成效

某东部沿海炼厂POX装置在三维数字工厂审查模型，耗时仅5天，查出问题630项；同比去设计院审查模型，提高工作效率10倍。渣油加氢装置运维检修应用三维数字工厂编制、评审检修及技改方案，快速识别空间位置和管线信息，避免现场来回确认，提高工作效率90%。

某东部沿海炼厂已在13套装置上投用操作报警，Ⅱ焦化1个班报警次数从1700次降为800次，消除高频报警问题，减轻内操负荷，确保装置平稳；在常减压装置上采用大数据建立装置各点位之间相关性模型，然后运用特定的算法，预测一定时间范围内的工艺波动趋势，至少提前2分钟预警，避免工况发生异常。2020年装置大修，在线管理2.4万项检修项目、35类质量验收，涉及4家监理单位、31家施工单位，总计2600多个用户；在线验收11万个质量控制点，累计实现1.2万个检查问题的现场闭环。特种设备检验数据统计从2小时提升到5分钟出报表，进度统计从1周只能统计2次提升到3分钟出报表，问题闭环由3天提升到当天，累计节约检修成本1600万元。

三 实验室机器人

（一）转型背景

在石化企业实验室管理方面，随着石化企业的高速发展市场竞争加剧，生产部门为了保证产品质量分析检测量，必然会产生大量的实验室数据，只有规范检测工作流程自动采集数据才能实现高效精准的管理，同时产品质量出现异常时也需要及时反馈。存在的主要问题：一是生产部门多样性分析需求。生产部门为了保证产品质量提出多种分析需求，需要做大量的实验检测。二是实验室产生大量复杂的实验数据。多个生产装置、采样点、样品、实验结果会产生倍增的大量复杂的实验数据，需要系统支撑。三是产品质量异常需要及时发布。当出现产品质量异常需要及时发布，方便各部门协同解决质量问题。四是提升实验室运行效率及降低成本。规范检测工作流程、自动采集仪器数据，减少人工操作提升工作效率。

在石化企业质量管控方面，当生产装置发生波动，或者装置频繁切换牌号时，不但对正牌料的质量带来较大影响，用户抱怨产品“合格不好用”，同时产生的过渡料大大降低了企业的经济效益。因此，产品质量管理从“抽检模式”向“过程控制模式”的转变，可以说是质量管理从理念上的一次革命性的改变。质量管控存在的主要问题：一是生产过程质量问题。存在质量波动、合格不好用、过程质量稳定性不足。二是质量分析效率低问题。手工记录、分散孤立、数据繁杂、难以统计。三是合规管理问题。缺少对质量标准、工作流程的一贯性、规范化管理。四是售后服务问题。风险意识较弱、问题追溯和持续改进工作不足。

（二）主要措施

某东部沿海炼厂分析实验室研发应用“全自动无接触液体取样机器人”，实现了实验室色谱专业样品转移的全自动化，在我国石化系统内尚属首次，填补了相关领域的技术空白。

全自动无接触液体取样机器人的机械手臂拥有自动开盖、读码、喷码、转移、放置、回收等一系列功能，针形吸液装置（TIP滴头）能够自动、精准、快速将样品从采样大瓶转移到专用分析小瓶，平台还配备三色指示灯监控设备状态、光栅感应违规操作报警，真正实现样品转移过程全自动、无接触、安全环保。

（三）主要成效

通过应用实验室机器人，色谱分析数据占到炼化企业分析数据的50%以上。如图4-4-5所示，该机器人的成功研发应用，大幅度改善了分析人员的工作环境，降低了劳动强度，提高了分析效率。加强实验室全要素智能管控，推进质量管理和实验室智能化建设，持续提升产品质量。

图4-4-5　某东部沿海炼厂研发的全自动无接触液体取样机器人在开盖

四　能源优化

（一）转型背景

国家“十四五”规划指出能源作为基础设施和经济发展的保障，碳达峰碳中和背景下，既要保障能源安全，又要实现绿色转型。“构建现代能源体系”“实施能源资源安全战略”，碳达峰碳中和、绿色发展、环境治理依然是主要方向。要求推进能源革命，建设清洁低碳、安全高效的能源体系，提高能源供给保障能力。数字化应用场景要求发展智慧能源。推动油气田、炼油、化工、电厂等智能化升级，开展用能信息广泛采集、能效在线分析，实现源网荷储互动、多能协同互补、用能需求智能调控，夯实公司数字化转型、智能化发展的战略基石。

在能源管理方面，石化企业是能源使用大户，但在日常能源管理中，石化企业往往面临着“说不清”“管不住”“省不下”三方面的巨大挑战，无法有效实现能源的精细化管理，并提高能源有效利用水平。

说不清：能源实际与能源计划的差距为什么总是很大？全厂每天的能源生产、消耗总量到底是多少？能源统计的数据为什么不一致？能源生产、存储、输送和消耗每个环节量值是多少？哪个环节损耗大？

管不住：能源管理的流程执行的时候总是打折扣，如何提高透明度和效率？为什么每个装置的能耗数据都达标了，能耗总量却不断增加？如何将能源管理的工作重心从事后统计往事中处置和事前预测上转移？如何让员工直观了解到能耗指标情况，并且有利于指标的分解和考核？

省不下：产能和用能装置的能效水平如何？如何进行装置能效的对标？如何找到薄弱环节？如何提高能源生产、输送和消耗三个环节的能效水平？能源优化的效果如何？到底省不省钱？省了多少钱？

（二）主要措施

某东南部沿海炼厂通过建设能源管理中心，实现能源的供、产、转、输、耗全业务流程管理，全厂综合能耗、装置用能、设备能效、公用工程消耗实时监控，如图4–4–6所示。

通过能流管理应用为镇海炼化构建了能源工厂模型，对企业各类能源介质的生产、存储、转换、输送、消耗全过程数据的量值进行采集、归并、统计与分析；蒸汽动力优化应用建立了锅炉、汽轮机、减温减压器等设备机理模型，以热电系统的实际运行成本最小化作为目标，构建企业热电系统综合模型，实现蒸汽动力在线优化；最终实现了包括能源工质的全流程管理与能源的一体化优化。SMES系统在该炼厂的管理过程中不断促进能源管理体系的完善，促进全员参与节能，各项能源绩效逐年改善。

如图4–4–7所示，2020年，第十一届国际清洁能源部长级会议（CEM）全球能源管理领导奖评选活动中，镇海炼化获评“2020年全球能源管理领导奖——能源管理洞察力奖”。清洁能源部长级会议（CEM）是全球范围清洁能源领域唯一常设的部长级会议。全球能源管理领导奖由CEM中的能源管理工作组发起，用以表彰通过使用和有效推广ISO 50001能源管理体系来提高能源管理意识及效益的企业。

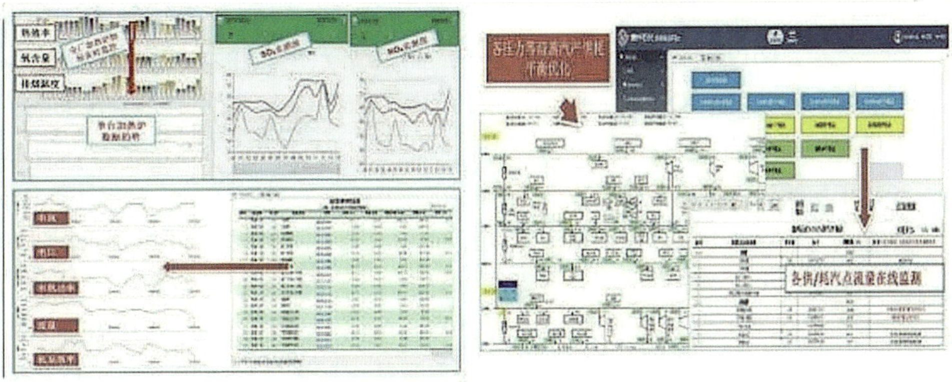

图4-4-6　某东南部沿海炼厂能源管理中心

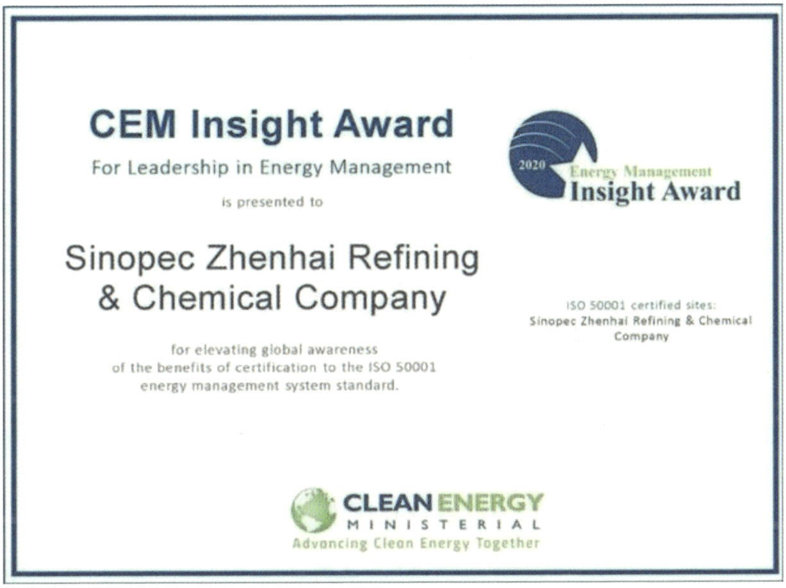

图4-4-7　某东南部沿海炼厂获得2020年全球能源管理领导奖

（三）主要成效

某东南部沿海炼厂通过能源管理中心开展用能分析，实现能源管理可视化，促进了节能减排、降本增效。推广环保管理应用，提升监管能力和环保管理水平；深入开展清洁生产工作，提升企业绿色发展水平；实现生产环保协同管控，提升本质环保水平。

通过公司构建能源工厂模型，对企业各类能源介质的生产、存储、转换、输送、消耗全过程数据的量值进行采集、归并、统计与分析优化，实现主要包括能源工质的全流程管理与能源的一体化优化。

统计显示，2019年与2015年相比，该炼厂能源绩效，突出的表现是热电动力系统与乙烯裂解装置的能效的提升，相当于节约能源2586310GJ，以更少的资源和能源消耗，支撑起更高质量的可持续发展目标。

2019年与2015年相比，两个方面绩效提升突出：

热电系统能效提升。评价依据是热电指标的提升，主要指标是供电标煤耗。2019年与2015年相比热电系统供电标煤下降27.65克标准煤/千瓦时，折合减少2164200GJ。

乙烯能效提升。评价依据是乙烯裂解装置单位产品能耗。以乙烯裂解装置为例，2019年与2015年相比乙烯单位产品综合能耗下降8.74千克标油/吨，折合减少422110GJ。

五 智能物资管理

（一）转型背景

石化企业物资因其种类繁多、形态、保管方式各异、环节较多，传统的仓储管理手段无法满足快速增长的企业生产需求时，必然带来工作量不断增加、效率逐渐降低、衔接工作不畅、沟通成本过高、物资积压严重等问题。一是管理难度大。物资种类繁多、规格型号差异大，保存方式多样。二是实物流转信息获取滞后。现场作业信息进入系统有时间差，实物流转信息失真。三是标准化程度不高。无论是物资、货位、流程标准化程度都不高，不具备数字化条件。四是现场管理手段相对落后。库房现场、配送过程、物资接收现场主要还是依靠手工记录。五是物资管理人员培养。

为了改善物资管理中因数据更新存在时间和空间差而造成的账实差异、库存水平无法有效掌控、物资数据未标准化以及传统仓储作业人工成本高、管理效率低等情况，企业加大智能化数字化先进技术投入，深化移动互联应用，提高作业效率；建立管理标准，促进业务协同；加强过程管理，深化系统管控，打造物资管理新模式。

（二）主要措施

1.无人化搬运

某沿海炼厂积极推动企业数字化转型，促进物联网、大数据、人工智能等信息技术与生产经营全面融合，培育“机器代人”新动能。以“机器代人”提升劳动效率。智能仓储开展“机器代人”工作，利用5G通信、视觉导航、自适应技术，通过AGV叉车（见图4–4–8）实现短丝仓储智能化管理，实现无人化搬运，达到减员、高效、安全、经济的目的，助推该炼厂由自动化向智能化迈进。

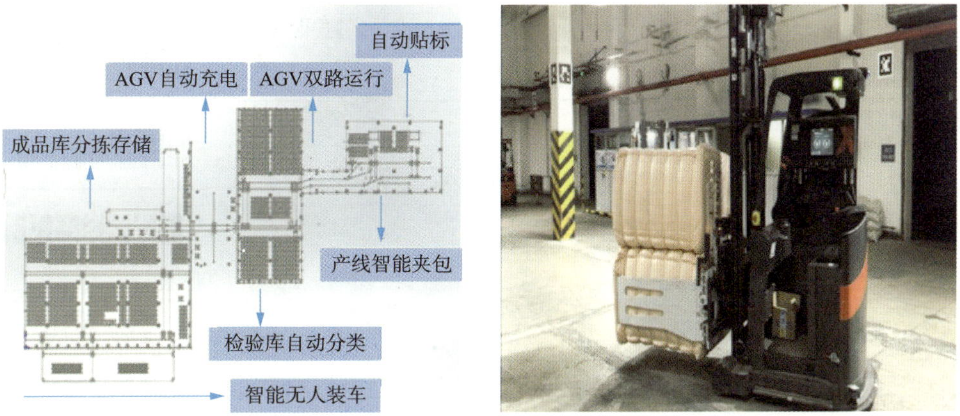

图4-4-8　某沿海炼厂AGV无人驾驶叉车

2.无人地磅测量

如图4-4-9所示，某沿海炼厂采用汽车衡无人值守系统采用二维码电子化凭证提送货、客户自助计量、计量人员远程监控的智能化管控模式，司机称重后自助打印计量过磅单，自动过账提供MES计量单及IC卡过账等，实现公司全部汽车衡无人值守进出厂计量。

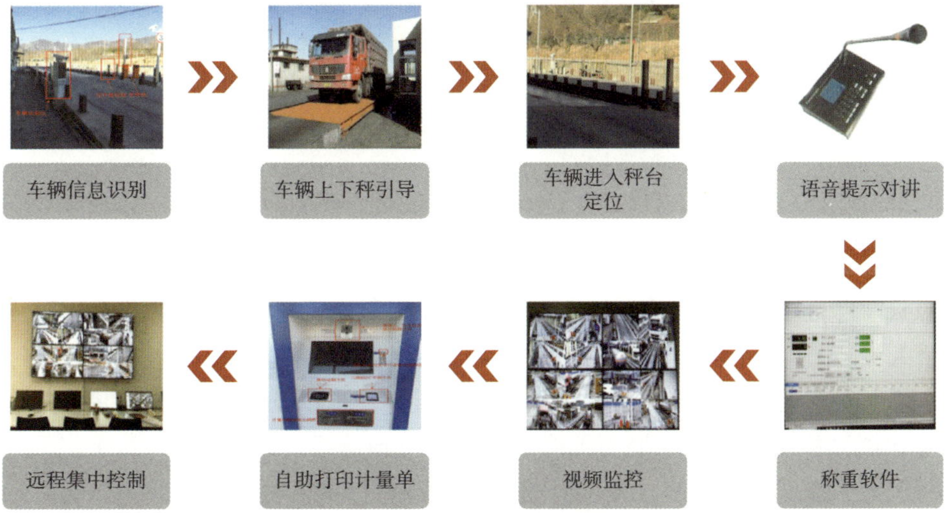

图4-4-9　无人值守地磅测量

3.电子标签应用标准化

应用RF、电子标签等现代化物流设备，在仓储管理各环节进行标签化规划与设计，依据物资仓储规范化管理要求，对物资仓储业务进行标准化管理，包括仓库货位标准化、物资标识标准化、物资供应流程标准化、仓储作业标准化，如图4-4-10所示。

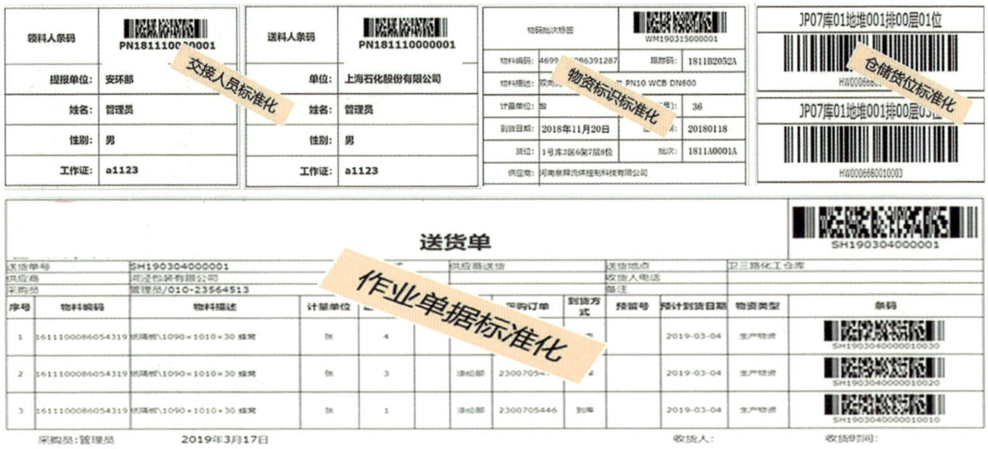

图4-4-10　电子标签应用

（三）主要成效

整合供应链环节，实现全业务链智能化管理；建立智能化仓库，实现智能物资仓储进出管理；通过5G+AGV+智能化设备，实现无人仓库。整体实现了人力成本的降低，提升了工作效率；通过大数据和RFID等物联网技术，实现对物资仓储业务进行标准化管理。

1.24小时不间断运作

AGV无人驾驶叉车投用后，24小时不间断的机器搬运，取代了以前人工叉车，满足了装置的连续生产要求，实现成品从入库打包至出库装车的全过程无人化，将原有的叉车司机岗位全部取消。

2.企业降本增效

AGV自动化叉车直接节省下线叉车司机8人，倒库叉车司机8人，装车司机4人，仓储人员3人，出包人员4人，监控人员4人，共计23人，按人工费用200000元/年计算，减少人工成本为460万元/年，节省业务外包费用73万元/年；维护费用增加15万元/年；项目总经济效益为518万元/年。无人值守地磅系统无须司磅人员手工录入，节约人力、降低劳动强度。提高计量效率，自助称重，将过磅时间由5min缩短至1min，减员20人，经济效益约418万元/年。

3.标准化管理

优化物资流转流程，实现企业物资实物流转过程标准化，包括紧急业务的规范化；实现物资业务流转单据标准化、物资仓库货位标准化、物资标识标准化、物流信息标准化，将单据、货位、物资、人员进行标准化编码，实现仓储整体作业的标准化；依托条码、RFID等物联网技术对物资仓储业务进行数字化标识和管理，便于物资信息高效便捷地识别、验证、采集、共享、追溯，实现对实物情况的随时掌握，缩短收货过账、出库过账、出库补单的时间，提升物资管理效率。

六 环保监控地图

（一）转型背景

党的十九届四中全会将生态环境保护制度列入坚持和完善中国特色社会主义制度、推进国家治理体系和治理能力现代化的重要内容，将生态文明建设纳入中国特色社会主义事业“五位一体”总体布局。环保管理是为解决现实或潜在的环境问题，协调人类与环境的关系，保护人类的生存环境、保障经济社会的可持续发展而采取的各种行动的管理措施。环保产业在国民经济结构中，是以防治环境污染、改善生态环境、保护自然资源为目的而进行的技术产品开发、商业流通、资源利用、信息服务、工程承包等的总称，主要包括环保研发及制造、环保工程建设、环保基础运营等。

石油化工作为能源类产业中的重要领域，石化环保管理受到较多关注，污染物排放标准、环保检查以及环境风险应急防范要求越来越高。环保域信息化建设涵盖建设项目环保管理、在线监测、环保统计、废水管理、废气管理、治理设施管理、LDAR管理、固废管理、检查督查、环境风险防控、绩效考核等环保核心业务功能，实现了从建设项目的环境保护工作，到生产运行阶段的污染预防、源头削减、过程控制、末端治理的环保业务全生命周期管理。

在新的形势下，石油化工的环保管理面临如下挑战：

①需推进环境服务绿色化。随着“双碳”目标的提出，对环保管理工作提出了更高要求，开展信息技术创新、数据共享，消除信息孤岛，成为企业重要挑战。

②提高治污能力和水平。“城市炼厂”压力与日俱增，提高企业清洁生产水平，规避违规排放，减少环境污染缓解“企地矛盾”，促进企地社区关系和谐发展，成为企业重要目标。

③强化监测能力和大数据分析应用。由于石化生产具有强非线性、机理不清和时变特性，如何将环保管理业务与智慧化结合，借助大数据、5G和信息物理系统等技术提供的大量实时数据，构建更为精确的装置模型开展预测预警，是当前面临的新挑战。

（二）主要措施

鱼儿在排污池中畅游，孔雀与游人争艳，精灵一样的小梅花鹿好奇地打量着来人……在这座有着“花园式工厂”的炼厂中，人与自然相处得是那样的和谐美好。绿色工厂是企业高质量、可持续发展的“金名片”，天津石化首个自主开发的“明星App”——环保监控地图App应需而生。

污染源在线监测数据直接反映企业污染物排放达标情况，亦是政府收取企业环保税、开展日常监督检查及行政处罚的重要手段和证据。一直以来，在线监测系统多处在分散管理、监控作用发挥不大等状态，导致系统运行管理异常情况频发。加之企业分级控制数据、厂界噪声、土壤地下水调查等大量人工监测数据、环境应急和危废管理的动态资料分布在不同系统和平台，查找使用不方便，数据易出现偏差。让系统数据、资料活起来，真正为管理所用、能用势在必行。为此，某炼厂自主开发环保监控地图，如图4-4-11所示，将分散在不同系统、不同平台的数据资料整合在“一张图”上，丰富综合评估功能、增设预报警手段，保证公司污染源监控做到智能预警、科学防控、快速响应、有效可控，利用信息化手段，实时掌控污染源头的监管情况，再以高度集成的大数据为辅助，通过一张环保监控地图，全面掌控污染源，第一时间预测预警，作出科学决策。

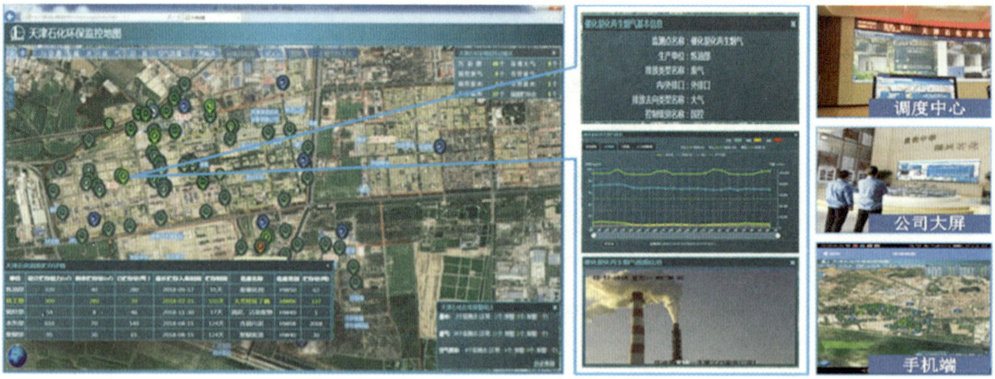

图4-4-11　某炼厂环保地图展示

1.从整合完善资源出发，加快环保信息系统建设

作为中国石化试点单位，该环保信息系统经过两期的功能建设，已正式投用。异常排污申报、环保设施管理、危废管理、绿企建设等日常工作均在线办理，并开通了流程审批短信提醒业务，基本做到环保信息系统覆盖全业务。系统内环境监测板块整合了所有在线监测数据和人工监测数据，并辅以统计分析和趋势评估，强大了数据应用功能，丰富环保监控信息量。系统间的信息调取替代人工录入，组织各层次的系统培训，使系统“能用、会用、好用”的要求逐步落实，为环保监控地图的建设和推广打下了坚实的基础。

2.从监管需求出发，做强环保监控地图的展示和警示功能

环保监控地图利用GIS平台，将环保管理信息系统、实时数据库、LIMS系统、视频监控系统、空气质量监控平台等5个系统集成，将污染源、废水、废气、危废、厂界噪声、空气质量、VOCs、污水管网、环境风险和土壤地下水等共10个环保重点监控模块的信息分门别类在“一张图”上集中展示，如图4-4-12所示。通过短信等方式，推送到基层至公司各层级管理人员，对异常情况警示并立即调整工艺操作。各监控模块的基本功能见表4-4-1。

表4-4-1　环保监控地图10个模块功能

模块名称	信息内容	警示功能
污染源	284个污染源“三废”排放量、排放浓度、配套环保设施运行状态的动态数据	①排放浓度执行地方排放标准的90%预警，超标报警；②环保设施“三剂”临近到期预警
废水	18个公司内部控制点人工数据和3个国控外排控制点、3个雨水外排控制点在线数据和人工数据的动态展示以及外排点视频监控	①公司内部控制排放超内控标准报警；②国控点、雨水排放浓度超过执行标准的90%预警，超标报警
废气	增加31个燃烧废气排放点人工数据和在线监测的动态展示以及8个国控源的视频监控	执行地方排放标准的90%预警，超标报警
危废	4个危废暂存库储存信息动态展示及库内外视频监控	存放时长超过60天和暂存能力超过80%预警
VOCs	24个VOCs有组织排放点在线和人工数据展示、LDAR未修复且监测浓度超过1×10^4ppm点位信息动态展示	①执行地方排放标准的90%预警，超标报警； ②LDAR未修复的高浓度点预警
厂界噪声	36个厂界监控点昼夜间监测数据	超过执行标准报警
空气质量	7个厂界和1个生活区环境空气自动监测站特征污染物数据动态展示	超过执行标准报警
环境风险	事故水三级防控设施、封堵点展示、各单位应急物资库点位及存放信息	事故水池占用容积超出三分之一预警
污水管网	各股污水、清净雨水动态走向	无
土壤地下水	16个地下水、34个土壤采样点年度分析数据	超过控制标准报警
短信推送：在线监测数据预警值、报警值及传输中断等内容，通过短信推送至生产部、设备管理部、安全环保部、炼油部、化工部、热电部、水务部、信息档案管理中心、电仪中心、化验计量中心相关人员手机上		

图4-4-12 环保监控地图主页面

3.从规范应用出发，保障系统有效运行

编制操作手册，制定管理办法，明确各单位在规范系统运维保障中的职责和分工。为推进广泛应用，明确了各部门的重点查询内容和使用权限，使用初期量化了各层级日常浏览频次（见表4-4-2），不定期通报各单位使用状况。为确保系统运行稳定，划分系统异常状况下联动处置程序，利用微信、石化通等信息平台，畅通交流解决渠道。

表4-4-2 各级人员日常浏览频次

序号	单位（部门）	浏览频次（次/天）		
		领导层	业务管理层	操作层
1	生产部	1	2	—
2	设备管理部	1	2	—
3	安全环保部	2	3	—
4	各作业部	1	2	3
5	信息档案管理中心	1	2	—
6	化验计量中心	1	2	2
7	电仪中心	1	2	2

4.从服务基层出发，保证污染监控精准到位

组织上机实操培训和现场应用指导，增强用户操作能力。协调基层系统所需软件配置，推动基层岗位人员“能用、会用”，同时，开发手机端应用，便于远程操控。当出现预警值时，岗位人员按预案快速操作，阻止事态进一步恶化。一年间，通过监控地图及时发现排放数据的持续上升，发出预警警示，热电部烟气排放和水务部外排水排放多次避免了超标排放的环境事件风险；地图上在线监测点位的颜色变化，

使数据传输异常得以及时发现快速解决。此外，开发了监控应用和问题管理模块，建立浏览日志管理，形成用户反馈问题的绿色通道，用户使用问题畅通反馈、及时解决。

（三）主要成效

“环保监控地图”建成投入运行2年来，公司累计获得集团公司、地方政府给予的环保奖励3300多万元，职工不仅从“蓝天碧水”中收获了美丽和谐的家园环境，也获得了丰厚的物质奖励。公司安全环保连续9年获集团公司环保工作先进，117次各级环保检查实现零处罚，作为A级企业天津市启动重污染天气应急响应时，可以负荷不降、排放“免减”，打造环保最强大脑，是信息化技术与环保专业化管理的深度融合，成为绿色企业建设不可或缺的利器。绿色竞争优势已成为天津石化核心竞争力。

“环保监控地图”的信息化建设及数字化应用，把环保管理人员从分散的、大量的监控点位中解放出来，既提高了劳动效率，也保证了数据的可靠性、真实性。“环保监控地图”实现了对国（市）控源、VOCs排放源、环境空气质量、污水分级控制、厂界噪声、土壤地下水、危废存储等十项环保重点业务的集中展示、穿透查询、预警处置，实现了对污染源全天候、全方位、无死角的智能监控。公司安全环保管理逐渐从末端治理向源头防治转变，从事后整改向超前预防转变，从被动应对向主动谋划转变，拉开了绿色工厂“智能+”的序幕。

1.用“地图”全面展现污染源

环境保护点多、面广、线长与专业力量不足的矛盾是炼化企业的共性问题，单纯通过地方环保执法督查检查，只是企业环保工作的及格线，实现本质环保才是企业绿色发展的最终目标。通过环保管理全覆盖，实现一图在手、全景展示，让污染源在一张图上全面展现，让员工在开展环保管理时做到统筹兼顾，避免百密一疏。目前该炼厂已构建了环境保护监控地图，实现对三废、VOCs、LDAR等污染源排放的实时监控、预警、趋势分析、视频监控和快速响应；LDAR检测与修复体系将36套装置34.8万个LDAR基础档案、检测信息、泄漏数据、维修记录等全部上传平台，形成完整LDAR数据库，实现了从2019年至今污染物排放达标率100%。

此前，企业分级控制数据、废气排放、厂界噪声、土壤地下水调查等大量人工监测数据和危废管理的动态资料分布在不同系统和平台。该炼厂从具备展示功能的地图雏形，到实现移动应用，经过两期功能建设，10余次版本更新和数据添加，成功将环保管理信息系统、实时数据库、LIMS系统、视频监控系统、空气质量监控平台等五个平行系统集成在环保监控地图上。

使用地理信息系统GIS平台，分为污染源、废水、废气、危废、厂界噪声、空气质量、VOCs、污水管网、环境风险和土壤地下水等10个环保重点监控模块，实现了对污染源全方位、无死角监控，可以在电脑、手机同步在线使用，满足了实时管控需求，实现了以前各专业、各部门分兵把守，各自为战，到现在一图在手，兵团作战的环保管控新模式。

2.用“地图”将管理关口前移

利用信息技术实现预测预警，将环保管理关口前移，从“观全局”到“管全局”，以废气排放为例，天津石化有8个国家控制污染源、22个排放口在45米以上的高架污染源、14个VOCs监控源在线监测点和11个VOCs人工监测点，涉及二氧化硫、氮氧化物、粉尘、VOCs等多项数据。这些数据既是环保的“高压线”，又是管理的决策依据。环保监控地图通过多个系统集成，实现了实时数据、小时数据、人工数据和视频的动态联动监控，使事前预警和超标报警成为可能，在第一时间通过短信将预警信息推送给各层级管理人员，提醒他们立即调整工艺操作。

在推进环保监控地图优化完善的过程中，天津石化明确提出“出现报警提醒信息，所属单位必须在15分钟内响应，30分钟内反馈处理情况”的要求，同时要求安全环保和生产部门监督措施落实情况，形成闭环管理。环保监控地图不单单对排放数据设置统计分析和预警，还对环保管理内容建立了信息汇总和预警提醒。以固废贮存点为例，点击明细表，天津石化5个固废贮存点总贮存能力、实时贮存信息清晰展现。为规范管理，系统还设置了90天贮存时间预警和80%贮存能力预警，提醒相关部门尽快安排处置。

3.用“地图”从源头减少污染

环保监控地图在优化和完善中，从“能用、好用”，到员工爱用，又实现了一次飞跃。随着环保监控地图在更大范围内推广，员工在动态监控和联动处置中，实现了对环保问题从被动应对到主动预防，进一步缩短了应急时间，实现快速响应并消除异常情况。同时，还有更多员工主动在地图上寻找目标，努力从源头减少污染。煤炭采购人员通过环保监控地图末端显示的二氧化硫、氮氧化物、粉尘等数据，改变过去只关注煤炭热值的做法，兼顾硫含量、灰分等指标，从煤矿采矿点综合衡量煤炭的高性价比，采购低硫低灰高热值的优质煤炭，从源头大大减少废气废渣的产生，为清洁生产创造条件。

在环保监控地图上，固体废物的产生和存放，贯穿生产链条的各个环节。这些固废既是污染源，又涉及高额的外委处置费用，于是该炼厂以资源化、减量化、无害化三种处置方式，按照“谁产生、谁负责”的原则，将固体废物处置工作纳入绿色环保轨道。以装置检修以及更换的废油、废液，包括生产中产生的污泥为例，在环保监控地图上显示涉及点多、面广。以往要集中委托具有资质的第三方进行处理，每吨处置费都在千元以上。该炼厂通过技术攻关送污泥至焦化装置进行回炼，不仅把一部分资源变成了产品，降低了处置成本，同时避免了填埋处理占用土地和二次污染的风险。

目前，污水处理场含油污泥实现了固废处置零外委。炼油部重整装置的脱烯烃工艺要使用白土作为催化剂，普通白土难以再生为一次性使用。他们通过选用了改性白土进行替代，在保证生产工艺稳定的同时，将使用周期延长了2~3倍。此外，以无害化替代为目标的绿色包装方式正在该地区推广，比如“三剂”、润滑油等物资由一次性包装改为可重复使用的包装；采用可反复使用的聚氨酯等新型绿色环保绝热保温材料，取代检修中处理难度大的保温岩棉等。

七　危化品安全生产

（一）转型背景

党和国家高度重视危险化学品安全生产工作，党的十九大报告要求“完善安全生产责任制，坚决遏制重特大安全事故”，并多次印发文件明确提出综合利用新一代信息技术赋能危险化学品安全生产。2020年10月10日，工业和信息化部、应急管理部联合发布《“工业互联网+安全生产”行动计划（2021—2023年）》，构建基于工业互联网的安全感知、监测、预警、处置及评估体系，提升工业企业安全生产数字化、网络化、智能化水平，培育“工业互联网+安全生产”协同创新模式，扩大工业互联网应用，提升安全生产水平。

中国石化产业装置内原料和产品都属于易燃易爆、有毒有害介质，一旦发生泄漏，容易造成火灾、爆炸等重大生产安全事故。现有直接作业过程中，工作安全分析、安全措施落实、现场监护等环节中人为因素影响大，容易导致偏差或者落实不到位，造成事故发生。由于企业缺少信息化手段支撑应急救援业务，一旦发生事故，传统的管理方式出警速度慢，战斗部署效率低，未实现自动报警模式，应急联动效率低，存在业务断点，应急演练效果不明显。我国安全生产总体局势虽持续向好，但各类风险隐患交织叠加，重特大安全事故时有发生，亟须利用科技手段提升危险化学品安全生产风险管控能力。

为加快建设危险化学品领域国家战略科技力量，有力支撑危险化学品安全生产工作，进一步落实企业主体责任，中华人民共和国应急管理部联合我国石化推进国家危化品安全生产风险监测预警系统。

（二）主要措施

国家危化品安全生产风险监测预警系统聚焦危险化学品罐区、生产装置等关键区域安全风险，以安全生产风险预警与分级管控为核心，明确安全生产风险与工艺、设备、泄漏及环境间相互耦合作用的关键科学问题，应用工艺、设备、泄漏等环节的安全生产风险定量评估与分级预警关键技术，构建贯穿全国、省市、区县（园区）、企业的安全生产多层级风险监测预警管控体系，推进我国危险化学品安全生产形势持续稳定好转。

1.管理优化变革

针对我国危险化学品风险管控对象、内容不清晰、监管“上下一般粗”的问题，创新提出国家、省、市、区县（园区）、企业多层级安全风险监测预警管控体系，建立了红、橙、黄、蓝四级的风险分级预警等级（见图4–4–13），有效提升各层级安全风险监管的时效性。

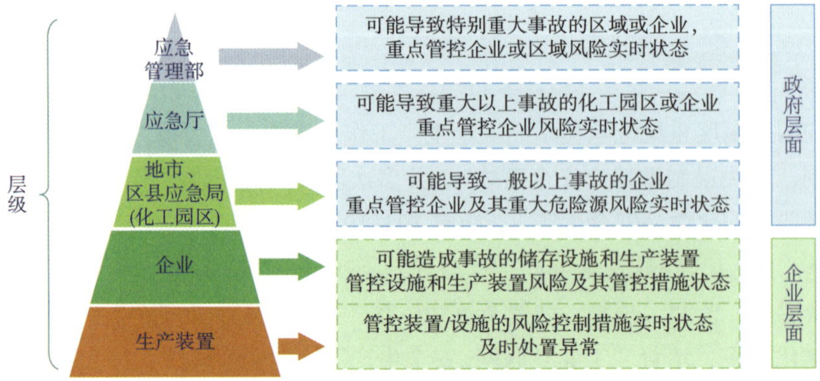

图4–4–13　多层级风险监测预警体系

2.平台架构变更

国家危化品安全生产风险监测预警系统以工业互联网平台架构为基础，如图4–4–14所示，建设PaaS层、DaaS层和工业SaaS层，具备强大的工业数据标准化处理与应用开发服务能力，可提供覆盖工艺、设备、泄漏等的风险监测预警模型组件族，实现面向政府监管部门和危险化学品企业的工业App与微服务生态。

如图4–4–15所示，DaaS层具有企业数据、事故数据、SDS数据等资产，实现为工业机理模型和工业App提供数据服务，并自主研发基于本体构建的安全知识图谱服务，进一步挖掘数据价值。

PaaS层以异常事件演化路径为核心，基于安全金字塔、事件树方法、保护层分析等理论模型，建立危险化学品类、风险预警管控类、工艺平稳性类、设备完整性类、应急实效类、设计合规类等六大类安全生产工业机理组件族。

工业SaaS层开发一图一表、风险研判、风险预警、安全承诺、综合查询、综合分析等六大功能域，实现危险化学品安全生产风险的实时监测预警与分级管控处置功能应用，如图4–4–16所示。

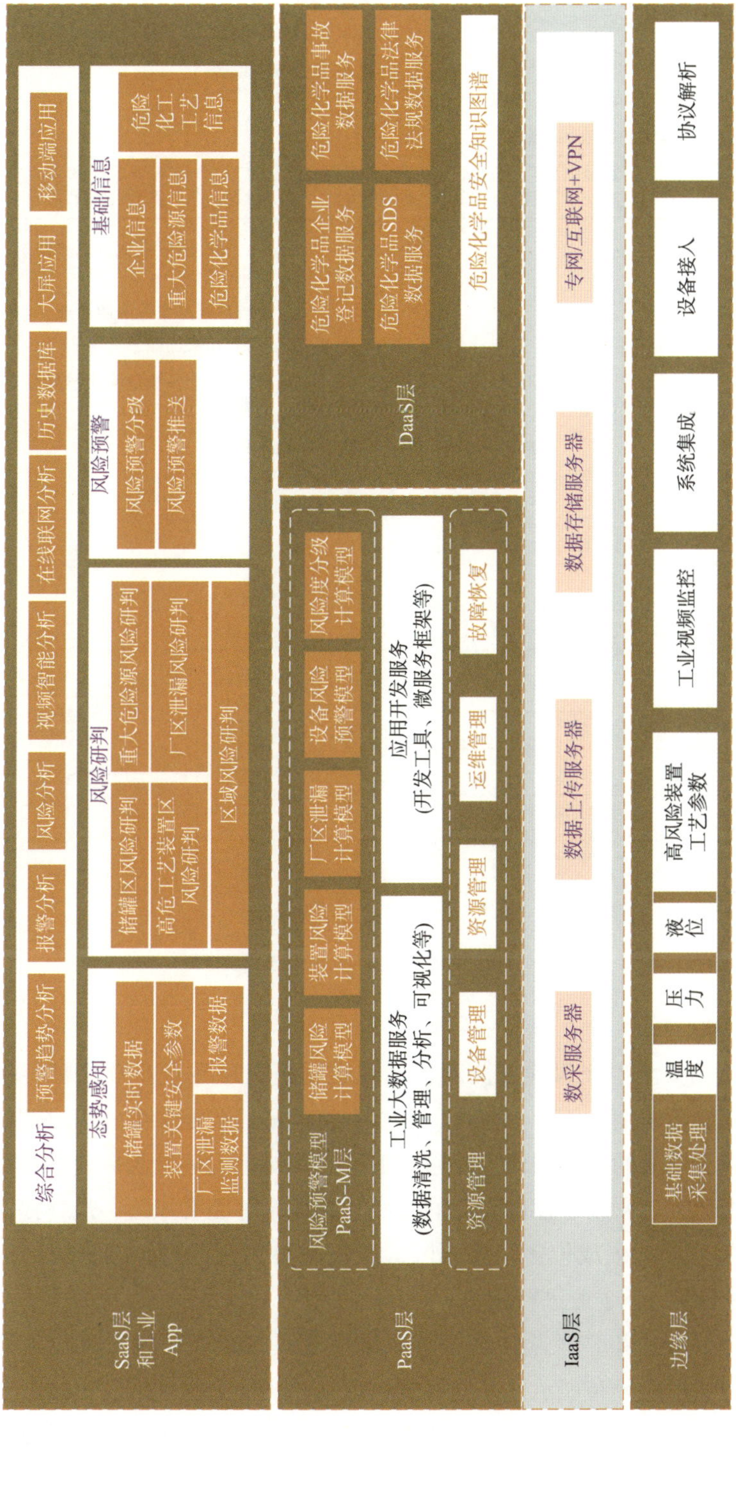
SaaS层和工业App
综合分析
预警趋势分析
报警分析
风险分析
视频智能分析
在线联网分析
历史数据库
大屏应用
移动端应用
态势感知
储罐实时数据
装置关键安全参数
厂区泄漏监测数据
报警数据
风险研判
储罐区风险研判
高危工艺装置区风险研判
重大危险源风险研判
厂区泄漏风险研判
区域风险研判
风险预警
风险预警分级
风险预警推送
基础信息
企业信息
重大危险源信息
危险化学品信息
危险化工工艺信息
PaaS层
风险预警模型 PaaS-M层
储罐风险计算模型
装置风险计算模型
厂区泄漏计算模型
设备风险预警模型
风险度分级计算模型
工业大数据服务
(数据清洗、管理、分析、可视化等)
应用开发服务
(开发工具、微服务框架等)
资源管理
设备管理
资源管理
运维管理
故障恢复
DaaS层
危险化学品企业登记数据服务
危险化学品事故数据服务
危险化学品SDS数据服务
危险化学品法律法规数据服务
危险化学品安全知识图谱
IaaS层
数采服务器
数据上传服务器
数据存储服务器
专网/互联网+VPN
边缘层
基础数据采集处理
温度
压力
液位
高风险装置工艺参数
工业视频监控
系统集成
设备接入
协议解析

图4-4-14 平台架构

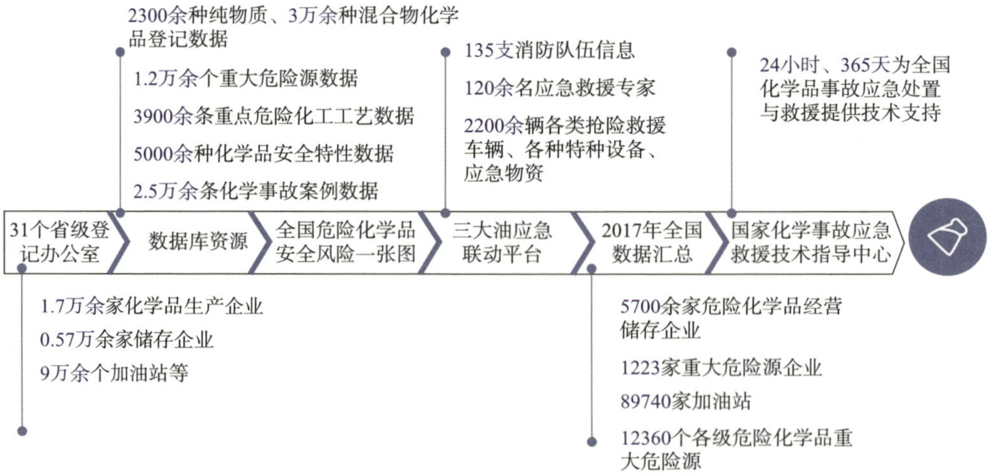

图4-4-15　DaaS层数据服务能力

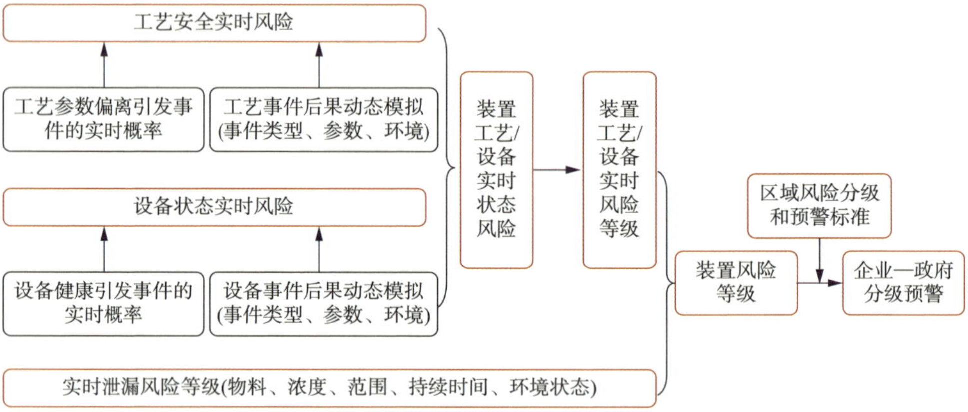

图4-4-16　装置整体安全风险动态预测模型

3.应用功能

国家危化品安全生产风险监测预警系统实质是通过在企业端部署物联网采集设备，采集企业储罐温度、压力、液位、有毒有害监测等关键参数和值班监控中心图像以及重大危险源罐区的视频图像，并通过卫星影像对重大危险源风险进行精准定位，再结合企业周边人口密度、存储介质的性质和存储量等固有风险，最终提供重大危险源的动态风险，自动生成包含预警原因、风险态势变化等内容的分析评估报告，向省、市、县（园区）、企业进行预警。

国家危化品安全生产风险监测预警系统主要具备风险研判、风险预警、综合分析、综合查询、风险分布展示、在线巡查、评估分析等七大功能。

风险研判功能可以分析危化品企业风险动态趋势变化情况，展示重点监管化工工艺、重点监管化学品、环境敏感区企业的当前风险状况。

风险预警功能可以运用重大危险源的风险预警模型及区域预警模型，实现企业、区域动态风险的自动预警，助力监管部门实时了解各重大危险源及企业风险变化，督促和指导企业及时进行风险处置。

综合分析功能可以全面查询危化品的储存经营、使用等相关信息数据，分析重大危险源风险变化，对风险趋势进行预测。

综合查询功能可以利用化学品安全知识图谱、视频监控等技术，随时了解企业基本情况、应急资源、应急处置等信息，为事故应急管理提供支持。

风险分布展示功能集成了危化品风险分布数据及重大危险源在线监测监控等数据，多维度多层级展示企业的重大危险源分布情况。

在线巡查功能通过实时视频和动态监测监控数据，在线巡查企业存在的安全问题。

评估分析功能可以根据监测预警情况，编制分析评估报告，为各级应急管理部门精准监管、精准执法提供支撑。

4.数据开发利用

建立了面向各级监管政府和危险化学品企业的化学品安全知识图谱服务，从顶层架构上实现了化学反应、重大危险源等11个领域的概念集成，从底层数据角度形成了8个领域之间的14种关系描述，填补了国内危险化学品安全知识图谱领域的空白。

在疫情防控期间，以大数据技术为手段深入摸排了危险化学品企业（特别是涉及酒精、次氯酸钠等企业）的复工复产情况和安全生产风险情况，在防范重大安全生产风险、支撑全国应急管理决策等方面发挥积极作用，得到应急管理部各级领导的认可。

利用回归分析方法对每个月的事故数进行分析，建立化学品安全事故相关性图谱，重点关注与事故数量具有强相关关系的因素，为事故预防和监管决策提供依据，如图4–4–17所示。

5.IT支撑

为保证危险化学品企业海量生产数据的安全采集和实时传输，自主研发工业多源数据安全采集网关，支持Modbus、OPC等多种工业协议，满足政府安全监管数据采集需求。

为解决微量气体泄漏发现难的问题，自主研发多参量有毒有害可燃气体传感器，基于MOS气敏材料和MOF材料实现生产环境复杂泄漏气体的快速响应和灵敏识别。

创新构建化学品安全大数据中心，实现对安全生产风险、化学品登记、事故应急支持等数据可视化综合应用管理，已建设成国家危化领域重要的应用展示中心与决策支持中心。

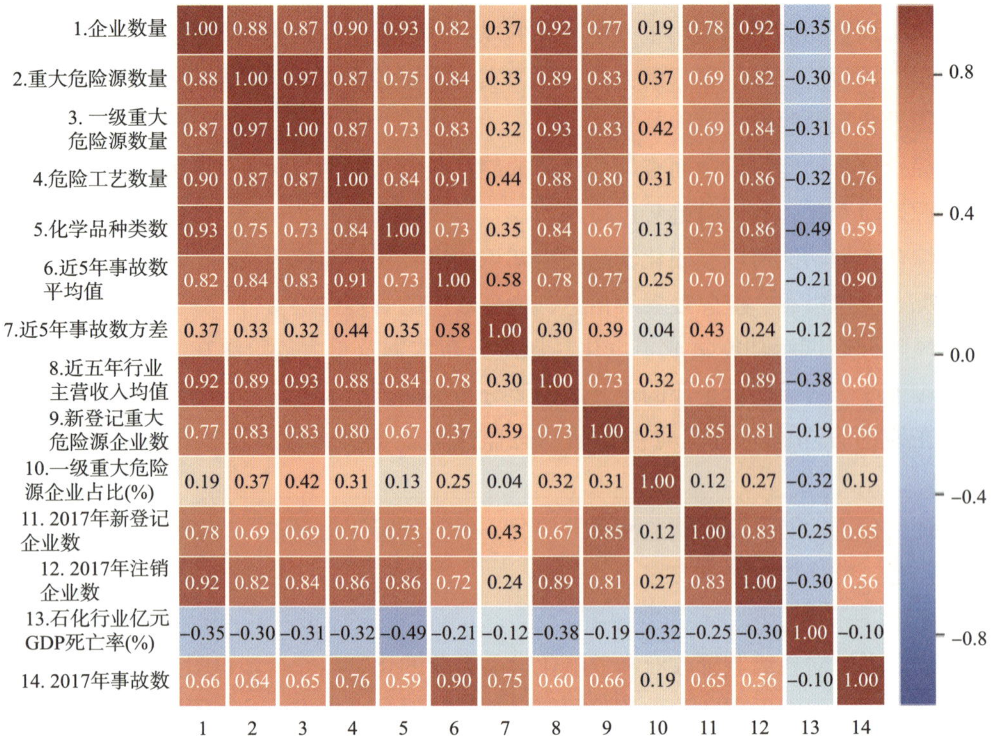

图4-4-17　事故相关性图谱

（三）主要成效

国家危化品安全生产风险监测预警系统建成后形成了线上线下相结合的监管模式。随着监测预警系统建设深度、使用广度的推进，生产过程监控视频和安全生产数据接入监管平台，互联网手段与安全监管有机结合，危化品监管逐步向“互联网+监管”模式转变。检查内容从侧重制度建设、台账检查、现场检查扩展到安全控制参数的在线动态监测管控，检查方式从现场检查扩展到监控视频检查，提高了检查效率。

1.风险管控方面

危险化学品重大危险源风险管控效果明显，各类报警、预警和一般以上风险数量均明显降低。以山东省为例，在2019年8月至2020年9月期间，全省企业报警次数由144932次/月下降到18928次/月，下降幅度达86.9%；监管部门可以实时监督企业是否消除了风险隐患，并更有效地分配监管力量发送风险，预警次数由4206次/月下降到137次/月，下降幅度达96.7%；企业可通过监测预警系统及时了解重大危险源风险动态，从被动应急处置向提前预防、管控风险转变，保障重大危险源运行状况安全稳定。

2.经济效益方面

该系统在实现技术产业化应用突破的同时，有力保障7000余家危险化学品企业安全生产平稳运行，避免了重特大事故的发生。依据《安全经济学》中安全投入与间接经济效益 6.7倍比例的国际通行算法，至少为企业创造9.045亿元的间接经济效益。

3.社会效益方面

该系统是贯彻落实习近平总书记关于安全生产重要论述与批示指示精神的重要技术支撑举措之一。一方面提升政府安全监管能力，减少监管执法成本；另一方面督促企业必须确保安全生产基本控制措施处于有效状态，监督企业落实安全生产主体责任，有效防范和化解危险化学品领域重大安全风险，为行业高质量安全发展提供重要技术支撑。

第五节 数字化赋能赋智

一 “域长负责制”管理新机制

（一）转型背景

由于信息技术发展较快和历史局限性，石油石化企业过去信息系统的建设模式均是“烟囱模式”，需求越多，系统越多，“信息孤岛”也就越多。目前石油石化企业在用信息系统数量庞大，大部分是通过接口方式实现数据集成，必然会出现效率低、风险大、成本高等问题，传统信息化建设模式已经无法应对业务需求多变、迭代提升快速的挑战，必须作出改变。石油石化企业需要进一步深化新一代信息技术应用的基础，一方面加强信息基础设施和网络安全、工控系统与管理网隔离防护、全生命周期的数据安全服务，另一方面加强各业务、各单位的数据治理，以及开发大数据应用。

信息化建设发展至今，传统的建设模式已经无法应对业务需求的快速变化。为解决各业务领域信息化建设应用发展不平衡、信息孤岛、重复建设、应用分散、数据共享受阻等问题，构建通用的业务、技术、数据服务能力，打造更敏捷、高效、安全的信息架构，建立以业务为驱动的信息和数字化发展新模式势在必行。新模式下，形成应用架构按域规划、数据治理按域推进、信息系统跨域协同的长效机制，将推动公司信息化、数字化发展向更高质量阶段迈进，加快产业数字化转型、智能化升级，如图4-5-1所示。

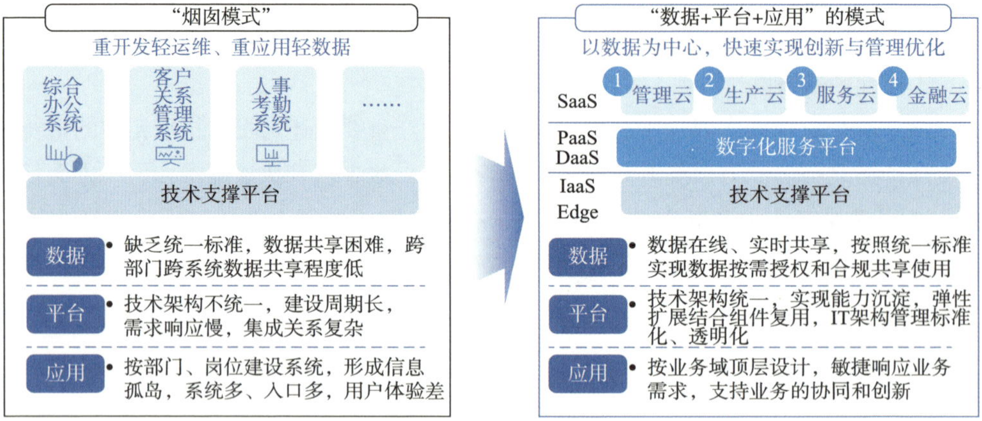

图4-5-1　IT架构变革

（二）主要措施

某国有特大型石油石化企业集团围绕发展目标，系统谋划公司数字化转型战略规划，对标世界一流，找准差距，理清发展思路，统筹制定了以提升产业数智化水平为核心的“十四五”发展规划。为调动和发挥业务部门的数字化转型主体责任，借鉴我国河湖管理实行“河长制”的经验，实行了信息化建设与应用“域长负责制”，将集团全产业核心业务划分为19个业务域，明确了“域长”单位责任，建立了各业务域“域长”名单和运行协调机制，如图4-5-2所示。

健全集团公司的信息和数字化管理组织，网络安全和信息化领导小组在信息与数字化管理部下设中国石化网络安全和信息化领导小组办公室、数据治理委员会办公室、信创工作领导小组办公室和域长负责制办公室，指导和协调各企业开展信息化应用建设、数据治理和平台建设等各项工作。

各域长的职责包括顶层设计、业务流程标准化、数据治理、深化应用等方面工作。

顶层设计：梳理业务子域和关键业务，设计层次清晰、科学合理的应用架构。梳理本业务域信息系统，收集、审查和归并域内信息化需求，分析系统对业务的支撑度，提出信息系统新建、提升、整合建议方案，打破管理“藩篱”，消除数据孤岛。

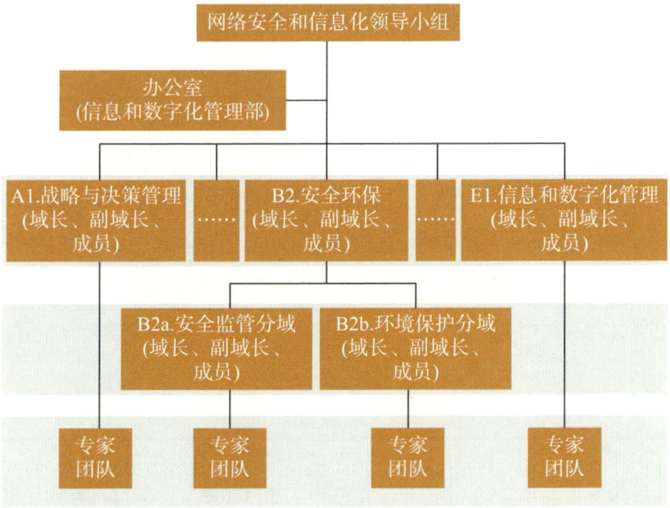

图4-5-2 域长负责制组织结构

业务流程标准化：建立跨组织、跨系统的端到端流程体系，推进业务流程化、流程标准化，夯实数字化基础。推进业务标准化，包括业务流程、业务术语、业务编码等标准化，促进实现业务数字化。

数据治理：按照统一方法梳理关键数据资产、数据资源目录和数据标准，提升数据质量，促进数据互通、信息共享。建立健全数据资产管理与数据资源共享机制，强化数据治理责任人权责，构建数据共享与服务体系。塑造数字化文化，营造数据应用良好氛围。

深化应用：推进信息系统深化应用，提升经营管理绩效，以业务的发展创新促进系统完善升级，实现信息化和业务的深度融合，统筹梳理各业务域信息化需求，形成年度重点工作和投资计划安排。落实信息化项目全口径年度投资计划管理要求，细化项目分类，优化年度计划、批次计划的管理流程，明确项目论证批复流程，提升项目论证质量和效率。加强项目储备全流程管理，实现项目三级储备，提高项目计划的前瞻性和计划安排的科学性，提高总部、事业部、专业公司、企业等各级层面的信息化支撑度，提升各级信息化建设应用的融合深度，促进业务绩效改进提升。

（三）主要成效

以业务为核心，打造“数据+平台+应用”的信息化发展新模式，以统一平台作为打造数字化转型的加速引擎，推进上云上平台，才能从根本上打通传统壁垒和信息孤岛，统筹解决碎片化供给和协同化需求的矛盾，提升系统纵向贯通性和业务覆盖度，促进业务协同，经过各方共同努力，“域长负责制”运行机制初步形成，各域长单位基本组建了本业务域的专家团队，建立了月例会制度，开始按照“数据+平台+

应用”新模式，组织信息化项目建设和数据治理工作，实现从“要我信息化”向“我要信息化”的转变，为公司信息化高质量发展打下了良好基础。

按照“统一规划、统一标准、统一设计、统一投资、统一建设、统一管理”六统一原则和“数据+平台+应用”新模式，信息部组织域长单位统筹推进信息化应用架构设计，制定各业务域数字化转型工作方案，协调推进各板块、各企业数字化转型。从板块、企业视角梳理分析，全面掌握系统建设应用现状，形成面向各层级的全景视图，健全了总部统筹、板块（专业公司）专业化应用和企业应用三个层面应用架构体系。应用架构见图4–5–3。

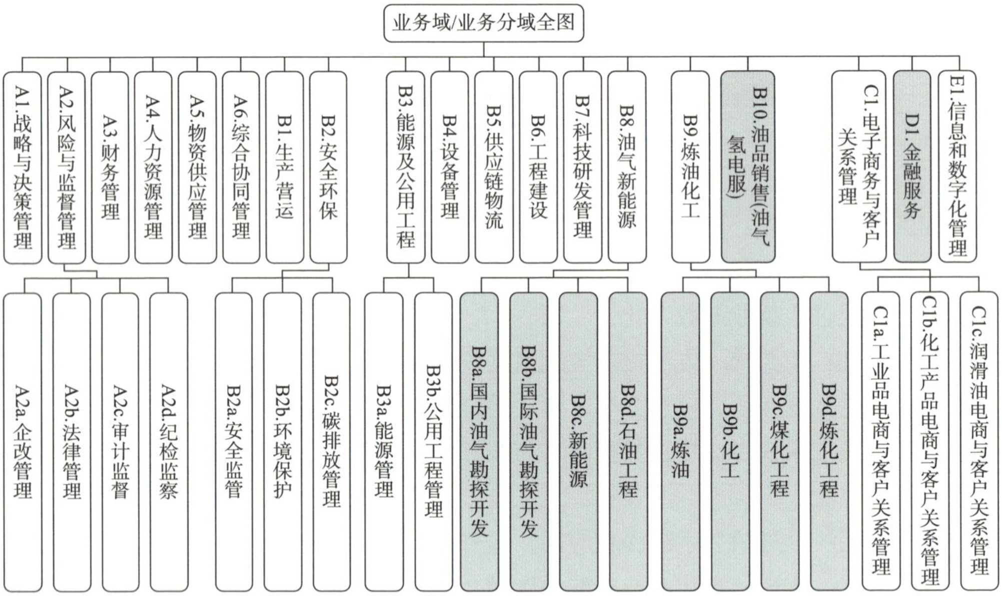

图4–5–3　应用架构

二　“石化智云”工业互联网平台

（一）转型背景

当前，以5G、人工智能、大数据、云计算等为代表的新一代信息通信技术多点群发、加速演进，与制造业深度交叉、耦合共生，势不可挡。工业互联网作为第四次工业革命的重要基石，是顺应技术、产业变革趋势，推动新一代信息技术与制造业相融相长的关键力量，是深化供给侧结构性改革、推动实体经济做强做优做大的重要引擎，是释放数据要素价值、促进数字经济浪潮中数字产业化和产业数字化长足发展的有力抓手。发展工业互联网，也是实现碳达峰碳中和目标，持续推进可持续发展的必然选择。党中央、国务院高度重视工业互联网发展。2021年，工业互联网第四次被写入政府工作报告。习近平总书记连续四年作出重要指示。“十四五”规划中明确要求加快5G、工业互联网、大数据中心建设，统筹推进基础设施建设，坚定不移建设制造强国、质量强国、网络强国、数字中国。

后疫情时代，企业数字化转型需求越发强烈，利用平台实现“提质、降本、增效”已经成为企业内生需求。面向集团型企业，基于云平台打通集团企业间数据通道，开展协同设计、共享制造、供应链协同等网络化协同应用，几乎成为集团型企业刚性需求。面向大型企业，针对企业内各业务部门信息孤岛林立、海量异构数据管理困难、企业知识沉淀和敏捷创新水平低等挑战，具备统一大数据管理架构以及敏捷低代码开发的工业互联网平台仍是企业数字化转型最有力技术工具。面向中小企业，由于中小企业资金紧张、技术工程师专业能力相对薄弱，借助工业互联网平台低成本、快速部署软件应用的特点，通过云化解耦提供轻量级工业App，不但降低企业基础IT建设、运维成本，还能够根据企业需求针对性订阅SaaS化服务。

当前，行业云应用向纵深拓展，重点支撑产业数字化转型，云计算发展呈现由偏虚拟经济的“消费互联”向以实体经济为主的“产业互联”转变态势，制造业、医疗健康、交通运输、能源等行业云加速变革。我国行业云市场从萌芽发展到现在，已逐渐被应用到多个行业，如能源云、政务云、金融云以及制造行业云、物流云等。行业云平台通过组合SaaS、平台即服务（PaaS）和基础设施即服务（IaaS）提供支持行业应用场景的行业模块化能力。企业可以将行业云平台的打包功能作为基础模块，组合成独特、差异化的数字业务项目，在提高敏捷性、推动创新和缩短产品上市时间的同时避免单一厂商锁定。Gartner预测，到2027年，超过50%的企业将使用行业云平台来加速他们的业务项目建设。未来，具有行业属性的云平台将具有更高的发展潜力，基于对行业企业共性需求的理解，通过自身的生态、共享、协同发展能力，快速覆盖整个行业用户，从而带动整个行业内企业大批量上云用云。

（二）主要措施

2011—2014年，某国有特大型石油化工企业开始探索云平台建设，不断夯实平台基础。2015—2019年，开展了石化智云能力建设，持续扩展业务和技术组件。2020年至今，开展石化智云工业互联网平台建设，推进云化模式的转变，如图4-5-4所示。明确了发展面向石化领域的工业互联网是制造业升级的重要抓手，是“两化”融合的升级版，也是构建企业数字化转型发展的引擎的重要举措。该企业2012年启动了工业互联网平台的相关规划工作，逐步形成了服务于该集团总部及各级企业的经营、生产、销售、服务的一体化工业互联网云平台。

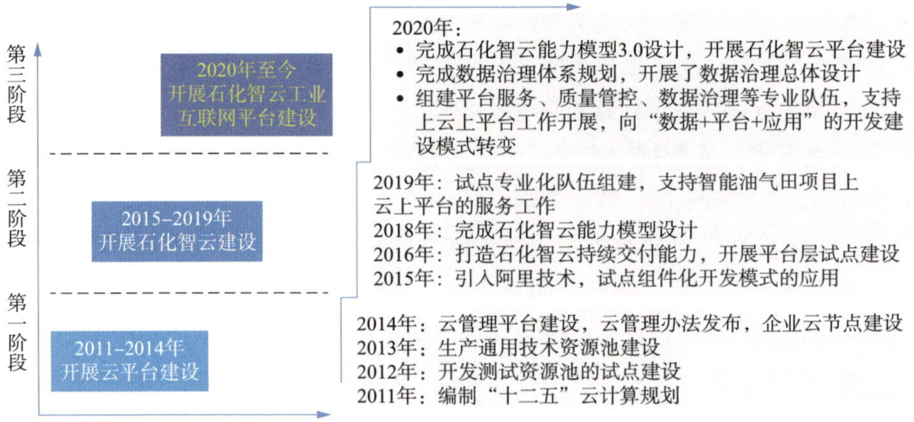

图4-5-4　石化智云工业互联网建设历程

石化智云工业互联网平台服务于石油化工行业，提供基础设施服务能力和数字化服务能力，支撑资源汇集、数据共享、协同创新。该平台通过持续积累和沉淀业务中台、数据中台和技术中台的服务能力，推动信息化应用建设向组件化、服务化、平台化转变，实现资源共享、服务沉淀复用和应用系统设计、开发、测试、部署的在线管控，推动企业数字化转型，为石油化工行业高质量发展提供支撑。打造以能力开放、持续交付和服务管控为核心的研发运维一体化能力，持续积累和沉淀业务中台、数据中台和技术中台服务能力，形成完善的数字化服务水平。依托异地异构异质的分布式架构和云边协同架构，在平台服务和业务支撑方面，提供8项核心能力，形成三大中心。完善平台标准规范和安全体系，健全公有云运营能力，建立成熟的SaaS服务体系，构建共享共赢的行业生态圈。促进内外协同、跨界融合，实现涵盖采购、研究、生产、物流、销售、服务、设备等业务环节的资源汇集、数据共享和协同创新，培育行业数字化工业和数字化服务的生态，实现对石油化工行业赋能和增值的目标，助力行业提质增效与转型升级。

为确保石化智云的稳定高效运行和“数据+平台+应用”的开发模式落地，组建了石化智云服务队伍和质量管控队伍，形成了“ABCD”管理运行模式，持续开展石化智云的管理和运行，如图4–5–5所示。

A指平台管理方，负责石化智云运行工作的监督指导及管理，以及项目建设需求发起确认及最终验收。

B指平台服务团队，负责人员培训、标准编制，管理日常的平台运维、平台服务支持、资源配置等。

C指质量管控团队，负责研发过程管控，进行组件部署测试、审查发布等。

D指应用建设方，负责组件、工业App等软件研发，并开展数据治理工作。

平台管理方和平台服务团队，一起为PaaS平台“立法”。具体工作包括制定平台

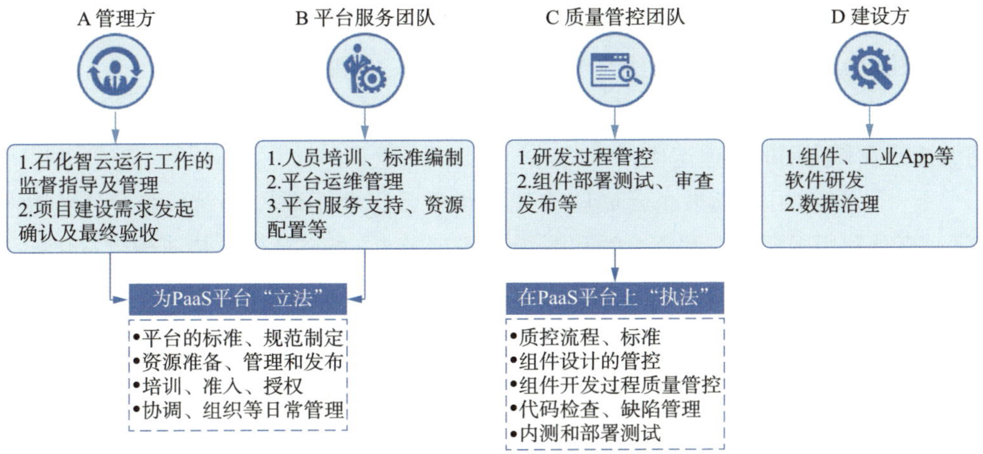

图4-5-5　ABCD管理运营模式

的标准、规范，负责资源准备、管理和发布，发起平台培训、准入和授权，进行组织、协调等日常管理。

质量管控团队和应用建设方，一起为PaaS平台上“执法”。具体工作包括规范质控流程、标准，管控组件设计和组件开发过程的质量，负责代码检查和缺陷管理，进行内测和部署测试。

（三）主要成效

工业互联网平台建设实现了系统开发组件化和项目管理平台化，完成了“三中心”主体功能建设，建立了平台共建运营机制和专业支持团队，按照“数据+平台+应用”新模式支撑了70多个项目建设，并在2019年被国资委评为央企“十三五”网络安全和信息化优秀案例。为促进石化智云工业互联网平台的推广和应用，信息和数字化管理部组织编制并发布了《石化智云工业互联网平台白皮书（1.0版）》，重点阐述了石化智云工业互联网平台在服务体系、中台建设与保障体系等方面具备的能力，描述了该平台在不同业务域的应用案例，并展望了后续建设方向，全面推进上云上平台进程。

目前石化智云已支撑了总部及油田、炼化、销售、科研、石油工程等多个业务板块的应用上云，通过持续交付中心支撑了93个系统与平台，在经营管理、生产制造、客户服务等领域形成了一批业务服务组件，为下一步从根本上提升IT的生产效率、沉淀业务组件、减少重复建设奠定了基础。其中，持续交付中心在93个信息系统建设中应用，共计申请使用172个持续交付项目，从根本上提升了IT的生产效率，应用部署运维效率提升了86%，测试效率提升了80%。

信息和数字化管理依托石化智云实现了系统开发组件化和项目管理平台化，基于能力开放中心、持续交付中心和服务管控中心，石化智云提供的统一标准公共服务、组件，建设App应用商店，构建共建、共创、共享、共赢的工业互联网生态。项目管理方式由金字塔向扁平结构转变，通过平台进行质量、进度的全流程管控，实现项目的敏捷开发和应用的快速迭代。

下一步将利用国资央企云底座构建石化智云工业互联网平台，结合“东数西算”，充分利用国资云在北京、呼和浩特/贵安云节点的IaaS能力，快速构建石化智云工业互联网平台，为行业赋能。

三 数据治理体系

（一）转型背景

人类社会已经进入数字时代，这个时代最显著的特征是以数据作为关键生产要素，“数字经济”的经济范式、“数据科学”的科学范式应运而生。随着数据采集、存储和处理能力的大大提高，数据也逐渐从反映现实向改变现实进而向驱动现实的角色转变，以数据为要素的数字化技术也已经成为引领新时代产业经济发展的关键引擎。

党中央、国务院高度重视数字强国和数据战略的实施。2015年8月国务院印发《促进大数据发展的行动纲要》，2016年12月工信部发布《大数据产业发展规划》，2020年4月的中央发文将“数据”与土地、劳动力、资本、技术等传统生产要素并列为生产要素之一。2020年8月国资委印发《关于加快推进国有企业数字化转型工作的通知》，要求加快数据治理体系建设，加强大数据平台建设，深入挖掘数据价值，提升数据洞察能力。2021年6月和8月，国家正式通过《数据安全法》和《个人信息保护法》等关于数据要素的相关法律，如图4–5–6所示。

数据治理（Data Governance）起源于企业数据应用实践，发展于数据治理框架模型和成熟度评估模型，随着信息技术（IT）治理而同步发展并在近5年快速演进并形成独立标准，由于数据作为生产要素和监管目标而成为当前热点。现代工业信息化发展已经迈入数字化、智能化建设的历史新阶段。为了紧抓这一发展机遇，在国家部署实施制造强国布局的背景下，企业加快推进数字化和智能化技术与工业技术不断融合。

（二）主要措施

1.经营管理大数据服务平台

中国石化经营管理数据服务平台位于技术支撑平台的平台服务云（PaaS）部分。通过建设经营管理数据服务平台，推进数据资产统筹集中管理，建立常态化数据管控机制，充分发挥数据价值，促进业务转型。同时，经营管理数据服务平台也是中国石

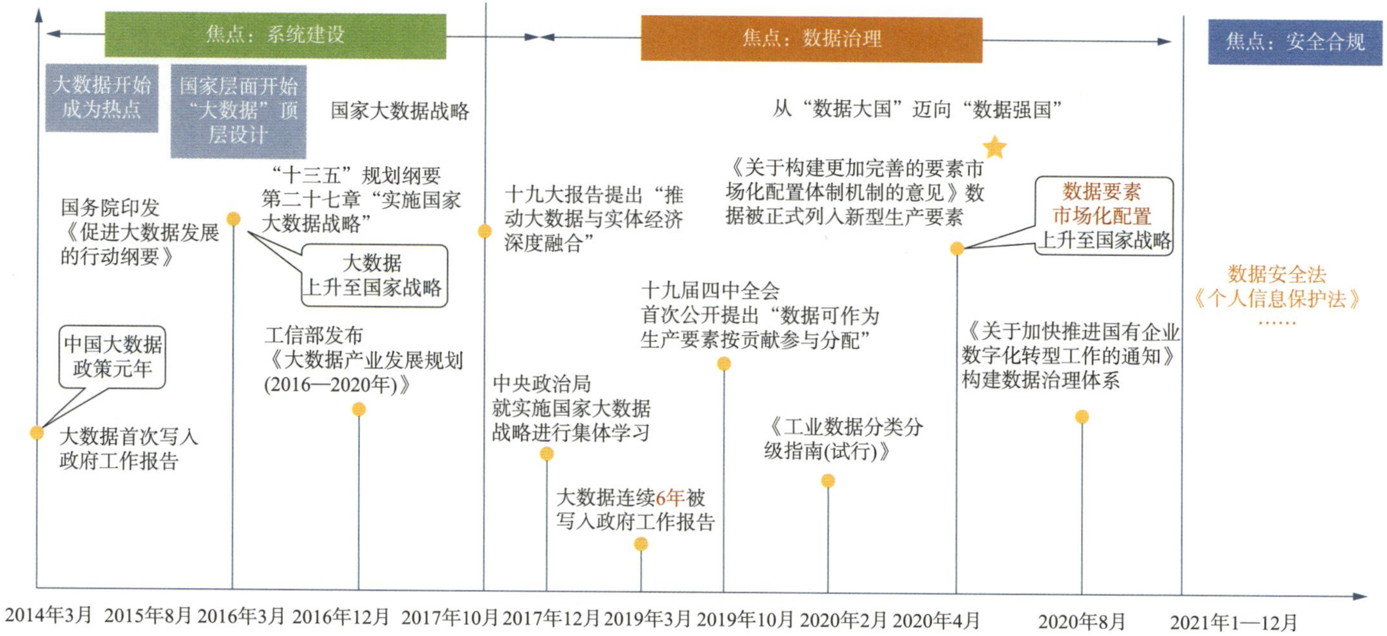

图4-5-6 国家数据战略部署及政策背景简图

化平台云中待全新搭建的一个重要组成部分，它为中国石化集团、总部、事业部以及企业的各业务领域数据应用提供统一的数据模型及数据能力以支撑这些应用中的报表、分析、监控、预测等数据应用的实现，具体能力包括采（数据采集）、聚（数据处理）、理（数据治理）、用（数据共享输出）、保（安全）五大核心功能为我国石化智能制造、经营管理、勘探开发、智能物流、客户服务及对外资产运营提供统一、安全、可靠的数据、算力、算法和开放的服务，其中：

数据采集：开发和部署了以PLT/DTS/外网数据集成工具为代表的10套数据采集工具，集成了超过400个类型各异的源系统。总计接入数据资源：20000+个，日均增量超过1500万条数据。

数据处理：在结构化数据处理方面，平台提供了传统数仓建模、HANA虚拟建模，以及大数仓建模三种建模能力，针对六大典型数据处理场景完成了适配设计和验证，可充分发挥HANA和HADOOP各自的优势。在非结构化处理方面，平台提供了非结构化数据处理能力，包括网页爬取和解析入库，Office文件的处理加工能力，IOT实时数据采集和处理能力等，满足了应用项目的处理需要。在存储和算力建设方面，数据服务平台搭建了HANA和HADOOP两套数据处理集群，提供约450Tflops双浮点算力。

数据治理：遵循石化信息化“十四五”规划提出的“一个理念、四项举措、五大目标”的原则，根据经营管理数据建设需要，进行了数据治理相关制度、流程、组织的制定和数据资产的梳理，以及数据管理工具的开发。编写并发布了《中国石化经营管理数据管理办法》，明确了中国石化经营管理数据服务运行的管理原则和总体思路。以制度为指导，参考国家、行业标准，编制了一套经营管理数据管理办法，包含2套标准、4套指南、9套规范，并在此基础上细化出37本数据管理标准规范，使数据的生产、供给和消费“有章可循，有据可依”。在元数据管理工具方面，对接入平台的数据进行元数据采集、元数据存储、元数据管理，以支撑各企业专区元数据展示、分析和统计。在元数据应用方面，支持数据的血缘分析和影响分析及元数据版本管理，数据的来龙去脉显性化。在数据资源目录管理方面，实现了不同类型数据统一展示和管理，解决用户数据查找难、理解难的问题，推动数据资源在集团内的充分、安全共享。在数据地图方面，结合元数据信息抓取数据关系，进行可视化展示，形成数据地图，全面地呈现数据分布及数据流向，可穿透展示系统或数据详情。

数据共享输出：通过统一数据门户将数据目录、API目录、算法目录、微应用目录等八个核心功能组件进行面向管理者、使用者、开发者的统一输出，支持中国石化内部数据应用建设、自助分析。开发了数据服务子系统，实现了平台数据资源封装发布接口能力，具备对API进行监控、限流、限次等策略配置和管理能力。共完成数据服务（API）封装1400多个，日均访问超过140万次。

数据安全：依据《中华人民共和国网络安全法》和《网络安全等级保护基本要求》等法规，结合中国石化网络安全基本要求，重点从数据安全和基础设施安全两方面进行安全建设与实施，保障数据服务平台安全、稳定、运行。

2.数据资源中心

2019年，某炼厂以总部信息化战略规划为指引，明确了“数字产业化、产业数字化”的发展战略，拟定了夯实自动化和数字化基础，加快数字化转型的体制机制完善，推动业务转型。由于信息技术发展是一个不断进步、迭代和摸索的过程，虽然经过了两轮智能工厂建设，但该炼厂信息化建设仍存在数据共享和应用困难、数据存储应用和管理技术存在短板、平台化组件化服务未形成等普遍性的问题。

该炼厂开展数据资源中心试点建设，梳理数据资源现状，全面推进数据治理，数据标准化和数据资产化建设，推动组件建设，形成“数据+平台+应用”的新模式，推进信息化建设跨越式发展。以底层采集、存储、计算平台为支撑，以企业数据管理组织、体系为保障，以数据为驱动，通过支撑数字化“两会”、生产经营数据洞察和企业知识图谱管理应用，建成以价值为导向的企业级数据资源中心建设，如图4-5-7所示。

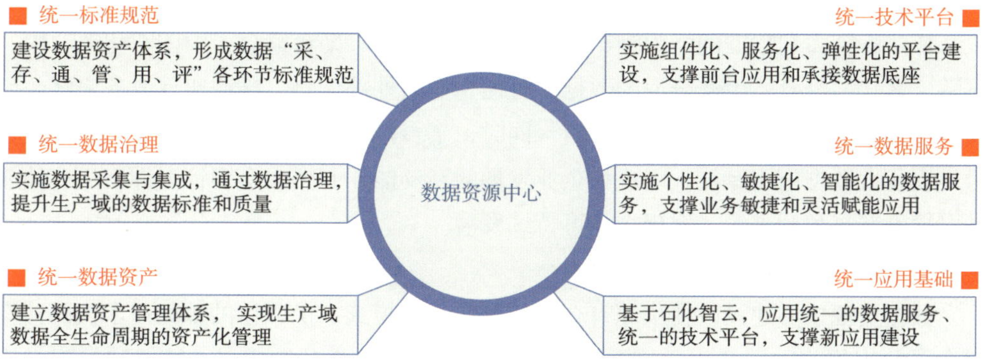

图4-5-7 数据资源中心建设目标

建设数据管理与应用平台，形成一套企业数据管理规范，实现全域采集与治理，建设组件服务支撑应用设计。搭建企业级数据资源中心，实现统一的数据采集、数据治理，统一数据模型、统一数据服务，建立覆盖企业数据资产全生命周期的数据管控支撑平台，支撑实现数据质量、数据价值的计量管理。进行数据治理体系和管理规范建设，建立企业级数据管理规范，形成炼化企业级的管理办法23个，管理流程19个，技术规范及模板11个；支撑企业数据治理，形成企业级数据资产管理规范。完成生产域的设备、人员、能源、安环、IT、经营、生产、质量8类业务数据侧采集与治理，提供生产资源、生产设施、生产能力、生产行为、生产指令等共计120类以上的主题数据服务，支撑上层业务应用。建设批量计算、流计算、交互式分析等15个平台组件；建设数据质量管控、元数据治理等11个数据管理组件；建设生产数据洞察、人力资源知识图谱等7个应用组件。

（三）主要成效

1.数据服务平台提升数据服务和应用水平

打破数据壁垒、提高数据服务水平。通过数据平台的建设和数据治理工作的实施，促进了上下游、内外部数据的共享互通，实现了全面的数据资源开放目录，促进了数据资产的共享和流转，激发数据应用创新，助力企业数字化转型，保证数据的时效性和可管性，夯实基础，助力数据资产运营。

统建平台降低成本、提高效率、支撑数字化转型。通过总部统一的经营管理数据服务平台，实现了“一次抽取，多次利用”，不仅减少了对业务系统的“到处插管”的现象，降低了运行风险，还简化了数据共享管理。同时，按主题打造统一的业务模型，减少模型重复建设，提高模型复用度，保证数据加工口径一致。通过平台数据服务能力和属于应用成果的共享复用，支持了多个项目的实施及成果沉淀，不断完善平台数据服务能力及应用功能，持续提升平台服务能力，进而更好地为应用提供支撑及扩展优化，形成良性循环，达到促进投资及成本的显著节约效果。

算法、算力和数据的能力输出提升数据应用水平。平台整合了中国石化上、中、下游，客户、经营、生产全面的数据，打通企业内外部信息，横向实现业务串联，激发企业创新活力，发掘数据潜在价值。同时，平台汇集数据、算法和算力三大因素，为规模化大数据应用赋能，将成为企业发展的新动能；开拓出众多针对性衍生非油业务以探索新兴盈利来源、实现企业可持续发展。

2.数据资源中心促进数业融合

数据资源中心建设改变了原有企业信息化建设模式，由以往的单面需求代码开发向全局数据规划，敏捷组件式开发转变。有效降低企业开发成本，缩短项目建设周期，为企业员工减负提效，实现企业人均劳效提升。通过应用，降低企业项目开发以及减少系统间数据接口建设等费用，提升资本使用效率；加快项目进度，缩短了项目建设周期。通过数据计算平台和智能化应用分析系统的建设，可有效支撑全公司各部门通过决策分析提升管理和生产效率的目标，从而带来明显的间接经济效益。

通过数据资源中心建设，推动数据共享融合，加强业务综合分析，提高系统开放能力，支持企业快速创新，实现数据秒级处理，促进业务实时决策，加强外部数据获取，追踪行业行情变化；通过决策运营应用建设，实现数据集成共享、大数据资源应用、各种生产运营要素和经营管理要素集中展示，有助于公司提升安全、调度管理、经营管理水平，加强两化深度融合成效的可视化分析；通过标准化及集中集成建设，促进数据共享和业务协同，通过集中集成打通数据链路，实现业务优化，促进企业管理进步，提升业务协同水平；通过基础设施建设，完成具有高可用性、资源共享、弹性伸缩的该炼厂本地资源池建设，实现基础设施统一管理和资源云化，打造绿色、经济、可控的IT基础设施，保障应用平稳运行、灵活扩展。

第六节 数字化转型案例

一 长庆油田

（一）转型背景

长庆油田是21世纪我国西部快速崛起的特大型油气田生产基地，2013年油气产量当量突破5000×10^4t，并连续7年保持高效稳产上产，2019年突破5700×10^4t，其中天然气产量突破$400\times10^8m^3$，承担着向京津冀、周边省区等40多个大中城市供气任务；西气东输、陕京线等13条主干线在长庆油田交会，是国家天然气管网中心枢纽。为应对低油价、高成本、高风险，以及企业快速发展对劳动用工增长形成的挑战，中国石油长庆油田公司积极探索传统油气田企业新型工业化发展模式，将先进的信息化技术与油田主营业务深度融合，推进数字化转型、智能化发展。

（二）主要措施

长庆油田坚持勘探开发主营业务主导，重点围绕基层用户、基础工作、过程管控，按照全域数据管理、全面一体化管理、全生命周期管理、全面闭环管理理念，实施智能化“326”工程，配套“油公司”模式改革，打造数字时代现代化油气田业务运营新模式，助推企业高质量发展。具体包括：构建大科研、大运营、大监督三大支撑体系；筑牢统一数据湖、统一云平台两大基础；深化场站无人值守、油气井智能优化生产、作业可视化监控、四维油藏模型、智能装备应用、人财物精准管理6项重点应用，如图4-6-1所示。

大科研体系。面向综合地质研究，搭建开放式大科研平台，实现油田所有科研生产单位、石油工程技术服务单位基于同一地质模型开展工作，大幅提高科研工作效率和方案部署符合率，主要包括地质综合研究、勘探开发随钻分析和生产动态分析等内容。

大运营体系。面向资源优化应用、人财物精准管理、能耗监测，突出生产经营一

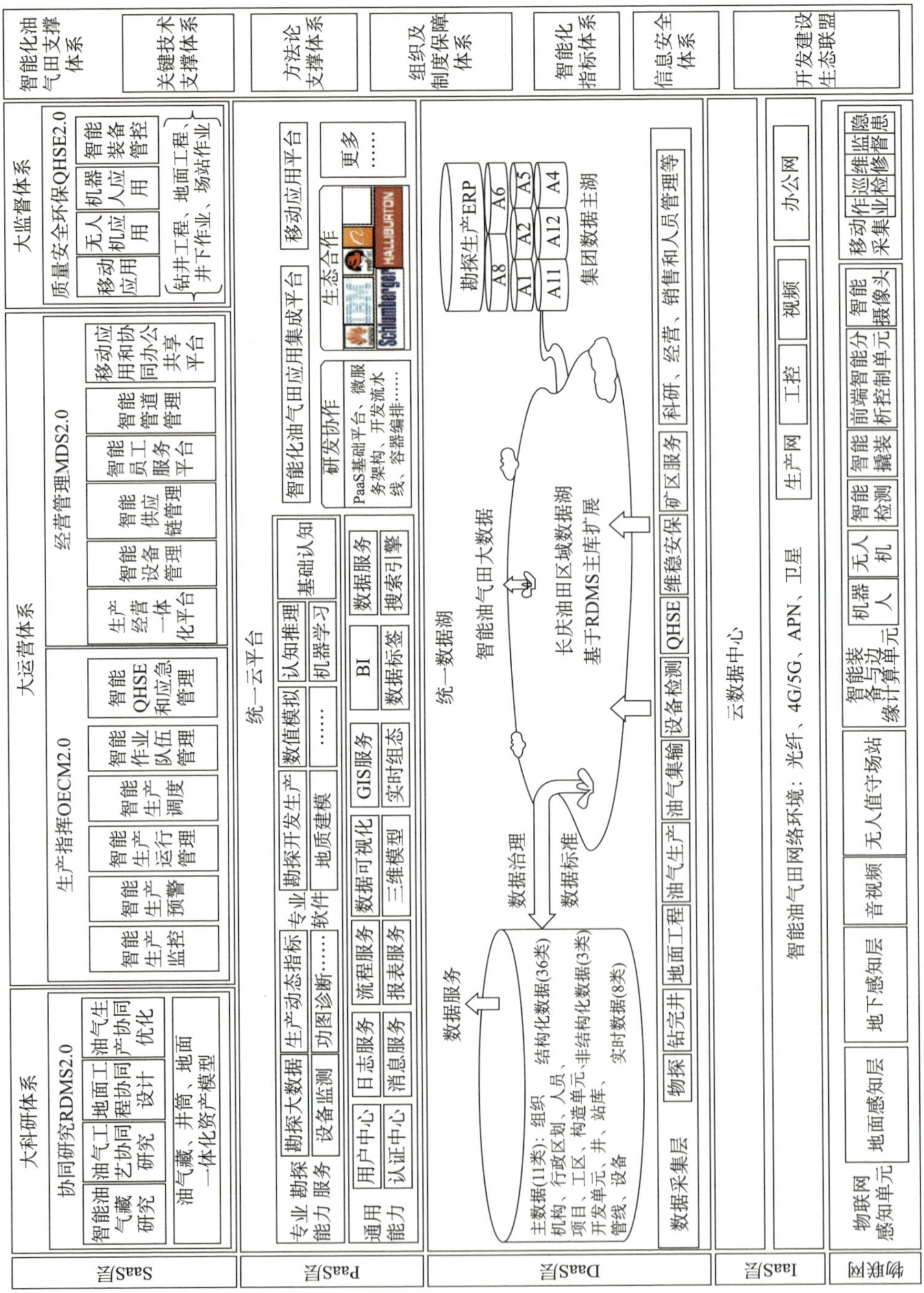

图4-6-1　长庆油田智能化油田326工程总体架构

体化、地质工程一体化、地上地下一体化、油气一体化，整合运营、统一调度各类资源，降低运营成本，主要包括生产运行、应急指挥、经营决策等内容。

大监督体系。面向油气场站作业、井筒工程、油气集输、质量安全环保，通过全流程可视化监控、标准作业程序、图像化溯源、安全大数据分析，及时预警报警，提升一体化管控能力。

统一数据湖。数据湖层构建大数据技术平台及数据管理体系，加大地质油藏、井筒工艺、地面工程和经营管理4类数据集成整合力度，以数据共享服务为核心，形成油田公司全域数据资源汇聚中心。

技术平台层通过建设驻地科学计算云，提供行业公共组件服务，专业软件许可浮动调用，加大各类应用系统向“云端”迁移的力度；应用层以微服务方式，为用户提供业务运行环境。主要包括深化场站无人值守、油气井智能优化生产、作业可视化监控、四维油藏模型、智能装备应用、人财物精准管理6项重点应用。

（三）主要成效

1.生产自动化

长庆油田自2007年起开展井场数字化建设，利用工况自动诊断、示功图计产、抽油机远程启停、注水量自动调节、管线运行监控、视频分析等技术，建立了“电子巡井、远程监控、预警报警、精准制导”的新型巡检模式。近年来，通过油气井智能间开、注水系统源供配注一体化、工况智能诊断、智能排水采气等新技术的研发应用及不断完善，井场生产自动化水平大幅度提高。81600余口井、2400余座站点实现在线管理，油气水井覆盖率达96.7%，站点覆盖率达100%，作业区、各类站点SCADA系统全覆盖。

2017年起开展站场无人值守建设。按照“顶层设计、示范引领、分步推进”的原则，通过变频自动连续输油、自动排液、加热炉熄火保护与自动点火、流程远程切换与集中控制、视频监控、预警报警等系列技术攻关应用和站内设备、工艺自动化改造，设立中心站，按照流程归属对上游无人值守站场远程集中监控，紧急情况“一键关停”，建立了“无人值守、集中监控、定期巡检、应急联动”的智能化生产组织方式。目前，油田中小型场站无人值守覆盖率达到83%，气田超过90%，累计盘活用工3000余人，有效补充了新建产能业务用工需求。

变革地面建设模式，创新研发系列一体化集成装置。规模应用数字化增压橇、数字化注水橇、数字化高/低压集气装置等一体化集成装置63类2100余台，实现智能化自动运行、设备故障自动保护、紧急情况自动停车，并建成了以佳县处理站、庆四联、岭二联、梁四转为代表的大型撬装化站场。

2.运营集约化

长庆油田按照公司、厂处、作业区三级架构，建设数字化生产指挥/调控中心，推进生产经营一体化，实现区域整合运营、统一资源调度；实时监控油气生产，精准把控运行态势，实时推送信息指令，实现全过程闭环管理；建立供水、供电、道路、通信在线监控系统，推动重点生产区域、规模建产区域的保障措施落实。

面向油气田井筒工程、场站作业、油气集输巡检、管道泄漏检测、交通运输等场景，集成视频监控、GIS、系统业务数据等统一管理平台，实现全流程可视化监控、标准作业程序在线指导、图像化溯源、安全大数据分析，提升质量安全环保一体化管控能力。建立流程化的应急管理体系，按照资源共享、重点突出、节约高效的原则，统筹优化各类应急抢险资源，实现应急现场可视化、应急资源协同化、应急救援专业化、应急处置规范化。实现车辆使用共享化、业务监督常态化，车辆运营效率大幅提升；仓储管理及条码系统，实现“工厂到现场”物流业务跟踪，取消二级库存，有效减少物资积压；重大设备运行实现状态监测、全景可视化、故障诊断和预知性检维修，长周期稳定运行，降低了运行风险。

3.分析智能化

为克服传统科研工作方式下数据资料收集整理费时费力、多学科协同难度大、成果转化周期长、科研生产结合不紧密等困难，构建企业级大科研平台，成功研发了一体化、协同化、实时化、可视化的数字化油气藏研究决策支持系统（RDMS）、地质工程一体化平台（GEDS），促进资源整合、团队协同、知识共享，以及研究、决策、管理与执行的一体化，科研决策的质量和效率大幅提高。按照“平台统一、任务驱动、源头采集、集中管理、全面正常化”的原则，建立盆地级数据资源池。对油田公司地震、钻、录、测、试、分析实验、油气生产、动态监测、地质图件、研究成果等各类动静态数据进行整合集成，实现集中统一管理，数据涉及油气井14万余口、5亿多条记录、20TB容量。研发油气藏数据链和专业软件接口，面向研究岗位、地质单元、专业软件、应用场景主动提供数据服务，实现了从“找数据”向“推送数据”的转变，通过一站式服务，科研人员用于数据收集的效率提高了数十倍。

融合ArcGis图元定位、数据导航、空间分析与智能成图等技术，自主研发地质信息系统（CQGIS）与图面作业系统。将点、线、面、体数据有机结合，实现平面、剖面、柱状地质图件快速可视化集成展现与在线交互分析。面向油气预探、油藏评价、地震测井、油气田开发、钻采工艺等专业领域，提供数据关联分析、在线分析工具、专题图快速绘制、三维可视化等技术服务，有效提升了油藏研究分析的自动化、智能化水平。

围绕水平井监控与导向、油气藏动态分析、矿权储量管理等业务场景，开发了16个决策主题系统，实现多专业协同决策。通过自组织项目团队创建、成果授权共享等方式，弥补了传统职能管理模式和项目管理模式的不足，构建了新型数字化科研管理模式，打破部门、地域、学科壁垒，促进甲乙方、前后方、地面地下、油气的协同对接，改变了过去“单兵作战、小项目团队”工作方式，促进了科研生产良性互动与成果快速转化。

4.组织扁平化

企业组织变革是更深层次的变革，必须与技术变革、流程变革相适配才称得上转型。数字化、网络化、智能化为企业组织扁平化提供了技术支撑。组织扁平化意味着消减中间层，转变传统的科层制、金字塔型组织结构，使组织从过去的层级关系走向网络化协同关系。

立足长庆油田特点和现状，结合“油公司”模式改革，推动“大部制、扁平化、大工种”的组织模式改革，建立适应数字化、智能化发展的新型劳动组织架构。以场站无人值守为基础，优化完善中心站模式下的采油气作业区组织架构，推行“作业区（中心站）—无人值守站/井场”管理模式，将传统四级管理模式压缩为两级，形成集中监控+区域巡护的井站运行模式，压缩了管理单元，有效盘活用工，减少基层岗位用工，支撑长庆油田油气当量从2007年的2089×10^7t上升到2019年的5703×10^7t，用工总量始终控制在7万人左右。

二　九江石化

（一）转型背景

中国石化九江分公司（以下简称九江石化）于1980年10月建成投产，是我国中部地区和长江流域重点炼化企业、是中国石化驻赣唯一的大型石油化工企业。公司坐落在庐山脚下、长江之滨、鄱阳湖畔，占地面积4.08km^2，现有在岗职工2618人。公司现原油一次加工能力1×10^7t/a、综合加工能力8×10^6t/a。

“十四五”期间，九江石化将牢固树立新发展理念，对标世界一流，遵循信息化“六统一”原则，夯实数字化转型、智能化发展的战略基石，以“数字化转型”为引领，利用云计算、大数据、物联网、5G、人工智能、区块链等新一代信息通信技术，践行“全面感知、创新提升、协同智能”的路线图和“数据+平台+应用”的新模式，围绕“基于工业互联网的全面感知”和“基于以机理模型为核心的炼油全流程智能协同优化”两条主线，全面推进智能工厂迭代升级建设，充分挖掘两化深度融合的创新驱动力、价值创造力、发展引领力作用，持续提升“全面感知、预测预警、协同优化、科学决策”能力，形成差异化可持续竞争优势，树立石化行业新标杆、打造新样板、创建新典型，助力打造世界领先绿色智能炼化企业愿景目标，努力实现企业更高质量发展。

（二）主要措施

1.组织转型

建立与智能工厂相匹配的管理运行机制，保障纵向横向有效沟通，是管理、规范智能工厂高效运行的措施。

组建专项管理或工作团队开展工作。一是针对集中管控模式，建立职能部门矩阵办公机制，实现生产纵向横向协同、快速响应；建立生产单位值岗制度，保障生产指令执行、监督装置运行。二是针对生产经营优化，建立生产、销售、财务联动，计划优化、流程模拟、调度运行一体化管理。三是针对计划优化、单装置优化或多装置联动优化，建立“两层级、品字形”优化团队。四是针对生产装置三维数字化建模及深化应用，组建数字化团队。五是针对专业要求高、技术难度大的系统运维，组建专业运维团队。

建设相匹配的制度体系。以制度的形式对业务流程重组与优化的结果进行固化、标准化，并建立相应的考核与激励机制，保障规范、有效执行，实现传承与增值。针对“计划调度、安全环保、能源管理、装置操作、IT管控”五个领域业务流程重组的结果，进行分类管理，形成文件化的管理制度。同时，为适应以生产管控中心为智能工厂神经中枢的生产集中管控模式，在企业总体制度体系架构下，建立子制度体系——与集中管控模式相匹配的制度体系，以及相应的配套机制，同时广泛组织学习宣贯、强化执行，实现传承与增值。

营造IT文化氛围。通过对管理、专业技术和技能操作三支队伍不同特点，定制针对性培训，并形成统一标准和文明规范，以提高人才素质，为智能工厂建设提供人才支撑。

培养人才队伍。九江石化制定“以人为本，激发潜能，打造团队，人事相宜”的人才开发行动理念和准则，把握人才成长规律，完善人才辞职、评价机制，完善人才通道建设，形成“纵向畅通，横向贯通”三支队伍的通道，不断完善人才引进、培养、评定、晋升、考核等管理体系，为九江石化智能工厂建设提供人才支撑和保障。

2.业务转型

（1）经营管理

着力打造集成共享的经营管理平台，提高经营管理效率。完善ERP功能，建设全面预算、合同管理、移动办公、协同办公、体系文件等综合办公系统。如图4-6-2所示，建设并整合物资采购桌面快捷办公系统和智能物资管理系统，将企业物资管理向供应商延伸，配置手持PAD18个、手持打印机10个、货架标签8000个、地堆标签60个，实现对物资需求计划动态掌控及物资库存实物出入库、转储的全面管理和业务优化，与ERP、门禁、立体货架WMS等系统集成，实现信息快速、自动传输，达到缩短供应周期、提高保供目标，并基于MES建立仓储模型，实现库存优化。

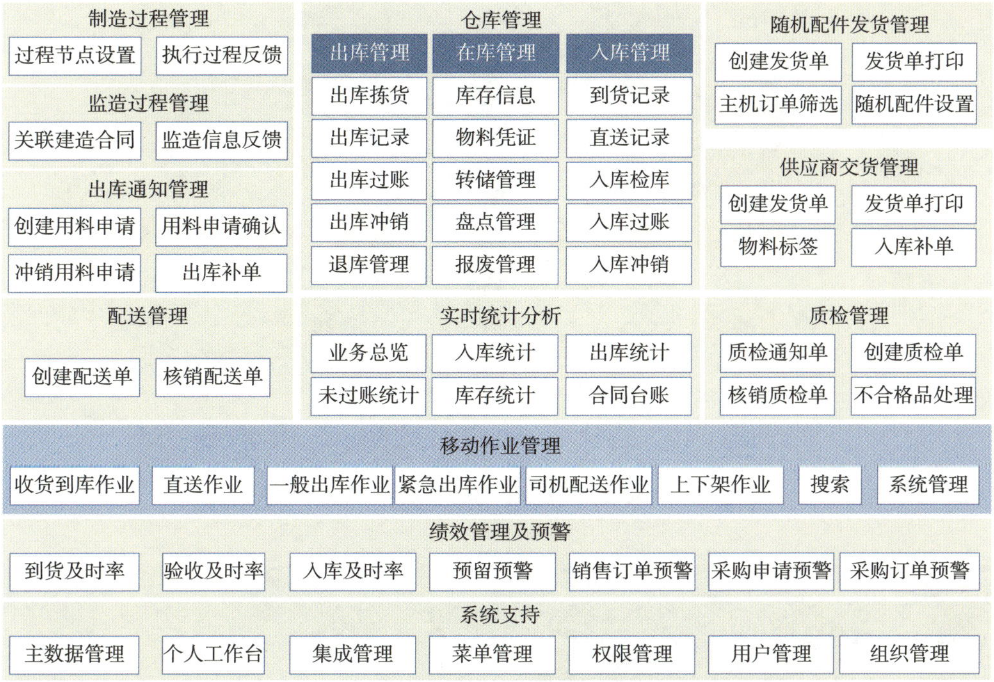

图4-6-2 智能物资管理

（2）生产运营

1）一体化智能优化。

以ODS为支撑，集成MES、ERP、LIMS等重要数据，建设基于核磁技术的原（料）油快评系统，总体架构如图4-6-3所示，开发主装置机理国产模型，推广APC应用，试点RTO，实现炼油全流程优化一体化联动优化功效，生产运营由传统经验模式转变为协同优化模式。原（料）油快评分析建模461个，涵盖14套装置40余种物料，是国内首家完整建立从原油到各装置物料物性分析模型的企业；虚拟制造系统建立21套装置机理模型，实现“实时仿真”“性能评估”“操作优化”“计划优化”功能；19套主装置APC全覆盖，提高装置运行平稳率，主要工艺参数标准偏差平均可降低45%以上；基于稳态机理模型，在常减压装置投用国内首套炼油装置RTO，实现装置效益最大化，每小时增效2474元。

2）数字化炼厂平台。

基于工程设计和业务需求的数字化炼厂平台，如图4-6-4所示，集成了实时数据库、操作管理等18套系统，新增S-Zorb、烷基化等装置模型，拓展管道腐蚀、环保监测、机组机泵状态监测等数据应用集成，实现装置人员定位、厂区综合安防、施工作业备案等虚拟场景可视化呈现，并通过模型场景渐进分层加载技术，突破终端硬件配置瓶颈，为石化产业探索信息物理系统（CPS）积累了宝贵经验，增强了面向各类

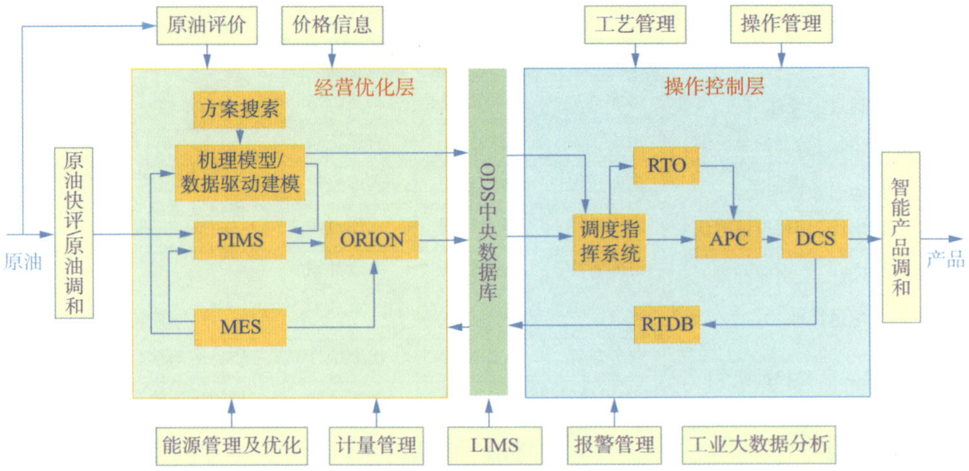

图4-6-3　炼油全流程优化一体化智能协同优化总体架构

图4-6-4　数字化炼厂平台2.0版

生产运营实时数据的交互力。2018年9月，“石化行业信息物理系统（CPS）测试实验平台项目”入选工信部试点示范项目。换版升级数字化炼厂平台，“石化行业CPS测试试验平台项目”入选工信部试点示范项目，“基于数字孪生的石化行业网络化协同管控应用”入选工信部工业互联网平台创新应用案例。

3）数字化质量管控。

应用实验室信息管理系统（LIMS），对人员、样品、仪器、试剂、方法、环境、文件等影响分析数据的因素进行管理和控制，变传统实验室管理为现代化实验室管理。罐区动态集成SMES系统油罐储量、液位、品种、收付、质量等信息，实现油罐储存信息和质量的动态可视化展示（见图4-6-5）；首创电子标签、条码流转管控采样样品，实现检验计划下达至合格证发布全流程电子化；班组“计分计奖”管理将每一个分析项目按照实际工作量、技术难度、数据重要性和是否有毒有害四个方面评定分值，对项目完成人累计计分计奖，体现按劳分配的原则。

快速高效的质量管理信息化平台，促进了实验室规范化、精细化管理，提高了实验室自动化水平，支撑由分散管理向集中管控和专业化管理转变，推进质量管理实现跨越式发展。

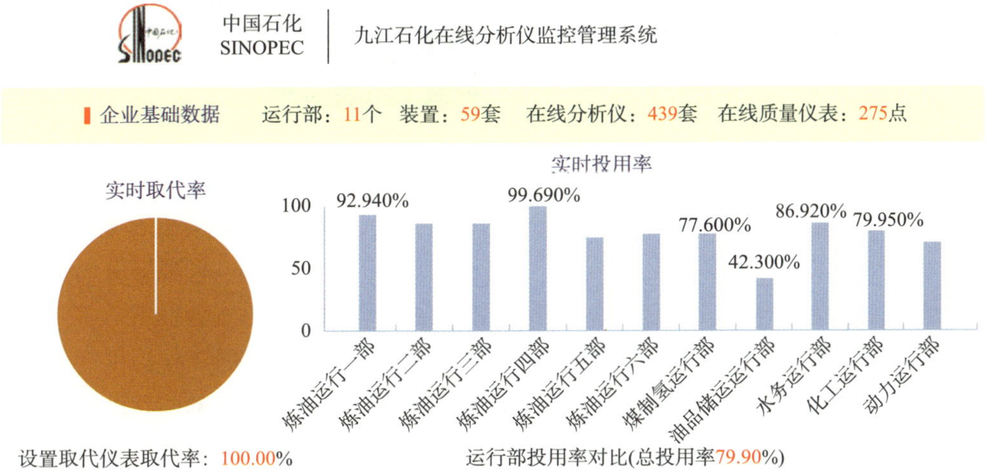

图4-6-5 在线分析仪监控管理

4）集成化精准计量。

为实现公司计量进出厂计量点无人化、计量过程监控信息化和产品计量智能化的目标，九江石化利用原有的汽车衡、轨道衡等计量设备，结合多种计量防作弊监控手段，利用分布式网络、矢量计轴等技术及公司IC卡系统数据流转优势，构建“公路、铁路、管输”三位一体的计量集中管控模式，实现物料进出厂计量作业自动化、计量过程可视化、计量数据集成化、计量管理标准化。其内容主要包括4部分：第一部分“3+1”衡器（3台汽车地磅、1台铁路轨道衡）自动称重计量；第二部分公路、铁路定量装车流量计自动计量；第三部分管输出厂成品油首站流量计自动计量；第四部分罐区产品出厂检尺测温计量对比监控等，如图4-6-6所示。

5）智能化巡检管理。

九江石化运用物联网技术将厂区终端、气体传感器、移动监控终端、定位标签、基站等通过4G、蓝牙通信手段实现数据的采集和交互，建设包括PC端和移动端统一的巡检管理平台，如图4-6-7所示，实现任务单据电子化、任务结果可视化、风险预警实时化、人员位置可视化、危险作业流程化。

将传统的巡检业务与4G通信结合，实现了语音点呼、组呼、视频点呼、监控等

图4-6-6 计量集中管控

多媒体实时通信功能，并能与企业传统的电话、手机、对讲机等各类通信终端互联互通；将GPS技术与传统巡检业务结合，为巡检管理的及时、准确、直观提供了更好的技术支撑，也为外操人员在意外紧急情况下发出报警信息并对其施救提供了通信、定位协助；应用智能终端为测温、测振、有毒气体检测、转速检测等工作提供更多丰富的传感器，可实现巡检工作在工业现场无纸化数据采集，同时运行部门和设备管理部门能够有效地监督巡检人员的工作情况，科学地管理和安排巡检人员的巡检工作。

图4-6-7 智能终端巡检

（3）安全环保

着力实现“从事后管理向事前预测、事中控制的转变”，提升本质安全环保管理的智能化水平。

1）综合化安防监管。

针对生产区域主要安全因素和关键业务环节，实现人流、物流、车流的“三流”综合有效管控，如图4-6-8所示。

利用人脸识别技术促进考勤管理精细化，提供多维度统计、分析手段，促使异常考勤日均人次较首次调查时下降67%；利用人员分布平面可视化工具，实现对全厂生产区域范围内人员分布情况的实时监管，为人员调度、安全风险预防与处置提供更全面有力的数据保障，有效提升了企业整体安防水平。

将成熟、稳定的识别技术与产品销售车辆排队功能联动，实现智能排队，解决了危化品车辆无序停放、提货排队混乱和人工干扰排队的问题，全面提升停车场规范管理水平；产品车辆GPS技术与计量管理实现联动，实时监控车辆定位和行驶轨迹，有效规范危化品运输车辆在厂区的运行，防止产生安全隐患及防范计量出厂的管理漏洞；通过与厂内雷达测速系统的数据集成，可及时纠正超速行为，厂内车辆的超速违规率下降了40%。

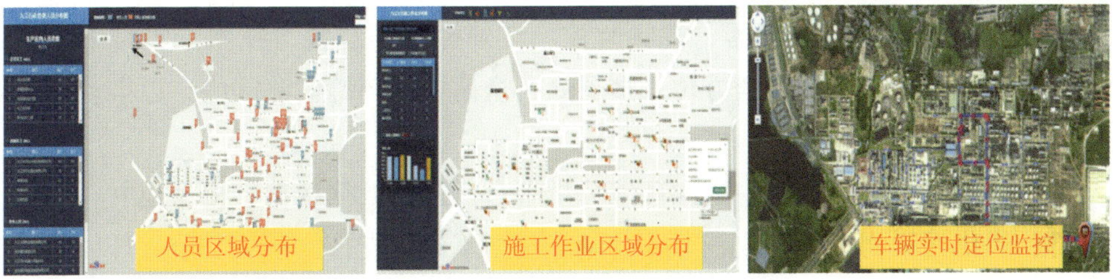

图4-6-8 综合安防管理

2）实时化应急联动。

将“安全环保、绿色低碳”理念置于优先位置，以打造长江最美岸线的“石化名片”为目标，构建了集HSE管理、VOCs厂区监测、施工作业备案、环保地图、119接处警、各类可燃有毒有害气体实时联网及视频监控联动、应急指挥等系统于一体的安全环保应急指挥一体化平台，充分利用企业HSE管理、应急指挥系统数据和生产过程的监测数据，建立监控预警与分析模型，提升应对突发事件的快速处置能力，提高处置效率，生产、消防部门协同处警，并提升应急状态下资源的调配效率，实现多层次业务可视化监控，促进了安全环保管理“从传统管理向信息化管理、从结果管理向过程管理、从经验管理向精细管理、从局部管理向全局管理”的四个转变，提高了本质安全环保可控力。

3）可视化环保地图。

为方便各级环保管理人员、岗位操作人员实时监控污染物排放情况，提高环保管理、环境监测管理水平，打造全国最好环保炼厂，建设了环保地图，如图4-6-9所示。

环保地图基于全厂二维地理信息模型，集成废水、废气、VOCs、异味、环境风险源、异常排污等环保基础信息及监测点的地理位置以及废水管线分布，建立云图等分布模型。

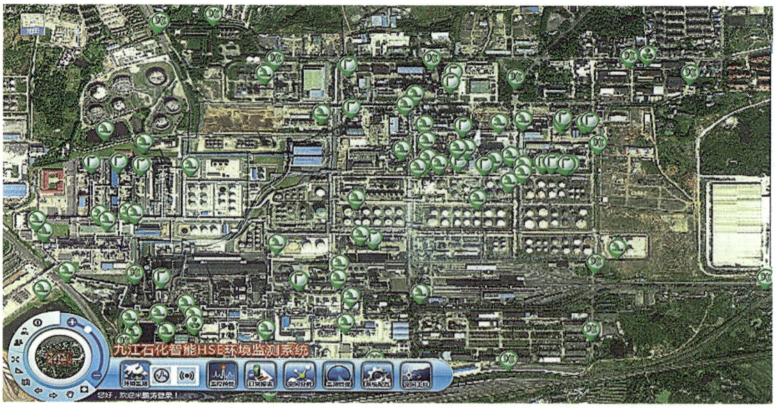

图4-6-9　环保地图

应用在线监测仪、传感器、视频监控、红外探测等装置与技术，实时采集污染源、环境质量等信息，构建全方位、多层次、全覆盖的环境监测网络，以推动环境信息资源高效、准确实时传递。

通过构建海量数据资源中心和环境分析平台，进行数据挖掘、模型建立，为环保管理部门提供污染物达标排放、总量控制等数据基础，支持污染源监控、环境质量监测及管理决策等环保业务的全程智能。

（4）设备管理

以设备完整性体系为支撑，初步构建预知维修管理体系。设备运行状态监测系统（见图4-6-10）涵盖17套大机组、115台机泵，设置54个腐蚀探针、618个在线腐蚀测厚设施。实现全厂55个仪表机柜间温湿度、89套工控系统重要机柜温度、12692个DCS和961个SIS故障点的信息采集并与DCS集中实时监控；电调自动化系统实现对全厂电气设备关键参数实时监控，35kV以上一次系统设备实现安全远程操作，劳动功效提升27.5%。

3.技术转型

充分利用云计算、大数据、移动互联网等ICT技术，企业着力打造敏捷安全的信息基础设施平台，实现IT智能管控一体化。

（1）打造工业互联网平台

按照中国石化集团总部“一切系统皆上云、一切开发上平台”的指导思想，九江石化在对现有集中集成平台（ODS+ESB）提升的基础上，建设工业互联网平台，支撑界面集成、数据集成与服务集成，消除“信息孤岛”，积累和共享平台组件服务，实现资源共享、服务沉淀复用和应用系统设计、开发、测试、部署的在线管控，以提高平台化服务能力促进信息化管控能力的提升。

工厂数字化建模：截至目前，完成27类工厂模型对象的建模工作，收集模型

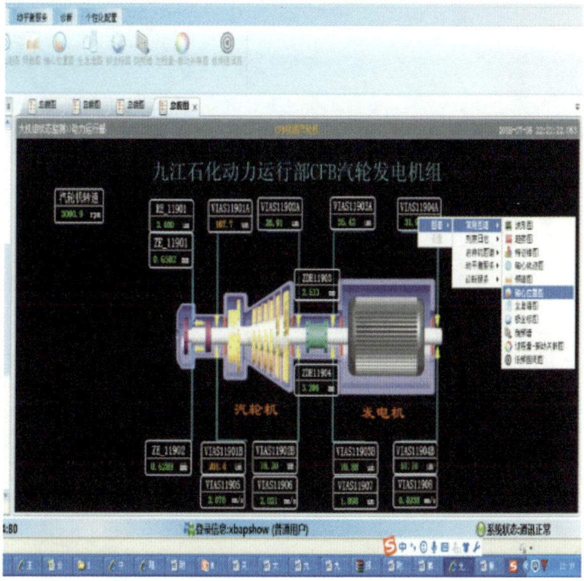

图4-6-10 大机组状态监测系统

115429个，有效导入组织模型2645个，区域模型120个，设备模型112664个。九江石化工厂模型如图4-6-11所示。

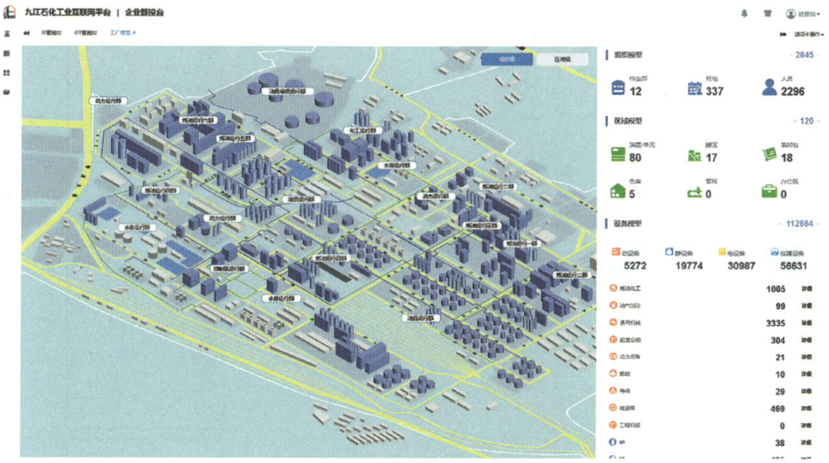

图4-6-11 九江石化工厂模型

全厂物联接入：在工厂模型的基础上，通过工业物联接入能力，可将全厂50456个点位RTDB数据接入，目前接入1849台物联设备，1935个物联采集点。

针对成本效益、原料（油）进厂、装置加工、计划优化、设备管理、安全环保6个专题72个工业App，组成生产调度、安全环保、成本效益、设备管理、计划优化5类岗位工作台，如图4-6-12所示。

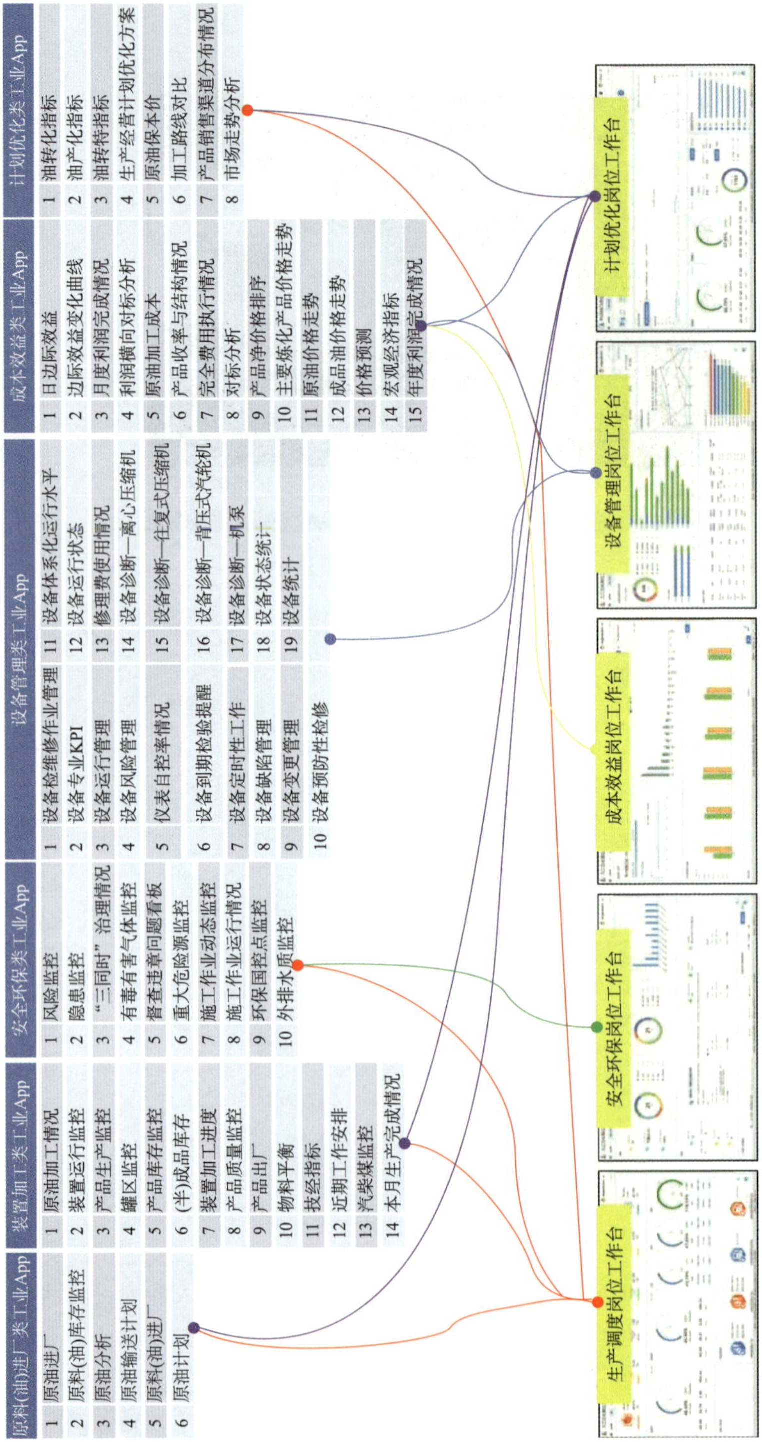

图4-6-12 岗位工作台及工业App

数据治理：面向生产调度、安全环保、成本效益、设备管理、计划优化五个岗位工作台目前形成174个数据主题，并构建对应的数据池，打通98个数据链路，发布375个数据服务。九江石化数据资源中心管控平台界面如图4-6-13所示。

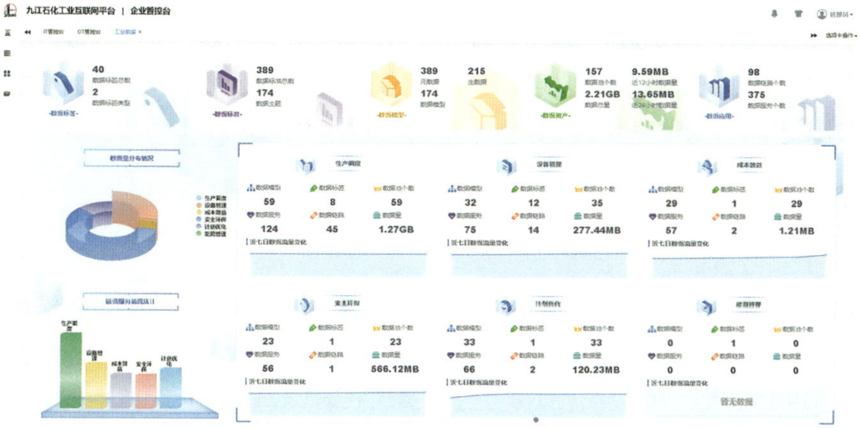

图4-6-13 九江石化数据资源中心

工业知识库：面向生产调度、安全环保、成本效益、设备管理、计划优化五个岗位工作台提供112个工业知识，支持72个工业App，如图4-6-14所示。

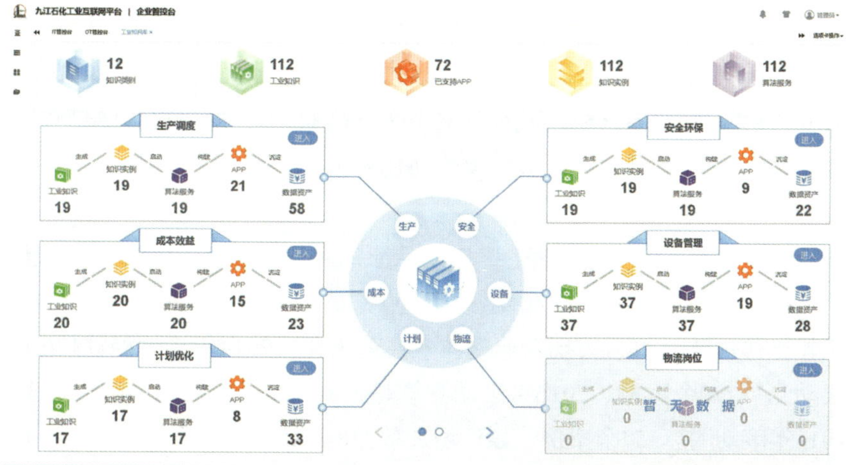

图4-6-14 九江石化工业知识应用

（2）提升网络自动化水平

以高速、稳定、安全的企业局域网为基础，以云平台为技术支撑，以工业4G无线专网为特色，完善优化网络架构，全面支持IPv6，充分利用SDN、NFV等技术，实现网络设备的自动配置与部署，进而实现网络业务自动运行，为企业生产、经营、管理自动化、数字化、智能化奠定了坚实的基础。

（3）提高运维智能化水平

利用IT运行管控平台实现IT服务的统一受理、调度、协同、跟踪、反馈和应用监控，促进各项IT活动和支持工作的规范化和标准化。依托大数据技术，收集、索引和利用所有应用程序、服务器、网络设备、安全设备等日志信息，关联分析跨越多个系统的复杂事件，并快速定位，及时发现风险隐患，并构建核心应用系统的应用视图，综合展现应用运行情况以及可用性，提升IT业务智能化运维水平。

（三）主要成效

1.经营绩效显著提升

2015年，股份分公司实现利润9845万元，账面利润、吨油利润均位列沿江炼油企业首位，实现按原总厂口径自1997年以来首次历史性扭亏为盈。2016年，股份分公司实现利润19.15亿元；2017年，股份分公司实现利润16.21亿元；2018年，公司加工原油766.59万吨，实现销售收入459亿元、税费123亿元、利润20.2亿元，都刷新了建厂以来的历史纪录，税费连续三年位居江西省第一，吨油利润位列沿江企业炼油板块首位。

2.管理效率稳步提升

近年来，九江石化各类信息系统助推扁平化、矩阵式管理及业务流程进一步优化，管理效率持续提升。与2011年初相比，九江石化在主要装置从49套增加到61套，炼油能力实现翻番的情况下，直属单位由45家减至目前的32家（下降29%），控制室从15个减少到4个，外操室从53个减少到35个（下降34%），班组数从154个减少到127个（下降18%），用工总数从3600人减少到2618人（减少982人）。

3.敏捷生产挖潜增效

基于分子炼油和全价值链的理念，围绕从原油到操作参数的炼油全流程优化一体化智能协同优化目标，以提升价值增量为重点，持续开展资源配置优化、加工路线比选、装置操作优化，致力实现企业整体效益最大化。2014年滚动测算136个案例、2015年滚动测算270个案例、2016年滚动测算超过500个案例、2017年滚动测算246个案例、2018年滚动测算357个案例，累计增加效益8亿元以上，助力企业绩效提升和全面创一流取得了新的业绩，2018年实现利润20.24亿元，创历史最高。

4.绿色制造指标领先

构建全方位、多层次、全覆盖的环境监测网络，实现污染物产生、处理、排放等全过程闭环管理，通过省市和中国石化清洁生产审核，实现绿色制造。外排废水达标率100%，国控废气达标率100%，危废妥善处理率100%。其中，外排达标污水COD控制在40mg/L以下，主要污染物排放指标业内领先。入选工信部第一批绿色工厂示范企业、江西省第一批绿色工厂、我国石化绿色企业，获评“石油和化工行业绿色工厂”。

5.过程管理精准可控

智能工厂自动化、可视化、模型化、实时化、集成化手段为过程管控提供强有力支撑，促进经营管理工作共享协同、规范便捷、精准可控。荣获我国化工报社“中国石油和化学工业改革开放40周年‘勇立潮头榜样’奖”，“以打造一流炼化企业核心竞争优势为目标的智能工厂建设”分获中国石化、江西省管理现代创新成果一等奖。“十三五”期间，接待来访参观交流1000余批次。

6.本质安全有效提升

公司对1900余台有毒有害及可燃气报警仪、1200余套视频监控等集中管理、实时联动，2017年、2018年共处理各类报警1200余起，提前发现并避免了多起事故，支撑HSE由事后管理向事前预测和事中控制的转变。IISE施工作业备案系统实现施工作业备案与监管联动，已累计备案数据100万余条，业已成为公司保障直接作业过程安全的有效抓手。

三　古雷石化

（一）转型背景

福建古雷石化有限公司（以下简称古雷石化）成立于2016年11月3日，由福建炼油化工有限公司和旭腾投资有限公司按50%：50%股比合资设立，主要负责古雷炼化一体化项目的建设和运营工作。该项目是迄今为止海峡两岸最大的石化产业合作项目，其建成投产对优化国家炼化产业布局、深化两岸石化企业合作、延伸完善两岸石化产业链、促进海西经济繁荣发展具有重要意义。

古雷炼化一体化项目一期工程总投资278亿元，包括百万吨级乙烯、60万吨/年苯乙烯等9套化工装置、配套公用工程，以及年吞吐能力780万吨的码头泊位，主要生产聚丙烯、乙二醇、苯乙烯等18种产品，产品总量预计达300万吨/年。

作为全新的炼化一体化项目，古雷石化立足“打造国际一流化工企业”的目标，采用了业界最新的“工程同建”模式借鉴中石化智能工厂等业内一流建设经验，大量应用大数据、5G、人工智能、边缘计算、物联网、数字化工厂等高新技术，致力于将古雷石化智能工厂建设成为业界的标杆企业。

（二）主要措施

1.整体规划和顶层设计

数字赋能高质量发展，古雷石化在成立之初就植入数字化运营理念并于2018年开始信息化建设的整体规划和顶层设计，如图4-6-15所示，将企业的战略管理、目标和业务的需求与数字化的工具结合起来，找准当今世界信息技术和数字化转型的发展趋势，以数字技术驱动管理创新、业务创新和卓越运营。

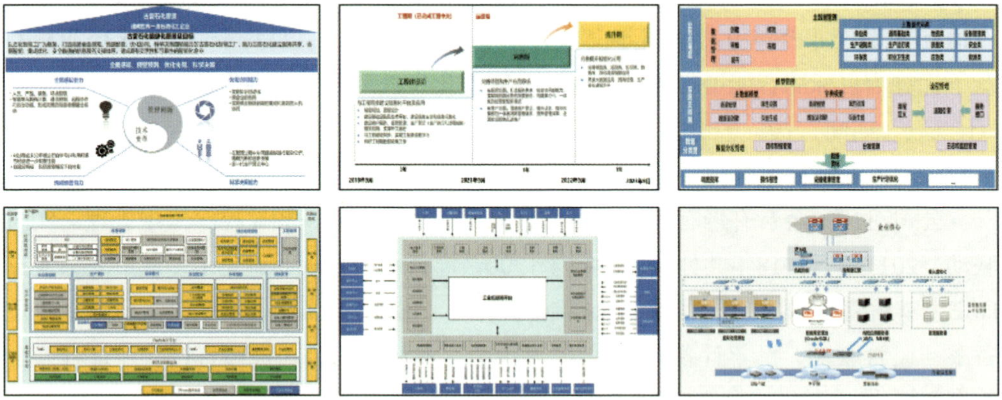

图4-6-15　古雷石化信息化五年规划方案

2.全厂信息化EPC模式

（1）建设历程

作为新建企业，古雷石化借鉴中科炼化智能工厂建设经验，采用并推广EPC模式，将信息专业作为工程建设的重要组成部分，与总图、工艺、设备、土建、暖通、电气等专业一起开展设计、采购和施工。从边缘感知、基础设施、工业互联，到过程控制、生产管控、经营管理的方方面面，信息专业从2018年底启动基础设计，2019年11月启动现场实施，历经23个月顺利实现中交。其智能工厂建设历程如图4-6-16所示。

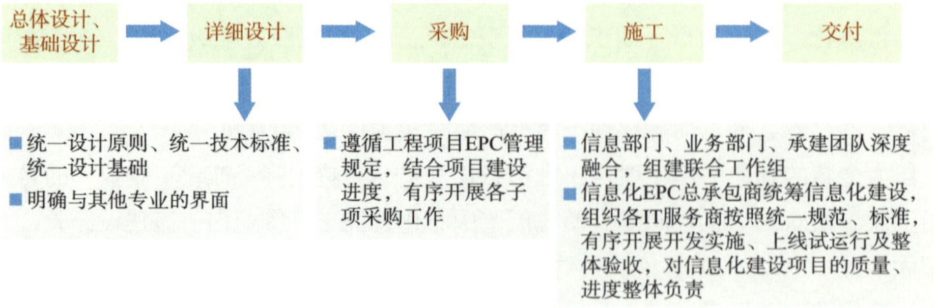

图4-6-16　建设历程

（2）EPC模式

如图4-6-17所示，EPC模式即古雷石化业务部门、信息部门以及石化盈科EPC承包商共同组成联合体，在横向维度，“抓”全局设计、“管”重点节点、“控”交付质量，有效地保障项目高质量地实施，最大限度地保证项目建设沿着“开工即卓越”目标前进。在纵向维度，以顶层设计为龙头，规划设计与实施交付统筹、有序开展，顶层设计在先，实施交付衔接在后，避免设计、采购、施工脱节，信息部门、业务部门、承建团队深度融合，和古雷石化其他工程同步设计、同步实施、同步交付和同步投用。

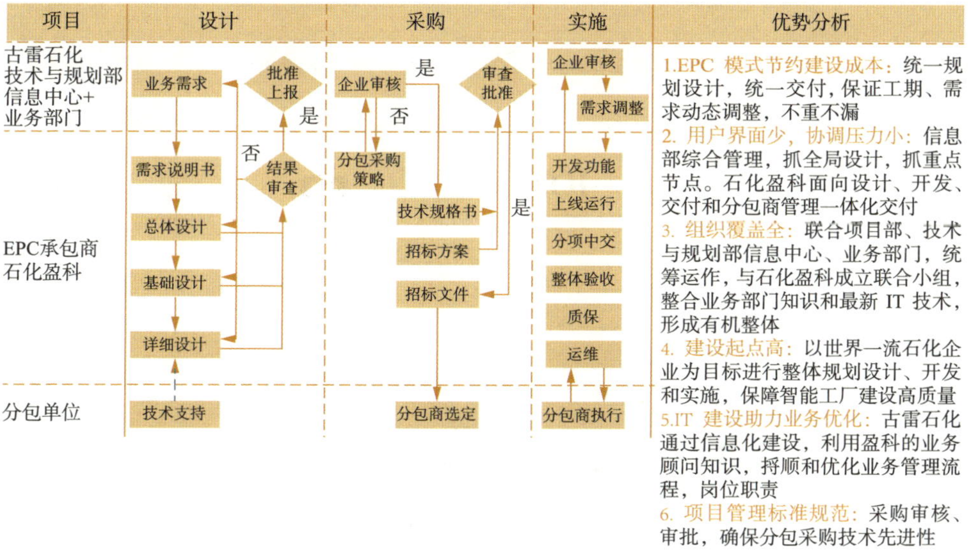

图4-6-17　全厂信息化EPC新模式

3.全厂信息化建设

（1）“数据+平台+应用”模式（见图4-6-18）

古雷石化智能工厂摒弃过去信息化系统的“烟囱式”建设方式，坚持“数据+平台+应用”的信息化发展新模式，以工业互联网平台作为数字化转型的加速引擎，通过中台的组件和服务快速构建应用，以数据流贯通企业经营管理、生产管控、过程控制、边缘感知各方面，统筹解决碎片化供给和协同化需求的矛盾，提升系统纵向贯通性和业务覆盖度。

古雷石化基于SaaS服务模式，通过租用服务的方式获取5年ERP系统使用权。由于这个ERP系统是基于我国石化ERP大集中的炼化模板，因此所有固化在炼化模板中的流程、制度、实施、内控，特别是一些比较先进的功能古雷石化都能够直接使用。除此之外，针对古雷石化处于基建期的特点，该系统在第一期筹建与基础建设期、第二期装置中交期前的运营期以及正常运营期一年后的提升期逐步设计提供符合各阶段需求的功能。古雷石化的SaaS服务实施流程如图4-6-19所示。

图4-6-18 “数据+平台+应用”模式

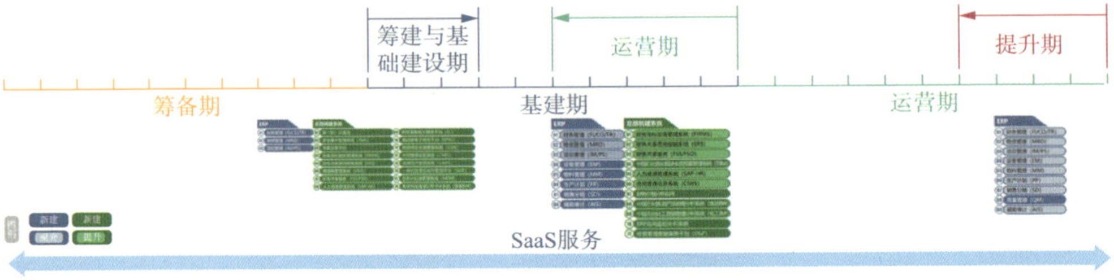

图4-6-19 古雷石化的SaaS服务实施流程图

通过采用SaaS服务模式，古雷石化在企业还是一块空地的时候，就可以规范、运营、管理业务，这对后续的装置设备的资产转资、项目结算都带来极大的好处。古雷石化作为一个行业新兵，在基建之时就可以复制中国石化先进的管理流程，通过借鉴流程模板思路，可以预测到未来业务运作方向，这为公司的制度建设、管理建设提供了明确的方向。

（2）全厂智能管理综合系统

企业根据自身需求，基于智能工厂整体解决方案中选择其中满足自己模块来搭建。古雷石化面向十大业务域共计选择了54个子项（43项系统应用和11项IT基础设施）作为工程建设期必不可少的建设内容，搭建自己的全厂智能管理综合系统。

全厂智能管理综合系统以工业互联网平台为核心，大量应用大数据、5G、人工智能、边缘计算、物联网、数字孪生等高新技术，打造现代数据中心，向下承接海量数据，实现大数据分析，向上为顶层业务提供运行和管控平台，实现多层面智能化应用，有力促进生产决策准确快速、能源消耗节约、环境友好、生产精细优化，为开工即卓越提供有力支撑。全厂智能管理综合系统组成如图4-6-20所示。

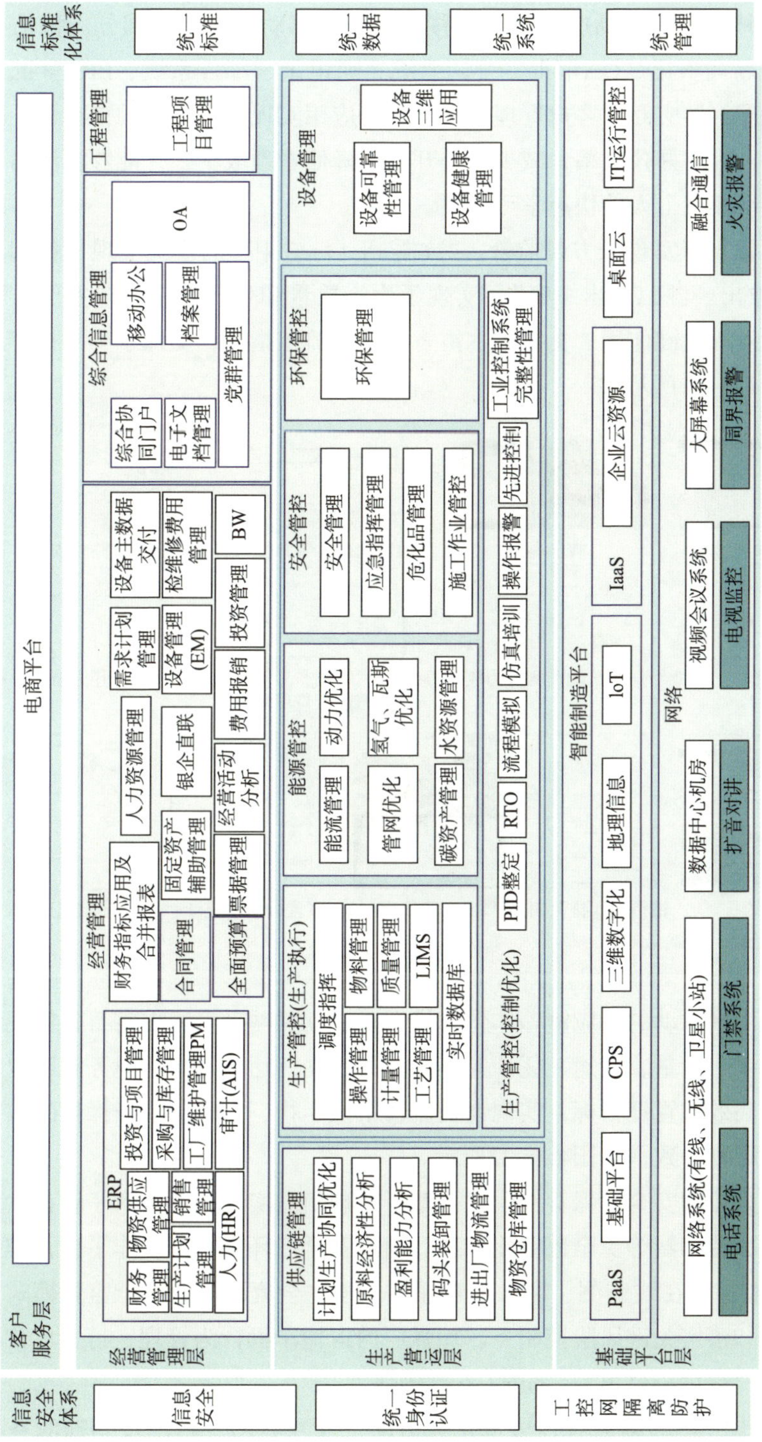

图4-6-20 全厂智能管理综合系统

基于移动办公提高工作效率。古雷石化依托中国石化移动应用平台提供的标准客户端开发了移动办公移动应用，包含移动办公和移动生产两大部分。移动办公开发的功能包括新闻资讯、OA审批、合同系统、通讯录、邮件系统、ERP审批、考务管理、党群管理、供应商及客户管理。移动办公应用实现办公事务的自动化，减少审批环节的延时，提高办公效率，减少办公开支，降低管理成本，并能够沉淀信息，积累知识，满足组织及个人的快速学习需要。

围绕装置投产实现全方位监管。“数据+平台+应用”的模式实现了各相关系统全面贯通，“数出一源，令出一家”，实现了生产质量和生产效率的全方位监管，围绕装置投产，发挥关键作用，支撑了古雷石化开工监控指挥，支撑了第一批产品的顺利出厂，如图4-6-21所示。

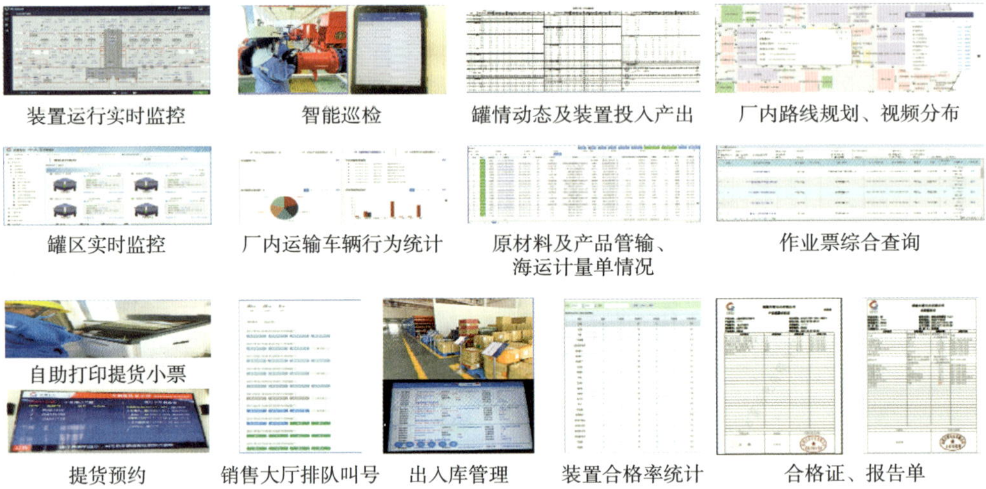

图4-6-21　全厂监管

多系统协同联动的供应链一体化。借助工业互联网平台，古雷石化实现供应链物流环节中订单、计量、装运、凭证等多元业务联动，达到进出厂业务和客户服务的规范、优质、高效的管理目标，实现物资流转中人、物、空间、业务操作的数字化、标准化，达到账物一致，如图4-6-22所示。

全厂全方位的安全环保管控模式。基于地理信息实现企业资产（设备、危化品、车辆、人员、传感器等）全数字化管理。通过安全、环保管理工作平台，作业前在线JSA，视频监控、在线监测、出入厂管理等，建立全流程作业安全监管模式，规范作业许可流程和落实关键风险控制点。加强厂内运输车辆行为管理，打通危化品全链条安全管控的“最后一公里”，如图4-6-23所示。

基于数据分析的运营管控可视化。借助工业互联网平台连接和抽取各类业务数据，经加工处理和分析挖掘，快速灵活配置业务指标体系，并通过可视化场景进行展

图4-6-22 多系统协同联动

图4-6-23 安环监控模式

示，为高层管理层提供的“一站式”决策支持服务，如图4-6-24所示。

图4-6-24 运营管控可视化

（3）工程数字化交付形式

古雷石化在工程建设过程中，竣工资料整编移交全程采用数字化交付，并与工厂运营紧密结合，拓展及深化业务应用。实体工厂与数字工厂同步建设，改变了传统采用逆向建模难度大、周期长的问题，从源头上掌握工厂运行管理数据，并以设计数据为基础实现工厂数字化，开展现代化的工厂运维管理及设备资产管理，实现了对前承接项目建设期的工程项目数据成果，对后支撑工厂运营维护期的业务应用需求，从而打通了企业工程建设期与生产运维期的数据通道。

实体工厂与数字工厂同步建设贯穿于企业智能化工厂全生命周期，是提高企业精益化管理水平，服务于企业建设各个阶段的基本措施，将大大提升企业生产力和管理水平，如图4-6-25所示。

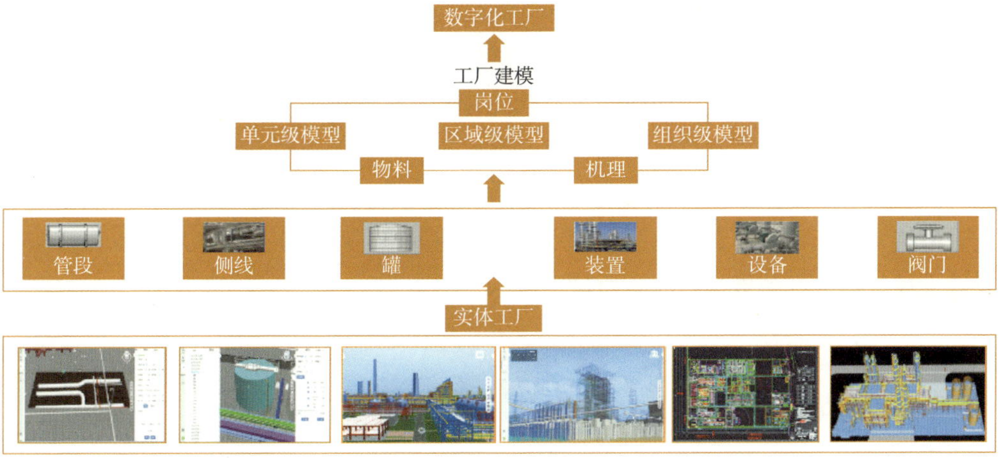

图4-6-25 数字化工厂

（三）主要成效

1.人员结构调整与优化

古雷石化参照国际及国内合资企业，按照智能工厂的建设方案对组织架构进行调整和人员精简，提高了劳动生产力和管理效率，比传统炼厂的人力成本上可以节约30%，实现了降本增效。培育了新一代高素质的数字化员工。员工数字化能力得到提升、知识结构得到优化以及数据驱动型文化得到培养。

2.智能化进程整体推进

作为园区龙头示范项目，古雷石化的全厂智能管理综合系统实现了供应链一体化协同、生产营运一体化管控、设备全生命周期的一体化工程设计与交付，赋能古雷石化成为国际一流石化企业，带动了古雷石化基地工业园区整体智能制造的发展，推动了产业链中高端发展，围绕产业链做大商业生态，推动了工业园区一体化智能化服务体系的建立。

四 贵州石油

（一）转型背景

贵州石油公司目前主要经营成品油（汽油、柴油、煤油、润滑油、燃料油等）、天然气、充电、加氢等业务，并大力发展非油品业务（如农特产品、酒、水、饮料、粮油、卷烟等）。全省9个市（州）设有分公司，并设立县（区）公司86个。拥有在营加油站（便利店）1000余座，加气站20余座，加氢站1座，是贵州唯一一家具备公路、铁路、管输同时保障供应的企业。

“十三五”以来，贵州石油积极贯彻落实中央有关建设制造强国、网络强国等决策部署和集团公司党组关于构建新发展格局、推进数字化转型等战略布局要求，并结合企业实际情况持续推进信息系统深化应用和数字化转型工作。2021年，在集团公司党组的正确领导下，在销售公司的大力支持下，贵州石油在信息化建设和数字化转型上，坚持“问题导向、业务驱动、技术支撑”的思路，强化信息技术对业务和管理的有效支撑，努力推动贵州石油高质量发展。

（二）主要措施

1.构建智能油库

作为传统石油企业，贵州石油油库数字化建设和运营缺乏整体规划和业务调度管理平台，库内系统和设备之间相互独立，无法实现库内作业分析、预警的协同共享，导致工作效率较低、存在经营管理风险。

面对数字化建设困难，贵州石油以油库生产作业和生产运营监控为主线，打通与库级生产自动化及安环自动化实时互联互通。同时，集成成品油一次物流、二次物流系统、ERP系统实现业务链条的闭环，并规划建设了与数质量一体化综合管理系统的协同应用，实现了油库业务数据统一管理、油库作业流程规范应用、油库业务管理智能化，助力油库运营和安环监控，确保企业生产安全高效。

（1）建立省级数据应用

着力打造全省油库数据中心，实现对20个生产控制类、综合安防类系统（如自助发油智能出入库、周界报警等系统）、10个设备（如巡更PDA、视频监控）的集成联动，实现数据的全面、准确、统一管控，满足不同岗位的监管、作业和承运需求。

着力打造全省油库业务中心，建立了九大功能40个模块，实现温度、压力、工艺等生产实时数据的分层级全面监控、自动采集和集成共享，做到无人/少人值守，如图4-6-26所示。

（2）建立油库运营应用

简化、优化业务流程，有效支撑管输收油、铁路装车、公路发油等10余个业务场景的闭环管理，通过待办提醒化被动为主动，实现用“最少人做高效事”。减少人为干预和手工数据统计，员工通过线上作业计划自动触发重大作业通知并关联操作指令，实现岗位协调调度、现场执行反馈的闭环管理和人员、资源、管理的有效联动，为油库开展大班组运行制提供可靠保障。

强化App移动应用，实现油库生产过程自动化巡检、自动化指挥、安全管控，提高油库主导管理能力。系统提供待办事项、作业动态、实时库存、报警信息、库区作业审批等功能，与Web端系统形成互联互通。

图4-6-26　油库综合管理平台

（3）建立集成控制应用

基于智能化平台搭建省级公路自助发油管理应用，管控全省油库智能出入库，实现高效发油及安全管控。

打造库区集成控制应用，实现数据融合、系统联动。

油库监控和风险预警。建设SCADA集成控制应用，如图4-6-27所示，实时采集库内四大重点区域、10类生产设备、274项数据，通过系统和设备间的数据感知、监控、预警和协同，实现“系统互反馈”和“设备自检测”，问题处置时间由2~4h缩短至20min。

图4-6-27　SCADA系统运行监控

实现问题处置精准超前。组合预警分析模型，应用30多项参数将问题从事后处理变为事前预判。一是计量异常预警联锁，防止憋压和空罐。通过伺服液位计，实现对储罐高低液位的3级预警和联锁控制，如液位低于5%则启动声光、短信报警并自动关闭公路装车罐出口阀门。二是安装仓位识别，避免油品混装。安全连锁槽车仓位ID、油品、鹤管3项指标，避免误插仓位，相关功能累计用于油库10000余次，为装卸车提供安全保障。

远程管控便捷高效。基于超脑建设了人员行为识别模块，识别准确率达80%，对未佩戴安全帽、未按照安全流程操作等4种作业场景、5类违章行为进行识别报警，并及时通过广播通知司机纠正行为，实现7×24h不间断监控，年发现违章行为126个，同比下降10%。人员不安全行为识别监控画面如图4-6-28所示。

图4-6-28　人员不安全行为识别监控画面

2.推出线上支付平台

贵州石油以客户为中心，推出了加油贵州App和石化钱包等线上支付平台，并积极引进第三方资源通过线上平台进行合作，发挥各自优势，实现共赢局面；通过平台开展形式丰富的营销活动，在增加客户便利的同时，增加了客户的黏性。

（1）建设加油贵州App

“加油贵州”App自2017年8月上线以来，累计下载注册用户861万人，实现行业认证、润滑油换购、自助洗车、线下开票等功能。商城在售商品上万余件，商品覆盖水饮、酒类、生鲜、食品、汽车用品、润滑油、特产、景点门票、生活服务等多元化品类，销售额超1亿元。

通过加油站管控系统与加油贵州App、零管系统、液位仪系统等系统联动，实现油费收银一屏操作、支付和发票联动等功能。员工使用“一键班结”，无须手工录入付油和进货验收等数据，直接将加油站进销存数据写入零管系统，解决了跨系统数据交换问题，减少人为干预，真实体现损耗数据，强化系统数据的正确性和真实性，提高系统数据的风险防控，实现员工、客户满意度“双提升”。

（2）打造ETC加油模式

贵州石油在实现加油站电子钱包支付全覆盖，完成电子钱包一键加油、闪付、扫码付和授权码功能推广的基础上，丰富加油支付方式，抓住ETC改革契机，与工行、建行签订ETC智慧加油战略合作协议，实现ETC智慧加油模式，车主从开车进场到离场2分钟内完成“即加即走”加油体验，实现自助加油、减员增效；优化业务流程，取消线下纸质洗车券，推动洗车业务线上化和自动化，节约印刷成本。

（3）开展精准营销

针对医护人员、网约车群组开展行业认证，开展精准营销；在2020年，贵州石油顺应市场销售模式，开展了直播带货14场，累计销售近200万元，提高了客户体验感，增强企业与客户的黏性。

（4）实施智能补货

贵州石油针对门店订货不合理和不及时的情况，建立了便利店后台数据分析要货系统，系统从商品规划、数据分析、配送计划等层层管控，对异常情况进行提醒。在实施智能补货后，店均商品从原来的354种提升到527种，提升率达到48.9%，单店最大经营商品达到1631种。

3.建设信息云平台

贵州石油针对存在的部分数据共享难、系统数据不稳定等问题，以业务需求为驱动，于2017年建立了信息云平台，全面提升经营管理的精益化水平。

（1）整合系统资源数据

信息云平台整合了省、市、县、站各层级在用系统，包括：加油卡查询系统、液位仪系统、零售管理系统、非油品系统、ERP系统、油库发油系统、储罐自动计量系统、安全信息管理系统、二次物流系统等13个系统资源数据，实现统一应用平台、优化数据分析、规范数据采集、基础报表信息化录入、不同系统资金对账等功能，强化资金监管，提升数据应用分析决策能力。

（2）锁定交易关键节点

运用信息云平台系统、海信系统等信息化手段加强加油站违反现场管理禁令行为的监控，发挥资金监管、App后台跟踪分析、异常卡预警、异常经营数据监测等防控作用，防止关键数据被篡改、加油卡套现、资金互串、泵码错录等风险，实现系统数据异常防控和现场管理异常行为防控的信息化和常态化。

4.引入智能机器人

以自动技术为基础，通过元素的比对筛查，引入机器人智能应用，全面提升基础工作的自动化水平。

引入全天候自动化机器人技术10余项，累计集成9个系统，涉及8个线条，RPA机器人上线后，年节约成本400万元。引入财务机器人后，2小时即可完成一次全省上千座加油站的财务清账、差异清账业务，月替代人工劳动超100小时；引入数质量监控机器人判断LIMS系统当日待检测油品信息，检查过程是否合规、完整，油品指标复核率和识别错误率达100%；引入零售机器人7×8h不间断运行，监控各类报警信息、判断进货损益异常并及时预警。

（三）主要成效

1.降低成本

油库信息化集成项目和发油系统功能提升项目预计在全省推广后可减少省、市和库人员工作量，每年可节约375万~525万元，大幅降低油库的投入成本，为新建油库信息化建设打好基础。

2.拉动销售

贵州石油推出的加油贵州App和石化钱包等线上支付平台，以及通过平台开展形式丰富的营销活动，在增加客户便利的同时，也增加了客户的黏性。“十三五”期间带动油品消费130亿元，非油品消费近1亿元。

3.管理提升

基于信息云平台，通过挖客户数据资源，建立大客户流失预警机制，为15万客户建档，对7000名客户进行了消费下滑预警。

05

第五章

展望

第一节 石化产业未来发展趋势

以新技术、新能源为主要驱动力的能源革命正推动人类社会进入全新能源时代，全球石油石化行业迎来周期性转折。化石能源与非化石能源多元发展、协调互补、此消彼长，向绿色、低碳、安全、高效转型，逐步进入全新的能源体系。

一 国际石化行业开启绿色转型时代

随着经济社会发展水平不断提升，人类对含碳原料的消耗也在不断增长，人类在改造自然创造财富的同时，也在不断破坏着我们赖以生存的环境，其中二氧化碳过量排放导致的全球气候变暖已经成为不争的事实。

第21届联合国气候变化大会（巴黎气候大会）于2015年12月12日通过了《巴黎协定》，指出将全球平均气温较前工业化时期上升幅度控制在2℃以内，并努力将温度上升幅度限制在1.5℃以内。假如全球气温上升2℃，将对经济、农业、基础设施和天气规律造成巨大冲击，生态系统将遭受巨大破坏，人类生存将面临威胁。目前，全球已有132个国家和地区提出碳中和目标，大部分发达国家预计将会在2050年前实现碳中和。国外能源战略方向如图5–1–1所示。

战略方向	欧盟	北美	中东
发展清洁能源	快速开发商用可再生能源和氢能源	制定可再生能源补贴与激励政策	利用高效节能技术减少碳排放
提升技术创新	利用先发优势，向亟待低碳转型的国家输出技术和知识产权	发展分布式能源、微网和区块链等技术；设计开发另开的智能型运输方式	吸引境外直接投资并引进绿色技术；承接排放密集型产业
重视能源安全	确保能源安全的前提下，大力推进能源脱碳、煤炭等	大规模开采页岩气以保障能源安全；加强碳氢化合物的国际合作	能源需求增加，可再生能源占比较低，对碳氢化合物依赖加剧
促进国际合作	推动制定协同的气候变化政策	能源企业持续向发展中国家能源市场渗透	依靠全球基础共享与合作，加速清洁能源布局

图5–1–1 国外能源战略方向

为了应对全球气候变暖的现状，2019年，欧盟承诺到2050年将实现净零碳排放。到2030年，欧盟将会把温室气体排放量降至1990年水平的55%左右。欧洲石油石化行业作为生产化石燃料和能源消耗的重点行业，受到欧盟能源产业政策调整的影响最大。在2021—2023年间，欧洲约9%的高成本炼厂面临关停威胁，到2023年可能有2/3的炼化厂亏损运营。而在同一时期，亚洲将新增4.0亿~4.3亿吨/年的产能，中东、印度、中国正在新建大量大型炼厂，美国也在大幅改造原有炼厂的炼化、化工技术，这些新建和经过改造的炼厂将应用全球最新的炼化工艺和智能管理与加工技术，是未来全球新增炼化产能的主力。随着炼厂炼化技术水平的提高，这些国家处理重质原油、稠油、超稠油的能力得到了大幅度的提高，产品转换率、能耗控制、防止“三废”逃逸和排放物处理能力大大提高。受益于新技术的应用，未来全球新建炼厂将有机会实现盈利能力提升和污染排放减少的双重收益。随着欧洲的炼化能力向亚太和美国迁移，全球新建炼厂技术水平进一步提高，新兴市场快速崛起成为未来全球石油化工产业发展的重大转机。

二 中国石化行业开启转型升级篇章

近年来，中国经济发展进入新快车道，同时中国的能源发展也进入崭新时代。石化产业作为关系国计民生的基础性产业，也是国家经济发展、社会稳定的一大支柱产业。面对快速的经济增长和不足的国内能源供给，我国长期依靠原油进口来补足供应端缺口，对外依存度逐年攀升。因此，一方面需要加大国内资源的高效利用开发力度，另一方面要依托多元化方式，保障国家能源安全。习近平主席提出“四个革命、一个合作”的能源安全新战略，将能源安全作为国家安全的重要支撑，为新时代中国能源发展指明了方向，开辟了中国特色能源发展新道路：推进能源革命，积极推进能源生产和利用方式的变革，优化能源生产和消费结构，提高能源利用效率。

我国在2021年发布《中华人民共和国国民经济和社会发展第十四个五年规划和2035年远景目标纲要》（以下简称“十四五”规划），提出大力发展绿色经济，坚决遏制高耗能、高排放项目盲目发展，推动绿色转型实现积极发展。壮大节能环保、清洁生产、清洁能源、生态环境、基础设施绿色升级、绿色服务等产业，推广合同能源管理、合同节水管理、环境污染第三方治理等服务模式。推动煤炭等化石能源清洁高效利用，推进钢铁、石化、建材等行业绿色化改造，加快大宗货物和中长途货物运输“公转铁”“公转水”。

面对目前我国原油加工能力过剩，成品油内需端进入下行趋势，市场消费呈现出“汽缓、柴降、煤增”的趋势。在碳中和碳达峰背景下，石油、煤炭等传统化石资源在能源供给体系中的地位下降已成确定趋势，成品油需求即将进入峰值平台期。与之相对的是，化工品尤其是高端新材料需求仍将长期保持增长，而我国烯烃、芳烃等基础化工原料保障能力不足。因此，降低成品油比例，多产基础化工原料已成为行业转型升级的共识之一。在我国能源发展洁净化、数字化、多元化的大趋势下，石油石化行业转型升级压力凸显。

纵览全球能源转型的趋势，结合行业当前面临的诸多挑战，石化企业必须转变其仅仅是石化制品生产基地的传统定位，将自身转变为区域的热、电、油、气、氢等综合能源生产中心、石化有机材料的供应中心、有机物回收处理中心、环境保护与安全的检测中心、运力疏散与物资管理的服务中心，以及云计算中心、存储服务中心的有机组成部分。石化企业必须抓住全球新一轮科技革命与产业变革的机遇，实施创新驱动发展战略，提高企业的科技创新能力，充分利用数字化技术来驱动创新商业模式和商业生态系统重构的方法，加强企业在数字经济和绿色转型中的发展机遇，适应新时代的竞争环境，实现绿色、生态、高效发展，加速石化企业数字技术升级，提高企业韧性，实现敏捷、高效运营，构建石化企业的新模式新业态。

第二节 主要发展模式

一 智能化发展模式

智能制造是基于先进制造技术与新一代信息技术深度融合，贯穿于设计、生产、管理、服务等产品全生命周期，具有自感知、自决策、自执行、自适应、自学习等特征，旨在提高制造业质量、效率效益和柔性的先进生产方式。其发展模式主要集中在工厂内部的数字化装配、加工、维护、绩效管理、质量管理和可持续发展方面，通过5G、AI、大数据等数字化技术和先进制造技术的融合与深化应用，实现智能制造自动化、互联化、无人化的发展阶段，实现石化企业数字化、智能化的转型。

（一）自动化

智能制造是推动中国石化产业迈向全球价值链中高端的有效手段，与传统工人操控机器进行生产制造不同的是，智能制造工厂聚焦于打造设备互操作、系统易重构、软件可移植的开放自动化架构。自动化工厂的设备能够自动完成流程化的复杂工作，使得生产过程自动化运转，以提高过程控制系统的效率和可靠性，从而降低企业成本、提高生产质量、增加灵活性、减少生产环境造成的影响。

自动化分为过程控制自动化、装备自动化和程序性自动化，过程自动化主要包含DCS、PLC、SIS，以及PID自整定、先进控制（APC）、自动连锁控制、自动切换、一键操作等技术应用；装备自动化主要包含立体仓库、轨道机器人、特种作业机器人等设备；而程序性自动化是低代码应用平台（LCAPs）、机器人流程自动化（RPA）、知识自动化（KA）等。

在油田生产管理和设备制造中，新技术的不断应用使无人值守的石油行业有了更进一步的发展。采用了新型的自动化石油生产技术之后，石油生产方面就会更加的精确，通过更加精确的技术，在实际运行的过程中也会更加的稳定。例如，企业可以利用自动预警功能自动分析并捕捉预警信号自动生成并促发处理方案，实现流程化自动控制与处理。

在未来炼厂自动化阶段，企业能够利用感知系统、DCS、人机界面、先进控制等获得信息和通过反馈实现自动控制为工厂赋能。基于5G及NB–IoT等技术提升自动化智能设备的感知能力，提高现场监测数据采集、传输的时效性及准确性，并全面建设动、静、电、仪基础配套，实现关键设备在线监测全覆盖。利用数据对潜在风险进行量化评估，建立机泵、加热炉等典型设备健康状态评估及故障预测模型，实现异常自动分析、推送及检维修跟踪闭环管理。

在未来智能工厂建设中需要提高智能装备、机器人及程序自动化技术的使用频率，减少用工，降低劳动强度，实现重点环节少人化和自动化，提高精准执行的能力。

（二）互联化

数字化转型将长期贯穿在整个生产经营过程，提高设备互联性，实现生产协同、集成化监测和管理，保障生产连续性，帮助企业提高生产效率，降低总体运营成本，提升精细管理、智能管控、监测预警、协同优化、敏捷组织和科学决策能力。基于人机协同和机机协同。

利用数字化新技术和工业制造融合需重点关注企业在安全生产前提下的运营优化和决策，基于对行业应用的深度洞察和优化，实施对过程、资产、人员的互联，帮助工业用户提升运营的安全性、高效性和可靠性，打造智能工厂。通过打造一个开放性的创新平台，实现过程、资产与人员以及企业之间的互联，例如在云端运行一个完全模拟现场的高保真模型，通过与上下游供应链专家利用知识共享平台远程协作，集成所有专家体系，专家从云端获取现场的运行状态和实时数据，通过大数据分析，调整产品参数及性能，最终使工厂以最优的状态进行生产。油田一体化管理如图5–2–1所示。

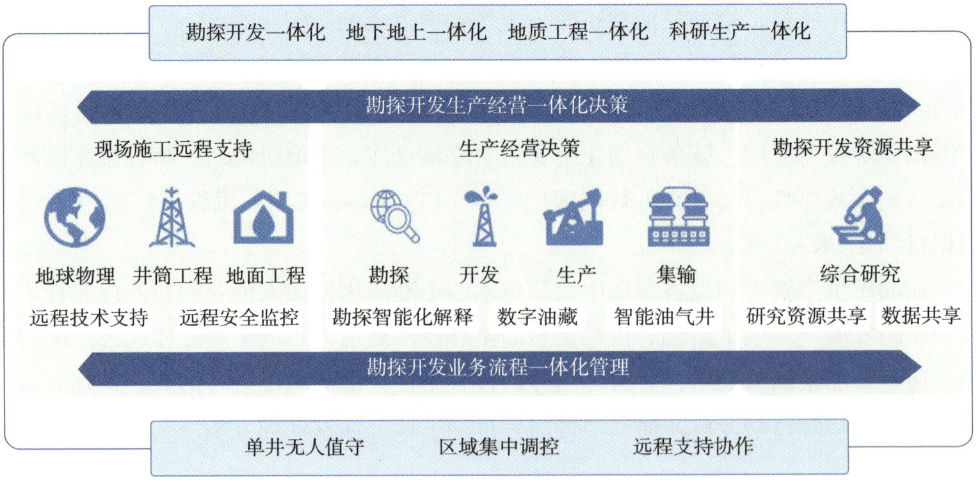

图5-2-1　油田一体化管理

（三）无人化

实现无人化运营，从原料到最终成品，所有的加工、运输、检测过程均在空无一人的“黑灯工厂”内完成，无须人工操作，将工厂移交给机器，例如在无人智能化车间，不需要任何操作工就能完成产品的质量检测，机器人和编码程序负责对设备进行监控、检测，人力只需要在后台负责管理和监控机器人的执行，这样降低生产成本，提高生产效率，实现盈利最大化。在实验室研发中，同样将运用机器人取代人工，在提高生产效率的同时有效地降低了人工成本，对企业来说是大大的益处，还有些高危高风险的工作可以让机器人去做，也更好地减少了对人工身体的损害。例如典型代表为实验室机器人，以化验室的融合人工智能、自动化技术的现场取样机器人、化验机械手臂机器人为主，实现样品的入库、分瓶、分析上样、留样、到期处置、清洗、贴标、出库等过程的自动化、无人化。无人工厂发展如图5-2-2所示。

未来传统加油站将通过人工智能技术来解放传统劳动力，通过智能技术和大数据平台的结合运用，打造智能无人加油站。

由人工智能技术取代传统劳动力。从汽车进入加油站、选择加油种类、支付到驾车离开，整个加油过程均将采用全新的人工智能技术，通过扫描车牌号检索车主信息、帮助车主选择加油种类，并引导车主驱车前往指定位置之后，会有智能机器人进行加油操作，加油完成后车主可通过线上完成支付，然后结束加油活动。在汽车加油过程中运用人工智能技术降低了加油站的人工成本和运营成本，提高了加油站的工作效率。

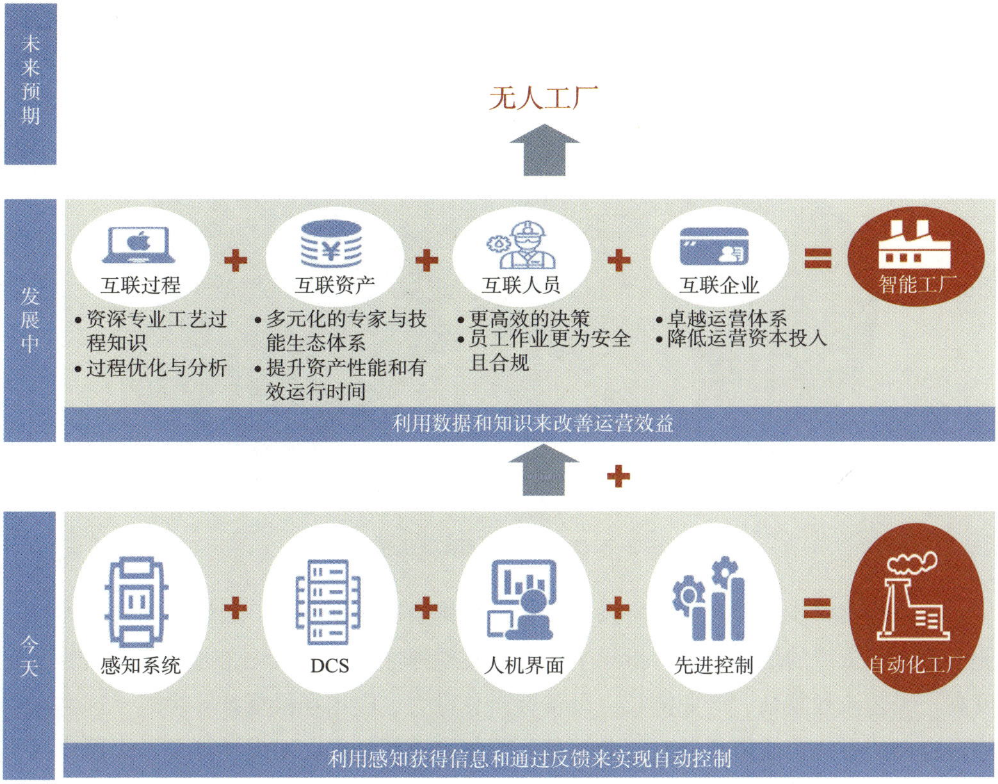

图5-2-2 无人工厂

二 一体化发展模式

石化行业应用场景分布较广，目前形成了较多点状应用，基于产业链复杂、主体较多的特点，需要形成企业、区域和集团层面的整体优化，发挥一体化优势，逐步从目前的点状场景延伸为线、面、体。未来，将全部打通产业链场景，打破单个价值体系的封闭，穿透所有价值体系，整合与创建出更加智能、协同的价值链。

企业在打造一体化运营优化时，应遵循精益、敏捷和数字化原则，从工具方法、管理流程和管理机制上“三管齐下”，引入跨厂优化工具，在单工厂、跨职能、跨厂区实现优化，推动端到端的提升，实现全价值流的效益提升，例如，在年度、季度、月度和每日调度计划环环相扣，并建立反向效益回顾机制，形成闭环跟踪，打造价值链的闭环管理流程。

随着石化行业数字化建设深入发展，未来石化企业将统筹协同产业链各环节，优化能耗及工艺，搭建智慧运营体系。从勘探开发到生产和输出，企业需要对工艺流程和生产过程精细化运营，对各类能源系统分散数据有效采集，集中调度管理，保障能源供需平衡，如图5-2-3所示。

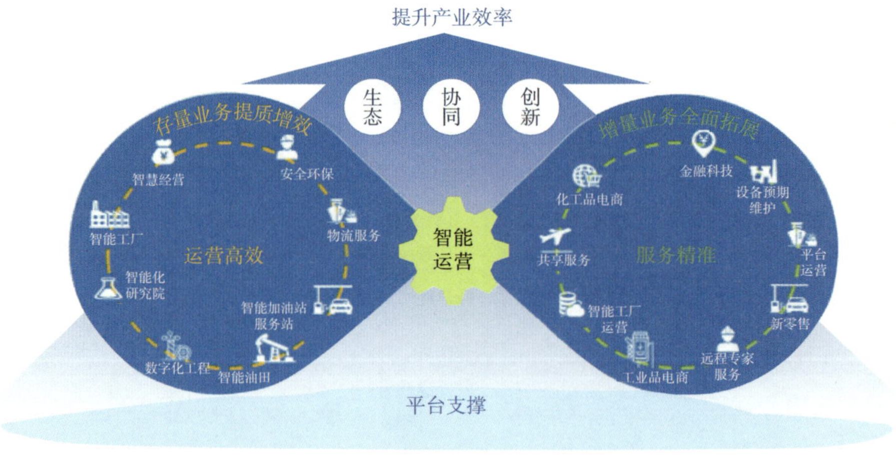

图5-2-3　智能运营为石化行业提质增效

未来运营将步入弹性运营阶段。石化企业将通过数据分析，云端调控，做出直达业务流程和资产的快速决策，指导生产调控实现弹性运营。石化企业运营面临着专业度高、工艺流程复杂、产业链长、设备资产总量大、应用场景复杂等挑战，这意味着综合全面的石化企业需要针对产业链各环节制定不同标准，对设计规划、工程建设、工厂运营、产品销售进行积极的数字化改造。聚焦效益最大化和资源利用最大化，采用人工智能、大数据、增强现实、机器人等新技术，在企业原有生产营运指挥系统功能基础上建设企业智能运营中心，提升智能化运营分析、协同优化、监测预警、调度指挥、科学决策等方面的支撑能力，推进组织变革、优化创效，提升实时化、可视化、协同化、精益化管理水平，打造实时监测、智能分析、智能运营的生产运营指挥新模式。

（一）上中下游一体化

打通产业链上下一体化就是从消费者一直到企业生产者的整个成品交付全过程，从产品的发布需求、设计、生产工艺的安排、排产、物流仓储、供应链、客服、销售全链条的过程中要形成一种端对端的价值链实现。在这个过程中，因为消费者需求的提出和消费者需求具有多样性，需求随着动态变化有着不确定性，而这种不确定性会导致工厂开采计划、生产计划和排产的不确定性。为了减少过程中的不确定性就需要端对端的敏捷性，端对端的定制化水平，以及与之匹配的效率和成本等，那就要求在端对端的价值链上实现数字化的供应网络、产品开发、规划、交付客户，各方面的连接协同。

通过勘探开发研究、部署、运行环节信息共享、多学科协作，推进勘探开发业务协同架构与功能升级，拓展企业层面业务覆盖范围，实现企业产业链中油气开发、油气生产运行、采油气工程、油品炼化和油品销售等业务协同和贯通，通过炼化采购以及油品销售的数据，对未来炼油化工原油需求以及价格进行预测分析，满足油田企业生产管理、调查研究、分析决策需求。

近年来，根据咨询机构麦肯锡国内外几十家炼化企业的研究，如图5-2-4所示，在上中下游全价值链（原油采购、生产、营销）实现一体化运营优化，并打造卓越的运营管理能力，炼化企业能实现效益提升，并有效捕捉端到端效益。从战略目标制定和部署出发，对采购、生产、物流、营销和研发等各关键职能实现运营优化，依托管控和管理透明，力争实现全价值流的卓越运营。

通过智能化信息化技术，对系统采集的生产和销售历史数据进行预处理，有效整合来自不同数据源的信息。自动化进行数据聚类算法等技术可帮助企业评估数据权重，分析参数间关联性和参与度，保证建模数据的准确性、完整性、一致性和有效性。根据加油站的油品需求数据，对炼厂炼油体量进行合理把控，同时可以按照区域数据进行成品油分配，促进产业供应链的高效运转。

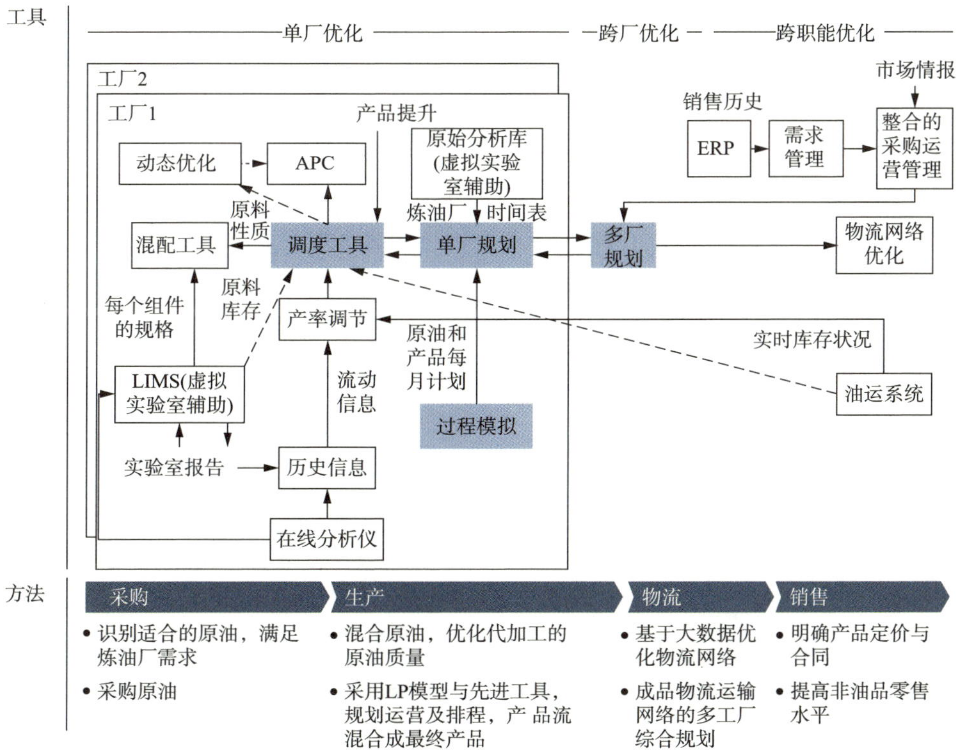

图5-2-4 上中下游一体化综合性效益提升

（二）产学研用一体化

在数字化时代，企业希望能够依靠数字化技术快速获得市场需求反馈以及行业先进技术等相关信息，为自身产品研发、技术创新发展进行快速定位。推动产学研用一体化发展，是坚持创新驱动发展、加强创新体系和创新能力建设的一项重要内容。在开放的市场中推进企业、高校、科研院所和不同区域之间的协同创新，以产学研用各方的全面合作，利用大数据、数据治理以及隐私计算等数字化技术，使人力资本、知识技术、资金设备、市场客户等各类科技资源在加速流动中增加结合的机会，不局限于自身企业内部信息闭环，实现跨地域、跨企业和跨学科的自主研发、协同创新。

将企业信息与需求端信息对接，以市场需求为牵引，加快设备以及产品创新的升级换代，增强企业在行业内的竞争优势，围绕自身主营业务需求，强化生产制造的新工艺、新技术研发。同时企业应完善产销衔接机制，加快市场响应速度。密切产销联系，推动与生产企业、科研院所紧密合作，积极应对市场变化，促进C2M反向定制，提升客户黏性，推动高端产品结构优化和基础产品资源优化，提升产销效益。

（三）数字化工程建设与智能工厂融合一体化

数字化技术可应用于油气工程全价值链，可提升设计、采购、施工等环节的运营效率，使整个项目过程更加高效、可控。

石化企业可以借助数字化技术，以设备、工程等专业域服务为切入点，采用正向建模、逆向建模等数字孪生技术，同步构建与现实资产相符的数字资产世界，在数字资产世界中可以完整反映现实资产的运行状况，提升各项专业运行支撑水平。通过数字工程建设模拟各项建设指标，跟踪各个设计要素的适配性，通过系统智能分析工程建设的优化方案，在完善知识管理体系的同时，以业主、承包方、监理、监管单位、供应商、分包商等构成数字化工业生态，对建设成本进行实时监管。实现从规划到设计再到施工的全过程数字化协同和统一模拟，创造协同价值，支撑数字化工程建设与智能工厂营运应用融合。

三 可持续发展模式

可持续发展是全球共同关注的重要议题。可持续发展模式重点在于通过数字化转型实现降低资源消耗、浪费和碳排放、促进企业间长期稳定的发展，践行可持续发展承诺并提高运营竞争力，推动新经济绿色低碳循环发展和数字技术赋能生产生活方式的绿色转型。

（一）碳中和

随着行业发展水平不断提升，石化行业高能耗、高投入、高排放的粗放型发展模式未根本改变。石化行业作为我国六大高耗能行业中的重点行业，其能源消费和碳排放量位居前列，对能否实现节能减碳目标具有较大影响。

数字化技术对于助力石化行业能源源头控碳、过程减碳和末端汇碳起到了重要作用。大型油田、炼厂以及加油站的节能改造都离不开数字化技术和智能技术的助力，例如通过人工智能技术深度学习进行生产装置的工况调优；而新能源的生产、利用同样需要数字化技术作为支撑。在新形势与新要求下，推动石化行业从粗放发展向智能、绿色和高质量发展转变，全面提升绿色低碳发展水平已成为行业发展的重点任务之一。绿色低碳的发展方向如图5-2-5所示。

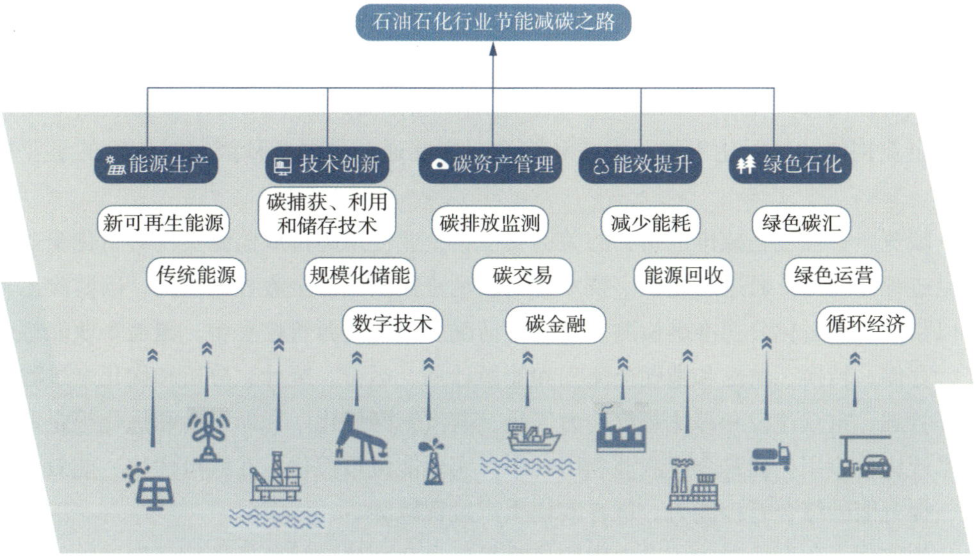

图5-2-5　绿色低碳的发展方向

化石燃料燃烧和制氢是石化产业最主要的碳排放来源，以低碳电力替代高碳电力和化石燃料，以绿氢替代灰氢。统筹安全运行和经济可行，加大技术改造力度，推进加热炉、油井钻等装置用低碳电力替代，减少煤炭、燃料油、天然气等化石燃料使用，增加绿电绿热使用。从近期来看，石化行业将在能源生产环节逐渐加大可再生新能源的开发利用，实现可再生新能源与传统能源共存的局面。从长远来看，石化行业的目标是用可再生新能源完全取代传统能源。IDC数据显示，2020年全球可再生能源占发电量的29%。其中，太阳能和风能是最大的贡献者，石化企业应以风能和太阳能为重点发展清洁能源，初期可以使用可再生能源为生产过程提供部分动力，达到碳中和时实现生产过程中所有能源消耗均来自可再生新能源。

石化企业应针对新能源设备设施点多面广的特点，建立新能源设备台账（位置、装机容量、设备数量等），全面详细掌握企业新能源的开发情况；对于新能源开发设备，需建设新能源运营分析应用，对设备投运、发电量、自用电量、上网电量及弃电量等情况进行监测、统计和分析，为企业碳中和路线图中能源结构调整的提供碳中和趋势预测和碳中和效果评价数据支撑。

炼化加工阶段排放的大量温室气体，其中化石燃料燃烧、气体泄漏与排放、炼化厂的热力系统耗能是主要排放原因。炼化加工过程需要消耗能源，包括使用炼制过程的副产品作燃料，以及外购天然气、煤炭、电力，炼厂消耗的这些能源直接或间接产生碳排放。

几乎所有减碳领域的技术都需要以数字化技术实现监控和集成耦合。在生产营运优化方面，企业需推动生产过程数据挖掘，以此实现生产工艺、质量、效率、能耗全方位优化；在安全生产管控方面，应结合实时数据、检测系统、业务系统等，通过大数据、人工智能技术，实现生产过程中的危险源检测、工艺实时告警、场景态势感知、风险预测等安全生产控制；在工业基础环境方面，基于5G技术和物联网应用，推进企业构建油气、化工能源设备和终端互联互通、数据毫秒级实时传输的工业物联网。

碳资产管理也是减排道路上的关键支柱，企业使用碳排放监测实现对石化企业的碳足迹统计分析，通过运用数字技术检测碳足迹在供应链全流程的使用，碳监测工具可以帮助石油石化公司准确检测其碳排放情况。建立能源管控平台，覆盖企业能源生产、存储、转换、输送和消耗全流程和能源计划、运行、统计、分析和优化全过程的闭环管理，重点建设和深化蒸汽动力优化、蒸汽管网优化、瓦斯平衡和优化等企业能源系统优化应用，提升企业能源利用效率，实现能流可视化、在线可优化、能效最大化，提升能碳综合管控能力，最终实现生产过程减碳。

为实现石化行业2060年碳中和的战略目标，全面建设绿色低碳循环发展的经济体系和清洁低碳安全高效的能源体系，CCUS、绿色碳汇等末端汇碳技术及相关信息化技术的升级和突破将成为石化行业实现“碳中和”企业绿色可持续发展的重要路径策略。

CCUS技术是负碳技术的主要构成部分，包括在采掘、钢铁、石化等工业流程中的碳捕获，以及对大气中二氧化碳的直接捕获。被捕集的二氧化碳还可能在工业生产中被重新利用。例如CO_2加氢制航煤技术，当前世界各国均在开发基于CO_2捕集技术的CO_2综合利用技术，CO_2加氢可以获得具有更高经济价值的多碳有机化合物，其中CO_2加氢直接制备喷气燃料是一项颠覆性战略技术；而绿色汇碳技术一般是指从空气中清除二氧化碳的过程、活动、机制。它主要是指森林吸收并储存二氧化碳的多少，或者说是森林吸收并储存二氧化碳的能力。简单说就是捐资造林，使企业出资培育的森林消除因工作、生活而排放的二氧化碳。绿色碳汇在石化减碳方面发挥了重要作用。石化企业在生产经营的同时，注重植树造林和生态恢复。通过在陆地上积极参与植树造林、建设绿色油田，在海上利用闲置水域种植绿藻等方法实现绿色碳汇，抵消一部分碳排放。石化企业建设的“碳中和林”正在全国各地兴起。

（二）可信互信系统

可持续发展的环境因素非常重要，但它们并非唯一重要的问题。企业必须让信任成为其商业模式和竞争优势的基本要素。在多方系统中，数据不再仅仅是“信息”，而可以作为指令、身份认证，甚至强制措施加以应用。多方系统有权规定数据共享范围、数据使用方法，以及在违反这些条款时撤销用户权限。其基于“去信任化”原理，无须第三方参与即可保护用户隐私并建立信任。

在可持续发展模式下，数字化新技术同样在公司治理方面帮助企业构建可持续发展能力。例如区块链在合同管理方面，通过利用“智能合约”使得合约生效的条件和执行全部智能化，确保企业和关联合作企业长期稳固地发展管理；在标准化采购方面，区块链可以保留所有历史采购数据的记录，包括时间、可交付成果、定价和评估等，保障每一次采购记录完整性，帮助企业开展审计监察等工作，规避公司治理中时常发生的信息被篡改以及行为不可预测的风险。

（三）长效治理机制

在石化企业评估软件的工作原理和使用方法时，可持续发展实践仍然只是后置的补充想法。企业需要做的是积极主动地制定双擎战略，在新技术开发或采用时就考虑可持续因素，规避可能带来的负面效应。做到这点的关键在于，实现技术的可持续发展需建立明确的治理结构，定义相关原则、做法和衡量标准，以消除惰性以及相互冲突的重点事项，并由高层牵头，在整个企业中开展全员培训来予以支持。

企业需在不同业务部门的协作推动下，培育责任文化。例如，战略和营销主管应负责评估品牌和声誉风险；合规和法律团队必须确立合乎道德的程序性原则；而人力资源部门则需对员工进行再培训，并将风险降至最低。

量子技术同样为未来企业数字化技术驱动的可持续性提供了创新机会，例如量子计算可以优化工业中的许多复杂问题。量子计算提供了更准确的模拟自然和化学的能力，通过量子化学计算来发现新材料，提升对于其他污染源的碳捕获能力；量子计算也将成为未来计算的支柱，帮助优化问题和供应链分析，加快石油产品的生产和分销。

第三节 未来石化企业

近年来，随着大数据的积聚、理论算法的革新、计算能力的提升，人工智能进入迅猛发展阶段，已经成为全球最为活跃的创新领域。伴随着信息技术的不断发展，人工智能与产业深度融合，石化企业的数字化转型将经历信息化到数字化再到如今的数字化和智能化的深层次结合的阶段。

在石化企业不断将数字化和智能化深入结合后，意识到未来石化生产产业链的发展目标是将新一代信息技术与石化生产过程的资源、工艺、设备和环境以及人的制造活动进行深度融合，实现工厂横向、纵向和端到端的高度集成，提升全面感知、预测预警、协同优化、智能决策的四项关键能力，以更加精细和灵活的方式提高工厂运营管理水平；同时为了构建一个以泛在感知和泛在智能服务为特征的新一代石化生产环境，实现企业、人、设备、服务间的互联互通，构建以工业化和新一代信息技术深度融合为基础的绿色、高效、安全和可持续的石化产业。

达成未来石化产业发展目标需要经过五个阶段路径，分别是集中集成、局部智能、互联智能、协同智能和认知智能。当前大多数石化企业处于发展阶段的1.0集中集成阶段和2.0局部智能阶段。中国石化作为石化行业中的数字化转型先进企业，目前已经处于3.0互联智能阶段。

为了到达协同智能和认知智能阶段，石化企业应以自适应和自感知、数字孪生以及区块链技术，打通企业上下人、机、物、系统的无缝链接，驱动企业经营管理、业务流程场景的革新，促进了生产力和生产关系的变革，未来石化企业将多维度全方面地实现智能化和数字化的结合运用，打造以智能油田、智能炼厂、智能加油站为代表的石化产业链。基于数据、知识双驱动，在自感知、自学习、自决策、自执行等智能化基础上，实现石化企业高度自主运行，达到企业智能化的升级转变，如图5-2-6所示。

智能油气田是油田数字化建设的发展理念之一，通过综合利用5G、物联网等信息技术，将生产现场采集到的相关数据与信息实时上传到服务器平台，达成对生产现场各类情况的智能化感知、跟踪与监测；通过利用大数据以及云计算技术，对采集的大量数据开展智能处理与分析，并形成生产、管理以及决策的优化模型，从而对油气田的勘探、生产全过程进行监测、预警、预测、管理、决策等。

智能炼厂是将信息技术和石化工艺技术深度融合，以工艺、装置为核心，推动设计、生产、物流、销售与服务等业务环节的数字化转型和智能化提升。以数据和模型为驱动，实现装置的预知性维修和智能控制系统，提升资源高效利用、生产操控优化、设备运行可靠、安全环保低碳能力。

未来炼化企业将专业工艺技术与人工智能、大数据、工业互联网等数字化技术结合，构建各类机理模型、资产模型、工业大数据等，对成套的技术进行软件化封装同步至工业互联网平台，形成工程建设的数字化交付，形成炼化虚实映射，在虚拟空间中模拟生产设备全生命周期和生产全过程，通过虚拟空间模拟参数结果指导调整加工路线、操作参数、资源消耗、设备负荷等，为炼厂生产赋智、赋能。

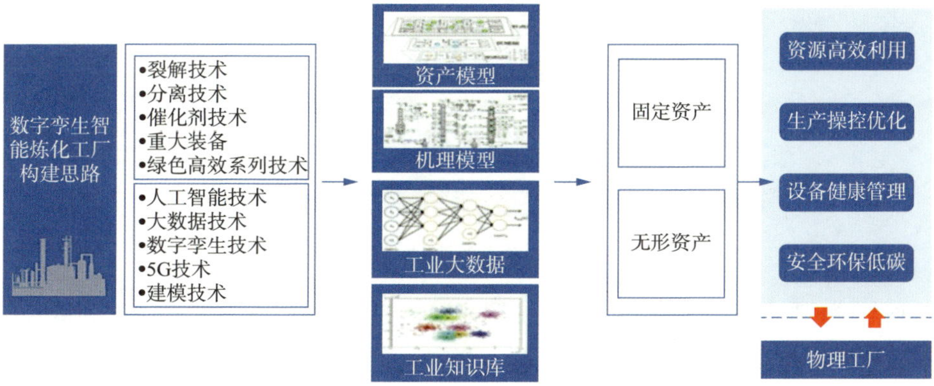

图5-3-1 石油化工全产业链一体化

未来加油站将着重围绕以客户为中心的全价值链提质升级，油品销售逐步拓展与加油站强协同的便利店、汽车服务和生活服务，并外延至其他高盈利业务，通过发展以零售、汽车、金融三种业态为核心的生态体系，基于历史数据以及相关市场参数，结合大数据技术构建客户画像以形成加油站精准营销，逐步实现从商业模式和运营模式两方面进行积极的战略转型和全方位变革，打造“人·车·生活”高价值生态圈，如图5-2-7所示。

未来石化企业对组织架构需要五大特点：敏捷可重构、协同可创新、分部可集中、生态可集成和智能可演进。组织能够对市场环境的变化如经济变化、技术变化、客户变化、需求变化等迅速整合资源并做出快速反应。不同部门之间要打破孤岛，实现无缝的协同工作，并针对共同的目标，实现数字化转型最佳实践的快速扩展复制。企业员工可以跨部门跨区域协同工作，集中执行企业目标及任务，能够适应市场短、中、长期变化。要能够充分利用生态系统合作伙伴，通过共享数据、共享洞察、共享应用探索新模式，实现新价值。通过打造数据文化、整合信息的能力、不断学习的能力、交付规模化能洞察的能力实现数据驱动的智能决策，并可以不断演进。

通过知识驱动的资源优化与自主决策、大数据驱动的企业生产智慧管理、生产过程多维度智能建模，实现生产与经营全过程信息智能感知与集成、知识驱动的生产过

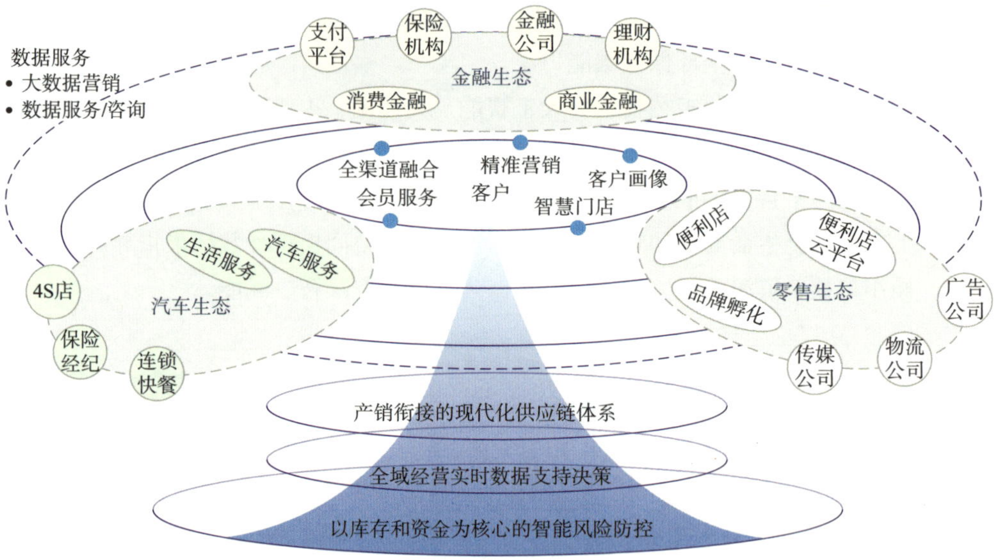

图5-3-2 “人·车·生活”生态圈新零售模式

程计划与管理决策、人机物协同的全流程协同控制与优化，实现自动感知和运营，使员工根据形势和环境敏感的目标来控制、调节和配置资源及生产步骤，减少重复性工作，专注于创新性和高附加值的活动。利用物联网技术和设备监控技术加强信息管理和服务，清晰掌握产销流程，从整个石油石化价值链出发，整合人、流程和技术，实现上中下游产业资源配置优化以及设备、能源、生产、销售的全生命周期管理，打通采—产—供—储—运—销整个供应链，实现全价值链优化，不断打破、重塑企业的边界，促使企业由数字化企业全面升级为智慧化企业。未来智慧石化产业构成见图5-2-8。

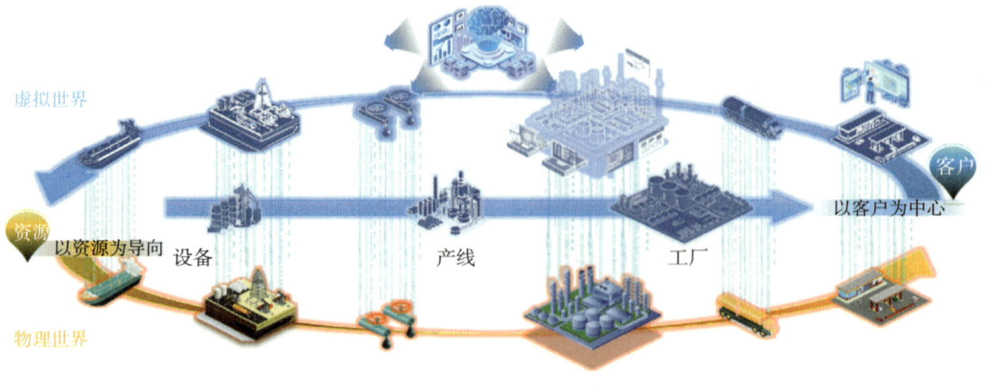

图5-3-3 未来智慧石化产业

高质量创新发展是未来中国经济的主旋律，未来石化企业需要坚定走中国特色数字化转型道路。中国两化深度融合战略的重要目标就是构建以需求牵引新制造体系，数字化带来消费者决策体系的重构，新的消费群体、消费理念和消费行业正在发生剧烈改变。未来消费将更加个性化、实时化、场景化、内容化、互动化，供应端能否符合需求变化是企业面临的重大挑战。高度发展的消费互联网与不断创新的工业互联网的结合，把需求侧的不确定性变为产业端的确定性，利用数字化信息齿轮运转后，拉动研发、生产、物流、配送、营销每一个齿轮，整个精密的体系高速运转，将需求不确定转化为供给的确定性。当消费端高度数字化，数字化能力将会不断向后端传递，推动需求对供给的精准定义与匹配，当供给呈现碎片化，无法满足需求的多样性时，动力迁移受阻，部分齿轮就不能紧密咬合转动，暴露生产端的问题，找到转型方向和目标；同时增强了数据原生思维，通过“数字+算法”提高精准、高效、科学决策能力，从接单、计划排产、工艺方案、生产管理、质量控制到发货的全流程数字交付；最终与持续变化的需求齿轮完美咬合倒逼带动企业组织管理模式迭代重构。

现实世界因为一个个智能环境的形成而更为鲜活，每个智能环境又都自成一体。如今石油化工行业经由了智能开采、智慧炼化和数字化销售分析等小范围的数字智能互联环境；未来，随着数字技术的不断进步，企业将看到规模更大的智能生产工厂、企业和行业，以数字空间的全连接将为工业生产带来更多的数据动能，有效驱动生产制造技术和现有模式的变革与突破，以“工业元宇宙”为标志，打造高度工业4.0化的具备预测、预警、自适应功能的未来智慧型企业，实现企业间互联互通，并且与产业链、上下游的横向集成形成石化产业集群。不断出现的创新技术将会引领我们走向基于虚实共生构建的元宇宙生态，各种行业内工厂、企业及客户可以在内部虚拟环境中构建生产和运营场景，并依此展开相互之间的协作、交流以及学习，构建企业生产、运营和商业的全新时代。

参考文献

［1］吕廷杰，王元杰，迟永生，等.信息技术简史［M］.北京：电子工业出版社，2022.

［2］国务院.“十四五”数字经济发展规划［EB/OL］.（2022. 03. 25）https：//www. ndrc. gov. cn/fggz/fzzlgh/gjjzxgh/202203/t20220325_1320207. html

［3］中国数字经济百人会.全球产业数字化转型趋势及方向研判［R］. 2019.

［4］国务院. 中国制造2025［EB/OL］.（2015–05–19）. http：//www. gov. cn/zhengce/content/2015–05/19/content_9784. htm

［5］Lin SW，Miller B，Durand J，Joshi R，Didier P，Chigani A，et al. Industrial Internet Reference Architecture. Milford：Industrial Internet Consortium（IIC）；2019 Jun 19.［EB/OL］https：//www. iiconsortium. org/pdf/IIRA–v1. 9. pdf

［6］Lu Y，Morris KC，Frechette S. Current standards landscape for smart manufacturing systems. Technical paper. Gaithersburg：National Institute of Standards and Technology；2016.

［7］日本经产省. 日本制造业白皮书［R］. 2018

［8］ISO/TC184 Automation systems and integration. available online. https：//www. iso. org/committee/54110. html

［9］World Economic Forum. Digital Transformation Initiative［R］. 2017.

［10］中国信息通信研究院. 全球数字经济白皮书（2022年）［R］. 2022.

［11］中国网络空间研究院. 世界互联网发展报告2022［R］. 2022.

［12］中国共产党第十九届中央委员会第五次全体会议公报［EB/OL］.（2020. 10. 29）http：//www. gov. cn/xinwen/2020–10/29/content_5555877. htm

［13］国务院. 中华人民共和国国民经济和社会发展第十四个五年规划和2035年远景目标纲要［EB/OL］. 2021.

［14］第十三届全国人民代表大会第五次会议. 2022年政府工作报告［EB/OL］.（2022–03–5）http：//www. gov. cn/zhuanti/2022lhzfgzbg/index. htm

［15］韩鑫. 以智能制造为主攻方向 推动产业技术变革和优化升级（新时代画卷）［N］. 人民日报. 2022.

［16］国务院. 关于加快建设全国统一大市场的意见［EB/OL］. 2022.

［17］赛迪顾问. 2022中国数字经济发展研究报告［R］. 2022. 11.

［18］北京大学平台经济创新与治理课题组，黄益平. 平台经济：创新、治理与繁荣［M］. 北京：中信出版集团，2022.

[19] 宋爽. 数字经济概论 [M]. 天津：天津大学出版社. 2021.
[20] 赵立斌，张莉莉. 数字经济概论 [M]. 北京：科学出版社. 2020.
[21] 张静. 数字经济助力双循环新发展格局的现实困境与创新路径 [J]. 西南金融，2022（6）：12.
[22] 郝鹏. 充分发挥国有经济战略支撑作用 [J]. 军工文化，2021（3）：20-23.
[23] 钱锋，杜文莉，钟伟民，等. 石油和化工行业智能优化制造若干问题及挑战 [J]. 自动化学报，2017，43（6）：894-901.
[24] 麦肯锡. 破局“十四五”：高质量发展铸就世界一流的中国企业 [R]. 2020
[25] 刘宇. 加快建设世界一流企业 [N]. 人民日报. 2022
[26] 中能传媒研究院. 2022年石化行业形势分析与展望 [OL]. 2022.
[27] 中国石油和化工行业国际产能合作企业联盟. 中国石化行业发展现状、面临形式以及应对策略 [OL]. 2019.
[28] 门相勇，王陆新，王越，娄钰，郭威. 新时代我国油气勘探开发战略格局与2035年展望 [J]. 中国石油勘探，2021，26（03）：1-8.
[29] 范媛媛，我国石化产业发展趋势初探 [OL].（2021-03-23）.
[30] 习近平. 在第七十五届联合国大会一般性辩论上的讲话 [EB/OL]. 中华人民共和国国务院公报，2020（28）：3.
[31] 习近平. 中国共产党第二十次全国代表大会 [EB/OL]. 中华人民共和国国务院公报，2022.
[32] IEA. 全球能源展望2022 [R]. 2021.
[33] 麦肯锡. 中国加速迈向碳中和”油气篇：油气行业碳减排路径 [R]. 2021.
[34] 国家发改委能源研究所. 2020年中国可再生能源展望报告 [R]. 2021.
[35] 工信部. 关于“十四五”推动石化化工行业高质量发展的指导意见 [EB/OL]. 2021
[36] Marina V. Shinkevich，Nikolay A. Mashkin，Izida I. Ishmuradova，Valeria V. Kolosova，Olga V. Popova. Management of Sustainable Consumption of Energy Resources in the Conditions of Digital Transformation of the Industrial Complex [J]. International Journal of Energy Economics and Policy
[37] Daniel Newman. Accelerating Digital Transformation in the Chemicals Industry [J]. Futurum 2017
[38] 匡立春，刘合，任义丽，罗凯，史洺宇，苏健，李欣. 人工智能在石油勘探开发领域的应用现状与发展趋势 [J]. 石油勘探与开发，2021，48（01）：1-11.
[39] 朱琳. 试析美国成品油零售市场以及中国成品油销售企业的转型发展 [J]. 化工管理，2020（17）：13-14.
[40] Marco Savastano，Carlo Amendola，Francesco Bellini and Fabrizio D’Ascenzo. Contextual Impacts on Industrial Processes Brought by the Digital Transformation of Manufacturing：A Systematic Review [J]. Sustainability 2019，11，891

[41] Daneeva Yu，Daneev O，Glebova A，Zvonova E. Digital Transformation of Oil and Gas Companies：Energy Transition [J]. Advances in Economics，Business and Management Research，volume 148

[42] 马克思. 资本论：第1卷 [M]. 北京：人民出版社，2004.

[43] 马克思恩格斯选集：第4卷 [M]. 北京：人民出版社，1995：2.

[44] 马克思恩格斯选集：第2卷 [M]. 北京：人民出版社，1995.

[45] 龚晓莺，杨柔. 数字经济发展的理论逻辑与现实路径研究 [J]. 当代经济研究，2021（01）：17–25+112.

[46] 包大为，吴行. 数字化的历史唯物主义内涵 [J]. 治理研究，2021，37（06）：112–121. DOI：10. 15944/j. cnki. 33–1010/d. 2021. 06. 010.

[47] 张源. 新一轮科技革命如何影响社会生产力——基于马克思主义的视角 [J]. 中央社会主义学院学报，2020（01）：72–83.

[48] 韩文龙. 数字经济赋能经济高质量发展的政治经济学分析 [J]. 中国社会科学院研究生院学报，2021（02）：98–108.

[49] 李晓华，王怡帆. 数据价值链与价值创造机制研究 [J]. 经济纵横，2020（11）：54–62+2. DOI：10. 16528/j. cnki. 22–1054/f. 202011054.

[50] 戚聿东，刘欢欢. 数字经济下数据的生产要素属性及其市场化配置机制研究 [J]. 经济纵横，2020（11）：63–76+2. DOI：10. 16528/j. cnki. 22–1054/f. 202011063.

[51] 余斌."数字劳动"与"数字资本"的政治经济学分析 [J]. 马克思主义研究，2021（05）：77–86+152.

[52] Nicholas Negroponte. Being digital [M]. Knopf. 1996.

[53] George Westerman，Didier Bonnet，Andrew McAfee. Leading Digital：Turning Technology into Business Transformation [M]. 2014.

[54] 2006—2020年国家信息化发展战略 [J]. 农业工程技术，2016，36（18）：15–21. DOI：10. 16815/j. cnki. 11–5436/s. 2016. 18. 002.

[55] 吴江，陈婷，龚艺巍，杨亚璇. 企业数字化转型理论框架和研究展望 [J]. 管理学报，2021，18（12）：1871–1880.

[56] 严子淳，李欣，王伟楠. 数字化转型研究：演化和未来展望 [J]. 科研管理，2021，42（04）：21–34. DOI：10. 19571/j. cnki. 1000–2995. 2021. 04. 003.

[57] Paul Leinwand and Mahadeva Matt Mani. Digitizing Isn't the Same as Digital Transformation [J]. Harvard Business Review. 2021.

[58] Kristin Vogelsang，Kirsten Liere–Netheler，Sven Packmohr & Uwe Hoppe. Success factors for fostering a digital transformation in manufacturing companies [J]. JOURNAL OF ENTERPRISE TRANSFORMATION 2018，VOL. 8，NOS. 1–2，121–142

[59] Dominik Bilgeri，Felix Wortmann. How Digital Transformation Affects Large Manufacturing Companies' Organization [J]. IoT Organization of Large

Manufacturing Companies
[60] 陈悦，黄萍. 把握新形势加快石油石化行业数字化转型 [J]，数字化战略，2021，2：32–36
[61] 国务院发展研究中心. 传统产业数字化转型的模式和路径 [R]. 2018.
[62] 中国信息通信研究院，中国数字经济发展白皮书 [R]. 2021. 4.
[63] 中国信息通信研究院，全球数字经济白皮书 [R]. 2021. 8.
[64] 麦肯锡. 中国的数字化转型：互联网对生产力与增长的影响 [R]. 2014. 7.
[65] Hung LeHong，Chris Howard. Building a Digital Business Technology Platform [R]. 2018. 2
[66] 微软. 变革之年：2020年数字化转型趋势 [R]. 2021. 5.
[67] 华为. 行业数字化转型方法论 [R]. 2019. 3.
[68] 西门子. 明晰路径推动企业数字化转型 [R]. 2020. 5.
[69] 中田墩. 变革：制造业巨头GE的数字化转型之路[M]. 北京：机械工业出版社，2018.
[70] 通用电气公司. 工业互联网打破智慧与机器的边界[M]. 北京：机械工业出版社. 2015.
[71] Didier Bonnet. 3 Stages of a Successful Digital Transformation [J]. Harvard Business Review. 2022.
[72] Greg Satell，Andrea Kates，and Todd McLees. 4 Principles to Guide Your Digital Transformation [J]. Harvard Business Review. 2021.
[73] Subramaniam M. The future of competitive strategy：Unleashing the power of data and digital ecosystems [M]. MIT Press，2022.
[74] Westerman G ，Soule D L，Eswaran A . Building Digital–Ready Culture in Traditional Organizations [J]. MIT Sloan Management Review，2019，60（4）：59–68.
[75] THUMEERA R. WANASINGHE，TRUNG TRINH，TRUNG NGUYEN，RAYMOND G. GOSINE，LESLEY ANNE JAMES，AND PETER J. WARRIAN. Human Centric Digital Transformation and Operator 4. 0 for the Oil and Gas Industry [J]. IEEE Access 2021
[76] Shubham Parsoyaa，Dr. Asif Perwej. Significance of Technology and Digital Transformation in Shaping the Future of Oil and Gas Industry [J]. Turkish Journal of Computer and Mathematics Education Vol. 12 No. 3（2021），3345–3352
[77] 迈克尔·波特，詹姆斯·贺普曼. 物联网时代的企业竞争战略 [M]. 2014.
[78] T/AIITRE 10001—2020数字化转型参考架构[S]. 北京：中国标准出版社. 2020
[79] Prophet. The 2021 State of Digital Transformation [R]. 2021.
[80] Marshall W. Van Alstyne and Geoffrey G. Parker. Digital Transformation Changes How Companies Create Value [J]. Harvard Business Review. 2021.

[81] Stephanie L. Woerner，Peter Weill，Ina M. Sebastian. Future Ready：The Four Pathways to Capturing Digital Value [M]. 2020.
[82] 亿信华辰. 乌卡时代价值飞轮驱动企业创新发展 [OL]. https：//www. esensoft. com/industry–news/dx–16680. html. 2022.
[83] 黄陈宏. 乘势数字经济推动数字化转型向前发展 [J]. 2021.
[84] 波士顿咨询. 数字化战略”五行”图 [R]. 2019.
[85] 陈劲，杨文池，于飞. 数字化转型中的生态协同创新战略——基于华为企业业务集团（EBG）中国区的战略研讨 [J]. 清华管理评论，2019（06）：22–26.
[86] 东西智库. 先进制造业真相：多种新兴技术的集群式创新、融合与突破 [R]. 2022.
[87] 洪学海，蔡迪. 面向“互联网+”的OT与IT融合发展研究 [J]. 中国工程科学，2020，22（04）：18–23.
[88] 华为公司数据管理部. 华为数据治理之道 [M]. 机械工业出版社. 2020.
[89] 计算机科学技术名词审定委员会. 计算机科学技术名词第三版 [M]. 科学出版社. 2019
[90] 蔡宁伟. 社会形态决定组织形态？——基于组织形态的变迁、特征与价值的思考 [J]. 清华管理评论，2021（Z1）：30–37.
[91] 丽塔·麦克格兰斯. 瞬时竞争力：快经济时代的6大制胜战略 [M]. 2018.
[92] Hinchcliffe D，Kim P. Social business by design：Transformative social media strategies for the connected company [M]. John Wiley & Sons，2012.
[93] 中国信通研究院. 2021年企业数字化治理应用发展报告 [R]. 2021
[94] 北京大学. 2021中国数字企业白皮书——四年（2018–2021）对标篇 [R]. 2021
[95] 陈煜波，马晔风. 数字人才——中国经济数字化转型的核心驱动力 [J]. 清华管理评论，2018（1）：11.
[96] 蒋慕东，仇新明. 美国产学研合作人才培养模式对我国职业院校人才培养的启示 [J]. 中国职业技术教育，2022（06）：91–96.
[97] 王勇，谢晨颖.“数字化文化”——企业数字化转型的土壤 [J]. 2022.
[98] 阳银娟，陈劲. 数字化转型如何重塑企业创新优势？[J]. 2021. 10
[99] Piter M. Senge. The Fifth Discipline the art & practice of the learning organization [M]. 1990.
[100] 邹才能，潘松圻，赵群. 论中国“能源独立”战略的内涵、挑战及意义 [J]. 石油勘探与开发，2020，47（2）：416–426.
[101] 余皎. 大变局下中国能源化工产业“十四五”发展前瞻 [J]. 当代石油石化，2021，29（01）：8–16.
[102] 中俄能源商务论坛. 中俄能源合作投资指南（中国部分）[R]. 2022
[103] 贺艳. 打通双循环堵点加快构建新发展格局 [N]. 经济日报. 2020.
[104] 赵秀娟. 石油的信息时代 [N]. 中国石油企业. 2014.

［105］壳牌. 发展官网［OL］.（2022-10-25）［2022-10-25］. https：//www. shell. com.

［106］壳牌. 2021年年度报告［R］. 2021.

［107］壳牌发展战略及经营趋势研究［OL］. 澎湃要闻. 2022

［108］壳牌：尼日利亚深水项目已经生产出8亿桶石油［OL］. 国际石油网. 2019

［109］壳牌、C3 AI、贝克休斯与微软联合推出“开放式人工智能能源计划”，协力打造推动能源行业转型的AI解决方案生态系统［OL］. 美国商业资讯（Business Wire China）. 2021.

［110］李小松. 国际石油公司数字化转型“特征”与“启示”［N］. 中国石油报. 2022-05-17（008）.

［111］埃克森美孚. 2021年年度报告［R］.

［112］Exxon-Mobile Corporation. Molecular management starts with a fingerprint［J］. The Lamp，2006，189：11-12

［113］中国新闻网. 美孚优释达服务数字化升级：物联网技术助力工业数字化转型［N/OL］.（2020-09-24）［2022-10-25］. https：//k. sina. com. cn/article_1784473157_6a5ce6450200201mq. html

［114］埃克森美孚携手微软“共赢”页岩领域［OL］. 中国石油新闻中心

［115］技术“扎根”油气业［OL］. 中国石油新闻中心

［116］BP. Performing while transforming［R］. 2021.

［117］Chevron. 2021 annual report：accelerating progress［R］. 2021.

［118］吕建中，杨虹，孙乃达. 全球能源转型背景下的油气行业技术创新管理新动向［J］. 石油科技论坛，2019.

［119］Saudi Arabian Oil Company. Saudi Aramco Annual Report 2021：Energy security for a sustainable world［R］. 2021.

［120］“2021年全球化工企业50强”名单［J］. 化学与新闻周刊. 2022.

［121］巴斯夫. 2021年年度报告［R］. 2021.

［122］巴斯夫. 组织架构［OL］.（2022-10-25）［2022-10-25］. https：//www. basf. com/cn/zh/who-we-are/organization. html

［123］流程工业网. 巴斯夫和曼恩能源合作在路德维希港建造世界最大的热泵装置［N/OL］.（2022-07-08）［2022-10-25］. https：//chem. vogel. com. cn/c1200540. shtml

［124］陶氏化学. 2021年年度报告. 2021.

［125］中国石油. 战略布局篇｜转型发展：构建核心竞争力［N］. 中国石油报. 2020.

［126］刘希俭. 中国石油信息化管理［M］. 北京：石油工业出版社，2008.

［127］中国石化. 2021年年度报告. 2021.

［128］凌逸群. 炼化结构绿色低碳转型［M］. 北京. 中国石化出版社. 2022.

［129］张玉卓. 以数字化转型促进能源化工产业高质量发展［J］. 中国产经，2021（1）：3.

［130］华为，中国石化. 石化智云打造“不一样”的智能工厂［R］. 2016.

[131] 中国石油. 2021年年度报告 [R]. 2021.
[132] 东方物探打造超大型地震数据处理解释一体化软件GeoEast纪略 [N]. 中国石油新闻中心. 2021
[133] 中国海油. 构建四大竞争力全面深化“国企改革三年行动”[OL]. 中国海洋石油集团有限公司
[134] 王璐，梁倩. 向全面建成海上智能油田冲刺 ——中国海油的数智化探索 [N]. 经济参考报
[135] 中国海油首批智能工厂数字化转型示范建设试点项目之一的“智能电厂试点项目”完成线上验收 [OL]. 中国石油石化企业信息技术大会
[136] 3年破万亿！中国海油数智化营销加速度 [OL]. 澎湃
[137] 恒力集团. 2021年年度报告 [R]. 2021.
[138] 恒力集团. 石化 [OL].(2022–10–25 [2022–10–25]. https：//www. hengli. com/ index/industry_brand/project/cat_id/16
[139] 恒力集团三车间获评“江苏省智能制造示范车间”[N]. 恒力报
[140] 制造业质量管理数字化实施指南（试行）[J]. 自动化博览，2022，39（3）：4
[141] 埃森哲. 中国企业数字化转型指数—数字化转型：可持续的进化历程 [R]. 2022.
[142] 石化盈科&IDC守正出奇开拓创新–能源化工数字化转型实践与启示 [R]. 2021.
[143] McKinsey，World Economic Forum. The Global Lighthouse Network Playbook for Responsible Industry Transformation [R]. 2022.
[144] 霍尼韦尔. 未来炼厂白皮书——六大关键能效分析 [R}. 2021.
[145] 全国信息技术标准化技术委员会大数据标准工作组，中国电子技术标准化研究院. 企业数字化转型白皮书 [R]. 2021.
[146] GB/T 23011–2022. 信息化和工业化融合 数字化转型价值效益参考模型 [S]. 2022.
[147] 周剑，陈杰，金菊登等. 数字化转型架构与方法 [M]. 清华大学出版社. 2019
[148] 华为企业架构与变革管理部. 华为数字化转型之道 [M]. 机械工业出版社. 2022.
[149] 吉峰，贾学迪，程贵晴. 智能制造能力成熟度研究综述 [J]. 现代工业经济和信息化，2021，11（06）：1–4+49.
[150] 炼化企业如何畅通后路保生产？[DB/CD]. 2020
[151] 刘冰. 油气田地面工程建设施工现状及其管理重点分析 [J]. 全面腐蚀控制，2022，36（03）：76–78. DOI：10. 13726/j. cnki. 11–2706/tq. 2022. 03. 076. 03.
[152] 俞金寿，刘爱伦，张克进. 软测量技术及其在石油化工中的应用 [M]. 北京：化学工业出版社，2000.
[153] 赵恒平. 中国石化先进过程控制应用现状 [J]. 化工进展，2015，34（04）：930–934.
[154] 王建平，王乐. 流程工业生产过程优化技术发展趋势探讨 [J]. 中外能源，

2021，26（04）：61-68.

［155］苏耀东，刘鉴徵. 乙烯裂解深度先进控制在齐鲁石化中的应用［J］. 石油化工自动化，2019，55（01）：45-48

［156］李全善，王堃，朱连勋，陈平. 全流程智能控制在国产化乙烯装置上的应用［J］. 石油石化绿色低碳，2018，3（05）：6-10.

［157］杨志. 乙烯装置全流程多模型智能控制技术改造分析［J］. 设备管理与维修，2019（12）：136-137.

［158］招商银行研究院."降油增化"趋势下的全面过剩危机［R］. 2022.

［159］石化盈科. 数字化转型智造未来——石化行业数字化转型白皮书［R］. 2021.

［160］国家智能制造标准体系建设指南（征求意见稿）［S］. 2021

［161］王子宗，高立兵，索寒生. 未来石化智能工厂顶层设计：现状、对比及展望［J］. 化工进展，2022，41（07）：3387-3401. DOI：10. 16085/j. issn. 1000-6613. 2022-0306.

［162］Joel Sansana，Mark N. Joswiak，Ivan Castillo，et al. Recent trends on hybrid modeling for Industry 4. 0［J］. Computers and Chemical Engineering 151（2021）107365. https：//doi. org/10. 1016/j. compchemeng. 2021. 107365

［163］张梦轩，刘洪辰，王敏，等. 化工过程的智能混合建模方法及应用［J］. 化工进展，2021，40（4）：1765-1776.

［164］World Economic Forum. The Global Lighthouse Network Playbook for Responsible Industry［W］，2022. 3［EB/OL］—世界经济论坛

［165］赛智时代赵刚：灯塔工厂—工业数字化转型的标杆［OL］.（2022-07-14）［2022-10-25］. https：//www. sohu. com/a/567355997_100018121

［166］麦肯锡. "智"胜未来：中国流程行业的智能化挑战与机遇［R］. 2021.

［167］埃森哲. 技术推动可持续：双擎驱动，价值融合［R］. 2022.

［168］IDC. 未来企业规划指南：为下一场颠覆与重构做好准备［R］. 2022.

［169］褚健. 流程工业智能工厂的未来发展［J］. 科技导报，2018，36（21）：23-29.

［170］刘强. 智能制造理论体系架构研究［J］. 中国机械工程，2020，31（1）：24-36.

［171］工信部. 虚拟现实与行业应用融合发展行动计划（2022—2026年）［EB/OL］.（2022-11-2）

［172］工信部. 5G全连接工厂建设指南［EB/OL］.（2022-09-26）

［173］工信部. 物联网新型基础设施建设三年行动计划（2021—2023年）［EB/OL］.（2021-09-30）

［174］工信部."十四五"工业绿色发展规划［EB/OL］.（2021-12-03）

［175］工信部. 5G应用"扬帆"行动计划（2021-2023年）［EB/OL］.（2021-07-12）

［176］工信部. 新型数据中心发展三年行动计划（2021-2023年）［EB/OL］.（2021-07-14）

［177］国家发改委. 全国一体化大数据中心协同创新体系算力枢纽实施方案［EB/OL］.（2021-05-24）

[178] 工信部. 工业能效提升行动计划[EB/OL].(2022-06-23)
[179] 工信部. 石化行业智能制造标准体系建设指南(2022版)[EB/OL].(2022-11-04)
[180] 发改委. 石化化工重点行业严格能效约束推动节能降碳行动方案(2021-2025年)[EB/OL].(2022-11-04)
[181] 发改委. 能源领域5G应用实施方案[EB/OL].(2021-06-07)
[182] 海南省工信厅. 海南省“十四五”科技创新规划[EB/OL].(2021-06-08)
[183] 内蒙古自治区工信厅. 内蒙古自治区“十四五”科技创新规划[EB/OL].(2021-09-08)
[184] 天津市政府. 天津市科技创新“十四五”规划[EB/OL].(2021-08-18)
[185] 北京市政府. 北京市“十四五”信息通信行业发展规划[EB/OL].(2021-08-02)
[186] 江西省发改委. 江西省“十四五”科技创新规划[EB/OL].(2021-11-10)
[187] GB/T 22240-2020信息安全技术网络安全保护等级定级指南[S]. 2020
[188] GB/T 22239-2019信息安全技术网络安全等级保护基本要求[S]. 2019
[189] GB/T 25058-2019信息安全技术网络安全等级保护实施指南
[190] GB/T 25070-2019信息安全技术网络安全等级保护安全设计技术要求
[191] GB/T 38249-2019信息安全技术政府网站云计算服务安全指南
[192] GB/T 37956-2019信息安全技术网站安全云防护平台技术要求
[193] 信通院. 中国工业经济发展形势展望[R]. 2022.
[194] 南方电网公司. 数字化转型和数字南网建设行动方案(2019年版)[R]. 2019
[195] 华为. 多域协同协同使能行业数字化转型白皮书[R]. 2021.
[196] 华为. 华为数字化转型与数据管理实践介绍[R]. 2021.
[197] 李培根, 高亮. 智能制造概论[M]. 北京: 清华大学出版社. 2021.
[198] 新华三. 新华三数字化转型与实践[R]. 2020.
[199] 西门子. 数字化工业服务, 助力企业数字化转型[R]. 2021.
[200] 王子宗. 融合转型智变[M]. 北京: 中国石化出版社. 2021.
[201] 李培根. 工业互联网需要企业生态意识[J]. 软件和集成电路, 2019(09): 42-43
[202] 安永. 2020年油气行业数字化转型与劳动力调查报告[R]. 2020.
[203] Industrial Value Chain Reference Architecture(IVRA)[S].
[204] Ulrich Sendler. KI-Kompass für Entscheider Künstliche Intelligenz in der Industrie: Strategien – Potenziale – Use Cases[M]. 2020.
[205] 马兆林. 中国制造2025强国之路与工业4.0实战[M]. 北京: 人民用电出版社. 2016.
[206] Heidel R. Industrie 4. 0: the reference architecture model RAMI 4. 0 and the Industrie 4. 0 component[M]. Beuth Verlag GmbH, 2019.
[207] Paul Leinwand Mahadeva Matt Mani. Beyond Digital: How Great Leaders Transform Their Organizations and Shape the Future[M]. 2022.
[208] Wei S, Hu J, Cheng Y, Ma Y, Yu Y. The essential elements of intelligent manufacturing system architecture. In: Proceedings of the 13th IEEE Conference on

Automation Science and Engineering（CASE）; 2017 Aug 20–23; Xi' an, China; 2017, P. 1006–11.

［209］Bodrožić Z, S. Adler P. Alternative futures for the digital transformation: A macro–level Schumpeterian perspective［J］. Organization Science, 2022, 33（1）: 105–125.

［210］Lu Y, Morris KC, Frechette S. Current standards landscape for smart manufacturing systems. Technical paper. Gaithersburg: National Institute of Standards and Technology; 2016.

［211］Park H, Kim S, Jeong Y, et al. Customer entrepreneurship on digital platforms: Challenges and solutions for platform business models［J］. Creativity and Innovation Management, 2021, 30（1）: 96–115.

［212］Frankiewicz B, Chamorro–Premuzic T. Digital transformation is about talent, not technology［J］. Harvard Business Review, 2020, 6（3）.

［213］Reference Architecture Model Industrie 4. 0（RAMI4. 0）［S］.

［214］IndustrialInternet Reference Architecture（IIRA）［S］.

［215］Saeed Albukhitan. Developing Digital Transformation Strategy for Manufacturing［C］. Procedia Computer Science 170（2020）664–671

［216］陈春花，钟皓. 陈春花，钟皓：数字化转型的关键——构建智能协同工作方式［J］. 北方牧业，2021（000–001）.

［217］IDC：全球未来连接2022年预测——中国启示［R］. 2022.

［218］埃森哲. 2020中国企业数字转型指数研究 –强韧 · 创新 · 突破［R］. 2020.

［219］Daniel Newman. Accelerating Digital Transformation in the Chemicals Industry［J］. Futurum 2017

［220］曹湘洪. 能源转型中我国炼油工业面临的挑战与对策［J］. 石油炼制与化工，2021，52（10）：1–9.

［221］李伯虎，柴旭东，刘阳，李潭，林廷宇，韦达茵，李艳东. 工业环境下信息通信类技术赋能智能制造研究［J］. 中国工程科学，2022，24（02）：75–85.

［222］北京大学. 数字生态指数2021［R］. 2021.

［223］李剑锋. 企业数字化转型认知与实践［M］. 中国经济出版社. 2022.

［224］Kirsten Liere–Netheler, Sven Packmohr, Kristin Vogelsang. Drivers of Digital Transformation in Manufacturing［C］. Proceedings of the 51st Hawaii International Conference on System Sciences | 2018

［225］袁晴棠. 石化工业发展概况与展望［J］. 当代石油石化，2019, 27（7）：1–6, 12.

［226］戴厚良，陈建峰，袁晴棠，等. 石化工业高质量发展战略研究［J］. 中国工程科学，2021，23（5）：122–129.

［227］O'Brien G, Xiao G, Mason M. Digital transformation game plan: 34 tenets for masterfully merging technology and business［M］. O' Reilly Media, 2019.

［228］WANG Baicun, TAO Fei, FANG Xudong, et al. Smart Manufacturing and

Intelligent Manufacturing: A Comparative Review [J]. Engineering, 2021, 7(6): 738–757. https: //doi. org/10. 1016/j. eng. 2020. 07. 017.

[229] QIAN Feng, ZHONG Weimin, DU Wenli. Fundamental Theories and Key Technologies for Smart and Optimal Manufacturing in the Process Industry [J]. Engineering, 2017 (3): 154–160. https: //doi. org/10. 1016/J. ENG. 2017. 02. 011.

[230] Exxon–Mobile Corporation. Molecular management starts with a fingerprint [J]. The Lamp, 2006, 189: 11–12.

[231] 埃森哲. 2019年数字炼油报告 [R]. 2019.

[232] 毕马威. 为能源转型提供资源 [R]. 2021.

[233] 德勤, SAP. 以可持续发展为引领打造智能低碳企业 [R]. 2022

[234] 中国石油企业协会. 中国油气产业发展分析与展望报告蓝皮书 [R]. 2021.

[235] 中国石油化工技术集团经济技术研究院 [R]. 中国能源化工产业发展报告2019.

[236] 中国石油化工技术集团经济技术研究院 [R]. 中国能源化工产业发展报告2020.

[237] 中国石油企业协会. 中国低碳经济发展报告蓝皮书 [R]. 2021

[238] 曹湘洪. 炼油行业碳达峰碳中和的技术路径 [J]. 炼油技术与工程, 2022, 52 (01): 1–10.

[239] 德勤. 智能制造新工具: 自动持续优化 [R]. 2022

[240] 德勤. 2019成品油零售行业发展趋势报告 [R]. 2019.

[241] 中国信通研究院. 企业数字基础设施云化管理和服务运营能力成熟度模型 [R]. 2021.

[242] 李剑峰, 肖波, 肖莉等. 智能油田 [M]. 中国石化出版社. 2020.

[243] 中国电子技术研究院. 中国智能制造发展研究报告: 能力成熟度 [R]. 2022.

[244] 中国电子技术标准化研究院. 中国智能制造发展研究报告: 标准化 [R]. 2022.

[245] GB/T39116–2020智能制造能力成熟度模型 [S]. 2020.

[246] GB/T39117–2020智能制造能力成熟度评估方法 [S]. 2020.

[247] 周剑. 信息和工业化融合 [M]. 北京: 电子工业出版社. 2019.

[248] 中国电子技术标准化研究院. 中国智能制造发展研究报告: 系统解决方案 [R]. 2022.

[249] Deloitte. remaining digital transformation with industry clouds [R]. 2021.

[250] Gartner. Critical Capabilities for Robotic Process Automation [R]. 2021. 8.

[251] Lesser R B. Intelligent Manufacturing: Reviving US Manufacturing Including Lessons Learned from Delphi Packard Electric and General Motors [M]. CRC Press, 2013.

[252] Dąbrowska J, Almpanopoulou A, Brem A, et al. Digital transformation, for better or worse: a critical multi - level research agenda [J]. R&D Management, 2022.

[253] Scott Susan, Orlikowski Wanda. The Digital Undertow: How the Corollary Effects of Digital Transformation Affect Industry Standards [J]. Information Systems Research, 2021, 33 (1).

[254] Siebel T M. Digital transformation：survive and thrive in an era of mass extinction [M]. RosettaBooks，2019.

[255] Maria Jesús Saénz，Elena Revilla，and Inma Borrella. Digital Transformation Is Changing Supply Chain Relationships [R]. Harvard Business Review. 2022.

[256] 张建峰，肖丽华. 新零售之旅：数智化转型与行业实践 [M]. 北京：电子工业出版社出版. 2022.

[257] GB/T 32400–2015信息技术云计算概览与词汇

[258] GB/T 32399–2015信息技术云计算参考架构

[259] GB/T 37738–2019信息技术云计算云服务质量评价指标

[260] GB/T 36325–2018信息技术云计算云服务级别协议基本要求

[261] GB/T 35279–2017信息安全技术云计算安全参考架构

[262] GB/T 37972–2019信息安全技术云计算服务运行监管框架

[263] GB/T 31167–2014信息安全技术云计算服务安全指南

[264] GB/T 31168–2014信息安全技术云计算服务安全能力要求

[265] GB/T 34942–2017信息安全技术云计算服务安全能力评估方法

[266] GB/T 38249–2019信息安全技术政府网站云计算服务安全指南

[267] GB/T 39403–2020云制造服务平台安全防护管理要求

[268] GB/T 34080. 4–2021基于云计算的电子政务公共平台安全规范第4部分：应用安全

[269] 张建国，张学超. 中国石化管理现代化创新成果案例 [M]. 北京：中国石化出版社. 2021.

[270] ISO27017云服务信息安全控制实施指引

[271] ISO/IEC7017基于ISO/IEC 27002的云计算服务的信息安全控制措施实用规则

[272] ISO/IEC27018公有云服务的数据保护控制实用规则

[273] 用友. 中央企业全球司库数智化白皮书 [R]. 2022.

[274] 金蝶. 中国企业数字化转型白皮书 [R]. 2021.

[275] 中兴通讯. 自主进化网络–AIVO数字化运营方案白皮书 [R]. 2020.

[276] Aktas E，Bourlakis M，Minis I，et al. Supply Chain 4. 0：Improving Supply Chains with Analytics and Industry 4. 0 Technologies [M]. Kogan Page Publishers，2021.

[277] Vikram Bali，Rajni Mohana，Ahmed A，et al. Handbook of Sustainable Development Through Green Engineering and Technology [M]. CRC Press，2022.

[278] 王子宗，刘洪谦，王基铭. 甲醇制丙烯分离流程的研究与优化 [J]. 化工学报，2019，70（01）：136–145.

[279] 王子宗，王基铭，刘洪谦. 甲醇制丙烯脱甲烷塔尾气回收技术 [J]. 华东理工大学学报（自然科学版），2015，41（05）：599–605.

[280] 牛彦红. 石化企业原油采购管理浅析 [J]. 当代石油石化，2020，28（05）：24–27+36.

[281] 埃森哲. 从交匙到交互，数字化重新定义油气工程企业价值链 [OL]. 2020. 5.

[282] 刘湘丽. 第四次工业革命的机遇与挑战 [J]. 新疆师范大学学报（哲学社会科学版），2019，040（001）：123–130.
[283] Kim G，Behr K，Spafford K. The phoenix project：A novel about IT，DevOps，and helping your business win [M]. IT Revolution，2014.
[284] 富士康&工业富联：灯塔工厂引领制造业数字化转型白皮书 [R]. 2021.
[285] 埃森哲. 技术展望2022 [R/OL].（2022–04–01）[2022–10–25]. https：//www.accenture. cn/cn–zh/insights/technology/technology–trends–2022?c=acn_glb_technologyvisiobaidu_13222463&n=ps0922
[286] 埃森哲.“碳”路未来创新技术解锁可持续新价值中国能源企业低碳转型白皮书 [R]. 2021.
[287] 中国信通院. 中国智能制造发展研究报告：智能工厂 [R]. 2022.
[288] 王子宗，王基铭，高立兵. 石化工业软件分类及自主工业软件成熟度分析 [J]. 化工进展，2021，40（4）：1827–1836.
[289] 安永. 双碳背景下中国能源行业转型之路 [R]. 2021.
[290] 埃森哲. 应运而变重塑新生：油气企业变革，掌握能源转型先机 [R]. 2022.
[291] 中国科学院科技战略咨询研究. 院课题组产业数字化转型战略与实践 [M]. 北京：机械工业出版社. 2020.
[292] 李德芳，蒋白桦，赵劲松等. 石化工业数字化智能化转型 [M]. 北京：化学工业出版社. 2022.
[293] 上海市人工智能技术协会，商汤智能产业研究院. 数字化转型白皮书：数智技术驱动智能制造 [R]. 2021.
[294] McKinsey，World Economic Forum. Global Lighthouse Network：Unlocking Sustainabilitythrough Fourth Industrial Revolution Technologies [R]. 2021.
[295] McKinsey，World Economic Forum. Global Lighthouse Network：Insights from the Forefront ofthe Fourth Industrial Revolution [R]. 2019.
[296] McKinsey，World Economic Forum. Global Lighthouse Network：Reimagining Operations for Growth [R]. 2021.
[297] 清华大学. 元宇宙发展研究报告3. 0版 [R]. 2022.
[298] 袁晴棠，殷瑞钰，曹湘洪，刘佩成. 面向2035的流程制造业智能化目标、特征和路径战略研究 [J]. 中国工程科学，2020，Vol22（3）：148–156.
[299] A N Dmitrievskiy，N A Eremin，V E Stolyarov. Digital transformation of gas production [C]. IOP Conference Series：Materials Science and Engineering
[300] 德勤. 二十大后国民经济及行业机遇展望 [R]. 2022.
[301] LI Defang，JIANG Baihua，SUO Hansheng，et al. Overview of smart factory studies in petrochemical industry [J]. Computer Aided Chemical Engineering，2015，37：71–76.
[302] LI Defang. Perspective for smart factory in petrochemical industry [J]. Computers

& Chemical Engineering, 2016,（91）：136–148.

［303］Deloitte. 2021 oil and gas industry outlook［R］. 2021.

［304］McKinsey. The big choices for oil and gas in navigating the energy transition［R］. 2021.

［305］European Commission. 2022 Strategic Foresight Report：twinning the green and digital transitions in the new geopolitical contex［R］. 2022.

［306］ZHOU Ji，ZHOU Yanhong，WANG Baicun，ZANG Jiyuan. Human–Cyber–Physical Systems（HCPSs）in the Context of New–Generation Intelligent Manufacturing［JEngineering，2019，5（4）：624–36. https：//doi. org/10. 1016/j. eng. 2019. 07. 015

［307］Gartner. 2022年12大技术趋势［R］. 2022.

［308］李世东. 论第六次信息革命［J］. 中国新通信，2014，16（14）：3–6.

［309］中国移动通信有限公司研究院，数字孪生技术应用白皮书［R］. 湖北武汉：2021. 11.

［310］陶飞，张贺，戚庆林，等. 数字孪生十问：分析与思考［J］. 计算机集成制造系统，2020，26（1）：17.

［311］Gartner. Hype Cycle for Emerging Technologies［R］. 2020.

［312］德勤. 2020年技术趋势报告［R］. 2020.

［313］数字孪生体联盟. 数字孪生体概念和术语体系（实施稿）［R/OL］.（2020–11–26）［2022–10–21］https：//www. twinconsortium. org/newsinfo/453971. html

［314］石化盈科. 用数字视角解读能源化工行业——数字孪生［R］. 2021.

［315］高德纳，2017年十大战略技术趋势［R］. 2017.

［316］刘大同，郭凯，王本宽，等. 数字孪生技术综述与展望［J］. 仪器仪表学报，2018，39（11）：10.

［317］中国移动研究院. 数字孪生技术应用白皮书2021［R］. 2021.

［318］程健，张群力，黄俊，等. 数字建筑参数化建模与结构分析［J］. 土木建筑工程信息技术，2014，6（6）：1–7. DOI：10. 3969/j. issn. 1674–7461. 2014. 06. 001.

［319］Samuel P. Huntington. The Third Wave［M］. America：University of Oklahoma Press，1983.

［320］McKinsey & Company. The next frontier for innovation，competition，and productivity［R］. USA. McKinsey & Company. 2011–05：1–20.

［321］维克托·迈尔–舍恩伯格. 大数据时代［M］. 盛扬燕，周涛译. 杭州：浙江人民出版社. 2013–01：61–128.

［322］IBM. 分析：大数据在现实世界中的应用［R］. 美国. IBM. 2013–03：4–7.

［323］工业和信息化部. “十四五”大数据产业发展规划［OL］.（2021–11–15）［2022–10–21］. http：//www. gov. cn/zhengce/zhengceku/2021–11/30/content_5655089. htm.

［324］GE. Industrial Internet：Pushing the Boundaries of Minds and Machines［M］.

2012.
[325] 工业互联网产业联盟. 工业互联网体系架构（版本2. 0）[R]. 北京：2020. 04.
[326] 工业互联网产业联盟. 工业互联网体系架构（版本1. 0）[R]. 北京：2016. 08.
[327] 工业互联网平台新模式新业态白皮书. 工业互联网平台新模式新业态白皮书[R]. 北京：2020. 08
[328] 车涵. 区块链与工业互联网的融合应用[C]. 第30届中国国际信息通信展览会. 2022.
[329] 郭倩. "工业互联网+双碳" 实施方案酝酿待出[N]. 经济参考报. 2022.
[330] 冯启宁. 人工智能的前世今生[J]. 军事文摘，2019（1X）：4.
[331] 张鑫，王明辉. 中国人工智能发展态势及其促进策略[J]. 改革，2019（09）：31–44.
[332] 高瑞. 人工智能现状及展望[J]. 网络安全技术与应用，2022（09）：170–171.
[333] 清华经管学院互联网发展与治理研究中心，百度. 人工智能驱动的中国经济数字化转型——中国人工智能社会认知与应用需求研究报告[R]. 北京：2018. 01.
[334] 李德毅，于剑，中国人工智能学会. 人工智能导论[M]. 北京：中国科学技术出版社，2018.
[335] 中国电子技术标准化研究院. 人工智能标准化白皮书（2018年）[R]. 北京：2018. 10.
[336] 国泰君安. 计算机行业：人工智能AI对碳中和的影响及发展导向[R]. 2021.
[337] 德勤. 人工智能与风险管理报告：创新与信心偕行[R]. 2019.
[338] 王广赞，易显飞. 人工智能研究的三大流派：比较与启示[J]. 长沙理工大学学报（社会科学版），2018，33（04）：1–6. DOI：10. 16573/j. cnki. 1672–934x. 2018. 04. 001.
[339] 中国信通研究院. 人工智能白皮书（2022年）[R]. 北京：2022. 04.
[340] 刘子玥. 关于弱人工智能与强人工智能的思考[J]. 电子元器件与信息技术，2021，5（07）：7–8. DOI：10. 19772/j. cnki. 2096–4455. 2021. 7. 004.
[341] deCharms，R. Personal causation[C]. New York：Academic Press. 1986.
[342] 成素梅. 人工智能研究的范式转换及其发展前景[J]. 哲学动态，2017（12）：15–21.
[343] 贾向桐，胡杨. 论符号主义人工智能的框架问题及其出路[J]. 社会科学，2020（6）：9.
[344] 周挺. 物理符号系统假设的历史回顾与思考[D]. 浙江大学，2008.
[345] 罗先进，沈言锦. 人工智能应用基础[M]. 北京，机械工业出版社，2021：4，25–26.
[346] 西南证券. 人工智能行业AI专题报告：AI助力人类进入新世界[R]. 2021.
[347] 渤海证券. 未来已来，人工智能产业加速发展[R]. 2016.
[348] Thomas ERL. Cloud Computing：Concepts，Technology & Architecture[M].

Canada. 2017
[349] 王裕健. 云计算任务调度中改进的蚁群算法的研究 [D]. 华北电力大学(北京), 2021. DOI: 10. 27140/d. cnki. ghbbu. 2021. 001389.
[350] 华为云开发者联盟. 云的基本概念 [R]. 2022.
[351] 阿里云智能–全球技术服务部. 云上数字化转型 [M]. 北京: 机械工业出版社. 2022.
[352] 中国信息通信研究院. 云计算白皮书 [R]. 2022.
[353] 中国区块链信息和产业发展论坛. 中国区块链技术和应用发展白皮书(2016) [R]. 2016.
[354] 京东. 京东区块链技术实践白皮书(2018) [R]. 2018.
[355] 华为. 华为区块链白皮书 [R]. 深圳. 2018.
[356] 高盛. 区块链从理论走向实践 [R]. 2018.
[357] 腾讯. 腾讯区块链方案白皮书 [R]. 2017.
[358] 贵阳市人民政府. 贵阳区块链发展和应用 [R]. 贵阳: 2016.
[359] 鲸准研究院. 2018中国区块链行业白皮书 [R]. 2018.
[360] 张勇敢, 章伟飞, 张森洪. 1～6G移动通信系统发展综述 [J]. 信息与电脑(理论版), 2020, 32(17): 157–160.
[361] 程景浩, 王燕伟, 徐滨阳. 5G+工业互联网在大型石化项目中的应用实践 [J]. 邮电设计技术, 2021(07): 40–44.
[362] 刘佳乐. 5G+工业互联网综述 [J]. 物联网技术, 2021, 11(12): 53–58. DOI: 10. 16667/j. issn. 2095–1302. 2021. 12. 014.
[363] 中国石化. 扬子石化加快5G技术在安全生产领域的应用 [EB/OL]. (2021-10-21) [2022-10-24]. http: //www. sinopecnews. com. cn/xnews/content/2021-10/21/content_177376. html.
[364] 徐泽轩. 2022年中国5G产业发展十大趋势 [J]. 数字经济, 2022(Z1): 10–13. DOI: 10. 19609/j. cnki. cn10–1255/f. 2022. z1. 021.
[365] 杨子辉, 薛彬. 北斗卫星导航系统的发展历程及其发展趋势 [J]. 导航定位学报, 2022, 10(01): 1–14. DOI: 10. 16547/j. cnki. 10–1096. 20220101.
[366] 北斗卫星导航系统. 系统 [EB/OL]. (2022-10-24) [2022-10-24]. http: //www. beidou. gov. cn/.
[367] 夏禹. 北斗卫星导航系统发展与应用 [J]. 电子技术与软件工程, 2021(16): 25–26.
[368] 聂沙沙. 北斗系统在石油勘探中的应用及展望 [J]. 石化技术, 2022, 29(02): 189–190.
[369] 张奋, 贾小林, 姬剑锋, 王龙. 北斗系统应用趋势分析 [J]. 卫星应用, 2021(08): 43–47.
[370] 郭光灿. 量子信息技术研究现状与未来 [J]. 中国科学: 信息科学, 2020, 50

（09）：1395–1406.
［371］张威. 拥抱量子科技时代：量子计算的现状与前景［J］. 人民论坛 · 学术前沿，2021（07）：64–75. DOI：10. 16619/j. cnki. rmltxsqy. 2021. 07. 007.
［372］光子盒. 全球量子计算产业发展报告［R］. 2020
［373］GB/T 40020–2021信息物理系统参考架构［S］. 2021. 4
［374］Toolsi R，Aqrawi A A，Jansa K. IoT and Openness as the Design Language for Changing the Landscape for Oilfield Workflows［C］//First EAGE Digitalization Conference and Exhibition. European Association of Geoscientists & Engineers，2020，2020（1）：1–5.
［375］Min Q，Lu Y，Liu Z，et al. Machine learning based digital twin framework for production optimization in petrochemical industry［J］. International Journal of Information Management，2019，49：502–519.
［376］Jason Bickford，Douglas L. Van Bossuyt，Paul Beery，et al. Operationalizing digital twins through model–based systems engineering methods［J］. Systems Engineering. 2020，23：724–750. DOI：10. 1002/sys. 21559
［377］Janusz J. Sikorski，Joy Haughton，Markus Kraft. Blockchain technology in the chemical industry：Machine–to–machine electricity market［J］. Applied Energy 195（2017）234–246
［378］施耐德. 电气创新引领油气行业物联网时代［R］. 2019.
［379］施耐德. 石化行业智能中压开关柜及其数字孪生运维解决方案［R］. 2022.
［380］李伯虎. 云制造系统3. 0——一种适应新时代、新态势、新征程的先进智能制造系统［J］. 电气时代，2022（01）：18–19.
［381］WANG Jiming. Theoretical research and application of petrochemical Cyber–Physical Systems［J］. Front. Eng. Manag. 2017，4（3）：242–255. DOI 10. 15302/J–FEM–2017053.